グローバル化財政の新展開

片桐正俊・御船　洋・横山　彰 編著

中央大学経済研究所
研究叢書 48

中央大学出版部

はしがき

　本書は，中央大学経済研究所の財政研究部会における 2006-08 年度の共同研究（テーマ：「グローバル化と税財政」）の成果を取りまとめたものである。

　この共同研究の成果を『グローバル化財政の新展開』というタイトルで公表する理由を先に説明しておこう。

　グローバル化ないしグローバリゼーションという用語は 1990 年代頃から多用されるようになってきたが，誰もが厳密に全く同じ意味で使っているわけではない。しかし，この用語に共通の意味内容は，『有斐閣経済辞典（第4版）』に解説されているように，「ヒト，モノ，カネ，そして情報の国境を越えた移動が地球的規模で盛んになり，政治的，経済的，あるいは文化的な境界線，障壁がボーダーレス化することによって，社会の同質化と多様化が同時に進展すること」としてひとまずは理解できる。

　とはいえ，この解説だけではわれわれの共同研究の方向づけとして極めて曖昧である。グローバル化の大波は世界史上何度も押し寄せてきているのであって，われわれの共同研究で意識しているのは 90 年代頃以降問題となるグローバル化なので，その特質を明確にしておく必要がある。またグローバル化は，経済面，政治面，社会面，文化面等重層的に進んでいるが，われわれが問題にしているのは経済のグローバル化であることはいうまでもない。したがって，90 年代以降の経済のグローバル化の特質が何であるのかについて述べておく必要があろう。

　第 1 に，1991 年のソ連の崩壊と冷戦の終結に伴い，ロシアを筆頭に旧社会主義国がなだれを打って資本主義市場経済に移行し，また 1992 年に中国も社会主義市場経済というスローガンの下に強力に国家資本主義を推進するようになり，これに加えてインドやブラジル等の新興大国も経済の自由化を推し進め

た結果,世界的な市場統合と国際分業が進んで行くことになった。

第2に,世界市場の急拡大と競争の激化の中で,多国籍企業の世界的展開と直接投資の拡大や国家間の資源の争奪戦が顕著となった。

第3に,金融の規制緩和と自由化を背景にデリバティブや証券化商品を使っての投機が進み,それが2008年9月のリーマン・ブラザーズの破綻を契機として世界金融危機にまで発展したが,これを踏まえて金融規制改革が国際的に進められている。

第4に,コンピューターによる大量の情報処理やインターネット等の情報通信技術と情報通信産業の発展が飛躍的に進み,それによって金融取引や多国籍企業の事業展開が世界的にかつ大規模に展開されるようになった。

第5に,先進国では程度の差はあれ,福祉国家の再編が進められている。企業の国際競争の激化や産業の空洞化に対抗するため,資本活動に対する規制緩和や民営化ばかりでなく,労働や福祉に関わる規制の緩和や企業の財政的負担の軽減等が追求されている。また,少子高齢化の進展と社会保障費の伸張に対応できるほどには経済の成長を確保できないところから税収や社会保障料収入が増えず,公的年金・医療・介護・福祉制度の改革や国・地方の財政再建が課題となってきた。

ところが他方で,こうした福祉国家の再編を促す構造改革の結果として,所得格差,資産格差,地域格差等様々な格差問題や貧困問題が深刻化し,解決を迫られるようになっている。さらに,格差問題は先進国だけに止まらず,高度成長した国や途上国でも顕著な問題となり,世界全体に広がっており,国際的に主要国が協調して解決すべき大きな課題となっている。

第6に,1990年代に入っての社会主義崩壊後の世界的な市場経済の拡大の中で,地球温暖化,オゾン層の破壊,酸性雨,熱帯林の減少等の地球環境問題も国際的に大きくクローズアップされ,解決を迫られるようになった。

1990年代以降の経済のグローバル化の特質は,おおよそこのようなものとして把握されるであろう。

さて,本来政府の財政行動というのは,主要には国内向けの国家主権の発動

であるが，上記のような経済のグローバル化が進んでくると，その影響を大きく受けるばかりでなく，時にそれへの積極的対応も迫られるものである。こうした経済のグローバル化の財政への影響やそれへの対応は，経済のグローバル化の上記6つの特質に関わって，日本および諸外国で，あるいは領域間，国家間，地域間，都市間で，様々な形で展開されるようになってきている。それを簡潔に表現するために，われわれは「グローバル化財政」という新しい造語で呼ぶことにした。

　ところで，この「グローバル化財政」を体系的に論述できれば申し分ないが，現実世界における実態自体が試行錯誤的であり，時に矛盾を含むものである。したがって，そうした動きの中から，研究員自身の問題意識から最も関心の高い課題や問題に焦点を当てて分析し，グローバル化財政の新展開の実相のいくつかを抉り出す方法を取ることにした。

　それぞれの問題意識から経済のグローバル化に伴って進展した税財政の変化を分析した内容を大括りしてみると，結果的に福祉財政，国際財政，外国財政の3つにグルーピングできるものとなった。そこで本書は，「第1部　グローバル化と福祉財政」，「第2部　グローバル化と国際財政」，「第3部　グローバル化と外国財政」の3部構成とすることにした。

　「第1部　グローバル化と福祉財政」には，グローバル化によって再編を迫られる福祉資本主義と福祉国家といった大きな問題と，グローバル化に伴う人の大規模な移動に関わる2つの福祉問題すなわち社会保障の国境調整問題と増加する外国人滞在者のための公的保険問題に関わる問題，の計3編の論文を収める。

　「第1章　グローバル化とEU諸国の福祉資本主義」（飯島大邦）は，グローバル化が進展する過程における，EU諸国の福祉資本主義の変化について検討している。具体的には，エスピン・アンデルセンによる福祉レジームの概念を手がかりにして，各国の社会保障財政の収入および支出両面から，その規模および構造について特徴づけを行い，次のような主たる結論を得ている。(1) 社会保護費の対GDP比について，各国間に大きな違いは見られない。(2) 社会

保護費の拠出について，保守主義レジームの構造と社会民主主義レジームのそれは収斂する傾向が見られるが，自由主義レジームはそれらとは異なる構造が認められる。(3) 社会保護費の政策分野別支出割合について，とりわけ保守主義レジームと社会民主主義レジームの間で，支出割合が高い疾病・保健医療や老齢に違いは認められない一方で，支出割合が低いがレジームの特徴が反映される障害，遺族，家族に違いが認められる。以上より，グローバル化が進展する中で，それぞれのレジームの基本原理の影響力は，国際競争力にも関わる社会保障財政の負担面において弱まる一方で，給付面では依然として維持されていることがわかる。

「第2章　社会保障の国際的調整—社会保障協定の現状と課題—」（御船洋）は，経済のグローバル化に伴って深刻化している，年金保険料の二重払いと掛け捨ての2つの問題を調整するために，2国間で締結される社会保障協定の現状と問題点を明らかにしている。企業から海外に派遣された従業員は，派遣先国で社会保険料の納付義務を負わされるが，社会保険料の支払いは当該従業員本人と事業主の双方に課せられる。従業員の海外派遣者数が増えるにつれて，企業の海外での社会保険料負担が増大する。しかも，通常，従業員が海外派遣されている間も，国内の社会保険制度への加入を継続するので，この場合，自国と進出先国とで社会保険料は二重に支払われることになる。さらに，特に年金制度の場合，通常，従業員の海外駐在の期間は数年であり，相手国の年金受給資格が得られないまま帰国するため，年金保険料が掛け捨てとなってしまうという問題が生じる。

本章では，まず日本と諸外国との間の企業や従業員の移動がどのような状況であるかをみたあと，社会保障協定の基本的な考え方や仕組みを説明する。次いで，世界各国の社会保障協定締結の現状を概観し，日本が締結している社会保障協定の内容を吟味する。そして，日本の社会保障条約の問題点や今後の課題について考察し，最後に，今後海外との経済交流および人的交流を活発化させるには，日本の年金制度の受給資格期間の見直しが急務であることを主張する。

「第3章　外国人滞在者の増加傾向と公的保険の役割」（佐藤晴彦）は，増加する外国人滞在者に対応するための公的保険の適用拡大の方法を検討している。近年，わが国ではグローバル化が進み外国人の流入は増加傾向にある。一方，少子化により人口減少社会を迎えており，外国人受入れに慎重だった政府は受入れ方向に政策を転じた。

ところが，短期・不法滞在者に対する社会保障の適用には問題が起きている。例えば短期の滞在者は，社会保険の負担が重過ぎるため加入の意思はもっていない者が多い。しかし，傷病罹患のことを考え健康保険の加入は望んでいるのである。これらに対して，加入し易い仕組への転換，短期滞在者に対する帰国時の給付額返済等の案があげられている。

本章では公的保険に加入しやすくするために，現行の保険料が過多あるいは過少となっているのかを試算してみた。年金・医療・脱退一時金について，保険の原点から求められる保険料と実際負担の保険料を求め比較すると，ほとんどの場合，後者は前者より重くなっている。そのため，重過ぎる負担をどの程度軽くすべきなのか，その手助けとなる分析結果を提供する。

「第2部　グローバル化と国際財政」には，グローバル化の進展に伴って問題となる多国籍企業の社会的貢献，法人税制の海外直接投資への影響，付加価値税の国境調整，観光税制に関する計4編の論文を収める。

「第4章　グローバル化する経済社会における多国籍企業の財政的貢献」（田中廣滋）は，世界的な規模の多国籍企業による各国政府の財政および政策に対する貢献をモデルを用いて分析している。各国政府はグローバルな展開をする多国籍企業にとってステークホルダーとしての役割を果たす。国際的な企業誘致競争は，税収面における効果を期待して国家間で展開されるが，グローバル化の波及効果としての財政への貢献は乏しいことが懸念される。本章でのモデル分析の結果は次の通りである。第1に，2004年田中が企業の自発的な貢献理論を発展させた企業の社会的責任行動モデルにおいて，多国籍企業の財政的貢献が企業の最適化行動における内生変数として分析可能である。第2に，規制緩和や自由主義経済の性質を反映して，企業は社会的に最適な水準を超えて

過大な活動を展開する反面，各国の財政上の貢献を過度に軽減する。これらの帰結から，世界規模における国家財政の健全化という課題への回答は企業の自己規律を向上させ，不正な行動を厳格に監視し，適正な厳罰を実施する国際的な枠組みを確立して，正常に機能するグローバル市場を実現することであると論じられる。

「第5章　ホスト国の法人税制が日本の海外直接投資に与える影響」（田代昌孝）は，アジア諸国への海外直接投資が盛んとなった1997年から2006年までの期間において，ホスト国の税制が日本の海外直接投資にどのような影響を与えているのかを分析している。分析の結果，アメリカ，アジア諸国，EU諸国など全サンプルで投資関数の推定を行った場合，ホスト国での税引き後収益率の上昇は日本の海外直接投資を増やすことが確認された。

ただ，アジア諸国を分析対象にして投資関数を推定すると，モデルによっては税引き後収益率が統計的に有意水準を満たしていなかった。その一方で，アジア諸国の名目GDPや投資優遇政策はどのモデルでも日本の海外直接投資に影響を及ぼしている。また，EU諸国では税引き後の収益率が日本の海外直接投資に影響を及ぼしていた。これは法人税率の低いイギリスが日本の海外直接投資を呼び込めている事実と整合的である。

「第6章　付加価値税の越境調整」（横山彰）は，ヨーロッパ諸国で発展してきた付加価値税に着目し，付加価値税に関する国家間の国境税調整だけでなく，地方政府間の越境調整について検討している。その検討は，グローバル化が国家間の国際的な競争や協調の問題をもたらすと同時に，地方政府間や都市間の地域的な競争や協調の問題も提起するとの視点から行われている。

本章では，まずEU主要国の付加価値税について概観した上で，EU指令に基づく越境調整を考察する。次いで，付加価値税が国だけでなく地方政府の重要な財源となっている現実から，地方政府間の越境調整を検討する。最後に，そうした考察と検討を踏まえて，日本の地方消費税の今後のあり方について一定の方向性を示唆する。

「第7章　観光税制の展開とエコツーリズム」（藪田雅弘）は，観光業に関連

する様々な課題について，その理論的な分析を行うとともに，課税の現状を考察することによって，グローバル化する観光業のもたらす影響を検討する。まず，観光資源をコモンプールの性質をもつ地域資源として把握してモデルを形成し，資源管理とインセンティブ政策の有効性を検討する。その上で，観光関連税制の現状を概観し，その課題と展望を論じている。観光業の展開はその所得源泉としての役割，成長動因としての期待，財政への寄与など，幅広い要素を内包している。他方，観光資源の保全など環境要素を含めた持続可能性の維持も求められている。そのため，観光関連税制の議論も，地域の資源管理から地球温暖化対策まで広範に行われている。いうまでもなく，こうした幅広い議論は本章の守備範囲を超えたものであるが，一方での高い潜在的成長性と併せて，他方で市場の失敗をコントロールする施策——特に観光資源の過剰利用の抑制と観光資源の保全を目指す施策を同時に効果的に行う必要性があるという認識は，観光業の発展と税制の関係を論じている他の論考と比較して本章の方法論的な特色をなすものである。

「第3部 グローバル化と外国財政」には，グローバル化の進展に影響されあるいは対応するために，アメリカ，ドイツ，中国の3カ国でどのような税財政上の変化が起こっているのかを考察した，6編の論文を収める。

「第8章 グローバル化下のアメリカの法人税負担——2000年代ブッシュ政権期を中心に——」（片桐正俊）は，グローバル化に伴って激化した国際的企業間競争において，アメリカが連邦レベルの付加価値税制の欠如や国際課税での全世界所得課税主義の採用といった不利な税制を有する国であることを意識して，2000年代に減税政策を推進したブッシュ政権の下で，実際にアメリカの企業課税の実態がどうであったのかを国際比較して明らかにしている。

本章では，まずアメリカの法人税収入の対GDP比や対総税収比が大きく低下し，また法人税のかからない通り抜け事業体が増大している実態を明らかにする。次に，ブッシュ政権下の法人税改革についての政権側の改革の意図とその成果の評価，それに否定的な評価を下すシンクタンクの批判的研究を検討する。続いて，法人税負担の実態を国際比較した上で，国際課税制度におけるア

メリカの租税政策の特徴を明らかにする。さらに，法人税改革に関する大統領税制改革諮問委員会の報告書と財務省の報告書の要点を整理する。最後に，オバマ政権下の法人税改革の方向性について考える。

「第9章　国際課税制度の大転換─アメリカとわが国の議論の整理─」（柳下正和）は，グローバル化に対応した国際課税改革の動きとして，現行の外国税額控除方式から国外所得免除方式への転換に関するアメリカと日本の議論を検討・整理している。

まず，アメリカの2005年大統領税制改革諮問委員会報告書と2008年両院税制委員会対外直接投資報告書を取り上げ，アメリカにおける国際課税制度に関する税制改革の議論を整理・評価する。2005年大統領税制改革諮問委員会報告書においては，領土主義課税を採用し，国際的二重課税の排除方法として国外所得免除方式へ転換すべきであるとの考えが台頭してきているが，2008年両院税制委員会『対外直接投資報告書』では，国外所得免除方式に寄っていた議論が中立的な方向へ戻される形になっている。次に，それらの議論を受けて，わが国でどのような議論が行われているのかを紹介する。自公政権下の政府税制調査会の国際課税小委員会による中間報告書では，日本企業の海外利益をわが国へ還流させるような税制を提案するべく，海外子会社の配当の益金不参入制の導入を勧告しており，国外所得免除方式へ転換する方向で議論がまとめられている。最後に，日米両国の議論の比較を行い，わが国の国際課税改革の議論にもアメリカのような戦略的な観点が必要であることを指摘する。

「第10章　ドイツの公債発行におけるグローバル・ルールと国内ルール」（浅羽隆史）は，ドイツにおける従来の財政運営における重要な歯止めであった建設公債の原則が，マーストリヒト条約に伴うグローバル・ルールとしての財政赤字GDP比3％以内という制約が導入されたことでどのような影響を受け，またドイツの連邦財政の運営にどのような変化が生じたかを検証している。さらに，ドイツにとってのグローバル・ルールとの関係で国内ルールはどのように位置づけられ，今後どのような関係になるのかについても検証している。ドイツの連邦財政運営において，通貨統合以前は，連邦基本法で定められ

た建設公債の原則が規律確保に一定の役割を果たしてきた。経済状況による例外付きのため，常に純債務調達が投資支出額以内という訳ではないが，長期的には投資支出を下回っていた。しかし，通貨統合による財政赤字 GDP 比 3% 以内という収斂基準が，ドイツにとってのグローバル・ルールとなった。経済のグローバル化の中，ユーロの価値維持やユーロ圏等での発言権維持，制裁回避などから収斂基準を遵守する必要がある。ただし，ドイツの国内ルールがグローバル・ルールより実質的に厳しいため，公債発行の規律として第 1 段階が建設公債の原則，第 2 段階に建設公債の例外適用で収斂基準という形で共存していた。世界同時不況に対する緊急経済対策で財政赤字が膨張したため，ドイツは国内ルールを厳格化する方向である。今後も国内ルールがグローバル・ルールより厳格なため，両者の共存関係は維持される。

「第 11 章　2000 年代ドイツにおける営業税改革論―グローバル化と地方企業課税―」(関野満夫) は，2008 年ドイツ企業税制改革に至る議論の中で，地方企業課税たる営業税改革がいかなる方向で議論されていたのかを検討する。2008 年企業税制改革では，法人税率が 25% から 15% に低下したことに加えて，営業税をめぐる財政・租税システムの大幅な見直しもなされた。その結果，企業税率水準は 40% 弱から 30% 弱までへと相当に低下し，ドイツ企業税制にとって画期的な改革となった。ドイツでは，税制も含めて経済財政の政策形成過程において研究機関・シンクタンクの改革提案が重要な役割を演じており，本章でもシンクタンク等でなされた代表的な改革提案に注目して考察する。まず，2000 年代におけるドイツの租税システムと営業税の実態をみた上で，市場経済財団の営業税改革提案とルテルスマン財団の営業税改革提案を順に検討する。次に，2 つの営業税改革提案に対する自治体サイドの評価からその相対的位置づけを考える。最後に，営業税改革提案と 2008 年改革での営業税をめぐる財政・租税システムの見直しとの関連を総括する。

第 12 章「WTO 加盟後の中国財政構造変化」(谷口洋志) は，2001 年 12 月の WTO 加盟以降，中国財政にどのような変化が生じたかについて検討している。WTO 加盟の直接的影響を受ける関税や輸出税制の動向を注意深くみる

と，直接・間接に輸出促進・輸入抑制の特性をもつことが示唆される。財政の全体構造については1994年の分税制・税制改革によってその骨格が決まり，2000年以降は1994年改革を基礎として国内的・対外的課題に積極的に取り組んでいる。特に財政収入や財政支出の詳細をみると，地域間経済格差の是正に加え，中国全体の国際競争力強化に配慮した措置がとられている。本章での分析から，中国におけるグローバル化への対応とは，単純な対外開放ではなく，国民経済の長期的な反映・発展を目的とした裁量的あるいは戦略的な対外開放であることが示唆される。

「第13章　グローバル化と中国の付加価値税の改革」（李森）は，グローバル化の中で，中国政府が行った付加価値税改革の内容を，従来の税制と比較しながら，制度の相違点を明らかにする。2009年1月1日から実施された付加価値税の改革は，最近の世界的な経済危機に対応したものであり，中国政府のマクロ政策の時宜に適った措置である。本章では，1994年の抜本的な税制改革で導入した付加価値税の内容と問題点を整理した上で，新付加価値税導入の必要性，実験の経緯，本格導入の内容と意義および限界，今後の課題について論じている。結論として，この度の付加価値税制の改革は資本財直接控除による減税効果で，景気浮揚策として期待されるものの，農業からサービス業まで課税範囲を広め，生産から消費の各段階での付加価値について課税する先進国の付加価値税制と比べ，まだ問題点を残しており，どう改革するかがこれからの課題であることを指摘する。

ところで，以上全13章で構成される本書は，統一して1つの主張や見解を表明するものではない。研究員各自が経済のグローバル化進展の中で起こる国内外の税財政の変化について，それぞれの着眼点から分析のメスを入れたものである。したがって分析のアプローチも自ずと異なる。しかしながら期せずして，各自の研究は福祉財政，国際財政，外国財政のいずれかの領域の研究となっており，しかもその3つの領域における重要問題に分析のメスを入れるものとなった。その意味で，本書はグローバル化に伴う税財政の新展開に関する新たな知見や論点を提示できたと思われる。とはいえ，グローバル化に伴う税

財政の新展開をすべて網羅した研究になっているわけではなく，重要な問題がいくつも残されている。その中でもわけても重要なのは，グローバル化に伴って世界中で顕著になった格差問題と税財政との関係の研究である。これをわれわれの共通の研究課題として，引き続き共同研究を進めていきたいと考えている。いずれにせよ，読者諸賢には，本書に対して忌憚のないご批判をいただければ幸いである。

　最後に，本書の刊行に際しては，中央大学経済研究所の三輪多紀さんと中央大学出版部の長谷川水奈さんには大変お世話になった。記して深甚の謝意を表しておきたい。

　2010 年 3 月

編著者　片 桐 正 俊
御 船 　 洋
横 山 　 彰

目 次

はしがき

第 1 部　グローバル化と福祉財政

第 1 章　グローバル化と EU 諸国の福祉資本主義 ……飯島大邦… 3
1. はじめに……………………………………………………………… 3
2. 社会保護制度の収入面からみた福祉レジーム…………………… 5
3. 社会保護費の対 GDP 比からみた福祉レジーム………………… 12
4. 社会保護制度の政策分野別支出割合からみた福祉レジーム……… 14
5. おわりに…………………………………………………………… 27

第 2 章　社会保障の国際的調整
　　　　　――社会保障協定の現状と課題―― ……………御船　洋… 31
1. はじめに…………………………………………………………… 31
2. 経済のグローバル化と人口移動………………………………… 32
3. 社会保障協定の現状……………………………………………… 39
4. 社会保障協定の課題……………………………………………… 53
5. おわりに…………………………………………………………… 63

第 3 章　外国人滞在数の増加傾向と公的保険の役割
　　　　　………………………………………………………佐藤晴彦… 67
1. はじめに…………………………………………………………… 67
2. 外国人滞在数の増加と政府の対応……………………………… 68
3. 外国人滞在者の公的年金・医療保険加入の現状……………… 71

4．公的保険適用に関する考察 …………………………………… 73
　5．諸外国における滞在者数と社会保障適用の動向 …………… 75
　6．保険原理と保険適用 …………………………………………… 78
　7．保険原理の観点による検討 …………………………………… 80
　8．お わ り に …………………………………………………… 88

第2部　グローバル化と国際財政

第4章　グローバル化する経済社会における
　　　　　多国籍企業の財政的貢献 ………………田 中 廣 滋… 93

　1．は じ め に ………………………………………………… 93
　2．経済のグローバル化と気候変動への取組 …………………… 94
　3．企業の財政的貢献の基本モデル ……………………………… 97
　4．企業による活動と財政貢献の決定 …………………………… 105
　5．グローバル化の特性と厚生の損失 …………………………… 106
　6．グローバルな市場の失敗と税制の機能 ……………………… 108
　7．お わ り に…………………………………………………… 110

第5章　ホスト国の法人税制が日本の海外直接投資に
　　　　　与える影響………………………………田 代 昌 孝… 113

　1．は じ め に…………………………………………………… 113
　2．ホスト国の法人税制度 ………………………………………… 115
　3．先 行 研 究…………………………………………………… 117
　4．実証モデル……………………………………………………… 122
　5．データの説明…………………………………………………… 123
　6．分 析 結 果…………………………………………………… 127
　7．お わ り に…………………………………………………… 132

第6章　付加価値税の越境調整 ……………………横山　彰… 137

1. はじめに………………………………………………………… 137
2. EU付加価値税の越境調整…………………………………… 138
3. 地方付加価値税の越境調整………………………………… 147
4. おわりに………………………………………………………… 153

第7章　観光税制の展開とエコツーリズム ……………藪田雅弘… 159

1. はじめに………………………………………………………… 159
2. エコツーリズムとコモンプール…………………………… 161
3. エコツーリズムのモデル分析……………………………… 166
4. 観光と税制――概観………………………………………… 174
5. 環境保全と観光税制………………………………………… 183
6. おわりに………………………………………………………… 187

第3部　グローバル化と外国財政

第8章　グローバル化下のアメリカの法人税負担
　　　　――2000年代ブッシュ政権期を中心に――……片桐正俊… 193

1. はじめに………………………………………………………… 193
2. アメリカ連邦法人税の推移と概観………………………… 195
3. 非法人事業体への所得税課税の拡大……………………… 198
4. ブッシュ政権の法人税改革の基本方向と2001／2003年企業減税の評価……………………………………………………… 202
5. 法人税負担の国際比較……………………………………… 214
6. 法人税改革に関する大統領税制改革諮問委員会の報告書と財務省の報告書……………………………………………… 231
7. おわりに………………………………………………………… 235

第9章　国際課税制度の大転換
　　　　——アメリカとわが国の議論の整理—— ……柳下正和… 241
　1. はじめに………………………………………………………… 241
　2. 大統領税制改革諮問委員会報告書…………………………… 242
　3. 両院税制委員会対外直接投資報告書………………………… 247
　4. 国際租税小委員会『中間報告書』における議論…………… 254
　5. おわりに………………………………………………………… 259

第10章　ドイツの公債発行におけるグローバル・ルールと
　　　　国内ルール ……………………………………浅羽隆史… 263
　1. はじめに………………………………………………………… 263
　2. ドイツ国内の公債発行ルール………………………………… 265
　3. ドイツの連邦財政運営とルール……………………………… 270
　4. グローバル・ルールと国内ルールの関係…………………… 278
　5. おわりに………………………………………………………… 282

第11章　2000年代ドイツにおける営業税改革論
　　　　——グローバル化と地方企業課税——………関野満夫… 287
　1. はじめに………………………………………………………… 287
　2. ドイツの租税システムと営業税……………………………… 288
　3. 市場経済財団の『租税政策プログラム』…………………… 296
　4. ベルテルスマン財団の企業税制改革案……………………… 302
　5. ドイツ都市会議からの評価…………………………………… 310
　6. おわりに………………………………………………………… 314

第12章　WTO加盟後の中国財政構造変化 …………谷口洋志… 317
　1. はじめに………………………………………………………… 317
　2. 関税収入………………………………………………………… 318

3. 輸出税払い戻し………………………………………………… 322
　4. 財政支出と財政収入…………………………………………… 324
　5. 財政収支内容の構造変化……………………………………… 333
　6. お わ り に……………………………………………………… 340

第13章　グローバル化と中国の付加価値税制の改革
　　　　　………………………………………………李　　森… 345
　1. は じ め に……………………………………………………… 345
　2. 中国の付加価値税制の沿革…………………………………… 347
　3. 中国の付加価値税制改革……………………………………… 353
　4. 中国の付加価値税制改革の主な内容と意義………………… 357
　5. お わ り に……………………………………………………… 368

第1部

グローバル化と福祉財政

第 1 章

グローバル化とEU諸国の福祉資本主義

1. はじめに

　第2次世界大戦後，ヨーロッパ諸国は，様々な社会保障政策を充実させて福祉国家として発展してきた。しかしながらその発展形態は，少なくとも第1次ならびに第2次石油ショックを経験した直後の1980年頃においては一様ではなかった。例えばエスピン・アンデルセンは，表1–1に示されているように統合脱商品化度[1]によって福祉国家諸国を分類した。

　第1のグループは，統合脱商品化度が最も低いものである。このグループは，オーストラリア，アメリカ，ニュージーランド，カナダ，アイルランドおよびイギリスからなる。これらの国々は，アングロ・サクソン系の国々であり，「自由主義レジーム」と呼ばれるグループを形成する。第2のグループは，イタリア，日本，フランス，ドイツ，フィンランドおよびスイスからなる。これらの国々は，概してカトリックの影響を受けている国々[2]であり，「保守主

---

1) 統合脱商品化度は，老齢年金，疾病および失業関係のプログラムを考慮して，人々が市場における活動に対する報酬に依存しないで生活できる程度を示したものである。
2) ただし，日本を除く。

表 1-1 脱商品化度スコア

国	スコア
オーストラリア	13
アメリカ	13.8
ニュージーランド	17.1
カナダ	22
アイルランド	23.3
イギリス	23.4
イタリア	24.1
日本	27.1
フランス	27.5
ドイツ	27.7
フィンランド	29.2
スイス	29.8
オーストリア	31.1
ベルギー	32.4
オランダ	32.4
デンマーク	38.1
ノルウェー	38.3
スウェーデン	39.1

(注) Esping-Andersen (1990) p.52 Table 2.2 を修正。

義レジーム」と呼ばれるグループを形成する。第3のグループは，オーストリア，ベルギー，オランダ，デンマーク，ノルウェーおよびスウェーデンからなる。これらの国々は，社会民主主義の影響を受けている国々であり，「社会民主主義レジーム」と呼ばれるグループを形成する。

ところで1980年以降，新自由主義の影響が世界的に広がり，市場主義が強化された。その結果，1980年以前と比較するとグローバル化が進展して，多様化したそれぞれの福祉国家は，経済活動において共通のルールの下で国際競争をせざるをえなくなった。本章においては，このような1980年以降の福祉国家諸国を取り巻く大きな環境変化によって，1980年の時点において認識されたそれぞれの福祉レジームに属するEU諸国がどのような状況にあるか，EU諸国の社会保護制度に関するESSPROS（The European System of Integrated Social Protection Statistics）2008年版の収入および支出データを用いて検討する。

第2節では，それぞれの福祉レジーム[3]について，社会保護制度の収入構造

の現状について拠出別に検討する。第3節では，それぞれの福祉レジームについて，社会保護制度の支出規模について，社会保護費の対GDP比の動向を通じて検討する。第4節では，それぞれの福祉レジームについて，社会保護制度の支出構造について政策分野別に検討する。さらに，統合脱商品化度からみて保守主義レジームと社会民主主義レジームの境界に位置するフィンランド，スイス，オーストリアおよびベルギーの支出構造についても政策分野別に検討する。第5節では，結論をまとめる。

2．社会保護制度の収入面からみた福祉レジーム

第2節では，ESSPROSの収入データを用いて，3つの福祉レジームに関する社会保護制度の収入面の動向について検討する。

まず，ESSPROSの「種類」によって分類された収入データの概略について説明する[4]。「種類」とは，社会保護制度に対する負担の性質や根拠を意味する。具体的には，社会保険拠出（Social contribution），一般政府による拠出[5]（General government contributions）およびその他収入（Other receipts）からなる。さらに社会保険拠出は，使用者による社会保険拠出[6]（Employers' social contribution），被保護者からの社会保険拠出[7]（Social contribution paid by the protected persons）からなる。したがって，社会保護制度の収入＝使用者拠出＋被保護者拠

---

3) 本章では，表1-1におけるEU諸国のみを分析対象とする。したがって，それぞれの福祉レジームを構成する国々は以下のようになる。
   自由主義レジーム—アイルランド，イギリス
   保守主義レジーム—イタリア，フランス，ドイツ，フィンランド，スイス
   社会民主主義レジーム—オーストリア，ベルギー，オランダ，デンマーク，ノルウェー，スウェーデン
4) ESSPROSの収入データには，「種類（type）」と「発生源（origin）」という2通りの分類があるが，本節では前者の分類によるデータを用いることにする。なお「発生源」とは，社会保護制度の負担を分担する，企業，一般政府，家計，対家計非営利団体および海外部門からなる。
5) 以後，「一般政府拠出」と呼ぶことにする。
6) 以後，「使用者拠出」と呼ぶことにする。
7) 以後，「被保護者拠出」と呼ぶことにする。

出＋一般政府拠出＋その他収入という関係が成立する。以下の分析では、この関係式における右辺の各項の社会保護制度の収入に対する比率、つまり、使用者拠出／社会保護制度の収入、被保護者拠出／社会保護制度の収入、一般政府拠出／社会保護制度の収入の動向について検討する[8]。

図1-1には、13カ国に関する、使用者拠出／社会保護制度の収入[9]、被保護者拠出／社会保護制度の収入[10]、一般政府拠出／社会保護制度の収入[11]、それぞれの変動係数が示されている。図1-1より、その他収入の社会保護制度の収入に対する比率の変動係数は、かなり大きく不安定な動きをしていることがわかる。一方、使用者拠出割合、被保護者拠出割合および一般政府拠出割合の変動係数は、小さくかつ減少傾向を示している。ただし使用者拠出割合の変動係数は、一貫して被保護者拠出割合のそれよりも小さい。

このような変動係数の動向より、使用者拠出、被保護者拠出および一般政府拠出に関して、それぞれの多様性は小さくなり、とりわけグローバル化が進展する状況で企業の国際競争力に最も影響する使用者拠出割合の多様性が小さくなっている。

13カ国全体に関するそれぞれの拠出割合について、その多様性は小さくなっていることがわかったが、さらに福祉レジームごとに拠出割合の多様性について検討する。図1-2には、自由主義レジーム、保守主義レジームおよび社会民主主義レジームそれぞれに関して、使用者拠出割合、被保護者拠出割合および一般政府拠出割合の変動係数が示されている[12]。

図1-2より、図1-1の13カ国全体の動向と同様に、3つの福祉レジームに関するそれぞれの拠出割合の変動係数は、概ね減少傾向を示していることがわ

---

8) その他収入について、その社会保護制度の収入に対する比率が極めて小さいこと、およびその動向が不安定であるため、その他収入の社会保護制度の収入に対する比率を基本的に検討対象としない。
9) 以後、「使用者拠出割合」と呼ぶことにする。
10) 以後、「被保護者拠出割合」と呼ぶことにする。
11) 以後、「一般政府拠出割合」と呼ぶことにする。
12) 図の凡例の「自由」、「保守」、「社会」は、それぞれ自由主義レジーム、保守主義レジーム、社会民主主義レジームを示す。

第1章 グローバル化とEU諸国の福祉資本主義　7

図1-1　13カ国に関する拠出割合別の変動係数

(出所) ESSPROS 2008年版データより，筆者作成。

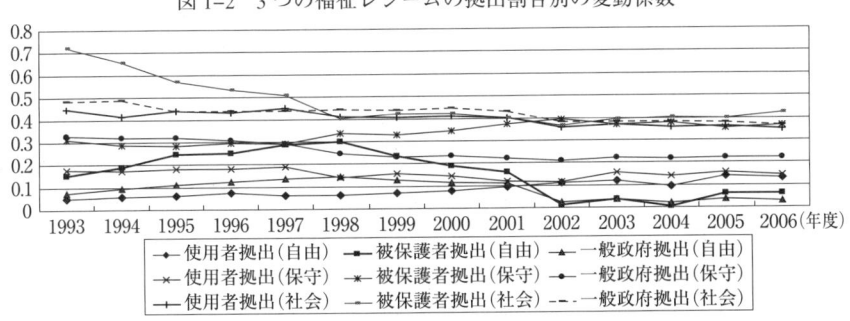

図1-2　3つの福祉レジームの拠出割合別の変動係数

(出所) ESSPROS 2008年版データより，筆者作成。

かる。さらに福祉レジームごとに比較すると，自由主義レジームに関する各拠出割合の2002年以降の変動係数は，極めて小さく，それ以外の福祉レジームのそれよりも小さい。一方社会民主主義レジームに関する各拠出割合の変動係数は，1998年以降安定して推移しているが，それ以外の福祉レジームよりも全体的に大きい。また保守主義レジームに関する各拠出割合の変動係数は，自由主義レジームと社会民主主義レジームのほぼ中間の水準で推移している。ただし使用者拠出割合の変動係数は，減少傾向を示し常に一番低い水準で推移するが，被保護者拠出割合の変動係数は増大傾向を示している。

このような変動係数の動向より，社会保護制度の拠出構造に関して，自由主義レジームが最も多様性が小さいのに対して，社会民主主義レジームのそれは最も大きいことがわかる。また保守主義レジームについて，その特徴であると

考えられている強い階層性に関係する．使用者拠出割合の多様性は小さいが，被保護者拠出割合の多様性は大きくなっており，国によって被保護者に対する対応の違いが大きくなっている．

以上より，社会保護制度の拠出構造に関して，福祉レジームごとの収斂の程度は異なるが，13カ国全体として収斂する傾向があることがわかった．次に，それぞれの拠出割合の水準について検討する．

図1-3には，13カ国全体について，使用者拠出割合，被保護者拠出割合，一般政府拠出割合およびその他収入割合，それぞれの平均値が示されている．それぞれの平均値の大小関係について，高い方から，一般政府拠出割合，使用者拠出割合，被保護者拠出割合，その他収入割合という順序が一貫して維持されている．さらに，それぞれの拠出割合の平均値の水準は，大きな変化がなくほぼ一定である．このような13カ国全体の拠出割合の平均値の推移，および先に述べた13カ国全体の拠出割合の変動係数の推移を考慮すると，各国の社会保護制度の拠出構造は，それぞれの拠出割合の平均値にむけて収斂していることが予想される．そこで次に，このような収斂の過程において各福祉レジームにどのような変化が生じているのか検討するために，各福祉レジームに関するそれぞれの拠出割合の水準についてみることにする．

図1-4には，自由主義レジーム，保守主義レジーム，社会民主主義レジー

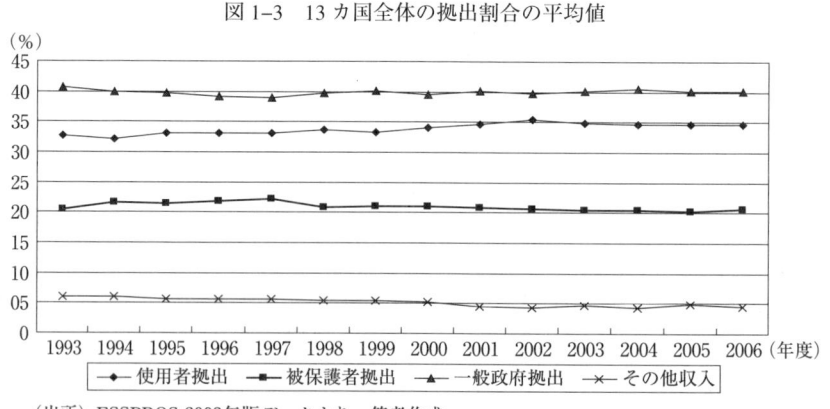

図1-3 13カ国全体の拠出割合の平均値

(出所) ESSPROS 2008年版データより，筆者作成．

図 1-4 使用者拠出割合の平均値

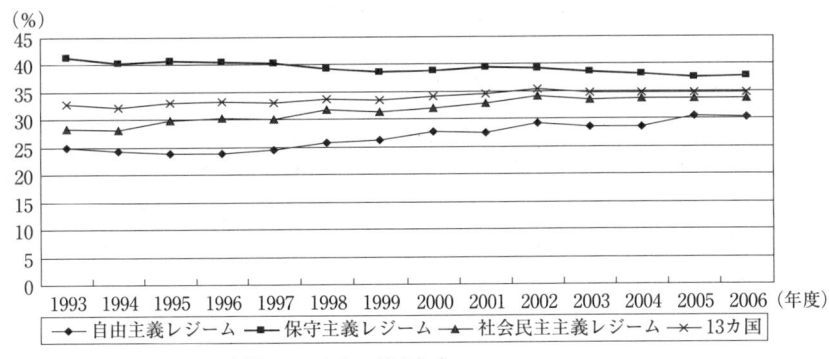

(出所) ESSPROS 2008年版データより，筆者作成。

ムおよび 13 カ国全体について，使用者拠出割合の平均値が示されている。保守主義レジームの使用者拠出割合は，社会民主主義レジームのそれよりも常に高い水準で推移している。ところで階層性が強い場合，使用者拠出割合が高く，階層性が弱い場合，使用者拠出割合が低いことが予想される。実際，保守主義レジームの特徴は階層性が強いことであり，社会民主主義レジームの特徴はそれが弱いことである。ゆえに，2 つの福祉レジームの使用者拠出割合の平均値の動向は，このようなそれぞれの福祉レジームの階層性に関する特徴を反映したものと考えられる。ただし 2 つの福祉レジームの使用者拠出割合の平均値は，13 カ国全体の平均値に向けて急速に収斂する傾向を示している。なお自由主義レジームの使用者拠出割合の平均値も，社会民主主義レジームと同様に 13 カ国全体の平均値に向けて上昇傾向を示しているが，他の福祉レジームほどは 13 カ国全体の平均値に近づいていない。

図 1-5 には，自由主義レジーム，保守主義レジーム，社会民主主義レジームおよび 13 カ国全体について，被保護者拠出割合の平均値が示されている。1990 年代半ばまでは，保守主義レジームの被保護者拠出割合の平均値が，社会民主主義レジームのそれを上回って推移する傾向をみることができる。これは，両福祉レジームの間の階層性の違いを反映したものと考えることができる。しかしそれ以降，両福祉レジームの被保護者拠出割合の平均値は収斂し，13 カ国全体の平均値の周りで推移している。一方自由主義レジームの被保護

10　第1部　グローバル化と福祉財政

図1-5　被保護者拠出割合の平均値

(出所) ESSPROS 2008年版データより，筆者作成。

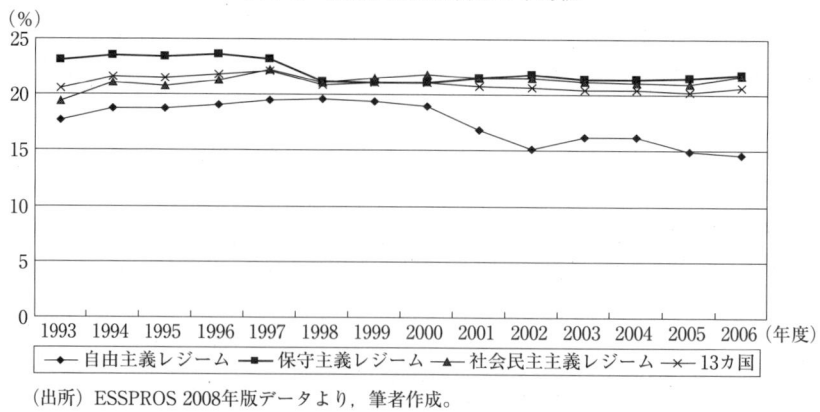

者拠出割合の平均値は，2000年以降低下し始め，13カ国全体の平均値を下回って推移し，他の福祉レジームとは異なる動向を示す。図1-2においてすでにみたように，自由主義レジームの被保護者拠出割合の変動係数は，2002年以降極めて小さいので，アイルランドおよびイギリスの被保護者拠出割合はともに，自由主義レジームの平均値と同様に他の福祉レジームとは異なる動向を示す。

　図1-6には，自由主義レジーム，保守主義レジーム，社会民主主義レジームおよび13カ国全体について，一般政府拠出割合の平均値が示されている。社会民主主義レジームの一般政府拠出割合は，一貫して保守主義レジームのそれを上回って推移しているが[13]，徐々に減少し2000年以降ほぼ13カ国全体の平均値の周りで推移している。一方保守主義レジームの一般政府拠出割合は，1990年代半ば以降上昇傾向を示し，社会民主主義レジームおよび13カ国全体の平均値に収斂する傾向を示している。また自由主義レジームの一般政府拠出割合の平均値は，減少傾向を示して13カ国全体の平均値に近づいているが，依然として社会民主主義レジーム，保守主義レジームおよび13カ国全体，

---

13)　社会民主主義レジームの特徴である弱い階層性および社会権の脱商品化，および保守主義レジームの特徴である強い階層性および補完性原理などが反映した結果であると考えられる。

図 1-6　一般政府拠出割合の平均値

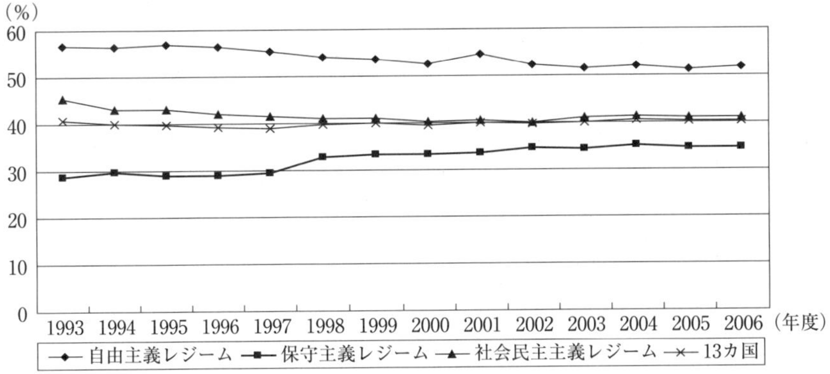

凡例：◆ 自由主義レジーム　■ 保守主義レジーム　▲ 社会民主主義レジーム　× 13カ国

(出所) ESSPROS 2008年版データより，筆者作成。

それぞれの平均値から大きく隔たっている。さらに図1-2においてすでにみたように，自由主義レジームの一般政府拠出割合の変動係数は，2002年以降極めて小さいので，アイルランドおよびイギリスの一般政府拠出割合はともに，自由主義レジームの平均値と同様に他の福祉レジームとは異なる動向を示す。

　第2節の分析より，保守主義レジームと社会民主主義レジームは，使用者拠出割合，被保護者拠出割合，一般政府拠出割合それぞれの水準に関して，互いに近づき収斂する傾向を示している。ただし収斂の過程において，両福祉レジームの特徴が維持されて，保守主義レジームについては〔使用者拠出割合〕＞〔一般政府拠出割合〕[14]，社会民主主義レジームについては〔一般政府拠出割合〕＞〔使用者拠出割合〕という大小関係が一貫して成立している。しかしながら同時に，両福祉レジームにおいて，使用者拠出割合と一般政府拠出割合は，互いに均等化するように変化している。一方保守主義レジームおよび社会民主主義レジームと比較して，自由主義レジームにおいては，被保護者拠出割合が低く，一般政府拠出割合が高く推移している点が際立っている。ゆえに社会保護制度の拠出構造に関して，自由主義レジームは，保守主義レジームおよ

---

[14]　この大小関係は，13カ国全体における拠出割合の平均値の大小関係とは逆である。

び社会民主主義レジームと異なる構造をもっていると考えられる。

3. 社会保護費の対 GDP 比からみた福祉レジーム

　第2節において社会保護制度の収入面の構造について検討したが、第3節では、社会保護制度の支出面の規模について検討するために、ESSPROS の支出データのうち社会保護費の対 GDP 比のデータを用いることにする。

　図1-7には、13カ国全体および3つの福祉レジームに関して、社会保護費の対 GDP 比の変動係数が示されている。13カ国全体について、変動係数は多少変化しているが、傾向的変化は認められない。したがって13カ国全体について、社会保護費の対 GDP 比に関する多様性の変化は生じていない。また自由主義レジームの変動係数は、13カ国全体のそれよりも大きく、かつ相対的に大きな変化を示している。ゆえに自由主義レジームに属するとされるアイルランドとイギリスを、1つのまとまりとして捉えることは困難である。一方、保守主義レジームと社会民主主義レジームの変動係数は、13カ国全体の変動係数より小さく、かつ安定的に推移している。したがって、保守主義レジームおよび社会民主主義レジームは、それぞれ内部に多様性を維持しながら、互いにもう一方の福祉レジームに対してまとまりがあると考えられる。

　自由主義レジームを1つのまとまりとして捉えることが困難であることは、

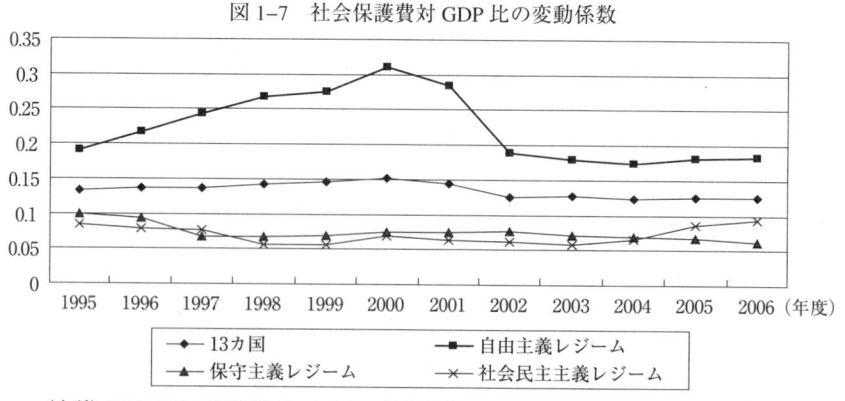

図1-7　社会保護費対 GDP 比の変動係数

（出所）ESSPROS 2008年版データより、筆者作成。

図1-8　各国の社会保護費の対GDP比

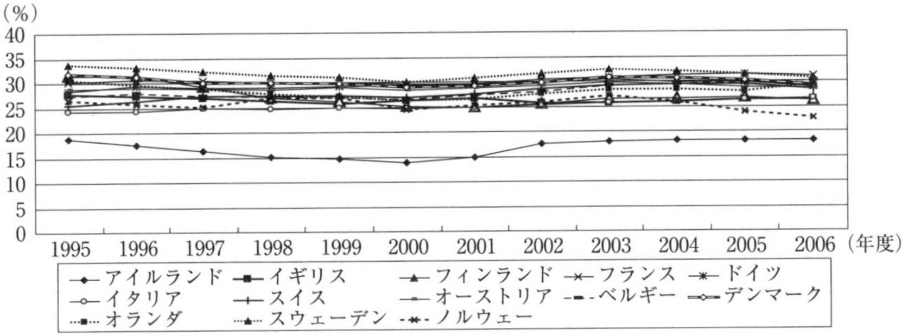

(出所) ESSPROS 2008年版データより，筆者作成。

　図1-8に示されている各国の社会保護費の対GDP比をみるとより明確になる。図1-8より，（自由主義レジームに属するイギリスを含む）多くの国々の社会保護費の対GDP比は，25～30%の水準であることがわかる。一方自由主義レジームに属するアイルランドのみが，他の国々と比較して際立って低い20%以下の水準で一貫して推移していることがわかる。ゆえに社会保護費の対GDP比の観点から，アイルランドとイギリスからなる自由主義レジームを1つのまとまりとして捉えることは困難である。

　以上の変動係数の分析より，保守主義レジームと社会民主主義レジームは，自由主義レジームとは異なり，互いにまとまりがあることがわかった。次に，まとまりがあると判断できる保守主義レジームと社会民主主義レジームそれぞれに関して，社会保護費の対GDP比の平均値について検討する。

　図1-9には，保守主義レジームと社会民主主義レジームそれぞれについて，社会保護費の対GDP比の平均値が示されている。社会民主主義レジームの社会保護費の対GDP比は，一貫して保守主義レジームのそれよりも高い水準で推移している。しかし両福祉レジームの社会保護費の対GDP比の差は極めて小さく，ともに27～30%の間で同じように推移している。ゆえに社会保護費の対GDP比において，保守主義レジームと社会民主主義レジームは，収斂していると考えることができる。

　第3節の分析より，自由主義レジームは，社会保護制度の支出面の規模にお

図 1-9　社会保護費対 GDP 比平均値

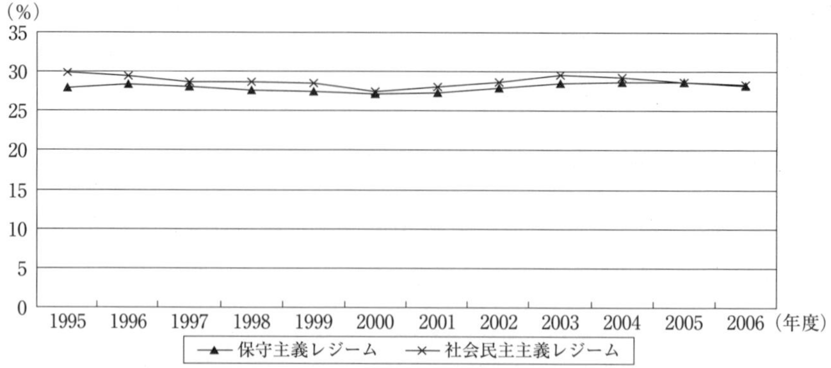

(出所) ESSPROS 2008年版データより，筆者作成。

いては，その収入面の構造の場合とは対照的に不安定であり，1つのレジームとして認識することはできない。一方，保守主義レジームと社会民主主義レジームは，社会保護制度の支出面の規模においては，その収入面の構造と同様に，それぞれの福祉レジームの特徴を維持しつつ収斂する傾向を示している。つまり，両福祉レジームの社会保護費の対 GDP 比は，ほぼ同水準で安定的に推移している。

4. 社会保護制度の政策分野別支出割合からみた福祉レジーム

第3節では社会保護制度の支出面の規模について検討したが，第4節では社会保護制度の支出面の構造について検討する。

第4節では，社会保護制度の支出面の構造を検討するために，ESSPROS の支出データのうち政策分野別支出割合を用いることにする。政策分野とは，以下の8項目の社会保護制度において保護されるべきリスクやニーズに対応する。

1. 疾病・保健医療 (Sickness・Health care)
2. 障害 (Disability)
3. 老齢 (Old age)

4. 遺族（Survivors）
5. 家族・育児（Family・Children）
6. 失業（Unemployment）
7. 住宅（Housing）
8. 他の分類に入らない社会的排除（Social exclusion not elsewhere classified）

さらに社会保護制度における総支出とは，以下のように定義される。

　　　総支出（Total expenditure）
＝　社会給付（Social protection benefits）
＋　管理費（Administration costs）
＋　その他の支出（Other expenditure）

　社会給付は，上記の8項目の保護されるべきリスクやニーズに対応する支出からなる。第4節で分析対象とする各政策分野別支出割合とは，それぞれの政策分野に対する支出の総支出に対する比率である[15]。以下では，まず各政策分野別支出割合の動向を検討し，さらに各福祉レジームにおける境界ケースにおける国々の各政策分野別支出割合についても検討する。
　図1-10には，13カ国全体の各政策分野別の変動係数が示されている。それぞれの政策分野の変動係数について，その水準の顕著な変化を認めることはできない。ゆえに，各政策分野の大小関係にも顕著な変化を認めることはできない。また変動係数の大小関係について，疾病・保健医療および老齢が一貫して小さいのに対して，住宅，遺族の順に大きい。
　このような変動係数の動向より，それぞれの政策分野の多様性について顕著な変化は認められない。しかし，疾病・保健医療および老齢は多様性が小さいのに対して，住宅や遺族の多様性は大きい。

15）　ただし，「他の分類に入らない社会的排除」という政策分野を分析対象から除外した。

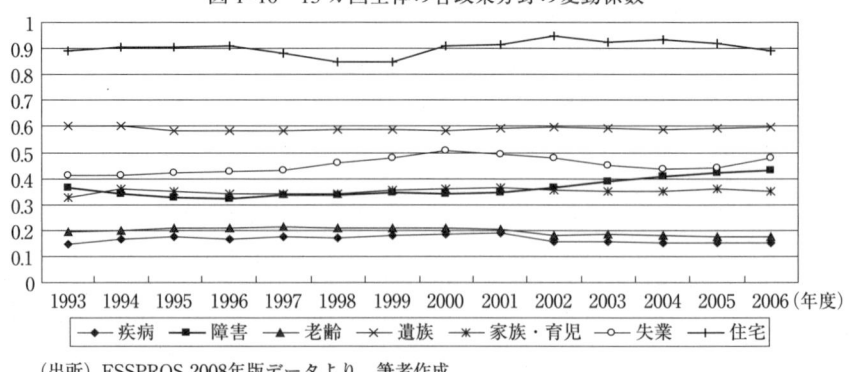

図 1-10　13 カ国全体の各政策分野の変動係数

（出所）ESSPROS 2008 年版データより，筆者作成。

　図 1-11，図 1-12，図 1-13 それぞれは，保守主義レジーム，社会民主主義レジーム，自由主義レジームの各政策分野の変動係数を示している。自由主義レジームは，他の福祉レジームとは異なり，極端に大きな変動係数の値をとる政策分野はなく，何れの政策分野の変動係数も 0.6 を下回っている。しかし自由主義レジームでは，他の福祉レジームほど，各政策分野の変動係数の大小関係が安定していない。

　次に政策分野ごとに，各福祉レジームの変動係数の動向を比較する。まず，保守主義レジームおよび社会民主主義レジームにおいて，疾病・保健医療および老齢の変動係数は，13 カ国全体の場合と同様に一貫して小さい。また自由主義レジームにおいても，疾病・保健医療の変動係数は一貫して小さい。ただ

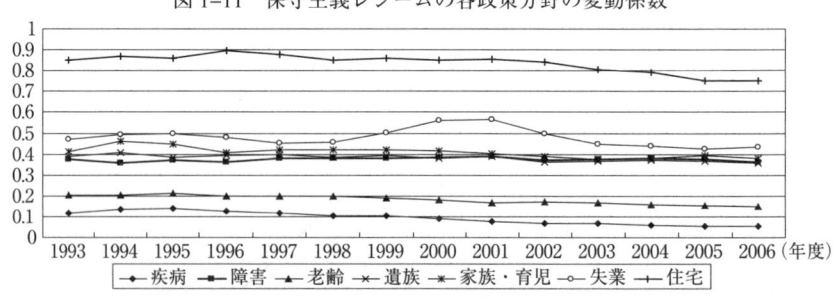

図 1-11　保守主義レジームの各政策分野の変動係数

（出所）ESSPROS 2008 年版データより，筆者作成。

図1-12 社会民主主義レジームの各政策分野の変動係数

（出所）ESSPROS 2008年版データより，筆者作成。

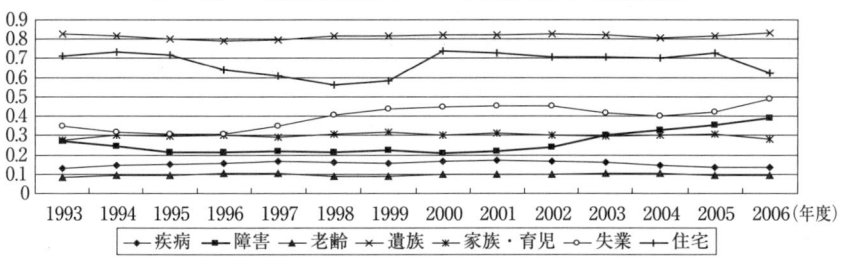

図1-13 自由主義レジームの各政策分野の変動係数

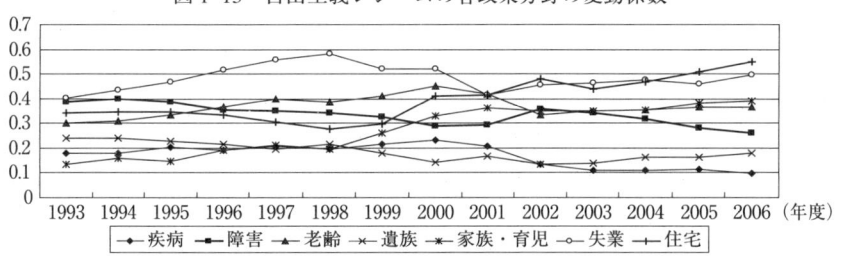

（出所）ESSPROS 2008年版データより，筆者作成。

し，自由主義レジームの老齢の変動係数は小さくはない。老齢の変動係数は，年齢構成の影響を受けると考えられる。実際，アイルランドの2006年における65歳以上人口構成比は11.1％，イギリスのそれは16％である[16]。さらに自由主義レジームに属する国は2カ国しかないため，自由主義レジームの老齢の変動係数は，他の福祉レジームと比較して大きいと考えられる。

障害，家族・育児の変動係数は，すべての福祉レジームにおいて，疾病・保健医療のそれほど小さくはないが，それに次ぐ中位の大きさで推移している[17]。

自由主義レジームの遺族の変動係数は，疾病・保健医療とともに一貫して小

---

16) 65歳以上人口構成比のデータは，EUROSTATによる。
17) ただし自由主義レジームは，2000年以降この傾向が当てはまる。それ以前は，家族・育児の変動係数は，疾病・保健医療と同様にかなり小さい。

さく，一方社会民主主義レジームのそれは，一貫して一番大きくかつ極めて大きい。また保守主義レジームの遺族の変動係数は，疾病・保健医療や老齢に次いで，一貫して中位の大きさで推移している。

各国のマクロ経済情勢の影響を受ける失業の変動係数は，すべての福祉レジームにおいて，比較的変動幅も大きく，高めの大きさで推移している。

保守主義レジームおよび社会民主主義レジームの住宅の変動係数は，他の政策分野のそれと比較して大きさが目立つ。一方自由主義レジームの住宅の変動係数は，他の政策分野のそれと比較して大きいわけでない。

それぞれの福祉レジームにおいて，変動係数の値が相対的に小さい政策分野が，その福祉レジームの特徴を示す可能性があると考えられる。このように考えると，変動係数の動向を考慮して，福祉レジームの比較において検討対象とすべき政策分野を特定化する必要がある。

すべての福祉レジームで疾病・保健医療の変動係数が小さいので，すべての福祉レジームの疾病・保健医療の政策分野別支出割合平均値を比較する必要がある。一方，老齢の変動係数は，保守主義レジームと社会民主主義レジームでは，疾病・保健医療のそれと同様に小さいが，自由主義レジームでは，小さくなくかつ不安定に推移している。ゆえに，老齢の政策分野別支出割合の平均値については，保守主義レジームと社会民主主義レジームを比較する。さらに障害および家族・育児の変動係数は，すべての福祉レジームで疾病・保健医療のそれに次ぐ大きさであるので，すべての福祉レジームの障害および家族・育児の政策分野別支出割合の平均値を比較する。ところで，障害および家族・育児という政策分野は，脱家族化[18]という特性に関わる。つまり，脱家族化の程度が大きいと障害および家族・育児という政策分野が重視されると予想される。さらに脱家族化という特性には，遺族という政策分野も関連すると考えられる。なぜならば，脱家族化の程度が小さくなればなるほど遺族という政策分野が重視されると考えられるからである。したがって，脱家族化という観点か

---

[18] 脱家族化とは，人々が家族という人間関係に依存せずに，経済資源を利用できる程度を示す。

図 1–14　失業の政策分野別支出割合の平均値

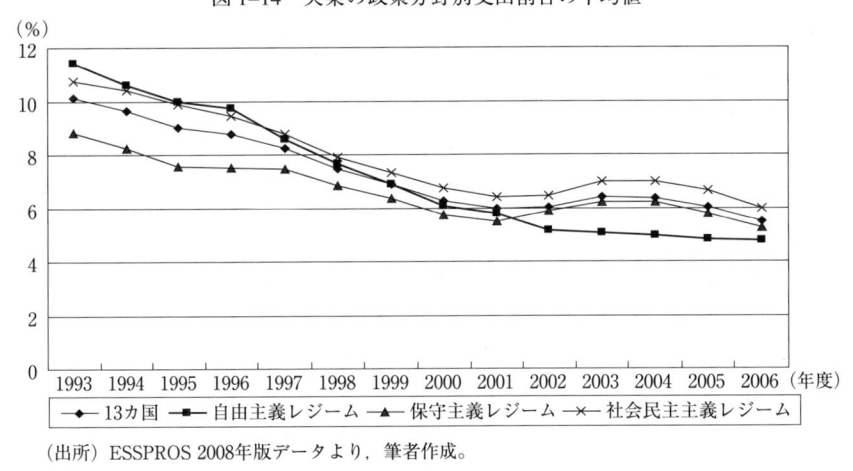

(出所) ESSPROS 2008 年版データより，筆者作成。

ら，すべての福祉レジームの遺族の政策分野別支出割合の平均値も比較する。

　住宅の変動係数は小さくなく，さらに各国の住宅の政策分野別支出割合に関して，イギリスのみが概ね 6% 前後で推移しているのに対して，イギリス以外の国々は概ね 3% 以下で推移している。したがって住宅という政策分野を，福祉レジームの比較において検討対象とする必要はないと判断する。一方失業の変動係数は，すべての福祉レジームにおいて不安定に推移し，さらにそれぞれの福祉レジームの特徴よりむしろマクロ経済情勢の影響を強く受けると考えられる。ゆえに失業という政策分野を，福祉レジームの比較において検討対象とする必要はないと判断する。なお図 1–14 に示されているように，各福祉レジームの失業の政策分野別支出割合の平均値は，近年急速に低下しかつ収斂している。

　以上の議論に基づき，まず疾病・保健医療の政策分野別支出割合について検討する。図 1–15 には，疾病・保健医療の政策分野別支出割合の平均値が示されている。保守主義レジームと社会民主主義レジームの疾病・保健医療の政策分野別支出割合の平均値は，一貫してほぼ同水準で推移し，さらに自由主義レジームのそれよりも低い水準で推移している。なお 2006 年において，疾病・保健医療の政策分野別支出割合の平均値に関して，保守主義レジーム，社会民

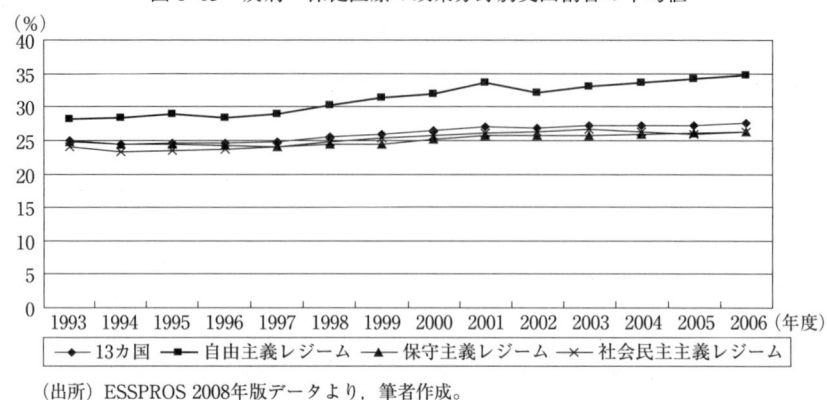

図 1-15　疾病・保健医療の政策分野別支出割合の平均値

(出所) ESSPROS 2008年版データより，筆者作成。

主主義レジーム，自由主義レジームそれぞれは，26.3%，26.2%，34.7% である。したがって疾病・保健医療という政策分野について，保守主義レジームと社会民主主義レジームの間に違いを見出すことはできない。しかし保守主義レジームと社会民主主義レジームに対して，自由主義レジームの特徴として，疾病・保健医療の政策分野別支出割合の平均値が大きいことを指摘することができる。

図 1-16 には，保守主義レジームと社会民主主義レジームに関して，老齢の政策分野別支出割合の平均値が示されている。老齢の政策分野別支出割合に関して，イタリアとアイルランドを除く各国は，概ね 30〜40% で推移しているが，イタリアは 50% 前後，アイルランドは 20% 前後で推移している。すでに述べたように，老齢という政策分野は，年齢構成の影響を受けると考えられる。実際 2006 年の 65 歳以上人口構成比に関して，イタリアはかなり大きく 19.7% であるのに対して，アイルランドは 11.1% である[19]。そこで図 1-16 には，保守主義レジームの老齢の政策分野別支出割合の平均値について，13 カ国の中で極めて大きいイタリアを含む場合と含まない場合を示した。イタリアを含む場合の保守主義レジームの平均値は，社会民主主義レジームのそれを若

---

19)　65 歳以上人口構成比のデータは，EUROSTAT による。

図 1-16　老齢の政策分野別支出割合の平均値

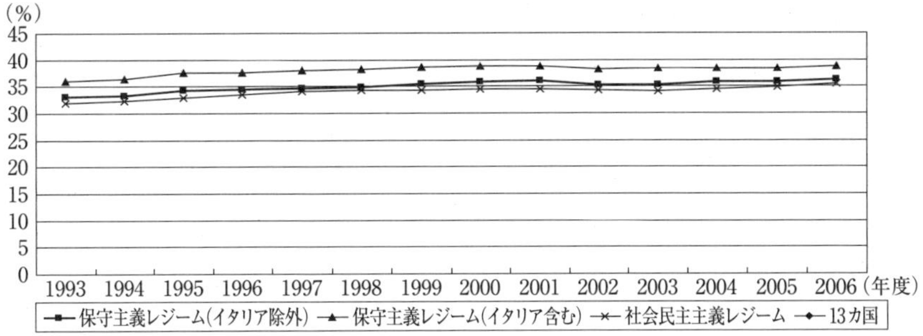

(%)
1993 1994 1995 1996 1997 1998 1999 2000 2001 2002 2003 2004 2005 2006 (年度)
──■── 保守主義レジーム(イタリア除外)　──▲── 保守主義レジーム(イタリア含む)　──※── 社会民主主義レジーム　──◆── 13カ国

(出所) ESSPROS 2008年版データより，筆者作成。

干上回る。しかし，イタリアを含まない場合の保守主義レジームの平均値は，社会民主主義レジームのそれと一貫してほぼ同じ水準で推移している。したがって老齢という政策分野に関して，イタリアを除外してより標準的な保守主義レジームに属する国々と，社会民主主義レジームの国々を比較すると，両福祉レジームの間に違いを見出すことはできない。

以上より，保守主義レジームと社会民主主義レジームの間には，政策分野別支出割合が大きな疾病・保健医療と老齢に関して，明確な違いを見出すことはできない。しかし自由主義レジームの疾病・保健医療の政策分野別支出割合は，保守主義レジームと社会民主主義レジームのそれよりも大きいことがわかる。

次に，疾病・保健医療や老齢という政策分野と比較すると支出割合が小さいが，脱家族化という観点から福祉レジームの間で違いが生じると予想される，障害，家族・育児および遺族という政策分野について検討する。図 1-17 から図 1-19 それぞれには，障害，家族・育児，遺族に関して，各福祉レジームの政策分野別支出割合が示されている。障害および家族・育児という政策分野に関して，社会民主主義レジームの平均値は保守主義レジームのそれを十分上回っている。一方遺族という政策分野に関して，保守主義レジームの平均値は社会民主主義レジームのそれを十分上回っている。ところで一般的に，社会民主主義レジームでは脱家族化の程度が高く，保守主義レジームではその程度が

22 第1部 グローバル化と福祉財政

図 1-17 障害の政策分野別支出割合の平均値

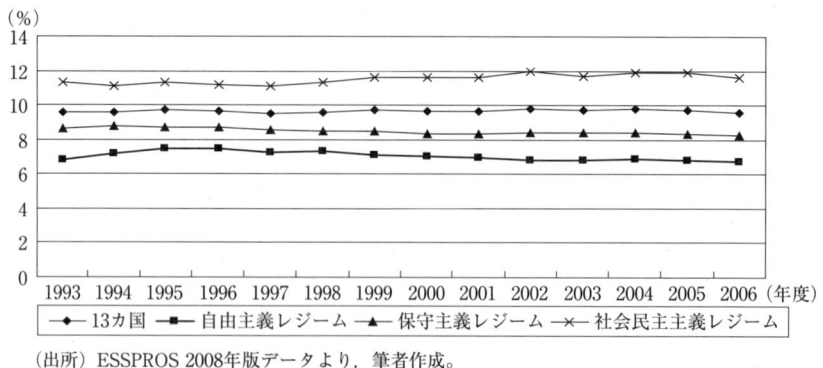

(出所) ESSPROS 2008年版データより，筆者作成。

図 1-18 家族・育児の政策分野別支出割合の平均値

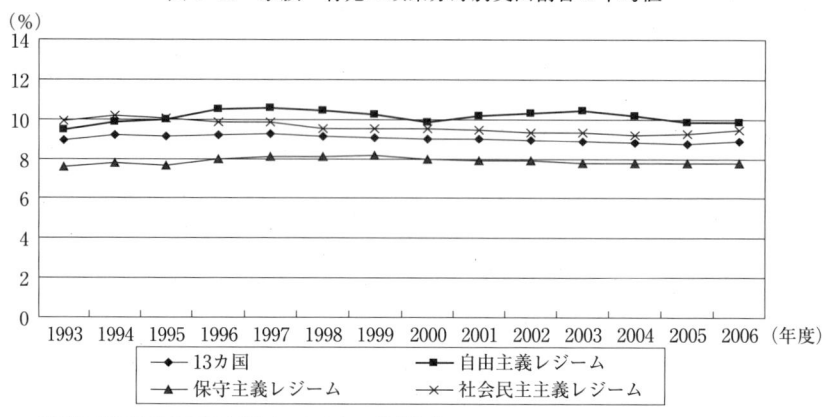

(出所) ESSPROS 2008年版データより，筆者作成。

低いとされる。ゆえに社会民主主義レジームでは，障害および家族・育児という政策分野がより重視され，保守主義レジームでは遺族という政策分野がより重視されると予想される。実際この予想は，図1-17から図1-19の各政策分野に関する，保守主義レジームの平均値と社会民主主義レジームのそれの大小関係によって支持される。

自由主義レジームの障害の政策分野別支出割合の平均値は，保守主義レジームのそれよりも十分に小さい。また自由主義レジームの家族・育児の政策分野

図 1-19 遺族の政策分野別支出割合の平均値

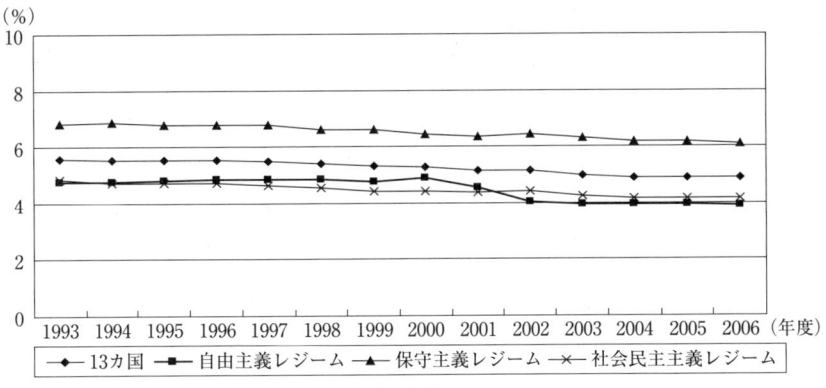

(出所) ESSPROS 2008 年版データより，筆者作成。

別支出割合の平均値は，社会民主主義と同様に，保守主義レジームのそれよりも十分大きい。さらに自由主義レジームの遺族の政策分野別支出割合の平均値は，社会民主主義レジームと同様に，保守主義レジームのそれよりも十分に小さい。つまり自由主義レジームは，家族・育児および遺族という政策分野に関して，脱家族化の程度は社会民主主義レジームと同程度であり，障害という政策分野に関して，保守主義レジーム以上に脱家族化の程度は低いと考えられる。したがって，自由主義レジームの脱家族化の程度は，社会民主主義レジームと保守主義レジームの中間的な程度であると考えることができる[20]。

　以上の議論より，脱家族化という観点に関係する障害，家族・育児，遺族の政策分野別支出割合が，福祉レジーム間の比較において重要な役割を果たすことがわかる。そこで次に福祉レジーム間比較に続き，保守主義レジームと社会民主主義レジームの境界ケースとなる国々について，障害，家族・育児および遺族の政策分野別支出割合の動向を検討する。以下では，表 1-1 に示された統合脱商品化度に基づき，保守主義レジームの境界ケースとしてフィンランドとスイス，社会民主主義レジームのそれとしてオーストリアとベルギーを取り上げる。

---

[20] 荒川・井戸・宮本・眞柄 (2004) も，自由主義レジームの脱家族化の程度は中程度と主張している。

24　第1部　グローバル化と福祉財政

図1-20　境界ケースの障害の政策分野別支出割合

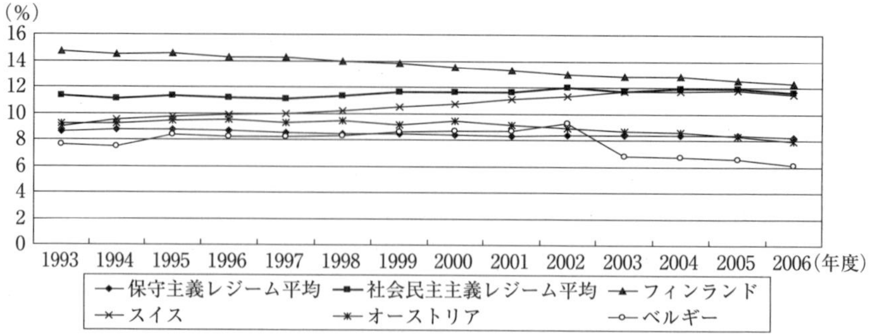

(出所) ESSPROS 2008年版データより，筆者作成。

　図1-20には，障害の政策分野別支出割合に関して，保守主義レジームの平均値，社会民主主義レジームの平均値，および両福祉レジームの境界ケースとなる4カ国の数値が示されている。保守主義レジームに属するフィンランドとスイスの障害の政策分野別支出割合について，フィンランドは減少傾向を示しているが，一貫して社会民主主義レジームの平均値を上回り，スイスは上昇傾向を示し，特に2001年以降は社会民主主義レジームの周りで推移している。その結果，両国の障害の政策分野別支出割合は収斂する傾向がある。さらに，両国は，一貫して保守主義レジームの障害の政策分野別支出割合における上位2カ国である。したがってフィンランドとスイスは，保守主義レジームの中で，障害という政策分野において最も社会民主主義レジームに近く位置することがわかる。一方社会民主主義レジームに属するオーストリアとベルギーの障害の政策分野別支出割合は，一貫して社会民主主義レジームの平均値よりも保守主義レジームのそれの周りで推移している。さらに両国は，一貫して社会民主主義レジームの障害の政策分野別支出割合における下位2カ国である。したがってオーストリアとベルギーは，社会民主主義レジームのなかで，障害という政策分野において最も保守主義レジームに近く位置することがわかる。
　図1-21には，家族・育児の政策分野別支出割合に関して，保守主義レジームの平均値，社会民主主義レジームの平均値，および両福祉レジームの境界ケースとなる4カ国の数値が示されている。保守主義レジームに属するフィン

図1-21 境界ケースの家族・育児の政策分野別支出割合

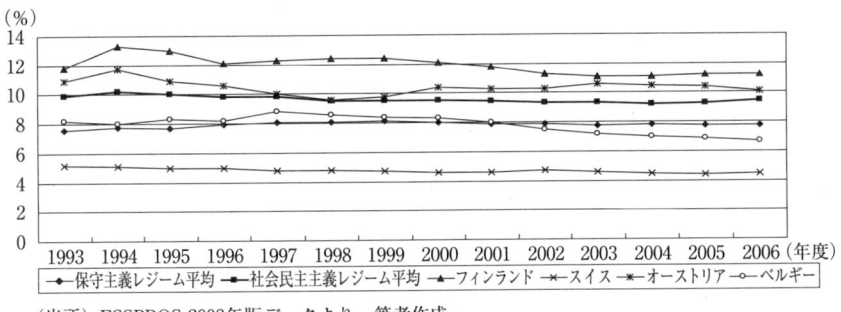

(%)
グラフ:縦軸0〜14、横軸1993〜2006(年度)
凡例: ◆保守主義レジーム平均 ■社会民主主義レジーム平均 ▲フィンランド ※スイス ＊オーストリア ○ベルギー

(出所) ESSPROS 2008年版データより，筆者作成。

ランドの家族・育児の政策分野別支出割合は，一貫して社会民主主義レジームの平均値を上回って推移している。さらにフィンランドの家族・育児の政策分野別支出割合は，一貫して保守主義レジームの中で一番大きい。また保守主義レジームに属するスイスの家族・育児の政策分野別支出割合は，保守主義レジームの平均値を大きく下回って推移している。さらに，スイスの家族・育児の政策分野別支出割合は，一貫して保守主義レジームの中でイタリアに次いで低い水準で推移している。一方社会民主主義レジームに属するオーストリアの家族・育児の政策分野別支出割合は，一貫して社会民主主義レジームの平均値を上回って推移している。また社会民主主義レジームに属するベルギーの家族・育児の政策分野別支出割合は，一貫して保守主義レジームの平均値の周りで推移している。さらにベルギーの家族・育児の政策分野別支出割合は，社会民主主義レジームの中でオランダに次いで低い水準で推移している。したがって家族・育児という政策分野において，スイスとオーストリアは，それぞれが属する福祉レジームの特徴を維持している。しかし，フィンランドは，保守主義レジームのなかで最も社会民主主義レジームに近く位置し，ベルギーは，社会民主主義レジームの中でかなり保守主義レジームに近く位置することがわかる。

図1-22には，遺族の政策分野別支出割合に関して，保守主義レジームの平均値，社会民主主義レジームの平均値，および両福祉レジームの境界ケースと

26 第1部 グローバル化と福祉財政

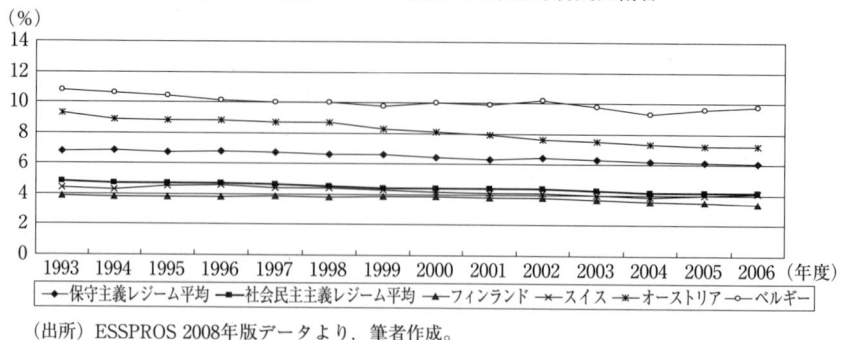

図1-22 境界ケースの遺族の政策分野別支出割合

(出所) ESSPROS 2008年版データより，筆者作成．

なる4カ国の数値が示されている。保守主義レジームに属するフィンランドとスイスの障害の政策分野別支出割合は，一貫して社会民主主義レジームの平均値の周りで推移している。さらにフィンランドとスイスは，一貫して保守主義レジームの障害の政策分野別支出割合における下位2カ国である。したがってフィンランドとスイスは，保守主義レジームの中で，遺族という政策分野において最も社会民主主義レジームに近く位置することがわかる。一方社会民主主義レジームに属するオーストリアとベルギーは，一貫して保守主義レジームの平均値を上回って推移している。さらにオーストリアとベルギーは，一貫して社会民主主義レジームの遺族の政策分野別支出割合における上位2カ国である。したがってオーストリアとベルギーは，社会民主主義レジームの中で，遺族という政策分野において最も保守主義レジームに近く位置することがわかる。

　以上の保守主義レジームと社会民主主義レジームの境界ケースに関する議論より，それに当てはまる国々は2種類あることがわかる。1つは，フィンランドとベルギーのように，障害，家族・育児および遺族という政策分野すべてにおいて，統合脱商品化度によって分類された福祉レジームとは対極にある福祉レジームに近い国々である。もう1つは，スイスとオーストリアのように，障害および遺族という政策分野のみにおいて，統合脱商品化度によって分類された福祉レジームとは対極にある福祉レジームに近い国々である。これらの国々

は，障害や遺族という政策分野よりも，脱家族化により直接的に関係する家族・育児において，統合脱商品化度によって分類された福祉レジームの特徴を維持している。

このように統合脱商品化度によって分類された福祉レジームの境界は，脱家族化に関係する3つの政策分野において崩れていることがわかる。また保守主義レジームと社会民主主義レジームに関して，統合脱商品化度による分類と脱家族化に関係する3つの政策分野別支出割合による分類が，ある程度対応することがわかる。

5．おわりに

グローバル化が進展する過程において，統合脱商品化度という基準によって分類された各福祉レジームがどのような状況にあるか，ESSPROSの収入および支出データを用いて分析を行った。その結果，以下のことが明らかになった。

第1に，社会保護制度の収入面の構造に関して，保守主義レジームと社会民主主義レジームの構造は収斂する傾向が見られる。具体的には両福祉レジームは，それぞれの特色を維持しながら，使用者拠出割合，被保護者拠出割合，一般政府拠出割合それぞれに関して，互いに近づき収斂する傾向を示している。さらに同時に，使用者拠出割合と一般政府拠出割合は均等化している。一方自由主義レジームは，他の福祉レジームと比較すると，被保護者拠出割合が低く，一般政府拠出割合が高いことが際立つ。したがって，自由主義レジームの拠出構造は，他の福祉レジームのそれと異なると考えられる。

第2に，社会保護制度の支出面の規模に関して，保守主義レジームと社会民主主義レジームの社会保護費対GDP比の平均値は，ほぼ同水準で安定的に推移している。一方社会保護費対GDP比の観点から，自由主義レジームを1つの福祉レジームとして認識することはできない。

第3に，社会保護制度の支出面の構造に関して，5つの政策分野別支出割合を基準にして以下のことが明らかになった。

支出割合が大きい疾病・保健医療および老齢という政策分野について，保守主義レジームと社会民主主義レジームは収斂しており，明確な違いは認められない。一方自由主義レジームは，他の福祉レジームよりも疾病・保健医療という政策分野を重視している傾向が認められる。

支出割合が小さいが，脱家族化に関係する障害，家族・育児および遺族という政策分野に関して，保守主義レジームと社会民主主義レジームは，依然として対極に位置するという構造が維持されていることが認められる。一方自由主義レジームは，脱家族化という観点から，互いに対極に位置する他の福祉レジームの中間に位置することが認められる。

保守主義レジームと社会民主主義レジームの境界ケースとなる国々ついて，脱家族化に関係する障害，家族・育児および遺族という政策分野における境界が崩れていることが認められる。

以上より，保守主義レジームと社会民主主義レジームに属する大陸ヨーロッパ諸国は，社会保護制度の収入および支出面において概ね収斂する傾向がある。ただし，両福祉レジームを分ける脱家族化に関する政策分野においては，依然としてそれぞれの福祉レジームがその特徴を維持している。一方，アングロ・サクソン系の自由主義レジームは，社会保護制度の収入および支出面において，大陸ヨーロッパ諸国との違いが認められる。したがってグローバル化が進展する下でも，3つの福祉レジームが完全に収斂しているわけではなく，社会保護制度の収入面よりも支出面において相対的に多様性が維持されていると考えられる。

このようにEUにおける福祉国家諸国の状況が明らかになったが，本章において以下のような課題が残されている。第1に，本章のような直感的な分析ではなく，統計学的により厳密に各国の社会保護制度の相違を検証する必要がある。第2に，どのような要因によって各国の社会保護制度における収入および支出両面の違いがもたらされるのか，計量経済学的に明らかにする必要がある。これらの課題に対して，別稿にて検討を加えることとする。

参 考 文 献

荒川敏光・井戸正伸・宮本太郎・眞柄秀子著（2004）『比較政治経済学』有斐閣。
埋橋孝文編著（2003）『比較のなかの福祉国家』ミネルヴァ書房。
国立社会保障・人口問題研究所（2004）「社会保障費用の国際統計の動向―ILO, OECD, EUROSTAT を中心として―」『海外社会保障研究』No.146, 80-87 ページ。
国立社会保障・人口問題研究所（2008）「社会保障費の国際比較統計―SOCX 2008 ed.の解説と国際基準の動向―」（『海外社会保障研究』No.165）92-100 ページ。
Alcock, P. and G. Craig (2001), *International Social Policy*, Palgrave Publishers（埋橋孝文他訳『社会政策の国際的展開』晃洋書房）.
Alcock, P. and G. Craig (2009), *International Social Policy, Second Edition*, Palgrave Publishers.
Esping-Andersen, C. (1990), *The Three Worlds of Welfare Capitalism*, Polity Press（岡沢憲芙，宮本太郎監訳『福祉資本主義の三つの世界：比較福祉国家の理論と動態』ミネルヴァ書房）.
European Comission (2008), *Joint Report on Social Protection and Social Inclusion 2008*.
EUROSTAT (2008 a), *ESSPROS Manual 2008 edition*.
EUROSTAT (2008 b), *European Social Statistics : Social Protection Expenditure and Receipts Data 1997-2005*.

第 2 章

社会保障の国際的調整
――社会保障協定の現状と課題――

1. はじめに

　経済のグローバル化は，モノ，カネと並んでヒトの国境を越えた移動を促進する。すなわち，企業の海外進出により，従業員の海外派遣者数が増える。海外への長期滞在者数が増えるに連れて，企業にとっても従業員にとっても困難な問題が生じる。その代表的なものが，年金保険料の二重払いの問題と掛け捨ての問題である。

　海外に派遣された従業員は，派遣先国の年金制度に加入する義務があるので，現地で保険料を支払わなければならないが，国内の年金給付額を確保しなければならないので，通常，自国の保険料も支払っている（二重払い）。ところが，滞在期間が派遣先国の年金受給権が得られる最低加入年数に満たないため，保険料を支払ったまま年金は受給できないという事態を生む（掛け捨て）。

　こうした現象は，以前から存在していたが，海外進出企業や海外派遣者の数が少ない時代には，さほど問題視されなかった。ところが，グローバル化の進展により企業の国際的な活動が活発化し，海外で働く従業員が増大するに連れて，次第に深刻な問題として注目されるようになってきた。と同時に，社会保障の国際的な調整の必要性が認識され，各国間で社会保障協定を結んで対処す

るという動きが進んだ。

　本章では，この社会保障協定を取り上げ，その現状と問題点を明らかにしたい[1]。議論は以下のように進める。まず，次の2では，経済のグローバル化をヒトの面から捉えるために，人口移動の実態についていくつかのデータを示す。具体的には，日本人の海外在留者数の現状，日本国内の外国人在住者数の現状をみる。3では，まず，社会保障協定の目的，仕組み，社会保障協定締結による社会保険料負担軽減額の大きさなどを検討する。続いて，社会保障協定の沿革と主要国の締結状況について述べ，日本の社会保障協定締結相手国と協定の内容を検討する。社会保障協定締結後の年金支給要請の状況をもみる。4では現行社会保障協定の課題を取り上げ，二重加入の問題，保険料の掛け捨ての問題を再検討したのち，日本在住の外国人と海外在住日本人の社会保障上の取扱いの差異について考察する。そして5で，今後社会保障協定を推進していくためのの最大の問題は，日本の年金制度，とりわけ，受給資格期間が25年と長い点にあることを指摘し，その短縮を提言して，論考をしめくくる。

2. 経済のグローバル化と人口移動

2–1　日本人の海外在留

　まず，日本人の海外在留者数の現状をみておこう。表2–1は，2007年（10月末現在）の海外在留邦人数を示したものである。2007年の海外在留邦人総数は約108.6万人であり，そのうち長期滞在者（3カ月以上の在留者で，永住者でない日本人）数が約74.6万人，永住者（原則として当該在留国から永住資格を得ている者で，日本国籍を有する者）数が約34.0万人である。

　海外在留邦人総数を国別にみると，アメリカが圧倒的に多く（約37.5万人），次に中国（約12.8万人），以下，イギリス（約6.4万人），オーストラリア（約6.3万人），ブラジル（約6.2万人），カナダ（約4.7万人），タイ（約4.3万人）などの順になっている。

---

[1]　社会保障協定のみならず，社会保障領域を国際的視点から幅広く考察した論考として，岡（2005 a）（2006）がある。

表 2-1　海外在留邦人数（2007年）

（単位：人，％，倍）

国（地域）	総人数(a)	長期滞在者 人数	長期滞在者 割合	永住者 人数	永住者 割合	1980年の総人数(b)	(a)/(b)
世界全体　a	1,085,671	745,897	68.7	339,774	31.3	445,372	2.4
アジア　b	296,002	281,185	95.0	14,817	5.0	62,689	4.7
アラブ首長国連邦　c	2,766	2,724	98.5	42	1.5	不明	不明
インド　c	2,819	2,663	94.5	156	5.5	838	3.4
インドネシア　c	11,225	10,456	93.1	769	6.9	6,026	1.9
＊韓国	23,267	20,364	87.5	2,903	12.5	3,040	7.7
サウジアラビア　c	1,092	1,041	95.3	51	4.7	3,919	0.3
シンガポール	25,969	24,617	94.8	1,352	5.2	8,140	3.2
タイ	42,736	41,899	98.0	837	2.0	6,424	6.7
台湾	17,409	16,045	92.2	1,364	7.8	5,022	3.5
中国　d	127,905	126,627	99.0	1,278	1.0	6,199	20.6
トルコ　c	1,353	1,032	76.3	321	23.7	不明	不明
パキスタン　c	991	451	45.5	540	54.5	不明	不明
フィリピン	14,424	11,545	80.0	2,879	20.0	3,958	3.6
ベトナム　c	5,613	5,397	96.2	216	3.8	不明	不明
マレーシア	10,231	9,288	90.8	943	9.2	3,201	3.2
北アメリカ	431,137	271,196	62.9	159,941	37.1	139,367	3.1
＊アメリカ	374,732	247,771	66.1	126,961	33.9	121,180	3.1
＊カナダ	47,376	17,606	37.2	29,770	62.8	12,280	3.9
メキシコ	5,849	3,859	66.0	1,990	34.0	3,157	1.9
南アメリカ	85,974	5,146	6.0	80,828	94.0	178,336	0.5
アルゼンチン	11,562	413	3.6	11,149	96.4	15,887	0.7
コロンビア	1,270	378	29.8	892	70.2	833	1.5
チリ	1,152	654	56.8	498	43.2	不明	不明
パラグアイ	3,672	315	8.6	3,357	91.4	5,187	0.7
ブラジル	61,527	1,894	3.1	59,633	96.9	141,580	0.4
ペルー	2,622	519	19.8	2,103	80.2	8,460	0.3
ボリビア	2,716	262	9.6	2,454	90.4	3,709	0.7
ヨーロッパ　e	182,715	138,701	75.9	44,014	24.1	50,632	3.6
アイルランド　c	1,432	1,025	71.6	407	28.4	不明	不明
＊イギリス	63,526	50,053	78.8	13,473	21.2	10,943	5.8
イタリア	11,322	7,661	67.7	3,661	32.3	3,013	3.8
オーストリア　c	2,047	1,294	63.2	753	36.8	1,187	1.7
＊オランダ	6,100	4,665	76.5	1,435	23.5	2,059	3.0
スイス	7,739	3,892	50.3	3,847	49.7	1,946	4.0
スウェーデン	2,923	898	30.7	2,025	69.3	943	3.1
スペイン　c	6,253	3,826	61.2	2,427	38.8	2,184	2.9
＊チェコ	1,719	1,532	89.1	187	10.9	不明	不明
デンマーク	1,399	657	47.0	742	53.0	580	2.4
＊ドイツ	32,755	26,023	79.4	6,732	20.6	13,991	2.3
ハンガリー	1,232	1,003	81.4	229	18.6	不明	不明
フィンランド	1,056	533	50.5	523	49.5	不明	不明
＊フランス　c	29,279	23,354	79.8	5,925	20.2	6,842	4.3
＊ベルギー　c	6,156	5,857	95.1	299	4.9	2,433	2.5
ポーランド	1,193	986	82.6	207	17.4	不明	不明
ロシア	2,154	2,112	98.1	42	1.9	976	2.2
アフリカ	7,317	6,696	91.5	621	8.5	8,161	0.9
南アフリカ	1,357	1,116	82.2	241	17.8	611	2.2
オセアニア	82,491	42,938	52.1	39,553	47.9	6,187	13.3
＊オーストラリア	63,459	32,771	51.6	30,688	48.4	5,007	12.7
北マリアナ諸島　c	1,199	881	73.5	318	26.5	不明	不明
グアム	3,740	1,330	35.6	2,410	64.4	不明	不明
ニュージーランド	12,250	6,303	51.5	5,947	48.5	659	18.6

（注）　1.　a　南極を含む。　　b　カザフスタン，キルギスなど地理的にアジアに含まれる旧ソビエト諸国を除く。　　c　永住制度がない国であり，「永住者」は在留届に「永住」と自己申告した者を含む。　d　香港およびマカオを含む。ただし，1980年の総数には含まない。
　　　　　e　カザフスタン，キルギスなど地理的にアジアに含まれる旧ソビエト諸国を含む。
　　　2.　＊印の国は，日本と社会保障協定を締結している国。
（出所）　総務省統計局『世界の統計』により作成。

海外在留邦人総数を地域別にみると，大雑把にいって，約4割の人が北アメリカ地域に，約3割の人がアジア地域に，約2割の人がヨーロッパ地域に在留しているとみなせよう。

海外在留邦人のうち，長期滞在者と永住者の割合についてみると，地域別に特徴がある。アジア地域とアフリカ地域では，パキスタンを除いて，圧倒的に長期滞在者の割合が大きい（すなわち永住者の割合が小さい）。一方，南アメリカ地域では，チリを除いて，永住者の割合が格段に高い。北アメリカ地域では，アメリカは長期滞在者と永住者の割合が2対1であるが，カナダはほぼその逆の割合になっている。

海外在留邦人数は急速に増えている。2007年の総人数を1980年の総人数と比較すると，世界全体では，44.5万人から108.5万人へと約2.4倍になった。国別の増加状況をみると，中国は実に20.6倍に増えているほか，ニュージーランドが18.6倍に，オーストラリアも12.7倍になり，オセアニア地域全体で13.3倍に増えている。アジア地域も全体で4.7倍に増えている。

一方，南アメリカ地域における在留邦人数は，この27年間で半減した。また，アフリカ地域での在留邦人数は，南アフリカでは倍増しているものの，アフリカ全体では減っている。表からわかるように，南アメリカ地域における在留邦人数の減少は，ブラジルにおける在留邦人数の減少の影響が大きい（1980年の14万人台から2007年の6万人台へ，約6割減）。ブラジルは，永住者の割合が極めて大きい国であることから考えると，在留邦人の6割減の大部分は永住者の減少によるものと考えられる。

2–2 外国人の日本国内居住

次に，日本国内に居住している外国人の人数の現状をみよう。表2–2には2007年に日本に正規に入国した外国人数と外国人登録者数が示されている。正規入国外国人数とは，いわばフローの数字であり，2007年中にビジネス，留学，研修，観光等様々な理由で入国した外国人の数である。日本国内に居住している外国人の数をみるには，いわばストックの数字である外国人登録者数

表 2-2　国籍別正規入国外国人数及び外国人登録者数（2007 年）

（単位：人，％）

国　籍	正規入国外国人数 人数	正規入国外国人数 割合	外国人登録者数（12 月末現在） 人数	外国人登録者数（12 月末現在） 割合
総数　a	9,152,186	100.0	2,152,973	100.0
アジア　b	6,749,139	73.7	1,602,984	74.5
イスラエル	13,028	0.1	749	0.0
イラン	6,892	0.1	5,165	0.2
インド	69,328	0.8	20,589	1.0
インドネシア	65,287	0.7	25,620	1.2
＊韓国・北朝鮮	2,852,741	31.2	593,489	27.6
シンガポール	153,656	1.7	2,481	0.1
スリランカ	12,485	0.1	8,691	0.4
タイ	187,835	2.1	41,384	1.9
台湾	1,428,873	15.6	−	−
中国	c 1,550,068	16.9	d 606,889	28.2
トルコ	8,654	0.1	2,366	0.1
パキスタン	12,525	0.1	9,332	0.4
バングラデシュ	8,025	0.1	11,255	0.5
フィリピン	195,596	2.1	202,592	9.4
ベトナム	38,105	0.4	36,860	1.7
マレーシア	102,751	1.1	7,951	0.4
ミャンマー	5,664	0.1	6,735	0.3
北アメリカ	1,053,409	11.5	67,195	3.1
＊アメリカ	845,877	9.2	51,851	2.4
＊カナダ	171,215	1.9	11,459	0.5
メキシコ	28,893	0.3	1,877	0.1
南アメリカ	115,606	1.3	393,842	18.3
アルゼンチン	6,068	0.1	3,849	0.2
コロンビア	3,792	0.0	2,848	0.1
ブラジル	80,912	0.9	316,967	14.7
ペルー	15,281	0.2	59,696	2.8
ボリビア	1,835	0.0	6,505	0.3
ヨーロッパ　e	938,327	10.3	60,723	2.8
アイルランド	14,332	0.2	1,111	0.1
＊イギリス　f	264,329	2.9	17,328	0.8
イタリア	55,468	0.6	2,373	0.1
オーストリア	13,603	0.1	572	0.0
＊オランダ	33,888	0.4	1,182	0.1
スイス	24,923	0.3	1,048	0.0
スウェーデン	30,456	0.3	1,446	0.1
スペイン	34,312	0.4	1,755	0.1
デンマーク	14,712	0.2	557	0.0
＊ドイツ	128,401	1.4	5,915	0.3
ノルウェー	10,878	0.1	423	0.0
フィンランド	19,152	0.2	586	0.0
＊フランス	141,662	1.5	8,780	0.4
＊ベルギー	15,235	0.2	698	0.0
ロシア	64,615	0.7	7,346	0.3
アフリカ	27,739	0.3	11,465	0.5
エジプト	3,536	0.0	1,730	0.1
ガーナ	1,632	0.0	1,884	0.1
ナイジェリア	3,269	0.0	2,523	0.1
南アフリカ	6,060	0.1	592	0.0
オセアニア	266,777	2.9	15,191	0.7
＊オーストラリア	227,174	2.5	11,033	0.5
ニュージーランド	36,203	0.4	3,603	0.2
無国籍	1,189	0.0	1,573	0.1

（注）1. a 無国籍を含む。　b カザフスタン，キルギスなど地理的にアジアに含まれる旧ソビエト諸国を除く。　c 香港及びマカオを含む。　d 台湾，香港及びマカオを含む。　e カザフスタン，キルギスなど地理的にアジアに含まれる旧ソビエト諸国を含む。　f 香港の居住権を有する者で，イギリス政府が発給した BNO 旅券を所持する者を含む。
　　　2. ＊印の国は，日本と社会保障協定を締結している国。
（出所）総務省統計局『世界の統計』により作成。

の方をみなければならない。

　2007年12月末現在で，外国人登録をしている外国人は，約215.3万人であり，海外在留の日本人数（約108.6万人）の約2倍の規模になっている。

　そのうちの4分の3は，アジア出身の人々である。中国出身の人が約60.7万人，韓国・北朝鮮の国籍をもつ人々が約59.3万人ずつ登録されている。その他に，ブラジル国籍の人が約31.7万人，フィリピン国籍の人が約20.3万人である。また，外国人登録者数のうち，永住者数は約4割の87.0万人，非永住者数は約6割の128.2万人である。

　1980年に約78.2万人であった外国人登録者数は，その後急速に増え続け，1990年には100万人を突破し（約107.5万人），2005年には200万人を超えた（約201.2万人）。

　2007年には大きな変化が起きている。外国人登録者数の国籍（出身地）別人数では，これまでずっと韓国・北朝鮮が最大の構成比を占めていたが，人数そのものは1991年末の約69.3万人をピークに毎年減り続けていた。そして2007年末に59.3万人にまで減少し，ついに中国（60.7万人）よりも少なくなった。中国は1977年末から増加を続けていた。その他，フィリピン出身者数の構成比が増加し（1997年末の6.3％から2007年末には9.4％に増加），ブラジル出身者数の構成比は約15％程度で推移している。その結果，この10年間は，韓国・北朝鮮，中国，ブラジル，フィリピンの構成比の合計が80％前後で推移する状況が続いている。

2–3　海外在留邦人の民間企業関係者数と海外の日系企業数

　2007年10月末現在の海外在留邦人108.6万人のうち，長期滞在者数（非永住者数）は7割弱の約74.6万人，永住者数は3割強の約34.0万人である。

　外務省の「海外在留邦人数調査統計」には，長期滞在者の職業別人数が示されている。職業は，民間企業関係者，報道関係者，自由業関係者，留学生・研究者・教師，政府関係職員，その他，の6種類に分類されている。

　また，海外に進出している日系企業について，現地法人化されていない企業

(「本邦企業」とよぶ）と現地法人化されている企業とに分け，本邦企業については，①支店数および②駐在員事務所および主張所数が計上され，現地法人化されていない企業については，③本邦企業が100％出資した企業の「本店」の数，④同企業の「支店・駐在員事務所・出張所」の数，⑤合弁企業数，⑥日本人が海外に渡って興した会社数が計上されている。

以上のデータの中から，2007年10月末現在の長期滞在者の民間企業関係者数および日系企業の数を取り出し，主要国ごとにまとめたものが表2-3である。表2-3では，日系企業数については，上記①と②を「本邦企業支店駐在出張所」としてまとめ，また，③〜⑥を「現地法人日系企業」としてまとめて，それぞれ会社数を計上している。

長期滞在者のうち，民間企業関係者の割合が比較的大きいのは，中国，タイ，チェコ，ブラジル，ベルギーなどである（いずれも民間企業関係者が7割を超える）。反対に，オーストラリア，韓国，カナダなどでは，民間企業関係者の割合は2割程度にすぎない[2]。

日系企業数に目を転じると，中国の日系企業数が断然多いことに気づく。また，この表で取り上げた諸国では，現地法人化された日系企業の数が本邦企業の支店や駐在員事務所や出張所の数よりも格段に多いこともわかる。さらに，現地法人日系企業のうち，本邦企業が100％出資している企業の本支店数（上記③と④）と合弁企業数（上記⑤）とを調べてみると，多くの国では，本邦企業が100％出資している企業の本支店数の方がはるかに多いが，タイだけは合弁企業の数の方が圧倒的に多い[3]。

---

2) オーストラリアの長期滞在者を職業別にみると，一番多いのは留学生・研究者・教師で約1.2万人いる（本人および同居家族の合計）。「その他」も約1.2万人いるので，両者を合わせると，長期滞在者数のおよそ4分の3を占める。韓国もカナダもほぼ同様の事情だが，特に韓国は「その他」が非常に多い。
3) タイの現地法人日系企業数1,278社のうち，1,002社（78.4％）が合弁企業である。それに対して本邦企業100％出資の本支店数は31社（2.4％）しかない。

表 2-3 国別在留邦人数、民間企業関係者数、日系企業数（2007年）

(単位：人、％、社)

在留邦人数順位	国名	在留邦人数(a)	長期滞在者数(b)	(a)/(b)	民間企業関係者数 本人	同居家族	合計(c)	(c)/(b)	日系企業数 合計	本邦企業支店駐在出張所 数	割合	現地法人日系企業 数	割合	日本在留の当該国出身者数
1	アメリカ	374,732	247,771	66.1	53,868	74,121	127,989	51.7	5,460	497	9.1	4,963	90.9	51,851
2	中国	127,905	126,627	99.0	73,726	29,763	103,489	81.7	25,764	1,583	6.1	24,181	93.9	606,889
3	イギリス	63,526	50,053	78.8	11,083	10,340	21,423	42.8	1,179	149	12.6	1,030	87.4	17,328
4	オーストラリア	63,459	32,771	51.6	3,348	3,156	6,504	19.8	697	48	6.9	649	93.1	11,033
5	ブラジル**	61,527	1,894	3.1	681	683	1,364	72.0	306	10	3.3	296	96.7	316,967
6	カナダ	47,376	17,606	37.2	1,856	2,044	3,900	22.2	682	35	5.1	647	94.9	11,459
7	タイ	42,736	41,899	98.0	20,087	12,915	33,002	78.8	1,344	66	4.9	1,278	95.1	41,384
8	ドイツ	32,755	26,023	79.4	6,755	7,144	13,899	53.4	1,292	160	12.4	1,132	87.6	5,915
9	フランス	29,279	23,354	79.8	3,079	3,432	6,511	27.9	304	49	16.1	255	83.9	8,780
10	シンガポール	25,969	24,617	94.8	10,514	10,704	21,218	86.2	729	101	13.9	628	86.1	2,481
11	韓国	23,267	20,364	87.5	2,863	1,306	4,169	20.5	533	83	15.6	450	84.4	593,489
12	台湾	17,409	16,045	92.2	6,506	4,808	11,314	70.5	436	37	8.5	399	91.5	-
13	フィリピン	14,424	11,545	80.0	4,639	2,231	6,870	59.5	618	87	14.1	531	85.9	202,592
14	ニュージーランド	12,250	6,303	51.5	611	283	894	14.2	187	5	2.7	182	97.3	3,603
15	アルゼンチン	11,562	413	3.6	66	62	128	31.0	45	4	8.9	41	91.1	3,849
16	イタリア*	11,322	7,661	67.7	1,212	1,144	2,356	30.8	304	67	22.0	237	78.0	2,373
17	インドネシア	11,225	10,456	93.1	5,220	2,810	8,030	76.8	1,265	170	13.4	1,095	86.6	25,620
18	マレーシア	10,231	9,288	90.8	4,161	3,275	7,436	80.1	1,233	94	7.6	1,139	92.4	7,951
19	スイス*	7,739	3,892	50.3	480	412	892	22.9	91	19	20.9	72	79.1	1,048
20	スペイン*	6,253	3,826	61.2	612	542	1,154	30.2	345	15	4.3	330	95.7	1,755
21	ベルギー	6,156	5,857	95.1	1,687	2,525	4,212	71.9	211	58	27.5	153	72.5	698
22	オランダ	6,100	4,665	76.5	1,484	1,717	3,201	68.6	336	52	15.5	284	84.5	1,182
27	スウェーデン**	2,923	898	30.7	134	160	294	32.7	140	4	2.9	136	97.1	1,446
34	チェコ	1,719	1,532	89.1	606	525	1,131	73.8	195	21	10.8	174	89.2	不明
35	アイルランド*	1,432	1,025	71.6	231	119	350	34.1	40	5	12.5	35	87.5	1,111
40	ハンガリー**	1,232	1,003	81.4	355	323	678	67.6	113	18	15.9	95	84.1	不明
68	ルクセンブルグ***	380	380	100.0	107	127	234	61.6	17	0	0.0	17	100.0	不明

(注) 1. 国名が太字の国は、2009年現在、日本との社会保障協定が発効済の国。
2. 国名に * 印の付いた国は、2009年現在、日本との社会保障協定が署名済だが未発効の国。
3. 国名に ** 印の付いた国は、2009年現在、日本との社会保障協定の交渉中もしくは交渉の日程調整中の国。
4. 日本在留の当該国出身者数とは、外国人登録者数である。
5. 日本在留の台湾出身者数は中国人の人数に含まれている。
6. 日本在留の韓国出身者数には北朝鮮出身者数も含まれている。

(出所) 外務省領事局政策課「海外在留邦人数調査統計」（平成20年速報版）、総務省統計局「世界の統計」により作成。

3. 社会保障協定の現状

3-1 社会保障協定の仕組み

社会保障制度は，その国の文化や歴史，国民の意識や価値観が反映されて構築されるため，国によって様々なかたちをとるが，制度が適用されるのは，基本的に当該国の国民であるから，ある国の社会保障制度は他の国々と無関係に運営して差し支えない。

しかし，グローバル化によって，経済交流，人的交流が活発化し，外国人の国内居住者が増大するにつれて，社会保障制度の国際的調整という問題がクローズアップされてくる。

すでに触れたように，その典型が公的年金制度における二重加入問題と年金保険料の「掛け捨て」問題である。社会保障協定は，主にこの2つの問題の調整を図るために締結される。

以下で，この2つの問題の存在と社会保障協定発効後，その問題がどのように解決されるかをみていこう[4]。

(1) 二重加入の防止

社会保障協定を結ぶ第一の目的が二重加入の防止である。

二重加入防止の基本的な考え方は，海外に派遣された従業員は原則として派遣先国の社会保険制度に加入し社会保険料を支払うが，例外として，派遣期間が一時的（5年以内）である場合には，派遣先国ではなく自国の社会保険制度に継続加入するというものである。

以下では，日本の企業に勤務する日本人（A氏とする）が，ドイツにあるこの企業の支店に派遣されるケースを取り上げよう。派遣期間は5年間とする。年金制度に限定して，社会保障協定発効前と発効後の状況を比較しよう（図2-1参照）。

まず，社会保障協定がない場合はどうか。ドイツに派遣中は，A氏はドイツ

---

[4] 以下の説明は，社会保険庁ホームページ（http://www.sia.go.jp）に多くを負っている。

図 2-1　二重加入の防止

《協定発効前》

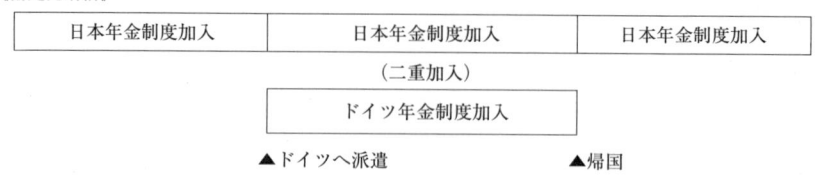

日本年金制度加入	日本年金制度加入	日本年金制度加入

（二重加入）
　　　　　　　ドイツ年金制度加入

　　　　▲ドイツへ派遣　　　　　▲帰国

《協定発効後》
（原則）

日本年金制度加入	日本年金制度加入免除	日本年金制度加入

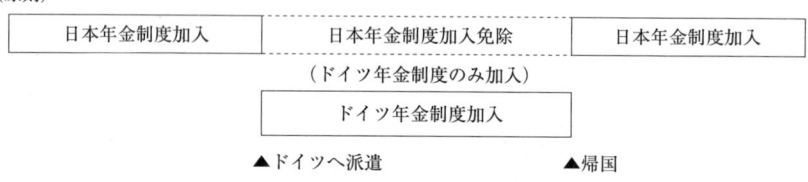

（ドイツ年金制度のみ加入）
　　　　　　　ドイツ年金制度加入

　　　　▲ドイツへ派遣　　　　　▲帰国

（一時的（5年程度が目安）に派遣される人の場合）

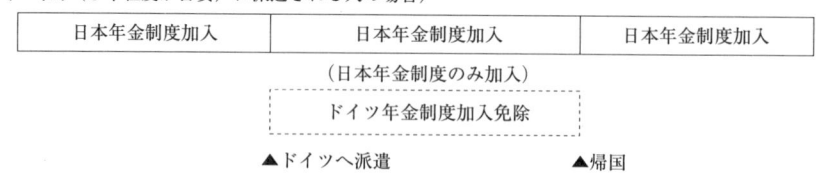

日本年金制度加入	日本年金制度加入	日本年金制度加入

（日本年金制度のみ加入）
　　　　　　　ドイツ年金制度加入免除

　　　　▲ドイツへ派遣　　　　　▲帰国

（出所）社会保険庁ホームページ。

の年金制度に強制加入させられる。5年間年金保険料を払う。通常，海外派遣中，日本の公的年金制度にも継続して加入するため，A氏は日本の年金保険料も5年間払い続ける。つまり，海外派遣中の5年間は，A氏は，日本とドイツ両国の年金制度に二重加入しなければならないのである。

　次に，社会保障協定がある場合はどうか。社会保障協定の基本的考え方は，原則として，就労している国の社会保障制度（公的年金制度）のみに加入する，というものである。

　したがって，A氏の場合，ドイツに派遣中は，原則として，ドイツの年金制度のみに加入するということになる。すなわち日本の年金制度加入は免除されるのである。

ただし，例外が認められていて，そして，むしろこの例外規定の方が重要なのだが，派遣期間が一時的（5年以内）であれば，引き続き，日本の年金制度のみに加入してよい。つまり，ドイツの年金制度には加入しなくてよい。

これと同じルールは，自営業者にも適用される。

(2) 年金加入期間の通算

社会保障協定を結ぶ第二の目的は，加入期間の通算による保険料「掛け捨て」の防止である。

ここでは，日本人B氏が，日本の年金加入期間が21年，ドイツの年金加入期間が4年であるケースを取り上げよう（図2-2参照）。

年金を受給するためには，一定期間年金制度に加入して，年金保険料を納めなければならない。この受給資格要件は，日本が25年，ドイツが5年である。加入期間がこれより短い場合，年金保険料を納めていても年金は1円も給付されない。つまり，納めた年金保険料は「掛け捨て」になってしまうのである。

図2-2の(1)の社会保障協定発効前のケースがこれに当たる。B氏の日本での年金加入期間21年は，日本の老齢年金の受給資格要件25年に満たないので，日本で老齢年金は受給できない。一方，B氏のドイツでの年金加入期間4年は，ドイツの老齢年金の受給資格要件5年に満たないので，ドイツの老齢年金を受給できない。この場合は，日本でもドイツでも，年金保険料は全部「掛け捨て」になってしまう[5]。

次に，社会保障協定を結び，その中で年金加入期間の通算を行った場合にどうなるかをみよう。年金加入期間の通算とは，「両国の年金加入期間をまとめて一方の国から年金を受けるという仕組みではなく，それぞれの国で年金受給権を得るための期間要件を判断する場合に相手国の年金加入期間を通算するという仕組み」である。つまり，両国の年金加入期間を足し合わせて，その年数がそれぞれの国の受給の期間要件を満たしているかどうかを判定する，という

---

5) 厳密にいえば，社会保障協定がない場合でも，年金保険料がすべて「掛け捨て」になるわけではない。「掛け捨て」になるのは老齢年金の場合であって，他の障害年金や遺族年金の場合には，年金制度加入中に該当事由が発生すれば，給付される。

42　第1部　グローバル化と福祉財政

図2-2　年金加入期間の通算

(1) 二重加入期間のない場合

《協定発効前》

| 日本の年金加入期間 21 年 |

| ドイツ 4 年 |

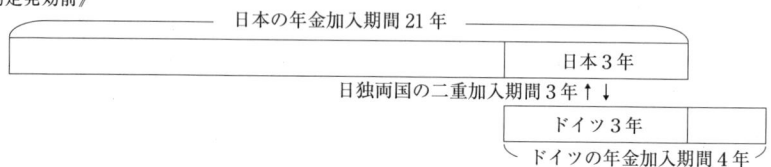

※日本の年金加入期間(21年)は日本の老齢年金の期間要件(25年)を満たさないので，日本の老齢年金を受給できない。一方，ドイツの年金加入期間(4年)はドイツの老齢年金の期間要件(5年)を満たさないので，ドイツの老齢年金を受給できない。

《協定発効後》

(年金加入期間の通算の仕組み)

| 日本の年金加入期間 21 年 |

| ドイツ 4 年 |

| 年金加入期間を通算→加入期間 25 年として取り扱う |

※日本の年金加入期間(21年)は日本の老齢年金の期間要件(25年)を満たさないが，ドイツの年金加入期間を通算すると25年以上になるので，日本の老齢年金を受給できる。
　一方，ドイツの年金加入期間(4年)はドイツの老齢年金の期間要件(5年)を満たさないが，日本の年金加入期間を通算すると5年以上になるので，ドイツの老齢年金を受給できる。

(2) 二重加入期間のある場合

《協定発効前》

　　　　　日本の年金加入期間 21 年
| 　　　　　　　　　　　　　　　　　| 日本 3 年 |
　　　　　　　　　日独両国の二重加入期間 3 年 ↑↓
　　　　　　　　　　　　　　　　　　| ドイツ 3 年 |
　　　　　　　　　　　　　　　　　　＼ドイツの年金加入期間 4 年／

※日本の年金加入期間(21年)は日本の老齢年金の期間要件(25年)を満たさないので，日本の老齢年金を受給できない。一方，ドイツの年金加入期間(4年)はドイツの老齢年金の期間要件(5年)を満たさないので，ドイツの老齢年金を受給できない。

《協定発効後》

　　　　　日本の年金加入期間 21 年
| 　　　　　　　　　　　　　　　　　| 日本 3 年 |
　　　　　　　　　日独両国の二重加入期間 3 年 ↑↓
　　　　　　　　　　　　　　　　　　| ドイツ 3 年 |
　　　　　　　　　　　　　　　　　　＼ドイツの年金加入期間 4 年／

| 二重加入の期間は除かれるため，加入期間は 22 年となる |

※日独両国の年金制度に二重に加入していた3年間を2回数えて6年分として取り扱うのではなく，二重加入の3年間はあくまで3年間(合計22年)として取り扱う。
　したがって，このケースでは，日本の老齢年金の期間要件(25年)は満たせないが，ドイツの老齢年金の期間要件(5年)は満たせるので，ドイツの老齢年金のみ受給できる。

(出所) 社会保険庁ホームページ。

やり方を指す。

　上記の仮設例の場合，年金加入期間の通算をすれば，日本の年金加入期間 21 年にドイツの年金加入期間 4 年を加えて，合計 25 年になる。これにより，日本の老齢年金の受給資格要件 25 年を満たすので，B 氏は日本の老齢年金を受給できることとなる。

　さらに，25 年は，ドイツの老齢年金の受給資格要件 5 年を満たすので，B 氏はドイツの老齢年金も受給できることとなる。これにより，年金保険料の「掛け捨て」はなくなる。

　ところで，図 2–2 の (2) のケースのように，B 氏が日本の年金加入期間 21 年のうち，3 年間，日本とドイツの年金制度に二重加入していた場合の年金加入期間の通算の仕方は，次のようになる。すなわち，日本とドイツの年金制度に二重加入していた 3 年間を 2 回数えて 6 年間とカウントするのではなく，あくまで 3 年間としてカウントする。したがって，この場合の通算期間は 22 年となる。22 年は，日本の受給資格要件 25 年より短いから，日本の老齢年金は受給できない（年金保険料が「掛け捨て」となる）が，ドイツの受給資格要件 5 年以上であるからドイツの老齢年金は受給できる（年金保険料が「掛け捨て」とならない）。

(3)　社会保障協定による社会保障負担回避額

　次節でみるように，2009 年現在，日本が社会保障協定を締結し，協定が発効している国数は 10 カ国である。協定締結国が 10 カ国というのは，先進諸国の中では格段に少ない。

　日本経済団体連合会（日本経団連）をはじめとして，経済団体が社会保障協定の締結促進を盛んに要請している[6]。その理由は，いうまでもなく，社会保障協定の締結による年金保険料の負担軽減である。

　ところが，年金制度の二重加入によって，企業が社会保険料をどのくらい余

---

6)　日本経済団体連合会・日本在外企業協会・日本貿易会「社会保障協定の早期締結を求める」（2002 年 9 月）および「社会保障協定の一層の締結促進を求める」（2006 年 10 月）。その具体的内容については後述する（4–1 参照）。

分に負担しているのか，あるいは同じことを言い換えると，社会保障協定の締結によって，企業の負担する社会保険料がどのくらい節約できるのか，についてのデータは乏しい。政府が調査しているのかどうかがはっきりしないし，少なくとも，調査データは公表されていない[7]。

したがって，日本在外企業協会などが，会員各社の協力を得て集めたデータが，おそらく現段階での唯一のデータだと思われる。

表2-4がそれらをまとめたものである。表中には，調査時点（2005年）で日本とすでに社会保障協定を締結している国（ドイツ，イギリス，韓国）が含まれているので，そういった国の場合には，社会保障協定締結後に減少した社会保険料分として解釈することができよう。

同表からわかることは以下の通りである。

① 社会保険料（ほとんどの国で年金保険料とみなしてよい）の二重払いの総額は，アメリカ（845億円）が突出して大きい。

② 民間企業関係者数1人当たりでみると，チェコ，イタリア，ギリシャ等の金額が大きい。

③ 日系企業1社当たりでみると，イギリス，チェコ，アメリカ，イタリア等の金額が大きい。

④ 表2-4に掲げた民間企業関係者数の20カ国分の合計は，世界全体の民間企業関係者総数（21万7,315人）の約4割に当たる。また，同じく日系企業数の20カ国分の合計は，世界全体の日系企業総数（3万5,134社）の約3割に当たる。

⑤ 表2-4から，社会保険料の二重払い金額の20カ国分の合計を計算すると，約1,322億円になる。④の関係を踏まえて，非常にラフな計算ではあるが，世界全体の社会保険料の二重払い金額を推計してみると，およそ3,100億円～4,200億円と推計される。

---

7) 第169国会衆議院外務防衛委員会議事録（2009年7月7日）を参照。

表 2-4 社会保険料の二重払い回避額（2005 年）

国　名	金額(億円)	民間企業関係者数(人)	1人当たり金額(万円)	日系企業総数(社)	1社当たり金額(万円)
ドイツ	81	6,893	117.5	1,259	643.4
イギリス	256	10,343	247.5	921	2779.6
アメリカ	834	54,493	153.0	5,427	1536.8
韓国	7	2,511	27.9	531	131.8
ベルギー	5	1,880	26.6	217	230.4
フランス	16	3,492	45.8	123	1300.8
カナダ	3	1,797	16.7	499	60.1
イタリア	45	1,069	421.0	312	1442.3
チェコ	29	475	610.5	145	2000.0
ブラジル	21.37	776	275.4	305	700.7
スペイン	12.85	709	181.2	177	726.0
ハンガリー	2.98	319	93.4	107	278.5
スウェーデン	1.72	123	139.8	107	160.7
フィリピン	1.71	4,762	3.6	635	26.9
オーストリア	1.36	100	136.0	67	203.0
メキシコ	1.27	1,422	8.9	31	409.7
ポーランド	1.23	236	52.1	92	133.7
ギリシャ	1.17	33	354.5	19	615.8
アルゼンチン	0.25	96	26.0	40	62.5
ベネズエラ	0.18	80	22.5	28	64.3

（注）　民間企業関係者数は「本人」の数で，「同居家族」は含まない。
（出所）　カナダ以外は，日本在外企業協会の実態調査による。
　　　　　カナダは，在カナダ日本商工会が行った実態調査による。

3–2 社会保障協定の締結状況

（1）　社会保障協定の沿革と主要国の締結状況

　岡（2009）および参議院厚生労働委員会議事録（2007）によれば，社会保障協定は，1904 年にイタリアとフランスの間で締結されたものを嚆矢とする。しかし，このときの協定は，今日のような年金保険料の二重払い防止や保険期間の通算について規定しているものではなく，労災補償であるとか労働者の移動の自由を保障するといった内容であった。

　年金の保険期間の通算と給付額の案分比例方式といった今日的な内容は，1935 年に採択された移民の年金権保持に関する ILO 条約に盛り込まれた。こ

れはイタリアを中心として進められた。

1970年代初頭に，当時の欧州経済共同体における多国間の社会保障協定が制定された。

フランスが今日的な社会保障協定を初めて結んだのは，1949年，ポーランドとであった（フランスは，2009年現在，66カ国と社会保障協定を結んでいる）。

アメリカが初の社会保障協定をイタリアとの間で締結したのは1978年であった。その後，締結国を順次拡大していき，2009年現在，25カ国と締結している。

社会保障協定に関する欧州共同体（EU）の基本的な考え方は，すでに1970年代初頭から示されていたが，以下の4つの原則にまとめられる。

1. 一法律適用の原則
2. 内外人平等待遇の原則
3. 給付の国外送金の原則
4. 資格期間合算の原則

1. は，1人の個人に本国と相手国と2つの社会保障制度が適用される場合（二重適用）もいずれの社会保障制度も適用されない場合（無適用）をなくし，必ずどちらかの国の制度が適用されるように取り決めをする，という原則である。

2. と3. は，EU内部での国境を越えた人々の移動を踏まえた原則であり，居住地と就労地が異なるケースに対応した措置である。

4. は年金加入期間の通算による，年金保険料の掛け捨て防止のための原則である。

さて，以上のような経緯を経て，特に1980年代以降のグローバル化の進展と軌を一にするように，各国間の社会保障協定の締結が進められた。2009年現在，世界で137カ国が社会保障協定を結んでいる。

表2-5は，主要国の社会保障協定の締結状況を示したものである。2009年現在，締結相手国数が最多なのはフランスである（66カ国）。次いで，オランダ，イタリア（ともに53カ国），スペイン（52カ国），イギリス（51カ国），カ

表 2-5　主要国の社会保障協定の締結状況

(2009 年 5 月現在)

国　　名	発効済み国数	署名済みで未発効の国数
日本	10	2（イタリア，スペイン）
＊アメリカ	25	1（メキシコ）
＊イギリス	51	
＊ドイツ	49	1（インド）
＊フランス	66	2（アルゼンチン，インド）
＊カナダ	50	1（モロッコ）
＊オランダ	53	17（インド，エジプト，フィリピン，タイ，ブルガリア等）
＊ベルギー	48	3（インド，韓国，ケベック）
＊韓国	17	3（ベルギー，ブラジル，ポーランド）
＊オーストラリア	24	1（フィンランド）
＊チェコ	45	
スペイン	52	9（日本，ボリビア，コスタリカ，パナマ，キューバ等）
イタリア	53	4（日本，チリ，ニュージーランド，フィリピン）
アイルランド	39	
ハンガリー	45	1（モンテネグロ）
スウェーデン	44	
スイス	46	1（モルドバ）
ルクセンブルグ	44	1（モロッコ）
ブラジル	10	17（キューバ，ボリビア，エクアドル，メキシコ等）
チリ	23	15（メキシコ，キューバ，イタリア，フィンランド等）
中国	2	
デンマーク	46	
フィンランド	37	2（オーストラリア，チリ）
オーストリア	45	1（ウルグアイ）

(注)　＊印の国は，日本と社会保障協定を締結し発効済みの国。
(出所)　Mercer LIC. ホームページ（www.mercer.com）。

ナダ（50 カ国），ドイツ（49 カ国）なども多い。反対に少ないのは中国（2 カ国)[8]，日本，ブラジル（10 カ国）である。調印済みで未発効国数を加味すれば，オランダが最多となる（未発効国 17 カ国を加えると合計 70 カ国）。

　表 2-6 は，アメリカの社会保障協定締結国の一覧である。前述したように，アメリカは 1978 年 11 月に社会保障協定が発効したイタリアから，2009 年 3 月に発効したポーランドまで，25 カ国と社会保障協定を締結している。日本はアメリカにとって 21 番目の締結国であり（2005 年 10 月締結），それは比較的

---

8)　中国が社会保障協定を結んでいる 2 カ国は，ドイツと韓国である。

表2-6 アメリカの社会保障協定締結国

	国　名	発効年月
1	イタリア	1978年11月
2	＊ドイツ	1979年12月
3	スイス	1980年11月
4	＊ベルギー	1984年 7月
5	ノルウェー	1984年 7月
6	＊カナダ	1984年 8月
7	＊イギリス	1985年 1月
8	スウェーデン	1987年 1月
9	スペイン	1988年 4月
10	＊フランス	1988年 7月
11	ポルトガル	1989年 8月
12	＊オランダ	1990年11月
13	オーストリア	1991年11月
14	フィンランド	1992年11月
15	アイルランド	1993年 9月
16	ルクセンブルグ	1993年11月
17	ギリシャ	1994年 9月
18	＊韓国	2001年 4月
19	チリ	2001年12月
20	＊オーストラリア	2002年10月
21	日本	2005年10月
22	デンマーク	2008年10月
23	＊チェコ	2009年 1月
24	ポーランド	2009年 3月

（注）　＊印の国は日本の社会保障協定締結国（2009年現在）。
（出所）　アメリカ社会保障庁ホームページ。

最近のできごとに属する。

　実は，アメリカと日本は1960年代から社会保障協定に関する意見交換を開始していた。70年代には，事務レベルだけでなく，大臣レベルでも協議が行われた。当時，アメリカの在留日本人数と日本の在留アメリカ人数を比べると，圧倒的に前者の方が多かった。その状態で社会保障協定を締結し，短期派遣者の社会保険料を免除すると，アメリカの免除額の方が日本の免除額よりもはるかに多くなり不均衡である，との理由で，アメリカ側から協議の中断がな

された，という経緯がある。その後，協議は1994年に再開され，ようやく2005年に社会保障協定締結に至ったのである[9]。

(2) 日本の社会保障協定締結相手国と協定の内容

日本は，2009年現在，10カ国と社会保障協定を締結している。最初に締結したのはドイツであり（2000年2月発効），10番目の相手国はチェコである（2009年6月発効）。日本が締結した社会保障協定の相手国とその内容をまとめたものが表2-7である。

協定の柱は，社会保障制度の二重加入防止と年金加入期間の通算の2つであるが，表2-7が示しているように，相手国によって具体的内容に若干の異同がある。

第1に，二重加入防止について。原則として派遣先国の年金制度を対象とし

表2-7 日本が締結した社会保障協定の相手国と内容

	相手国名	協定署名 年　月	協定発効 年　月	期間通算	二重加入防止の対象となる制度	
					日本	相手国
1	ドイツ	1998年4月	2002年2月	あり	年金	年金
2	イギリス	2000年2月	2003年2月	なし	年金	年金
3	韓国	2004年2月	2005年4月	なし	年金	年金
4	アメリカ	2004年2月	2005年10月	あり	年金，医療	年金，医療（メディケア）
5	ベルギー	2005年2月	2007年1月	あり	年金，医療	年金，医療，労災，雇用
6	フランス	2005年2月	2007年6月	あり	年金，医療	年金，医療，労災
7	カナダ	2006年2月	2008年3月	あり	年金	年金（ケベック州を除く）
8	オーストラリア	2007年2月	2009年1月	あり	年金	年金，退職年金保障
9	オランダ	2008年2月	2009年3月	あり	年金，医療	年金，医療，雇用
10	チェコ	2008年2月	2009年6月	あり	年金，医療	年金，医療，雇用

(注) 1. 署名済みだが協定発効時期が未定の国は，スペイン（2008年11月署名）とイタリア（2009年2月署名）。
　　 2. 政府間で交渉中の国はアイルランド（2009年3月から交渉中）とスイス（2009年7月から交渉中）。
　　 3. 当局間で予備協議中の国はハンガリー（2008年2月から協議中），スウェーデン（2008年2月から協議中），ルクセンブルク（2009年4月から協議中），ブラジル（2009年6月から協議中）。
(出所) 社会保険庁ホームページ，厚生労働省年金局国際年金課（2009）により作成。

---

[9] 生田・大橋・板橋・前田（2007），50-51ページ。なお，生田・大橋・前田（2007）第1章も参照。

ている点では各国に共通しているが，年金以外の社会保険制度を対象としている国が10カ国中5カ国ある。

アメリカとの協定では，日米相互に医療保険をも対象にしている（アメリカはメディケア）。ベルギーとの協定では，日本は医療保険，ベルギーは医療・労災・雇用の3つの保険を対象に加えている。フランスとの協定では，日本は医療保険，フランスは医療・労災保険を加えている。オランダ，チェコとの協定では，日本は医療保険，オランダ，チェコは医療・雇用保険を加えている。年金保険のみを対象にしているのは，ドイツ，イギリス，韓国，カナダ，オーストラリアの5カ国である。

なぜ，このような不揃いな協定内容になったのか。それには次のような事情がある[10]。

ドイツの場合には，医療保険において高額所得者が任意加入になっているという理由もあり，協定の交渉の際に，年金の他に医療を含めるという要望がドイツ側から特になかったので，医療保険（その他の保険も）が二重加入防止対象から除かれた

イギリスでは，医療サービスはナショナル・ヘルス・サービス（NHS）とよばれ，社会保険方式ではなく税方式で提供されている。したがって，二重加入防止といっても具体的な負担調整が困難である，との理由で，医療が除かれた。

韓国の場合，医療保険は，韓国国内に居住する外国人については強制適用となっていない。また外国に居住する韓国人からは保険料を徴収していない。つまり，日韓間では医療保険料の二重負担の問題は生じていないので，医療は除外された。

アメリカの場合，年金保険税（OASDI）と医療保険税（メディケア）の合計の社会保障税が徴収される仕組みになっており，年金保険と医療保険を切り離すのが困難という事情が，医療保険も対象に加えることになったものと考えら

---

10) 第162国会参議院厚生労働委員会第17号議事録（2005年4月26日）参照。

れる。

　ベルギー，フランスとの協定の交渉に際しては，両国ともに，社会保障制度が一体的に運用されているので，制度の適用免除について，労災保険等を年金，医療保険から切り離すことのできない仕組みとなっている，という理由で，これらすべてが二重加入防止対象に加えられた。一方，日本の労災保険の保険料は全額事業主負担となっていて，個々の従業員について被保険者管理が行われていない。そのため，ベルギー，フランスからの短期滞在者のみを労災保険の適用除外にするという作業ができず，日本の労災保険は協定の対象から外された。

　同様な事情は，オランダ，チェコにも当てはまる。オランダの社会保障制度においては，医療保険（疾病・出産給付）の保険料と雇用保険の保険料に含まれるため，両者を分離することができない。また，チェコの社会保障制度では，年金，医療保険と雇用保険等の保険料が一体的に徴収されているので，やはり，これらを切り離して取り扱うことができない。

　また，日本が締結したすべての社会保障協定においては，保険料の二重払いの回避措置が適用される派遣期間は5年とされているが，その理由について政府は，フランスとベルギーにおける実態調査において，全体の7～8割の人が派遣期間が5年未満であったことを根拠としてあげている。

　第2に，年金の加入期間通算措置について。なぜイギリスと韓国は年金加入期間の通算を認めなかったのか。その事情は次の通りである。

　イギリスは，協定締結の交渉の段階で，二重加入の防止に限った内容で締結したいという要望を一貫して主張した。イギリスは1985年を最後に，年金加入期間の通算措置を含んだ協定を新たに結んでおらず，日本は，協定の早期締結を優先したため，二重加入防止措置のみを内容とする協定に署名した[11]。

　また，韓国との協定締結交渉においては，韓国の年金制度の歴史が浅く，平均加入期間が12年程度しかないので，当分の間は日本の年金制度の給付資格

11）　社会保険庁ホームページ内の「日英社会保障協定に関するQ&A」参照。

要件の 25 年を満たすことは難しく，年金加入期間の通算を行うと，韓国にとってメリットはあまりないという理由で，協定内容から年金加入期間の通算措置の排除を強く求めた[12]。

(3) 社会保障協定締結後の年金支給要請の状況

それでは，社会保障協定締結後に，年金通算をしている国における年金支給要請がどの程度行われたであろうか。請求数，裁定数，年金総額，平均支給額等の実績をみると，下記のような状況である[13]。

・ドイツ（2000 年 2 月～2007 年 3 月）

　　日本の国民年金，厚生年金に対する請求　　236 件（2006 年 3 月まで 176 件）

　　裁定　　　　　　　　　　　　　　　　　156 件

　　裁定された年金総額　　　　　　　　　5,467 万円

　　裁定された年金の 1 人当たり平均額　　　35 万円

　　ドイツの年金に対する申請　　　　　　　852 件

　　裁定（2006 年 3 月まで）　　　　　　　　507 件

・アメリカ（2005 年 10 月～2007 年 3 月）

　　日本の国民年金，厚生年金に対する請求　　144 件（2006 年 3 月まで 50 件）

　　裁定　　　　　　　　　　　　　　　　　 74 件

　　裁定された年金総額　　　　　　　　　2,360 万円

　　裁定された年金の 1 人当たり平均額　　　31.9 万円

　　アメリカの年金に対する請求　　　　　17,381 件

　　裁定（2006 年 12 月まで）　　　　　　 5,372 件

・ベルギー（2007 年 1 月～2007 年 3 月）

　　日本の国民年金，厚生年金に対する請求および裁定の実績なし

　　ベルギーの年金に対する請求　　　　　　182 件

---

12) 社会保険庁ホームページ内の「日韓社会保障協定に関する Q&A」参照。
13) 第 164 国会参議院厚生労働委員会第 10 号議事録（2006 年 4 月 11 日）および第 166 国会参議院厚生労働委員会第 17 号議事録（2007 年 5 月 10 日）による。

相手国から日本に対する請求数に比べ，日本から相手国に対する請求数が圧倒的に多い。理由は単純で，第1に，当該国の在留した邦人数の方が日本に在留した当該国の人数よりはるかに多いからである。海外在留邦人と日本に在留している外国人の数を比べると，ドイツが10対1，アメリカが7対1，ベルギーが9対1の割合で，前者の方が多い（データは2007年）。第2に，後に詳しくみるように（4-3），日本の年金の給付資格期間（25年）が他の国々よりも格段に長いからである。年金の給付資格期間は，ドイツが5年，アメリカが10年と短く，ベルギーには給付資格期間はない。

4．社会保障協定の課題

4-1　社会保障協定交渉の基本方針の明確化

前節でみたように，主要国と比べて，日本が社会保障協定を締結している国の数は極めて少ない。日本は，社会保障協定に対する取り組みが遅れているといえよう。

なぜ，他の国々のように社会保障協定の締結が進展しないのか。その理由の1つに，どの国と社会保障協定を結ぶか，あるいはどの国から先に社会保障協定を結んでいくかについての基本方針がはっきりしていない点があげられる。そもそも日本は，いかなる方針で社会保障協定に向けての協議に臨んでいるのか。この点に関する政府（外務省）の説明によれば，社会保障協定相手国の選定は，次の5つの指標を用いて行われてきたという[14]。

① 相手国の社会保障制度の社会保険料負担の規模
② 在留邦人の数，進出日系企業の数
③ 日本の経済界からの具体的な要望
④ 相手国との2国間関係
⑤ 相手国の社会保障制度と日本の社会保障制度との違い

以上の5指標の内容が，実際の社会保障協定締結にどのように反映されてい

---

14)　第169回国会衆議院外務委員会第12号議事録（2008年5月9日）による。

るか，検討してみよう。

①については，政府が国別に日本企業の社会保険料負担の規模をきちんと把握しているとは思われない。2002年と2006年に日本経団連他2団体が連名で社会保障協定の締結促進に関する意見書を発表した際，いくつかの国における日本企業の社会保険料支払い額に関する独自調査の結果（表2–4）を添付したことがその証左となろう。

②については，在留邦人数でみても，進出企業数でみても，既締結国よりもはるかに多い国が未締結であるケースを見出すことができる。表2–3における国名の配列は，在留邦人数の多い順に並べているが，在留邦人数を重視するのならば，中国，タイ，シンガポールなどを加えるべきであるし，進出企業数を基準に考えるならば，中国，タイ，インドネシア，マレーシアなどが含められるべきであろう。表2–3をみると，在留邦人数でははるかに下位に位置する国々が，日本との社会保障協定締結国あるいは協議中の国であることがわかる。したがって，②の指標はあまり重視されたとはいえない。

③については，前述のように，日本経団連等からの要望書が出されている。日本経団連は，日本在外企業協会および日本貿易会と連名で2002年9月に「社会保障協定の早期締結を求める」と題する意見書（以下，第1意見書）を，また，2006年10月に「社会保障協定の一層の締結促進を求める」と題する意見書（以下，第2意見書）を発表した。

第1意見書では，(1) グローバル化の進展に伴い海外駐在員数が増加し，社会保険料の二重払いの問題が大きくなり，企業の国際競争力を減退させる要因になっていること，(2) 産業の空洞化の回避および国内経済の活性化のために対内直接投資を呼び込む必要があるが，社会保障協定の締結は外国企業の対日直接投資のインセンティブを高める効果をもつであろうこと，が主張されている。そして締結国の要望として，アメリカ，フランス，韓国，ベルギー，オランダ，イタリア，ルクセンブルグ，カナダ，オーストラリアといった国名が具体的にあげられた。

その4年後に出された第2意見書では，ASEAN，EU，中南米の24カ国の

日系企業を対象に社会保険料の二重払いに関するアンケート調査を行った結果をもとに，社会保障協定の一層の締結が訴えられている。第2意見書には13カ国について社会保険料の二重払いの金額に関する詳細な資料が添付されているが，意見書本文中に，特に保険料の二重負担が大きい国として，イタリア，チェコ，ブラジル，スペイン，ハンガリーが名指しされている。これは，これらの国々との協定締結の要請だと受け取れる[15]。

実際，以上で名前のあがった国々については，すべて協定締結に向けて交渉が開始されている。

④と⑤の指標は，内容があいまいで客観性に乏しい。さらに具体的な基準を必要とするだろう。

以上，要するに，社会保障協定締結国の選択および優先順位の決定に最も影響のある要因は，経済団体からの具体的要請だと判断される。在留邦人数も多く，日系企業数も多い中国，タイ，シンガポール，インドネシア，台湾，フィリピン，マレーシアなどのアジアの国々との社会保障協定の締結が進まないのは，経済団体からの要請が未だないからだということになる[16]。

国家間の協定交渉には，相手国の国情や日本との政治的関係，相手国の諸制度の整備状況等，上記④や⑤に分類されるデリケートな問題が影響しているだろうし，日本の全労働者数に比べると，海外派遣者数はごくわずかであるという量的な観点から政策の優先順位が下がるといったこともあるだろう。しかし，いずれにせよ，少なくともこれまでは，政府は社会保障協定締結に対して積極的な姿勢をみせてきたとはいえない。経済団体からの要請を待って社会保

---

15) 第2意見書では，もう1つ，「国内包括特例法」の整備が要請されている。これまで，社会保障協定は協議開始から実際に発効するまでに長い期間を要してきたが，それは，国会審議が，協定の承認審議と，相手国ごとに協定と国内法との調整を行うための特例法案の審議が並行して行われてきたからである。これを改めて，相手国ごとに審議された特例法を「包括特例法」として整備し，国会では協定の承認審議に一本化して，協定の発効を迅速化してほしいという要請である。

16) もっとも，日本経団連他3団体の2006年の意見書に添付された社会保険料二重払いの資料にはフィリピンの金額も掲載されているが，フィリピンとの社会保障協定の交渉はまだ始まっていない（2009年現在，交渉準備中）。

障協定締結に向けて動き始めるというのではなく,政府としての明確な基本方針を打ち出すべきである。

4-2　日本在留外国人の社会保障上の取扱い

ここまでは,主として日本の企業が海外に進出するケースを念頭に置いて社会保障協定について考察してきたが,反対に,海外から日本に進出している企業および派遣されている従業員に対する社会保障制度の適用状況はどうなっており,社会保障協定締結によってどのような効果が期待できるだろうか。以下では,これらの点を取り上げよう[17]。

日本に在留している外国人労働者は,日本の社会保険制度に強制加入させられる。日本人と同じように,社会保険料を負担しなければならない[18]。

しかし,年金の場合,日本の給付資格期間が25年と長いため,数年の滞在で帰国する外国人の場合,日本滞在中に納入した年金保険料は掛け捨てになっていた。こうした状態が長く続いていたが,掛け捨て問題への対応として,1994年の厚生年金法の改正で,脱退一時金制度が設けられた。日本で厚生年金保険の加入期間が6カ月以上ある外国人が本国に帰国する場合,加入期間に応じた脱退一時金の支給を請求できる（ただし,請求ができるのは出国後2年以内）,というものである。

脱退一時金の金額は次式で計算する。

$$脱退一時金 = 平均標準報酬額 \times 支給率$$

平均標準報酬額は次式で求める。

$$平均標準報酬額 = \frac{\left[\begin{array}{c}2003年3月までの各月の標準報\\酬月額を1.3倍した額の合計額\end{array}\right] + \left[\begin{array}{c}2003年4月以降の標準報酬\\月額と標準賞与額の合計額\end{array}\right]}{厚生年金保険の加入期間月数}$$

---

17)　在日外国人への社会保障制度適用の問題は,岡（2005b）,堤（2006）,西村（2007）で論じられている。また,奥村・国際社会保障実務集団（2007）に実務的な解説がある。

18)　ただし,介護保険料の支払いは,申し出により免除される。

支給率は次式で求める。

支給率＝保険料率×1／2×被保険者に応じた数

上式中，保険料率は，最終月（厚生年金保険の被保険者期間の最終の月）によって，最終月が1〜8月の場合には，前々年10月の保険料率を使い，最終月が9〜12月の場合には，前年10月の保険料率を使う，と規定されている。

「非保険者に応じた数」とは，被保険者期間が6〜11カ月のときは6を，12〜17カ月のときは12を，18〜23カ月のときは18を，24〜29カ月のときは24を，30〜35カ月のときは30を，36カ月以上のときは36を，それぞれ当てはめることになっている。

一方，国民年金の場合にも同様に，被保険者期間が6カ月以上ある外国人が帰国した場合，被保険者期間に応じて，脱退一時金制度が設けられている。支給額は表2-8の通りである。

厚生年金の保険料は，標準報酬月額に保険料率（15.350％（労使折半）（2008年9月〜2009年8月）を掛けた金額であり，国民年金の保険料は定額（14,660円（2009年4月〜2010年3月）であるが，脱退一時金として，厚生年金では納めた保険料の2分の1が，また国民年金では納めた保険料の4分の1ないし2分の1が支給されるように設定されている。ただし，表2-8をみればわかるように，国民年金の脱退一時金の受給金額に上限があり，被保険者期間3年以上なら何年でも受給金額は同じである。

表2-8　国民年金の脱退一時金（2009年度）

被保険者期間	受給金額（円）	納付保険料（円）
6カ月以上12カ月未満	43,980	87,960〜175,920
12カ月以上18カ月未満	87,960	175,920〜263,880
18カ月以上24カ月未満	131,940	263,880〜351,840
24カ月以上30カ月未満	175,920	351,840〜439,800
30カ月以上36カ月未満	219,900	439,800〜527,760
36カ月以上	263,880	527,760〜

（出所）社会保険庁ホームページより作成。

このような脱退一時金制度をどう評価すべきであろうか。日本に短期間在留する外国人にとって，支払った保険料の高々半分しか返ってこないということであり，保険料の少なくとも半分は掛け捨てになるということである。

社会保障協定が締結されると，5年以下の一時的滞在者は日本の年金保険料の支払いが免除されるので，保険料の二重払いはなくなり，掛け捨ての問題も解消する。現行の脱退一時金制度に比べれば，事態は大幅に改善する[19]。

社会保障協定のない国の企業から派遣されている外国人労働者は，もちろん以上の恩恵には浴さない。政府は社会保障協定締結国の拡大を図る一方で，脱退一時金の増額など，現行制度の見直しを検討すべきである。この点は，日本が今後，少子高齢化に伴う労働力人口の減少を補うべく，外国人労働者をどの程度受け入れるべきかという問題とも関連する重要な課題となる。

4-3 社会保障協定と日本の年金制度

海外在留の日本人が100万人を超えた現在，外国で活動する日本企業や従業員の社会保障負担の軽減を図るのは当然であり，社会保障協定締結を積極的に進めることは，今後の政府の重要な任務の1つである。

ただし，人の国際移動という面からみると，外国で働く日本人の方が日本で働く外国人よりもはるかに多く，日本は圧倒的に"出超"の国である。

このような人口の"出超"状態の下で社会保障協定締結を相手国に求める場合，相手国にとってのメリットが何かを明らかにする必要がある。実際，前述したように，アメリカは日本との社会保障協定の協議をかなり早い段階から開始しながら，途中で中断させたということがあり，また，イギリスは日本との社会保障協定の中に年金制度の加入期間通算規定を盛り込まなかった。こういったことが起きたのは，アメリカにせよイギリスにせよ，日本と社会保障協定を締結した場合，自国の財政負担が増大することを懸念したからである[20]。

---

19) 社会保障協定締結後も脱退一時金制度は残るが，脱退一時金を受給した場合には，その期間は年金加入期間として通算されない。したがって，脱退一時金を受け取るか，将来，日本の年金を受給するかの選択を行う余地が生じる。
20) 第169国会衆議院外務委員会会議事録（2008年5月9日）による。

社会保障協定締結交渉にあたって，相手国に二の足を踏ませると思われるもう1つの要因がある。それを確認するために表2-9をみよう。同表は，2009年現在，わが国との社会保障協定に関係する18カ国（社会保障協定をすでに結び，協定が発効している国（10カ国），協定は署名済みだが未発効の国（2カ国），協定の協議中や予備協議中の国（6カ国））を取り上げ，年金制度（老齢年金）の受給要件の概要をまとめたものである。

　受給開始年齢は，国ごとに若干の違いはあるものの，ほぼ似たような制度になっているといえよう。注目したいのは老齢年金の受給資格期間すなわち最低加入期間の違いである。アメリカや韓国が10年，ドイツが5年，ベルギーやフランスにはそもそも受給資格期間自体がない。それに対して日本は25年である。25年は，おそらく世界で最も長い受給資格期間であろう。

　社会保障協定で年金加入期間の通算を行ったとしても，日本で働く外国人が日本の年金の受給権を得るまでに25年もかかるのに対して，外国で働く日本人には，自国の年金受給権が発生するはるか以前に外国の年金受給権が発生するのである。

　この点は，今後日本が社会保障協定締結を促進していくためには，大きな障害になるように思われる。年金の受給資格期間25年が長すぎるという意見は以前から出されており，政府の社会保障審議会年金部会でも審議され，年金保険料の未納・滞納問題や無年金者対策等の観点から受給資格期間を10年程度に短縮する案などが議論されている。社会保障審議会の議論には，社会保障協定の締結と関連づけて受給資格期間を問題視する意見は出されていないが，日本の受給資格期間が諸外国に比べて長いという指摘はなされている。

　今後，海外との人的交流を促進しようとするのであれば，外国人が日本で働きやすい制度環境を整える必要がある。年金の受給資格期間の短縮化はそのための有効な施策になりうるといえよう。

表 2-9 主要国の年金制度（老齢年金）の受給要件（2007 年）

国名	受給開始年齢	受給資格期間	備考
日本	65歳（国民年金） 60歳（厚生年金）	25年	
ドイツ	65歳	5年	
イギリス	男性65歳 女性60歳	なし	2007年の法改正により受給資格期間は撤廃。ただし、1945年4月6日より前に生まれた男性および1950年4月6日より前に生まれた女性は、旧法が引き続き適用され、年金受給には、それぞれ11年または9.75年の被保険者期間が必要。
韓国	60歳	10年	
アメリカ	65.8歳（2027年までに67歳に段階的引き上げ）	10年相当（40加入四半期）	1000ドル（118,000円）の収入につき1四半期が付与される（最高で年間4加入四半期まで）。
ベルギー	男性65歳（男女とも在職期間が35年を超える場合、60歳から受給可能） 女性64歳（2009年までに65歳に段階的引き上げ）	なし	
フランス	60歳	なし	
カナダ	65歳	OAS（Old Age Security：老齢保障制度）10年居住 CPP（Canada Pension Plan：カナダ年金制度）なし	OASは税方式。
オーストラリア	男性65歳（2023年に67歳に引き上げ） 女性60歳（2020年に65歳に、2023年に67歳に引き上げ）	AP（Age Pension：社会保障制度）10年居住 SG（Superannuation Guarantee：退職保障制度）なし	APは税方式。「10年連続して居住」または「連続して5年、合計10年」のいずれかを満たすことが必要。
オランダ	65歳	なし	
チェコ	備考参照	25年	受給資格年齢（61歳10カ月、子を養育していない女性60歳）から受給する場合。なお、65歳から受給する場合は15年。
スペイン	65歳	15年	
イタリア	男性65歳 女性60歳	5年	
アイルランド	老齢拠出年金66歳 退職年金65歳	5年相当（260週）	2012年より10年相当（520週）。
ハンガリー	62歳（2016~25年に65歳に段階的に引き上げ）	15年	受給開始年齢引き上げについては、「ハンガリーデイリーニュース」（http://hungarynewsde.gozaru.jp）による。
スウェーデン	65歳	なし	保証年金については最低3年の居住期間が必要。
スイス	男性65歳 女性64歳	1年（外国人は10年）	
ルクセンブルク	65歳	10年	
ブラジル	男性65歳 女性60歳	15年	

（出所）社会保障審議会年金部会資料（2008年11月19日）等により作成。

4-4 社会保障協定の意義──再考──
(1) 社会保障協定をめぐる利害関係

　日本の企業が，日本と社会保障協定を締結していない国に進出すると，当該企業の社会保険料負担は，必ず増加する。社会保険料の負担割合は国ごとに異なるが，事業主分に加えて本人（従業員）分も企業が負担するケースが大半だといわれている。本人分を本人が実際に負担した場合，従業員にとって社会保険料の二重払いは（その分将来給付が増えれば）必ずしも負担の増加にならないかもしれないが，企業の負担は必ず増える。本人分を企業が支払った場合には，企業の負担がさらに増えるのはいうまでもない。

　同じことは，日本と社会保障協定を締結していない国から日本に進出している企業についても当てはまる。日本へ進出している企業の従業員についていえば，出身国と日本における社会保険料の二重払いに対する見返りは，脱退一時金以外には期待できず，掛け捨てで損をする。日本の年金の受給資格期間が25年だからだ。しかし，もし日本における社会保険料の本人分をすべて企業が負担してくれるならば，その従業員は脱退一時金分だけ得をすることになる。

　以上のような事情を考慮すると，社会保障協定をめぐる関係者の利害は必ずしも一致しないことがわかる。どの国でも，海外進出企業の経営者が社会保障協定締結に熱心になるのは当然である。社会保障協定締結により，大幅なコスト削減につながるからである。

　次に，派遣先国での従業員の社会保険料（本人分）をすべて企業側が支払うならば，従業員の社会保険料負担は，社会保障協定があってもなくても変わらない。もっといえば，社会保障協定がない場合，派遣先国によっては短期間の滞在でも当該国の年金受給権が発生することや，脱退一時金のような給付金がもらえることがあり，負担なしで給付を受けるという，得をするケースも起こりうる。このような場合には，従業員は，社会保障協定の締結によってかえって"不利益"を被ることになる。この点，企業（経営者）と従業員の利害は必ずしも一致していないといえよう[21]。

---

21) ただし，以上の議論は，社会保険料の企業負担分が（賃金の減額などにより）従業員に転嫁されないという前提の下で成立する。

一方，政府はどうか。純粋に財政的な観点からみると，社会保障協定を締結しない方が望ましい。なぜなら，社会保障協定がなければ，年金給付資格期間（最低加入期間）がないか極端に短い国でない限り，派遣企業からの年金保険料収入のみがあって，支出（年金給付）を事実上免れる（年金保険料の掛け捨て）からである。社会保障協定を締結すると，外国人に年金給付を行わなければいけないケースが一挙に増え，財政負担は増大する。

ただ，社会保障協定の締結が，海外進出企業の社会保険料負担軽減によるコスト削減効果をもたらし，企業の国際競争力を高め，企業利潤を増大させ，税収の増大につながる，という歳入増効果のルートも考えられる。

したがって，社会保障協定の締結による財政への影響は，上記ルートを通じた歳入増から年金給付増を減じたネットの歳入増を，社会保障協定締結以前の歳入（年金保険料収入）と比較することで明らかになる。しかし，通常，社会保障協定締結後の不確実な効果（企業利潤の増大による税収増）よりも確実な効果（財政負担増）の方が強く認識されるであろうから，政府の社会保障協定に対する姿勢はややもすると消極的になるだろう。

(2) 社会保障協定の存在理由

以上の議論は，社会保障協定の意義について再考を促す。実際，岡（2009）は，社会保障協定締結の，「二重加入の回避」と「期間通算による保険料の掛け捨て防止」という二大目的に根本的な疑問を投げかけている。

まず，二重加入の問題については，2つの点が指摘されている。第1に，なぜ二重加入を回避する必要があるのか，という点である。たとえ年金保険料を出身国と派遣先国の両方で払っても，老後に年金給付を両国から受けられれば，海外派遣の従業員は決して損はせず，少なくとも個人ベースでみれば，二重加入でも問題はない，というわけである。

第2に，二重加入の回避は，国家間の社会保障協定のよらずとも，民間企業レベルで対応が可能ではないか，という点である。従業員を海外に派遣した時点で，日本での社会保険料支払いをストップし，派遣先国の社会保障制度に加

入して社会保険料を支払うように切り替えるというルールを定めておけば，日本国内の取り決めだけで社会保障協定なしでも二重加入は回避できる，というわけである。

　次に，社会保険料の掛け捨て問題については，掛け捨て問題がどの程度深刻なのか，きちんと実態調査をするべきだと批判している。国によって，年金の最低加入期間が短かったり，あるいはそもそも最低加入期間の制限がなかったりするところがあり，さらに，最低保証年金や補足給付等の制度をもっている国もある。そのような国での年金制度の二重加入の場合，掛け捨てで損をするのではなく，反対に，加入期間の短い割に給付が多くなるという「得」なケースも生じているのではないか，というわけである。

　以上の論点は，いずれももっともな指摘である。ただし，社会保障協定がなくても，企業が従業員を外国に派遣した際，派遣先国の社会保険制度に加入した段階で日本での社会保険料支払いを止めればよいという二重加入防止策は，理論上はその通りだが，おそらく従業員を納得させないであろうから，あまり現実的な方法とは思われない。

　ここで問われているのは，「なんのための社会保障協定か」，「だれのための社会保障協定なのか」という基本的な問題である。これらの問いにきちんと答えるためには，企業と従業員の社会保険料の負担構造がどうなっているかという実態把握が不可欠であるといえよう。

5．おわりに

　本章では，社会保障の国際的調整の方法である社会保障協定について，現状と今後の課題について考察した。議論のポイントを要約すると以下の通りである。

①先進諸国が積極的に社会保障協定を締結しているのに比べて，日本の社会保障協定締結国が現在10カ国にすぎず，協定締結に向けての動きが鈍いことがわかった。

②日本経団連等が発表している社会保険料の二重払い金額の推計値を紹介し，

それをもとに，ラフな計算ながら，世界全体の社会保険料の二重払い金額を推計しておよそ3,100億円～4,200億円という結果を得た。

③日本の社会保障協定の今後の課題として，3点指摘した。第1に，社会保障協定締結国の選択および優先順位の決定に際して，これまで政府の基本方針は曖昧だったので明確化すべきことを主張した。第2に，海外に派遣されている日本人と海外から日本に派遣されている外国人を年金制度上の処遇面で比較すると，外国人の方が不利な扱いを受けているので，それを是正する必要があること，そして不公平是正の一手段として，日本の年金の受給資格期間25年を短縮することが望ましいことなどを述べた。第3に，社会保障協定の目的はそもそも妥当なものなのか，社会保障協定の締結によってだれが利益を得るのか，といった根本問題を再検討する必要があり，そのためには海外進出企業の社会保険料負担の実態を正確に把握することが不可欠であることを指摘した。

さて，最後に，今後の検討課題として以下の2点を述べておきたい。

第1に，本章の考察を経て，依然としてよくわからない点が残った。それは，日本と社会保障協定を締結する相手国にどういうメリットがあるのか，という疑問だ。

これまでの議論の中でも触れたが，社会保障協定を結べば，期間通算によってお互いに国の財政負担は増える。しかも自国から日本に行って働いている人数よりも日本から自国に来て働いている人数の方がはるかに多い場合（現在，日本と社会保障協定を締結している国はほとんどが当てはまる），自国の財政負担の方が日本の財政負担よりも増え方が大きくなることは目にみえている。また，日本の年金の受給資格期間は25年と長く，自国から日本への派遣経験者が日本の年金受給権を獲得するまでに25年もかかるのに対して，自国への派遣経験をもつ日本人ははるかに短い期間で自国の年金受給権を獲得できる。いずれも不公平だ。さらに，社会保障協定締結により自国企業の社会保険料負担が軽減するという効果は確かに大きいが，同時に日本企業の社会保険料負担の軽減をも手助けすることになり，後者の方がもっと効果が大きいかもしれない。こ

のような，およそ割の合わない結果をもたらす日本との協定をなぜ締結したのか。少なくとも財政的あるいは経済的な観点からすると，相手国に日本と社会保障協定を締結するメリットは認められないのである。社会保障協定締結の背景にはいかなる要因が作用しているのだろうか。これは今後の検討課題である。

　第2に，本章では，社会保障（特に年金）の国際的調整を社会（年金）保険料と給付との関係のみの視点で捉えた。実際の社会保障協定の内容が，この視点に基づいて作られていたからである。しかし，実は，これでは考察は十分とはいえない。なぜならChristians (2006) が強調しているように，社会保障（とくに年金）の国際的調整には，必然的に課税の問題（年金課税）が伴うのであり，保険料・給付・税の三者を一体として捉えなければ，あるいは，社会保障と課税の問題を双方視野に入れて国際的調整を行わなければ，負担と便益の評価は定まらないといえるからだ。

　日本の場合，最近ようやくそういった観点が配慮されるようになり，社会保障協定と租税条約を関連づけて国際的調整を図るというやり方が実現した。2007年1月に署名され，同年12月に発効した日仏租税条約（改定議定書）がそれである[22]。改定条約によれば，例えばフランスに派遣された日本人が支払った日本の社会保険料について，フランスでの所得税計算をする場合に社会保険料控除が認められることになった。

　こうした動きは今後も進むと思われるが，そうなると，負担と給付の公平性といった観点から社会保障協定を評価する際に，租税負担の要因を加味して検討する必要が生じる。この点も今後の検討課題である。

参　考　文　献

生田ひろみ・大橋加代子・前田幸作（2007）『日米社会保障協定でこうすればもらえるアメリカの年金手続ガイド』中央経済社。

生田ひろみ・大橋加代子・板橋靖久・前田幸作（2007）『日米社会保障協定であな

---

22)　竹内（2006），外務省ホームページ等を参照。

たももらえるアメリカの年金（第2版）』中央経済社．
奥村禮司監修，国際社会保障実務集団（2007）『社会保障協定の申請・届出実務マニュアル』日本法令．
岡伸一（2005）『国際社会保障論』学文社．
岡伸一（2005）「外国人労働者と社会保障」（『週刊社会保障』Vol.59, No.2339）50–53ページ．
岡伸一（2006）「国際社会保障政策の新時代」（『週刊社会保障』Vol.60, No.2399）26–29ページ．
岡伸一（2009）「日本の国際社会保障協定の課題」（『週刊社会保障』Vol.63, No.2529）70–75ページ．
竹内良樹（2006）「国際課税の諸問題」（『フィナンシャル・レビュー』第84号）5–21ページ．
堤建造（2008）「外国人と社会保障」国立国会図書館調査および立法考査局『人口減少社会の外国人問題　総合調査報告書』109–124ページ．
厚生労働省年金局国際年金課（2009）「社会保障協定の現状と課題」（『週刊社会保障』Vol.63, No.2548）86–89ページ．
西村淳（2007）「社会保障協定と外国人適用―社会保障の国際化に係る政策動向と課題―」（『季刊社会保障研究』Vol.43, No.2）149–158ページ．
Christians, A. (2006), "Taxing the global worker : three spheres of international social security coordination", *Virginia Tax Review*, Vol.26, pp.81–123.

参 考 資 料

外務省大臣官房領事移住部政策課『海外在留邦人数調査統計』（各年版）．
法務省大臣官房司法法制部司法法制課『出入国管理統計年報』（各年版）．
総務庁統計局『世界の統計』（各年版）．
第162国会参議院厚生労働委員会第17号議事録（2005年4月26日）．
第164国会参議院厚生労働委員会第10号議事録（2006年4月11日）．
第166国会参議院厚生労働委員会第17号議事録（2007年5月10日）．
第169国会衆議院外務委員会第12号議事録（2008年5月9日）．
社会保険庁ホームページ（http : //www.sia.go.jp）．
外務省ホームページ（http : //www.mofa.go.jp）．
法務省ホームページ（http : //www.moj.go.jp）．
アメリカ社会保障庁ホームページ（http : //www.ssa.gov）．
日本経団連ホームページ（http : //www.keidanren.or.jp）．
Mercer LIC. ホームページ（www.mercer.com）．

第 3 章

外国人滞在数の増加傾向と公的保険の役割

1. はじめに

外国人がわが国に滞在する数は年々増加傾向にある。外国人滞在者の現状や社会保険料に関する受入方針をみてみると，彼らに対するその保険適用には問題がいくつか指摘されている。

グローバル化と外国人受け入れという傾向に関連してはオランダの動向がトピックになる。オランダでは，パートタイム労働も正規雇用と区別なく，同一労働同一賃金という原則の下，同じ仕事内容であれば，給与は同一とした[1]。その結果，2000年までの20年間で人口が約500万人から700万人へと大幅に増加したのである[2]。しかし，消費税は高く（19％），その他社会保険料等の社会保障負担は日本に比べると約2倍となっているという[3]。

---

[1] そのことによって，製造業からサービス産業へという産業構造変化の動きと連動してパートタイム労働が飛躍的増加することになった。オランダの労働市場改革はパートタイム労働の均等待遇のみならず，派遣労働や有期雇用等の「フレックスワーク」の待遇改善等を含みながら進展している（正木・前田（2003））。

[2] オランダの労働人口は1980年には約500万人であったが，2000年には約700万人と，この20年間で大幅に増加した。これは主にパートタイム労働によるものと，女性の労働参加によるものである（正木・前田（2003））。

[3] 若松（2008）に依拠。

本章の目的は，保険があらゆる種類の被保険者，すなわち，あらゆる種類の団体，個人に対応できるものであるならば，適用対象が外国人に及んでもその機能が万全でなければならないという，保険原理の観点から加入の容易さ・保険料の妥当性等を検証することである。

本章の議論は次の順序で行う。まず，次の2.では，わが国への外国人流入の傾向をみた後，わが国の外国人受け入れ方針を概観する。3.では，わが国における外国人滞在者の年金・医療保険適用の現状を調べ，それを踏まえて4.でその問題点と改革案を検討する。5.で，諸外国とわが国を比較するために，諸外国の（外国人滞在者に対する）社会保障適用条件を見る。続く6.では，保険原理とは基本的にどのような内容なのかを確認し，7.で外国人滞在者に保険原理はどう生きているのか，あるいは実際にどう機能しているのかを見るために，医療と年金について保険原理上妥当な保険料の理論値を求め，それと実際の保険料との比較・検討を行う。最後に8.で，外国人の社会保険適用に対する論点をまとめた上で，社会保険料の負担軽減を提言して本章をしめくくる。

2. 外国人滞在数の増加と政府の対応

わが国では，グローバル化が進み，モノやカネ，情報知識だけではなく，ヒトや企業も国境を越えて移動しており，外国人滞在者数は年々増加している。

一方，わが国では予想よりも早く人口減少社会を迎えてしまった。2005年，政府の推計よりも早く人口減少社会を迎えたことによって，「人口減少時代への対応」という視点からも，わが国は外国人の受け入れを検討する必要性に迫られたのである。

政府は，本格的には1999年（平成11年）から外国人受け入れについての基本方針[4]を策定した。その際問題になっているのが，年金・医療，住宅・子どもの教育等，生活全般にわたっての彼らに対する処遇である（岩村（2007））。ここでは，年金・医療の観点から考察する。

---

4) 経済審議会（2008）『経済社会のあるべき姿と経済新生の政策方針』による（亀田進久）。

2-1 外国人滞在者数の現状

(1) 外国人滞在者数の増加傾向

わが国における外国人滞在者総数は図3-1のように，年々増加している。特に短期滞在者が属する「その他」の割合が1990年過ぎ，2000年頃を境に増え，総数増加の大きな要因となっている。

(2) 滞在者増加における問題点

ところが，短期滞在者や不法滞在者にとって福祉や医療問題が深刻化している実態がある。前者では医療保険の非加入者となるケースが多い。後者も含めて保険証をもたない場合は，診療時全額負担となる。以下，堤（2008）に依拠して，この実態の例をみてみよう。

全額負担となると，医者にかからず市販薬を試み手遅れになることや，重態となって入院する場合が出てくる。このように，重病・重傷となってから診療を受けて，医療費を払えないケースが現実に続出している。とりわけ，適法の短期滞在外国人や不法滞在者への生活保護の措置が打ち切られて以降，無担保

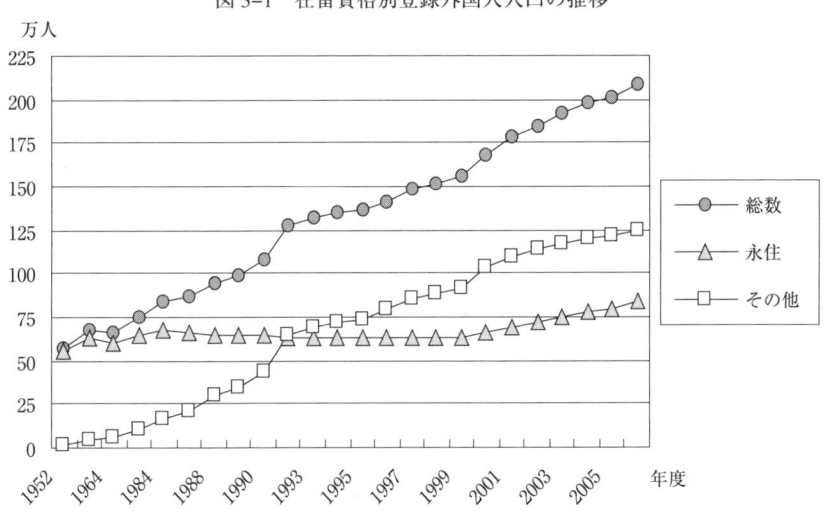

図3-1 在留資格別登録外国人人口の推移

（資料）法務省入国管理局(1980)『出入国管理の回顧と展望』，法務省(1980)『在留外国人統計』
（出所）厚生統計協会(2008)表10-3より作成。

者に対する医療の問題は深刻になっている[5]という。

2–2 外国人受け入れの方向性

(1) 外国人受け入れに関する統一見解の原点

わが国の外国人労働者問題に関する統一見解は1988年にできている。

1988年は，バブル景気の時代であり，求人数が求職者数を上回り人手不足が深刻化していた。その頃外国人の「不法就労」が社会的問題となった[6]。そこで，「第6次雇用対策基本計画」(1988) では，それまで慎重だった外国人労働者「受け入れ」について，専門的・技術的労働者は積極的に受け入れ，「単純労働者」は受け入れないことが閣議決定された（渡戸・他（2007））。

すなわち，1988年5月に閣議決定された，経済審議会答申の『世界とともに生きる日本 経済運営5カ年計画』との関連で，1988年度から1992年度までを「第6次雇用対策基本計画」として，①専門的な技術，技能等を有する外国人は，可能な限り受け入れる方向で対処，②単純労働者の受入れについては，国内労働市場への影響，景気変動に伴う外国人労働者の失業，社会的負担の発生等を勘案して慎重に対処するとした。これが，わが国政府の統一見解となった，という（亀田（2008））。

(2) 労働市場の構造変化に対応した外国人受け入れ対策

わが国の労働市場は，経済の動向とともに構造的に変化してきた[7]が，それまで外国人受け入れの姿勢を政府は変えることはなかった（渡戸・他（2007））。

しかし1999年には，政府は雇用と創出の安定化を図ることとし，その一環

---

5) こうした者に対する医療保障には無料定額診療事業がある。生活困難者のために無料または低額な料金で診療を行うものである。しかし，この制度はあくまでも旅行者を対象とするものであって，居住者の適用には限界がある（堤（2008））。
6) 中小零細企業の中には労務倒産に直面する企業もあり，産業界から外国人労働者の受け入れ拡大を求める声が高まり，各省庁や労使団体，研究者や評論家の間で，外国人労働者受入れに関する議論が活発化した（渡戸・他（2007））。
7) バブル崩壊後の景気後退，グローバル化，国内産業の空洞化，少子高齢化の進行等を背景に，企業の経営戦略や人事労務管理が変わり，従業員の就業意識や価値観が多様化する中で，労働市場が大きく変化した。

として外国人労働者の受け入れの基本方針を掲げた。その基本方針は，①専門的，技術的分野の外国人労働者の受け入れについては，より積極的に推進，②単純労働者の受け入れについては，十分慎重に対応，③少子・高齢化に伴う労働力不足を外国人労働者の受け入れで補充する考えは適当でなく，まず高齢者，女性等が活躍できるような雇用環境の改善，省力化，効率化，雇用管理の改善等を推進する，とした。これを基に，外国人労働者の就労環境整備を一層充実することとした（亀田（2008））。

(3) 外国人受け入れの新たな指針

2005年には，これまでの外国人受け入れ方針を，より着実かつ厳格に行う方針を定めた。同年3月に，法務省は5年間を想定した『第3次出入国管理基本計画』を策定した。2005年以降少子化によって，総人口が減少しはじめ，社会的・経済的に，様々なマイナスの影響をもたらすことが懸念されたため，これまで先延ばしされてきた外国人受け入れに対する選択が，より一層日本に迫ることになった。そのような背景の中で，『第3次出入国管理基本計画』に，「人口減少時代への対応」という項目が新たに追加された（渡戸・他（2007））。

3. 外国人滞在者の公的年金・医療保険加入の現状

上述したように，わが国で働く外国人は増加傾向にあるが，様々な在留資格となっているため就労だけではなく社会保障を含めて，彼らの処遇が問題となりつつある（岩村（2007））。

ここでは，公的医療保険・公的年金の適用問題についてみてみよう。外国人の就労者[8]の公的医療保険・公的年金制度上の地位は，当該外国人の在留資格によって異なる。その地位は(a) 就労可能な在留資格を持つ外国人と(b) 就労が認められない外国人に分けられる。異なる2つのケースについて加入の現状をみてみる（岩村（2007））。

---

8) 厳密にはその家族も含まれる。

3-1 正規の就労資格をもつ外国人のケース

　就労可能な在留資格を持つ外国人は①サラリーマン等が加入する被用者医療保険・厚生年金と②自営業者が加入する市町村国民健康保険・国民年金のどちらかに加入しなくてはならない。

　①被用者保険に加入すべき外国人は，加入を敬遠する嫌いがある。その理由は，
・事業主が人件費増を避けたいと思っていること，
・日系の外国人も被用者の被保険者を希望していない，
等の理由があるためである（岩村（2007））。志甫（2006）によると，正社員の外国人の厚生年金保険への加入率は38.5％と低率である。また，非正規社員の場合，勤務日数が週4日以上である者の世帯では21.6％，勤務時間が週30時間以上である者の世帯の加入率は22.8％となっている。逆に，正社員世帯でありながら，国民年金に加入しているが38.5％もいるという。

　②の自営業者が加入する国民年金・市町村国民健康保険については，正規の就労資格を持つ外国人であっても，被保険者になれないケースが存在する。
・自営で就労活動を行っている外国人，
・被用者として就労しているが，健康保険・厚生年金保険の非適用事業所で働いている外国人，
・健康保険・厚生年金保険の適用事業所に使用されているが，被保険者とならない者，
・在留が1年以内の在留外国人，
は，被用者の保険ではなく，市町村の国民健康保険，国民年金の被保険者となっている（岩村（2007））。

3-2 正規の在留資格・就労資格をもたない外国人のケース

　正規の在留資格・就労資格をもたない外国人の公的医療保険・公的年金制度の地位は，正規の就労資格をもつ外国人とは大きく異なる。

　岩村（2007）によると，就労を可能とする在留資格をもたない外国人（資格

外活動），在留期間満了後も（更新をせずに）そのまま在留して就労する外国人（不法残留者），様々な手段で密入国して在留・就労する外国人（不法入国者）の公的医療保険・公的年金制度上の地位は，上で見た正規の就労資格をもつ外国人とは大きく異なる。

また，在留資格がないことの発覚の恐れや，保険料負担による減収を嫌って手続きを取らないことが多い。その結果，被保険者にはなれないことになっている，という。

4．公的保険適用に関する考察

外国人滞在者は，公的保険に加入することによる保険料納付とその受益となる給付については大きなギャップを感じている。しかしながら，傷病罹病時のことを考え，健康保険の被保険者になることは望んでいる，という。

4-1 外国人滞在者にとっての納付と受給・脱退一時金のギャップ

現行の公的年金制度では，老齢年金の受給権取得には，25年の加入期間が必要である。堤（2008）によると，定住志向のない外国人にとっては，公的年金に加入しても公的老齢年金の受給資格は得られない。最長3年の滞在期間となる外国人技能実習生についても，老齢年金の受給資格を得られないことが自明である。それにもかかわらず，厚生年金の被保険者の対象となっている，という。

そこで，1995年から，被保険者期間が6カ月以上あり，老齢年金の受給資格期間を満たしていないが外国人が，帰国後2年以内に社会保険業務センターに請求を送った場合には，脱退一時金が支給されることになった。しかし，6カ月から36カ月の間の拠出については，支給額は拠出額の一部である。また，36カ月以上の滞在者の拠出額は，全く支給額に反映されていない，という。

4-2 外国人滞在者の要望

岩村（2007）によると，上記（3-2）の正規の就労資格をもつ外国人は，厚生年金，医療保険の被保険者となる気は必ずしももっていないが，万が一，傷

病罹患時になったときのことを考え，健康保険の被保険者となることは望んでいる場合が多いという。

4-3 公的保険の現行制度に対する改革案

上記のような公的保険加入の現況に対して，いくつかの改革案があげられている。それらは大きく，(1) 国・国家間レベルと (2) 企業レベルの案に分けられる。

(1) 国，国家間レベル案

国・国家間レベルでは，①健康保険と厚生年金のセット加入の見直し，②帰国時の返納制度，③脱退一時金見直し，④年金受給資格期間の短縮，⑤年金通産協定の推進，案があげられている。

①健康保険と厚生年金のセット加入の見直しについては，日系人等の外国人が多数居住する地方自治体によって設立された「外国人集住都市会議」が，国に対して提言したもので，それとともに，公的年金・介護保険部分の納付額を，②帰国時に返納する制度の創設を検討されるべきだとしている（堤 (2008)）。③は現行の貯蓄的性格となる脱退一時金のあり方を見直しもっと加入しやすくすべきだという案（岩村 (2007)），④は，年金の受給資格である25年の加入期間は長すぎるため，短縮すべきだという案である（堤 (2008)）。⑤は，国家間においては年金通算協定の推進を図るべきだという案である[9]（岩村 (2007)）。

(2) 企業レベル案

企業レベルでは，社会保険加入促進のために，①各企業の職権による適用，②派遣労働者に対する労働者派遣企業の通知義務，③請負会社に対する指導の徹底，案があげられている。

①の各企業の職権による適用は，社会保険の一層の加入のためには，各事業

---

[9] この協定の目的は，主に年金制度を中心に，自国と日本での保険料の二重払い，滞在期間だけでは勤務諸国の受給資格を満たすことができない等の理由により，保険料の掛捨てを防ぐことである（堤 (2008)）。

所が職権によって適用させるべきだという案である（岩村（2007））。②の労働者派遣企業の通知義務は，労働者派遣業法に基づいて，健康保険・厚生年金保険の被保険者資格の取得の確認等を，労働者派遣企業が派遣先企業に通知する義務を負わせ，派遣労働者の社会保険の適用を促進すべきという案で（岩村（2007）），③請負会社に対する指導の徹底案は，請負会社についても従業員の健康保険加入の促進及び元請負会社による下請け会社への指導等を要請すべきだという案である（堤（2008））。

5. 諸外国における滞在者数と社会保障適用の動向

外国における滞在者数の動向と彼らの保障はどうなっているのだろうか。ここでは，先進諸国における，外国人への社会保障制度の適用を堤（2008）に依拠してみてみよう。

フランス，ドイツ，イギリス，アメリカでの滞在者数の動向（図3-2）は，1986年と2006年の比較では，わが国と同様，増加傾向にある。その増加の中で永住者よりは短期滞在者等を含む「その他」の滞在者割合が増えている点は，各国とも似かよっている。社会保障制度の面では，その国で在留資格が異なると，社会保障の適用においても異なるということが同様となっている。さらに，在留資格によっては，外国人への社会保障制度の適用は制限されるが，原則として，緊急医療は，すべての外国人に保障されている，という。

5-1 フランス

フランスの社会保障制度においては，適法滞在者であれば，原則，フランス人と外国人との区別はない。しかし，不法滞在者となれば，通常，社会保障制度の対象とならない。

適法滞在者は，年金や医療保険，子どもの養育費となる家族給付等，保険による給付を受給できる。

全国民に医療保障の給付を提供する普遍的疾病保護については，フランスに継続して3カ月以上滞在し，なおかつ適法滞在者であれば，適用対象者とな

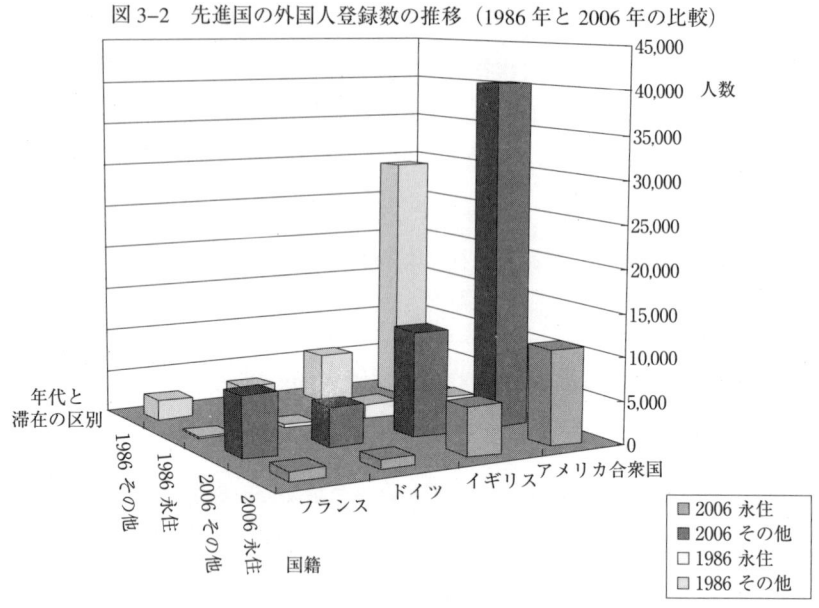

図 3-2　先進国の外国人登録数の推移（1986 年と 2006 年の比較）

（出所）厚生統計協会（2008）167ページより作成。

る。また，不法滞在者の場合でも，フランスに継続して 3 カ月以上滞在するのであれば"Aide m'edicale de l'Etat（AME）"という医療保障制度が適用される。緊急医療は，外国人すべてに保障されている。

5-2　ド イ ツ

ドイツの社会保障制度でも，ドイツ人と外国人との区別はしていない。しかし，不法就労や不法受給等の防止を掲げている。

公的年金・医療保険等の社会保障制度では，どの州においても社会法典の規定に基づき，原則としてドイツ人と適法滞在外国人労働者を区別しない。外国人を含む全被用者には，不法就労や不法受給等の防止を目的とする社会保険証が発行される。不法滞在者には社会保障制度の適用からは除かれる。

5-3　イ ギ リ ス

イギリスでは，イギリス人・外国人を問わず保険料を支払っていれば等しく

国民給付を受給で得きる。しかし，近年財政難等で外国人に対し，社会保険給付が制限されつつある。

イギリスの社会保険制度である国民保険は，ほとんどの給付をカバーしているが，イギリス在住者に対して，国籍に関係なく国民保険料を支払う義務を課している。そのため，保険料の拠出要件さえ満たしていれば，外国人も等しく国民保険の給付を受給できる。

近年は外国人に対する社会保障給付が制限される傾向にある。例えば，日本の公的扶助に該当するカウンシル税給付，住宅給付，所得補助および所得調査制求職者手当には1990年代に常居所調査が導入され，相当長期間居住することが受給要件となった。また，医療は国民保健サービスにより，国籍を問わずイギリスに6カ月以上の滞在資格者には，原則無料で提供されることになったが，その半面，国民保健サービスの財政難により，滞在期間6カ月未満の外国人は，1984年以降，私費診療扱いとなっている。

5-4 アメリカ

アメリカの公的年金制度（OASDI）については，外国人に対しても同様に扱っている。しかし，1996年以降，移民は原則として，補足的所得補助や低所得世帯改善のための現物給付は受けられなくなった。

公的年金は，一般の外国人被用者も強制加入となる。老齢給付の受給要件は，10年間（40適用四半期（QC））の加入期間である。

ところが，1996年成立の個人責任・就労機会調停法によって，移民[10]は原則として，SSI[11]およびフードスタンプ[12]の受給は不可となり，メディケイド[13]およびTANF[14]は州の裁量によるものとなった。

---

10) 40 QCを得た者や軍人・難民・庇護申請者を除く移民。
11) 低所得の障害者と65歳以上の高齢者への現金給付である補足的所得補助。
12) 低所得世帯の栄養状態の改善のための現物給付。
13) 医療扶助制度。
14) 貧困家庭の一時扶助。

6. 保険原理と保険適用

ここまでみてきたように，わが国を含めた先進諸国では外国人の流入が増加する傾向にあるのに対して，社会保障の適用範囲は厳しくなっている。わが国では受け入れ資格・範囲を拡大することで流入を増やす方針である。しかし，外国人滞在者には就業の違い等により，社会保障の適用が異なっていることが問題としてあげられている。その上に，外国人滞在者の目からみても，滞在期間や保障の内容と比較して，保険料負担が重過ぎるといった不満が出ている。ここでは，保険の原点は何だったのかをみてみよう。

6-1 保険原理

保険原理は2つの機能と3つの仕組みで説明される[15]。2つの機能とは，リスク移転機能とリスク分散機能である。リスク移転機能とは，リスクを望まない者が，個人・企業がそれを引き受けることが可能な保険提供者へリスクを移転することである。そのことによって，リスクを望まない者は，経済必要の充足または経済的保障を得ることができる。リスク分散機能とは，リスクが発生した場合，その損失を集団全体に分散させることである。リスクが多数の人々へ移転されたとき，その損失は集団全体で分担される。

3つの保険の仕組は，大数の法則，収支相等の原則，給付反対給付均等の原則からなる。大数の法則[16]とは，偶然と思われるような1つ1つの事象も，観測数が多くなればなるほど，実際の結果が予想の結果に近づくという原理である。観察数が増えるほど，ある事象の相対頻度 r/n は，その事象 E の真の確率 w に限りなく近づき，安定化するというものである。すなわち，

$$\lim_{n \to \infty} \frac{r}{n} = \Pr(E)$$

---

[15] 近見・吉澤・高尾・他（2006）；下和田（2008）に依拠。
[16] 大数の法則は，数学者であるスイスのヤコブ・ベルヌーイ（Jakob Bernulli, 1654–1705）が定式化し，後にロシアの数学者チェビシェフ（Pafnutti L'vovich Chebyshev, 1821–94）等が一般化した原理である（近見・吉澤・他（2006））。

なお，rは実際に損失を被った者の数，nは損失を被るかもしれない人々の数である。保険システムはこの大数の法則の上に成り立つことになる。

収支相等の原則とは，リスクを被るかも知れない人々の数をn，保険料をP，実際リスクを被り保険金を受けとる者の数をr，受けとる保険金の額をZとすれば，nP（総収入）＝rZ（総支出）という式が成り立つことをいう。これは，リスクを被るかもしれないnの人々から保険料Pを集めた資金のすべてが，nのうち実際に損失を被ったrの者に保険金Zとして過不足無く支払われることを意味する。

給付反対給付均等の原則とは，保険料は受領しうる保険金の数学的期待値に等しいというものである。収支相等の原則の式

$$nP = rZ$$

の両辺をnで割り，r/nを事故発生の確率（w）で示せば，PはZに確率（w）を掛けたものに等しくなる。

$$P = wZ$$

これは，個々の保険料は，確率的に受領する場合の保険金の期待値に等しい，ということを示すものである。

6-2 保険システムの要件

保険が財政的に収支均衡しシステムとして成り立つためには，以下の3つの要件[17]が不可避となる。その要件とは，ⓐ大数の法則が成り立つほど，同じようなリスクにさらされている対象を数多く集めなければならないこと，ⓑリスクが存在すること（保険システムは，リスクが存在してはじめて成り立つからである），ⓒ偶然をもとにした，評価可能な金銭的入用を相互的に充足すること（上記の3つの保険仕組が成り立った上で，金銭的入用が相互的に充足されなければ，保険

---

17) 近見, 他（2006）に依拠。

システムとはいえない），である。

7. 保険原理の観点による検討

　外国人滞在者は必ずしも公的年金の被保険者となる気はないものの，健康保険の被保険者になることは望んでいる。本章ではそれらを勘案する立場から，以下のような考え方ならびに結論を提言として示したい。

　外国人滞在者にとっては，社会保険は加入しやすく，自らの保険事故に密接に対応した負担であることを願っている。そのために支払うべき保険料は，保険原理に基づいた方式で決定すべきではないだろうか。現状では保険原理から算出される数値より重い負担であるため加入しにくいように思われる。ここでは，給付を受けるための現状の負担と理論上の負担を比較し，負担が重過ぎる場合は保険料をそこまで支払う必要があるのかどうかということを比較検討する。

　ここでの社会保険の比較対象は，公的医療保険（国民健康保険，政府管掌健康保険，組合管掌健康保険）[18]，公的年金（国民年金，厚生年金）とする。公的年金については，老齢年金の他に，障害年金・遺族年金について，さらに脱退一時金のケースについて取り上げる。

　外国人滞在者の医療保険，公的年金についての取り扱いは，正規滞在者の場合日本人と同等であるが，一時滞在者の場合は事情が変わってくる。彼らは必ずしも（老齢年金の）被保険者になる意思はないが，怪我や病気になったときのために，健康保険の被保険者となることを望んでいる。公的年金について，一時滞在者は老齢年金は望まないため，老齢年金の他に，障害年金，遺族年金を対象として分析する。さらに，彼ら一時滞在者については，脱退一時金が設けられているが，これについても，保険原理の観点から検討する。

18）　2008年公的医療制度改革が行われ，各々名称が変わった。本章の研究は制度についてのものではなく保険料の妥当性を目的としているため，それまでの名称を用いている。

7-1 算定方法と参考資料

次に，保障の算定方法と，その際に利用した資料について述べる。

(1) 医療保険における算出方法

医療保険における，理論上の保険料の算出方法は，国民健康保険・政府管掌健康保険・組合管掌健康保険の各々について，国立社会保障・人口問題研究所（2007）の「1件当たりの給付金」と「給付確率」から求めるものとした。給付確率は「千人当たり件数」を利用した[19]。他方の実際の保険料は，国民健康保険については，国立社会保障・人口問題研究所（2007）から「1世帯当調停額」を用い，政府管掌健康保険と組合管掌健保組合については，「男子の平均標準報酬月額」に保険料率を掛け求めた。いずれも1年分として求めた。

(2) 公的年金における算出方法

公的年金における算出は，理論上の老齢年金保険料については，国民年金・厚生年金ともに，国立社会保障・人口問題研究所（2007）より，「被保険者数」「老齢年金既裁定者数」「1件当たりの年金額」を利用して行った。

他方の実際の老齢年金保険料は，国民年金については，『保険と年金の動向』各年版を用い，厚生年金については，国立社会保障・人口問題研究所（2007）を用いて，「平均標準報酬月額」に「保険料率（被保険者分）」を乗じ，各々1年分として算出した。

(3) 一時滞在者の障害年金

(a) 障害年金（国民年金）の算出方法

次に一時滞在者の障害年金・遺族年金について算出方法を述べる。国民年金における障害年金額の給付の程度[20]についてはそのモデルを障害等級2級で，子ども1人のケースの家族に加給するとした。また，障害者になる確率は『保険と年金の動向（2007）』から2005年度の確率[21]を用い，それに外国人の

---

[19] 給付相当分として，事務給付等に対する国庫負担43%を差引き57%として求めた。
[20] 給付額は792,000円＋子ども1人の加給金227,900円とした。国立社会保障・人口問題研究所（2007）の「社会保障の体系と現状」の項参照。
[21] 1.5×100万：69.4×100万。

一時滞在者の人数を加算して求めた[22]。それらを基に理論上の保険料を求めた。他方，実際の保険料は国民年金の第一号被保険者としての保険料を示した。

(b)　遺族年金（国民年金）の算出方法

一時滞在の国民年金における遺族年金の給付の程度については，そのモデルを子ども1人の妻のケースを想定し，加給は子ども1人にするとした。また，遺族年金となる確率は『保険と年金の動向（2007）』から，2005年度の確率[23]を用い，それに外国人の一時滞在者の人数を加算して求めた[24]。それらを基に理論上の保険料を算出した。他方，実際の保険料は国民年金の第二号被保険者としての保険料を示した。

(c)　障害年金（厚生年金）の算出方法

厚生年金の障害年金の額について納付の月数を6，18，30カ月とした[25]。各々，平均標準報酬月額×給付乗率×月数×1（物価スライド）＋加給年金額として求めた。

厚生年金の理論上の障害年金の保険料は，各月数の障害年金に障害者になる確率（$0.3 \times 100万 / (32.3 \times 100万)$）を乗じて求めた。

他方，厚生年金の実際の障害年金の保険料は第2被保険者として月数分を求めた。平均報酬月額×保険料率×滞在月数とし，月数は6，12，18，24，30，36カ月とした。

---

[22]　詳述すると，12,889人がその中で障害者になる推定値は$1.5 \times 100万$に12,889人を加えた数（$69.4 \times 100万$に外国人の一時滞在者12,889人を加えた数）で除して算出した（『第46出入国管理統計年報（平成19年版）』112–13ページ）。

[23]　$0.1 \times 100万 : 69.4 \times 100万$。

[24]　詳しくは，$69.4 \times 100万$に外国人の一時滞在者12,889人を加え，その12,889人の中で遺族者になる推定値を$0.1 \times 100万$に加えて算出した（『第46出入国管理統計年報（平成19年版）』112–13ページ）。

[25]　外国人の脱退一時金の支給は加入期間によって異なる。ここではその主な期間とした。『第46出入国管理統計年報平成19年版』での期間によると，滞在者数は，6カ月以上12カ月未満，18カ月以上24カ月未満，30カ月以上36カ月未満でしか区分されていないため，その"主な期間"となる，計算上の保険料は6カ月，18カ月，30カ月の期間で求めた。現実の保険料の計算でのように，6カ月，12カ月，18カ月，24カ月，30カ月，36カ月で計算することは不可能である。

(d) 遺族年金（厚生年金）の算出方法

厚生年金の遺族年金は子ども1人の妻をモデルとし，平均標準報酬月額×給付乗率（5.481/1000）×月数×（3/4）+加給金として求めた。

厚生年金の理論上の遺族年金の保険料は，各月数の遺族年金に遺族になる確率（(4.2×100万/(32.3×100万))）を乗じて求めた。

他方，厚生年金の実際の遺族年金の保険料も第2被保険者として月数分を求めた。平均報酬月額×保険料率×滞在月数とし，月数は6，12，18，24，30，36カ月とした。

(e) 対象期間等について

一時滞在者に対する脱退一時金については，国民年金の場合，佐藤編（2001）より，6カ月以上12カ月未満，18カ月以上24カ月未満，30カ月以上36カ月未満の脱退一時金を示し，現実の保険料は老齢年金保険料6，12，18，24，30，36カ月として計算した。理論上の保険料は6カ月以上の滞在者について検討の対象とした。6カ月以上12カ月未満では12カ月として，18カ月以上24カ月未満では24カ月として，30カ月以上36カ月未満は36カ月として算出した。短期間で脱退するわけであるから，各短期脱退者数を全体の滞在者に占める保険事故確率とした。短期脱退者数・全体の滞在者は，『第46出入国管理統計年報平成19年版』を利用した。

厚生年金の場合，脱退一時金は，佐藤編（2001）より，6カ月以上12カ月未満，18カ月以上24カ月未満，30カ月以上36カ月未満期間で平均標準報酬月額[26]から求め，現実の保険料は老齢年金保険料6，12，18，24，30，36カ月として計算した。理論上の保険料は6月以上の滞在者について検討した。6カ月以上12カ月未満では12カ月として，18カ月以上24カ月未満では24カ月として，30カ月以上36カ月未満は36カ月として算出[27]した。各短期脱退者数を全体の滞在者に占める保険事故確率とした。

---

26) 平均標準報酬月額は国立社会保障・人口問題研究所（2007）を利用。
27) 6カ月以上12カ月未満，18カ月以上24カ月未満，30カ月以上36カ月未満で区分したのは国民年金と同様。

7-2 理論と実際の比較・検討

(1) 医療保険における比較・検討

国民健康保険，政府管掌健保組合，組合管掌健保組合において，理論と実際の保険料を比較してみると，国民健康保険では，平均年齢が高く低所得者が多い状況で設定されているためか，実際の保険料は理論上の保険料より低く，両者の乖離は拡大傾向にある（図 3-3）。

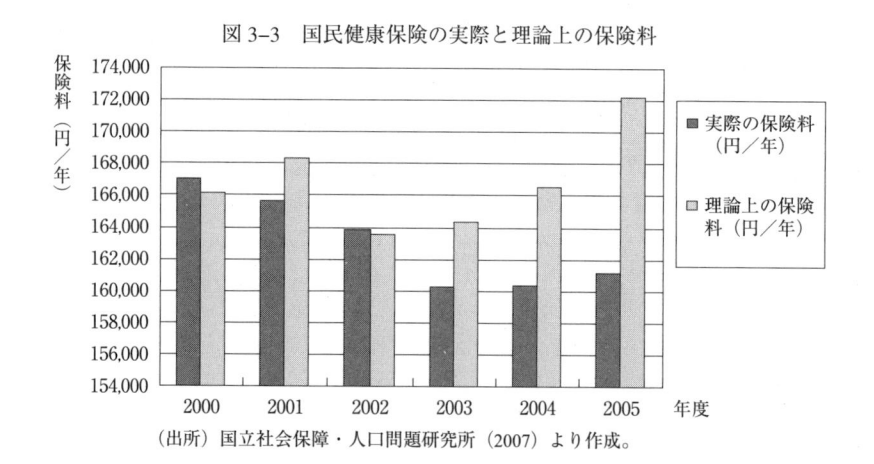

逆に政府管掌健保組合と組合管掌健保組合については，実際の保険料が理論上の保険料をかなり上回っておりその差は 2003 年から拡大してきた。政府管掌健保組合にしても組合管掌健保組合にしても，財政は 1990 年代後半から 2002 年まで悪化し 2003 年からは持ち直してきたが，実際の保険料はその傾向とは無関係にほぼ一定である。理論上の保険料は「1 件当たりの金額」が 2003 年から下がったのを受けて低下している（図 3-4，図 3-5）。

(2) 公的年金における比較・検討

(a) 老齢年金における比較・検討

国民年金について実際と理論上の保険料を比較してみると，被保険者が自営業で低所得者が多く保険料を引き上げられないのに対し，理論的に必要とされ

図 3-3 国民健康保険の実際と理論上の保険料

（出所）国立社会保障・人口問題研究所（2007）より作成。

図 3-4　政府管掌健康保険の実際と理論上の保険料

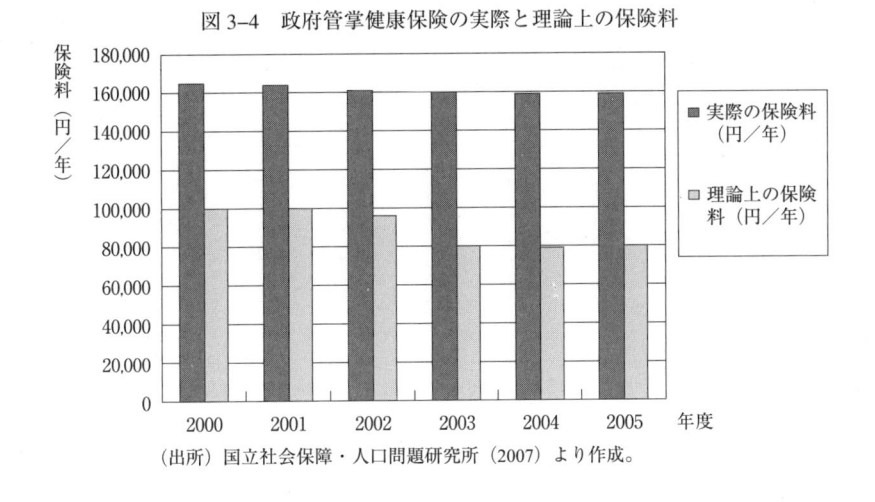

(出所) 国立社会保障・人口問題研究所 (2007) より作成。

図 3-5　組合管掌健保組合の実際と理論上の保険料

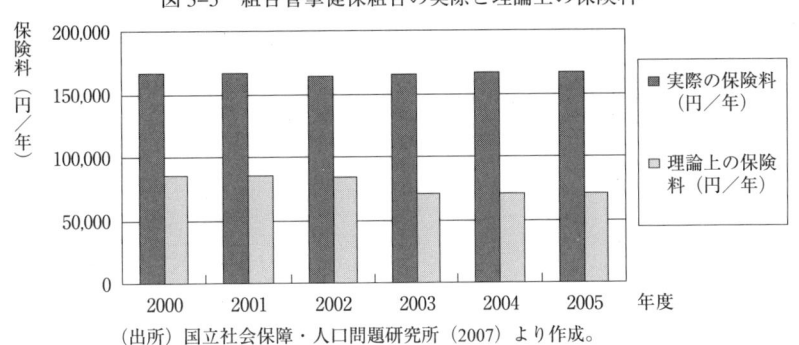

(出所) 国立社会保障・人口問題研究所 (2007) より作成。

る保険料は上がり，両者の差は拡大しつつある（図3-6）。

　厚生年金については，国民年金とは別の様相を見せている。実際の保険料は理論上のそれをかつては上回っていたが，両者の差は徐々に縮まり2005年には逆転した（図3-7）。

(b)　障害・遺族年金における比較・検討

　国民年金では障害年金・遺族年金ともに給付額は102,000円／年であるのに対して，保険料は169,200円／年となっている。理論上の障害年金の保険料は，この169,200円／年に対して22,046円／年，遺族年金では1,470円となる

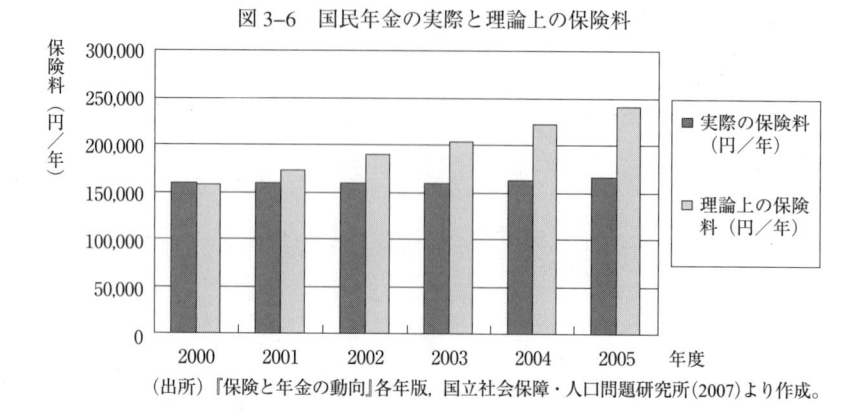

図 3-6 国民年金の実際と理論上の保険料

(出所)『保険と年金の動向』各年版,国立社会保障・人口問題研究所(2007)より作成。

図 3-7 厚生年金の実際と理論上の保険料

(出所) 国立社会保障・人口問題研究所 (2007) より作成。

(表 3-1)。

厚生年金についても実際の保険料は計算上の保険料と比較して途方もない額となっている(表 3-2)。

上記 7-2 (1) と (2) の比較・検討の結果は,事務費用や各地域間各差の調整等の必要性から,実際と理論上の保険料格差は首肯できる範囲内にあるかもしれない。しかし,障害・遺族年金では実際と理論上の保険料格差は甚だしく,外国人一時滞在者に対しては保険料をかなりの程度引き下げる必要性がある(表 3-1, 表 3-2)。

表 3-1　国民年金の障害・遺族年金　　　　（単位：円／年）

現実の年金保険料	計算上の保険料 障害年金	給付 障害年金	計算上の保険料 遺族年金	給付 遺族年金
169,200	22,046	1,020,000	1,470	1,020,000

(注)（障害等級2級，子ども1人に加給），
　　遺族年金：子ども1人の妻に支給するとする。
　　現実の保険料は平成19年9月現在のものを用いている（国立社会保障・人口問題研究所（2007）166ページ）。
(出所) 佐藤編（2001），国立社会保障・人口問題研究所（2007）より作成。

表 3-2　厚生年金の障害・遺族年金　　　　（単位：円／年）

	現行の保険料（老齢年金となる）	計算上の障害年金の保険料	現行の障害年金額（給付額）	計算上の遺族年金の保険料	現行の遺族金額（給付額）
6月	140,904	2,212	238,200	30,639	235,625
18月	422,712	2,404	258,800	32,648	251,075
30月	704,521	2,595	279,400	34,656	266,525

(注) 現実の保険料は平成19年9月現在のものを用いている（国立社会保障・人口問題研究所（2007）167ページ）。
(出所) 佐藤編（2001），国立社会保障・人口問題研究所（2007）より作成。

表 3-3　国民年金による一時脱退金

国民年金　　　　　　　　　　　　　　　　　　　　（単位：円／年）

保険料納付済み期間	（国民年金）現実の保険料	（国民年金）計算上の保険料	（国民年金）現実の脱退一時金
6カ月以上 12カ月未満	84,600 169,200	16,481	35,100
18カ月以上 24カ月未満	253,800 338,400	14,037	105,300
30カ月以上 36カ月未満	423,000 507,600	28,641	175,500

(注) 現実の保険料については，現実の保険料は平成19年9月現在のものを用い（国立社会保障・人口問題研究所（2007）166ページ），6カ月，12カ月，18カ月，24カ月，30カ月，36カ月として計算した。
(出所) 佐藤編（2001）；国立社会保障・人口問題研究所（2007）より作成。

表 3-4　厚生年金による一時脱退金

厚生年金			(単位：円／年)
保険料納付済み期間	(厚生年金) 現実の保険料	(厚生年金) 計算上の保険料	(厚生年金) 現実の脱退一時金
6 カ月以上 12 カ月未満	140,904 281,808	73,531	156,602
18 カ月以上 24 カ月未満	422,712 563,616	62,627	469,806
30 カ月以上 36 カ月未満	704,521 845,424	127,784	783,010

(注) 現実の保険料については，現実の保険料は平成 19 年 9 月現在のものを用い（国立社会保障・人口問題研究所（2007）167 ページ），6 カ月，12 カ月，18 カ月，24 カ月，30 カ月，36 カ月として計算した。
(出所) 佐藤編（2001）；国立社会保障・人口問題研究所（2007）より作成。

(3)　一時脱退金の場合

脱退一時金についても，その一時金に対する実際の保険料と理論上の保険料には著しい格差が認められる。さらに期間が 6 カ月から 36 カ月へと長くなるにつれて一層拡大している（表 3-3，表 3-4）。

8. おわりに

近年，わが国ではグローバル化が進み外国人の流入も増加傾向にある。一方，少子化の進行で予想より早い人口減少社会を迎えてしまい，外国人受け入れに慎重だった政府は受け入れ方向に政策を転じた。

ところが，短期・不法滞在者に対する社会保障の適用が問題となっている。正規の在留・就労資格を持たない外国人は被保険者にはなれない。また，正規の在留・就労資格を持つ者でも被用者保険ではなく自営業者用の保険に加入するケースが増えている。さらに，短期の滞在者にとっては，被用者保険にしても自営業者用の保険にしても負担が重過ぎるため，加入の意思はもっていない者が多い。しかし，彼らはすべて傷病罹患のことを考え健康保険の加入は望んでいるのである。

この状況に対する改革案として，もっと受給しやすい仕組みへの転換，受給

資格取得のための加入期間の短縮，国際間の社会保障協定の締結，短期滞在者に対する帰国時の納付額返納，等の案があげられている．

　先進諸国における外国人滞在者数と社会保障の動向は，わが国と同様で増加する外国人に対して，社会保障の適用は在留資格によって異なるということ，また，在留資格の有無によっては保険の適用は制限されている．そのため，非適用者が生じている．

　わが国では，短期滞在の外国人の保険料に対しても，望ましいと思われる障害年金受給や遺族年金受給だけに加入し，それに対応した保険料というわけではなく，老齢年金加入を想定したものである．65歳まで滞在しない短期滞在の外国人にとっては，重すぎる負担を感じざるを得ない．

　本章では，公的保険に加入し易いシステム提言を目的に，現行の保険料が過多あるいは過少となっているのかを試算してみた．年金・医療・脱退一時金について，保険の原点から求められる保険料と実際負担の保険料を求め比較すると，ほとんどの場合，後者は前者より重くなっていた．そのため，重過ぎる負担をどの程度軽くすべきなのか，その手助けとなる分析結果を提供した．

参 考 文 献

岩村正彦（2007）「外国人労働者と公的医療・公的年金」『季刊・社会保障研究』vol.43 No.2) 107-118ページ．

上田大祐（2008）「WHO, EPAにおける「自然人の移動」の自由化」（『総合調査　人口減少社会の外国人問題』国立国会図書館）．

岡田薫（2008）「外国人労働者受け入れと犯罪減少」（『総合調査　人口減少社会の外国人問題』国立国会図書館）．

亀田進久（2008）「人口減少時代の到来と外国人問題─調査の課題と趣旨─」（『総合調査　人口減少社会の外国人問題』国立国会図書館）．

亀田進久，他（2008 a）「外国人政策関係年表」（『総合調査　人口減少社会の外国人問題』国立国会図書館）．

亀田進久，他（2008 b）「資料・統計」（『総合調査　人口減少社会の外国人問題』国立国会図書館）．

近見正彦・吉澤卓哉・高尾厚・甘利公人・久保英也（2006）『新・保険学』有斐閣アルマ．

志甫啓（2006）「日系ブラジル人と社会保険の適用─2005年度磐田市外国人市民実態調査を用いた予備的考察─」主任研究者千年よしみ『人口減少に対応した

国際人口移動政策と社会保障政策の連携に関する国際比較研究』厚生労働科学研究費　補助金政策科学推進研究事業平成 17 年度総括研究報告書.
清水隆男（2008）「外国人政策の変遷と各種提言」（『総合調査　人口減少社会の外国人問題』国立国会図書館）.
下和田功（2008）『はじめて学ぶリスクと保険』有斐閣アルマ.
新川敏光（2003）「グローバル化の中の福祉国家」（『季刊家計経済研究』No.59）.
寺倉憲一（2008 a）「わが国における出入国管理制度の概要」（『総合調査　人口減少社会の外国人問題』国立国会図書館）.
寺倉憲一（2008 b）「出入国管理制度を巡る当面の主要課題」（『総合調査人口減少社会の外国人問題』国立国会図書館）.
堤建造（2008）「外国人と社会保障」（『総合調査　人口減少社会の外国人問題』国立国会図書館）.
若松絵里（2008）「オランダの非正規労働者問題から思ったこと」．（http : //ameblo.jp/eriw-office/entry-10178774140.html）
正木裕司・前田信彦（2003）「オランダにおける働き方の多様化とパートタイム労働」（『大原社会問題研究所雑誌』No.535）.
松尾和成（2008）「エグゼクティブサマリー」（『総合調査　人口減少社会の外国人問題』国立国会図書館）.
木沢一義（1998）『日本の年金制度─家族法と社会保障を視野に入れて─』学文社.
渡戸一郎・鈴木江理子・A. P. F. S 編著（2007）『在留特別許可と日本の移民政策』明石書店.

参　考　資　料

厚生統計協会『保険と年金の動向』各年版.
国立社会保障・人口問題研究所（2007）『社会保障統計年報　平成 19 年版』法研.
国立社会保障・人口問題研究所（2008）『2008 人口の動向日本と世界』厚生統計協会.
佐藤進編（2001）『ハンドブック公的年金』青林書院 118 ページ図表 1.
社会保険庁「外国人脱退一時金と協定」＜http : //www.sia.go.jp/seido/kyotei/kyotei 09.htm＞
法務省大臣官房司法法制部（2007）『第 46 出入国管理統計年報平成 19 年版』112-3 ページ.
法務省入国管理局（1980）『出入国管理の回顧と展望』法務省『在留外国人統計』.

第 2 部

グローバル化と国際財政

第 4 章

グローバル化する経済社会における多国籍企業の財政的貢献

1. はじめに

ロンドンの北と西側には岡があって西風がロンドンに吹くことが多い。この風は中世には風車の動力として用いられてきたし，将来的には地球温暖化の対策として風力発電のエネルギー源として期待されている。ところが，時より東風が発生することがある。この風は，17世紀には，オランダの艦隊がテムズ川を遡上してロンドンを襲撃することを恐れられていたが，この風はまた海の湿った風を岡で取り囲まれるロンドン盆地にもたらし霧が発生する原因となった。19世紀からは，この東風は市内で排出され，汚染された大気と結びついて，しばしば，深刻なスモックを発生させてきた。このスモックは，ロンドンの市民の健康にも深刻な影響を与えてきた。1952年に発生した大スモックだけでも，数日で3500人の命が奪われた。議会も大気汚染の対策に動き，1956年には大気浄化法が制定されロンドン市内で燃焼効率が悪い石炭の焼却炉が禁止された[1]。ロンドン市を中心として英国内において，大気に関する環境の対策が実施されており，エネルギー部門から排出される NOx の排出水準も一定

---

[1] 以上の説明は，Hunt（2005）から要約。

の水準以下に抑制されている。英国のグローバル化戦略が明確化する1990年代に至ると英国の環境規制の効果が日本と較べて顕著となる。グローバル化をリードする諸国は，環境の基準に関しても世界をリードする体制を築いていく過程が明確になる[2]。本章において，地球温暖化などグローバルな環境問題に関する英国政府の対応を例にとり，地球規模で起きる課題に関する各国政府の財政および政策のモデルを用いた分析が展開される。本章の主要な目的は，多国籍企業にとって諸国の政府がステークホルダーとしての役割を果たすという仮説に基づき，次の2つの推論に要約される。第1に，田中（2004）で開発された企業の自発的な貢献に関する議論を企業の社会的責任行動に適用する分析モデルが，グローバル化する経済社会における多国籍企業の行動分析に適用可能である。第2に，規制緩和や自由主義経済の性質を反映する経済社会のグローバル化において，企業は過大な活動を展開する反面，各国の財政上の貢献を過度に軽減する。この2つの推論の帰結として，企業が適正な規律ある行動に誘導される国際的な枠組みの性質が論じられる。

2. 経済のグローバル化と気候変動への取組

1980年代に進んだ経済と社会のグローバル化の波は，地球規模で展開される規制緩和と連動しており，かつて市場の失敗への対策として主流だった，政府の補助金による市場への介入は，1980年代を境に下火となり，さらに，国有産業の民営化の流れが進んできた。しかし1990年代以降，経済成長や人口の増加が原因となって発生した環境問題や資源の問題が特に関心を集めるようになってきた。この問題に対して，政府を始めとする公共部門が十分な対応をとることはなかった。地球規模で顕在化する市場の失敗は，1990年代に環境の破壊や企業の反社会的な行動として表面化することになり，その解決を求めるステークホルダーの要求は反グローバル化の社会活動を活発化させた。

グローバル化の過程で生じる市場の失敗の対応には，地球規模における積極

---

[2] 2節の図4-1において，日英のNOxの数量比較が示される。

的な公共財の供給が必要であった。公共財の供給方法の変革を求める反グローバル化の運動の象徴的な出来事として，世界各国から多数の非政府組織（NGO；Non Government Organization）が1992年に開催された「環境と開発に関する国連会議」（地球サミット）に参加して，その会議をリードした。公共財の供給に政府だけでなく，多くのステークホルダーが関与することが議論のテーマとなった。その活動の成果はリオ宣言（特に原則10）の中にある「環境問題は，関係するすべての市民の参加によって，最も効率的に対処される」という表現にも反映されている。これを契機として，環境問題における「協働」の重要性はさらに強く認識された。地球サミットは世界規模で深刻化する環境問題がもたらしたグローバル化に反対する運動を政府と企業が深刻に受け止めるきっかけとなった。1992年，地球サミットに先立ち，経済界もこの会議に対応して，持続可能な開発のための世界経済人会議（WBCSD；The World Business Council for Sustainable Development）を開催して，地球規模での市場の失敗を深刻化させないようにするため国際的な企業行動規範の策定に取り組んだ。1999年には，当時国連の事務総長の職にあったコフィー・アナン（Kofi Annan）はダボスにおける世界経済フォーラムで，人権，労働，環境分野における企業，労働組合およびNGOが遵守するべき原則を定めたグローバル・コンパクト（Global Compact）を提唱した[3]。国連の活動は，2002年にヨハネスバーグで開催された国連持続可能な発展のための世界サミット（WSSD；World Summit on Sustainable Development）へと継続された。このヨハネスバーグのサミットには，国連ビジネス・サミット（UN business summit）といわれる別名があるほど，サミットの場での多国籍企業とNGOが連携した積極的な活動がみられた[4]。

ヨハネスブルクの地球サミットでロンドン市は環境シンクタンクのForum for the Futureとともに，英国の環境・食料・地域省（Department for Environment, Food and Rural Affairs：DEFRA）と共同して7つの原則から構成される「ロンドン原則（London Principle）」を発表した。そのプロジェクトの内容をまとめた「fi-

---

3) 内田（2004）。
4) Hirschland（2006），pp.2-3.

nancing the future」は，金融機関の将来の事業機会と環境問題との関連について報告する。ロンドン原則を実現するための制度の設計と実施に関するロンドン・アコード（London Accord（2007, 2008））が定められた。

　純粋公共財は中央集権的な体制を前提として供給されてきたが，こうした方法では近年の経済状況の下で求められる公共財の供給が十分になされないことが判明してきている。図 4–1 において，1980 年代以降のグローバル化が進む時期において，日英の大気汚染の環境規制の対策の成果がその後の各国の世界戦略に重要な影響を与えたということができる。上述のロンドン市の持続可能性の戦略は，ロンドン市の最も強みとする金融の機能を駆使したグローバルな世界戦略であるということができる。Marshall（2005）は，公共財の供給に関する課題を解決するためには，ローカルなレベルでの解決力を高めることが必要であり，その推進の主体として政府だけでなく多様なステークホルダーとの協働体制が学術面と社会活動の両面から広く受け入れられるようになった過程を論証する。また，Hirschland（2005）は，グローバル化の進展が反グローバル化の流れを勢いづける社会運動や経済の難問が増大する可能性が高くなることを指摘して，グローバル化の潮流を途絶えさせないために，グローバル化の利益を社会に広くいきわたらせるために世界的な規模において継続される行動を考察する。

　グローバル化の持続可能性がグローバル化の推進による利益の享受を追求す

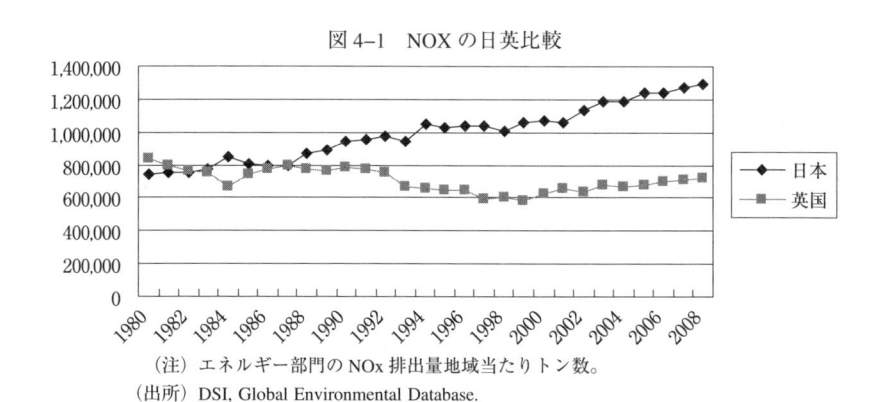

図 4–1　NOX の日英比較

（注）エネルギー部門の NOx 排出量地域当たりトン数。
（出所）DSI, Global Environmental Database.

る多国籍企業の自己規律的な努力に依存しているという概念は，2000年代の前半には，世界の多国籍企業の間には認識されていた。しかしながら，企業が市場をベースとしたシステムに従って行動することから，国際的に普遍的なルールあるいは原理として，企業行動を規制する概念あるいは理念がグローバルな市場において共有される必要がある。この新しい枠組みが国際社会に受け入れられ，しかも，良好に機能するためには，次の指標に基づく国際社会の評価に合格しなければならない。これらの多国籍企業の成果がグローバルな面においても，ローカルな観点からも適正と評価される形で国際社会に分配される。この評価の仕組みを備えた経済社会システムの構築がグローバル化された社会が持続するためには不可欠である。

3. 企業の財政的貢献の基本モデル

3-1 ステークホルダーと社会的費用

経済社会のグローバル化は，地球規模の観点から解決を求められる新たな課題を顕在化させる。地球温暖化防止も最重要な課題の1つである。グローバル化の視点から焦点を当てれば，地球温暖化の課題は，地球規模での市場の失敗の顕著な例であるということができる。この市場の失敗の基本モデルは，田中（2004）において開発され，グローバルな活動を展開する企業と市場経済，地域社会，環境問題との関係の解明に用いられた。本章では，グローバルな規模で展開される市場の失敗を解消する手段としての税制の役割が市場における企業行動との関係において論じられる。このモデルをベースとした一連の研究は，グローバル化する市場経済において，企業が市場経済，環境，社会の問題に自発的に対応する誘因の解明やその持続可能性に関する条件に関するものである[5]。田中（2006）と田中・長谷川（2007）は基本モデルの性質を解明して

---

5) 田中・長谷川（2005）は市場がもたらす企業の環境への対応の誘因，田中（2005）は開発プロジェクトにおける銀行のモニタリングの役割，田中（2006），田中・長谷川（2006），田中・長谷川（2007）は企業の持続可能性に関する条件に関する研究である。Tanaka（2007）と（2009）は，SRI（Social Responsibility Investment）が企業の社会や環境への貢献に寄与するメカニズムを解明する。

その適用可能な分野を提示するが，グローバルな経済活動を特徴づける課税制度を明示的に表示するものではなかった。以下では，本書の基本的なテーマであるグローバル化された市場経済における各国の税制の理論的なアプローチとしてのこの基本モデルの拡張が提案される。その分析の前段階として，田中（2006）あるいは田中・長谷川（2007）において整理されたモデルの基本的な構造が簡単に紹介される。

　生産財と消費財は民間の企業あるいは公的な機関によって供給される可能性があるが，まずはじめに，民間の企業による行動のモデル分析が行われる。公的な供給主体に関しても同様の推論が展開される。企業はその本来の目的のために生産活動を展開するが，その生産活動の水準 x の下で，企業自身によって評価される利潤などの純便益額は $\Pi(x)$ で表示される。政府，株主，顧客，従業員，地域社会など企業活動を評価して，企業に協力あるいは活動の修正を求めるステークホルダーが存在するが，その総数が n で表される。考察の対象となる企業がグローバルな展開を行う多国籍企業においては，子会社や工場を建設する複数の諸国がステークホルダーとしての機能を有する。特定の国の政府が他の諸国と比較して，その企業にとって魅力的でない社会的な制度や規制を設定すれば，企業は当該国において経済活動をする意味を見出せなくなり，活動の舞台としての選択を行わなくなる。以下では，企業が経済活動を実施する諸国の政府はステークホルダーと想定され，その数は $l\,(1<l<n)$ である。企業が環境破壊を引き起こしたり，株価の大幅な下落による株主への損害を与えれば，企業は環境被害の補償や資本市場での資金調達などの面で，企業の継続が危うくなる状況が生じると考えられる。企業がその経済活動を継続するためには，企業は各種のステークホルダーの要求あるいは需要に応えなければならない。企業のリスク管理の対象は広範囲にわたっており，必要に応じて寄付活動や各種の事業を展開する[6]。企業による各ステークホルダー i の需要または要求への対策費は t_i で表され，ステークホルダーへの対策費の総額 t は

---

6) 社会のネットワークやNPOの分析は田中（2006）の3ページで紹介される。

$$t = \sum_{i=1}^{n} t_i \tag{1}$$

を満足する。t_i はステークホルダー i にとって一種の利得額を表すが，その値は企業の支出額で評価されたものであり，企業にとって内部評価額であるということができる。t_i は企業にとってステークホルダー i に対する評価あるいは協力を得るための対策費であるということができる。t_i はステーホルダー i による実際の評価

$$V_i(x, t_i), \quad i = 1, \cdots, n \tag{2}$$

と一致するという保証はどこにも存在しない。また，この評価はステークホルダーにとっては自らの評価であることから既知の値であるにもかかわらず，企業にとって正確な値を把握することが困難であり，情報に非対称性が生じる。企業による対応がステークホルダーに関して効果的であるとはいえないとしても，対策は何らかの形でステークホルダーにとって評価されると想定される。すべてのステークホルダー i において，関数 $V_i(x, t_i)$ は企業による i に対する対策費あるいは利得 t_i に関して増加関数の性質を有する。

$$\frac{\partial V_i}{\partial t_i} > 0, \quad i = 1, \cdots, n. \tag{3}$$

本章におけるテーマはグローバル化する経済における市場の失敗が各国の税財政に関する企業行動にどのように現れるかを明確にすることである。企業収益を追求する企業が従業員の賃金の抑制による所得格差の拡大と環境破壊をもたらすように，企業活動は異なるタイプのステークホルダーにとって市場機構あるいは外部経済と不経済を経由して，異なる影響をもたらす。企業の活動がステークホルダーと利害関係が一致する正のステークホルダーと，その利害が反対となる負のステークホルダーとに分類される[7]。以下の式による展開のために，次の定義が用いられる。ステークホルダーはプロジェクトの水準に関し

---

7) 田中（2004）の図3と図4で2つのタイプのステークホルダーの行動が解説されている。

て増加関数なる正のステークホルダー ($\frac{\partial V_i}{\partial x} > 0$) と減少関数となる負のステークホルダー ($\frac{\partial V_i}{\partial x} < 0$) に分けられる。

　ステークホルダーが課税権をもつ，国民あるいは地域の政府であるとすれば，グローバル化された社会において，企業はその生産の拠点を柔軟に変更することを通じて，政府に対する貢献の額である課税あるいは納税額を選択する自由を手にできると想定することが可能である。企業は生産活動に有利な条件を求めて，生産拠点を選択するが，税制もその重要な要因に含められる。企業がタイから中国に生産拠点を移すときには，ステークホルダーとしてのタイの評価は，中国の評価よりも相対的に低く位置づけられると考えられる。

　以下では，ステークホルダーである i 国あるいは地域による企業に対する課税額は t_i で表示される。このように，国民経済が分析の対象に定められるとき，税率や課税制度の枠組みは政府によって決められ，グローバル経済の枠組みにおいて，企業にとって所与の値であるが，企業の課税額あるいは納税額は企業が自らの意思で決定可能な値であり，モデルにおいて，内生変数である。企業は多数のステークホルダーを有しており，個々のステークホルダーの評価 $V_i(x, t_i)$ を全面的に経営戦略に反映させることは考えられないが，企業が活動する枠組みの中では，企業はその社会的な総評価

$$\sum_{i=1}^{n} V_i(x, t_i) \tag{4}$$

から独立には存在できない。企業の活動は，利潤最大化行動を実践する過程において，市場を経由することによる社会的な評価を受けているといえるが，その一方に，市場の失敗による清算されることがない負の評価を拡大し続ける。この市場の失敗を累積することは社会自体の存立を危うくすることになる。これを避けるためには，市場の失敗を経済活動に内部化する政府による強制的な規制的な措置が講じられることになるであろう。企業はその経済活動が制限されるような規制措置や市場の縮小の恐れがある処置が講じられないように，市場の価格に反映される評価に直接的に反映されない社会的な評価にも注意を払わなければならない。

3-2 利他係数とリスク係数

企業は社会における総量的な評価だけではなく，資本市場からの調達，製品市場における消費者の不買運動などによる特定のステークホルダーによる厳しい評価によって，倒産の危機に陥る例も存在する。企業存続の命運はいくつかの有力なステークホルダーの手中にあるということができる。各ステークホルダーは企業に関して，営業活動からの利益，従業員に対する福利厚生および賃金面での待遇，環境基準の達成などに関して基準を達成することを要求し続けているということができる。

ステークホルダー i が企業の活動の結果を満足であると評価することができる水準が V_i^* で表示される。本章では，企業活動がすべてのステークホルダーにとって満足すべき水準に達しないと想定される。数式の上では，任意の x と t_i に関して，不等式

$$V_i^* > V_i(x, t_i), \quad i = 1, \cdots, n \tag{5}$$

が満たされる。ステークホルダーは自らが定める基準値 V_i^* と実際の評価 $V_i(x, t_i)$ との差に応じて，企業に新たな環境対策を求めるなどの対応策をとると想定される。企業にとってステークホルダーによる新たな要求は，企業がステークホルダーの対応を怠ることから生じるリスクに分類される。企業による各ステークホルダーへの補償などの支出額は，リスクの係数が正の定数 c_i で示される。企業が見積もるリスク額は

$$c_i \left\{ V_i^* - V_i(x, t_i) \right\}, \quad i = 1, \cdots, n \tag{6}$$

に等しくなる。企業によるステークホルダーへの配慮は企業のリスクを低下させることは，(3)式の仮定から導出される

$$\frac{\partial c_i \left\{ V_i^* - V_i(x, t_i) \right\}}{\partial t_i} = -\frac{c_i \partial V_i}{\partial t_i} < 0, \quad i = 1, \cdots, n$$

によって確かめられる。このことから，多国籍企業が各国での財政的な貢献を向上させることが，グローバル社会の安定に寄与するといえる。

利益や売り上げなどの企業が直接的に制御可能な内部評価で表示される。これに対して，企業によるステークホルダーを配慮した行動は，地域の環境・美化活動や社会の人材育成活動への支援などの社会的な貢献活動を含む[8]。企業は本来の業務 x と社会的な貢献 t を組み合わせて，ステークホルダーによる社会的な評価の総額 $\sum_{i=1}^{n} V_i(x, t_i)$ の最大化を目指したとしても，その値が正確に認識されなければ，社会全体としても効率的な資源配分が実現しないことが恐れられる。企業が企業活動の主たる目的である利潤の追求と社会的な活動の両立を目指すとしても，企業がステークホルダーの評価を知るためには多大な費用と労力が必要になるばかりではなく，この社会的評価の推定に手間取れば，企業の存立を左右するような事態に直面したときに，間違って意思決定を実施して，結果として自らの実施計画を大幅に修正するなど大きな損失を被ることになるであろう。企業は，社会的評価を計測する困難さおよびそのための費用の大きさから，この評価を意思決定の指標に採用することに消極的であるだけでなく，この売り上げなどの市場活動での評価を主要な意思決定の指標として，社会的な評価に優先させる傾向がみられる。このような企業行動は種々の市場の失敗を社会にもたらすことになり，2008 年からの世界的な経済危機で象徴されるように，その市場の失敗の事後的な処理は社会にとっても大きな損失をもたらす可能性が大きい。企業に社会的なモニタリングを実施して，企業に対する市場の失敗への事前の対応をとるように誘導させることの必要性は，環境マネジメントの主要なテーマとなっている[9]。企業における外部評価の失敗は(2)の値に反映されて，環境の破壊や世界的な金融バブルの崩壊時には，ステークホルダーにとっても大きな損失として考慮される。企業とステークホルダーの間には情報の非対称性が発生するといえるが，両者の間には複雑な思惑が働くと考えられている。いずれにして，ステークホルダーは社会的に制御できないような事態の発生を恐れて，この社会的な評価が企業の意思決定に反映されることを願うであろう。企業が社会的な評価をどの程度の比率あるいは

---

8) 米田（2007）は企業による地域貢献の事例に関する調査研究を実施する。
9) Barrow（2006）はマネジメントの手段を体系的に解説する。

正確さで自らの意思決定に組み込んでいるかを示す比重は利他係数と呼ばれ δ で表記される。

各ステークホルダーはこの利他係数が向上するように企業に働きかけると想定される。各ステークホルダーは持続可能な社会の実現を目指して，δ が上昇するために労力 y_i を支出しなければならない。社会のネットワーク全体から企業に働きかけることによって，企業はその利他係数の値を正確に把握することが可能になると想定される。各ステークホルダー i が企業に働きかける活動水準は y_i で，また，社会全体での総額は $y(=y_1+\cdots+y_n)$ で表示される。δ は y の増加関数 $\frac{d\delta(y)}{dy}>0$ である[10]。温暖化防止技術の開発という，市場の失敗への対策の事例に関して，「financing the future」は　表4-1の解決法の欄で表示される対応策を提示する。この表で提案されている個々の y_i はそれに対応するステークホルダー $V_i(x,t_i)$ の認識を企業に高めさせる役割を果たしており，個々のステークホルダー i の評価に利他係数 δ_i を割り当て，$\delta_i(y_i)V_i(x,t_i)$ を分析することが有効な帰結に導くと考えられる。ところが，地球温暖化などのグローバルな課題においては，価格付けがされていない環境資産やサービスの市場の創出などの手段による解決法は，その効果が市場の創設を通じた情報の公開によって多くのステークホルダーに共有されることが想定される。グローバル社会の存立の危機を事前に防止するという意味において，社会的な評価の総額と企業の自己目的 $\varPi(x)$ をバランスさせるための指標として利他係数 δ が用いられている。

ステークホルダー i は持続可能な社会の実現のために活動を行う。社会的な評価の基礎となる企業にとって把握されるステークホルダーによる純利得は

$$\delta(y)\sum_{i=1}^{n}\{V_i(x,t_i)-y_i\} \qquad (7)$$

で定式化される。

---

10) この増加関数の性質は田中（2005）において開発プロジェクトにおける金融のモニタリング機能を説明する上で有効であることが確かめられた。

表 4-1 利他性の向上と持続可能性への金融的アプローチ

機能	ビジネス分野	持続可能性の問題	解決策	イギリスの取組み
資産の価格付けと所有権の行使	アセットマネジメント 銘柄選択 コーポレートガバナンス 投資銀行業務 調査 取引	持続可能な活動を反映しない株価と債券価格 持続可能な資産利用を促進するために行使されてない所有権	企業の業績とビジネスの価値やリスクへの影響の評価 持続可能な活動における株主契約 価格付けされていない環境資産やサービスの市場創出	年金法規制 持続可能な活動についての企業報告 銘柄選択とコーポレート・ガバナンス双方のSRIアセットマネジメント技術 排出権・廃棄物取引
新しい資金供給の条件	市中銀行 信用 リース 投資銀行業務 プロジェクトファイナンス 新規発行物 未公開株式	信用リスクの審査・適正な評価に統合されていない持続可能性のリスク 新技術や新プロセスのための資金供給の難しさへのアクセス 貧困への資金供給の難しさへのアクセス	信用リスクの算定・適正な評価に持続可能性のリスクを評価し統合する プロジェクトファイナンスの費用便益分析において、プロジェクトの実行可能性と銀行の評判への持続可能性の影響を含む 小規模の持続可能なベンチャーの新規株式公開のための、より簡単な記載要件 環境技術・持続可能な新しいビジネスに投資するための未公開株式・VC基金を設立する	持続可能なビジネスのためのクレジットをする特殊銀行や小口融資とリース業 市中銀行の環境信用リスク評価 投資銀行の適正な評価 新規株式公開能力 EUが1番大きくアメリカが2番目である未公開株式・VC基金
リスクマネジメント	保険 再保険 損害保険 投資銀行 デリバティブ商品	カギとなる新しい環境技術のためのリスク経験とそれによる保険による補填の必要性 気候変動による、ビジネスと家計のための再保険会社との取引と保険による補填の必要性 予期しない責任と処理費用増大のリスクによって妨げられた汚染された土地であるブラウンフィールド再開発	環境技術に対する能力に裏打ちされた専門家 新しい天候をヘッジする技術を通して、資本市場へ環境リスクを移転する 企業による環境リスクの緩和と適合を奨励する リスクを緩和し、ブラウンフィールド再開発取引を促進する上限コスト、責任、および他の保険手段	環境技術と炭素市場のための裏打ちされた能力 環境責任保険 気候上のリスク、特に洪水を緩和するための計画のレギュレーションと教育プログラムの議案通過 ロンドン国際金融先物取引所とデリバティブの能力

(出所) 塚原 (2007) の表 3.1 より作成。

4. 企業による活動と財政貢献の決定

社会的な活動を行う企業は自らの利得のみではなく，社会的な純便益 NB を最大化すると想定される。

$$NB = \Pi(x) + \delta(y)\sum_{i=1}^{n}\{V_i(x,t_i) - y_i\} - t - \sum_{i=1}^{n} c_i(V_i^* - V_i(x,t_i)), \quad 1 \geq \delta \geq 0. \quad (8)$$

企業は(8)に基づく社会的な純便益が最大になるように生産水準 x と各ステークホルダー i への支出 t_i を決定する。その評価は主として自らの組織内で実施される自己的あるいは利己的な純評価 $\Pi(x)$ と社会的な評価 $\delta(y)\sum_{i=1}^{n}\{V_i(x,t_i) - y_i\} - t$ から構成される。ここで，利他性の係数 $\delta(y)$ は計画段階あるいは実施段階の数値においてステークホルダーからのモニタリングなどのコミュニケーションを通して正確に把握することが可能な割合である。持続可能性の条件は δ が1であるときに成立すると考えられるが[11]，情報の非対称性と企業内部の組織運営を優先しようとする官僚主義的行動をとる企業の組織的な性格のために，δ が1より過少に評価する傾向が存在すると想定される。企業が各ステークホルダーに対する CSR の活動を前進させるための前提条件として，ステークホルダーも企業に対する監視活動を強めて両者の間に良い意味での緊張関係が保たれることが必要である。(8)の最後の項は，企業にとって，環境事故の対策費，不良製品の改修費，法令順守違反など外部便益あるいは外部費用に対応する企業経営に関するリスクを表示する。正の定数 c_i は各ステークホルダーの外部評価が低下するにつれて，企業に対する住民運動や行政訴訟を含めた外部費用が増大することを意味する。

企業は主体的に意思決定をするが，ステークホルダーは地域社会が持続可能な方向に向かうようにコントロールをする。社会全体の仕組みからみれば，このような2段階の意思決定がなされると想定される。第1段階における企業の最適条件は x と t_i に関する社会的純便益最大化の1階の条件

---

11) 持続可能性と δ の間の関係は田中（2006）において展開される。

$$\frac{\partial \Pi}{\partial x} = \sum_{i=1}^{n} -(\delta + c_i)\frac{\partial V_i(x,t_i)}{\partial x} \tag{9}$$

$$1 = (\delta + c_i)\frac{\partial V_i}{\partial t_i}, i = 1, \cdots, n \tag{10}$$

と書き表される。(9)と(10)は，グローバル化が進む経済社会における，国際的な税財政の構造分析を可能にする。

5. グローバル化の特性と厚生の損失

以下では，いかなる場合にもグローバル化が進むわけではないことから，グローバル化が進み易い条件とグローバル化によって生じる歪みが解明される。グローバル化の課題の分析が容易になるように，負のステークホルダーが発生する場合が主たる考察の対象とされる。本章においてグローバル化の現象を次のように想定される。

グローバル化の特性
1. 企業は国際的な社会的費用に関する利他係数の値を小さく評価する傾向がある。
2. グローバル化の前提となる世界規模における規制緩和のために，企業行動に関する監視あるいは罰則は相対的に小さく設定される傾向がある。

この2つの仮定に従えば，δ と c_i は社会的に最適な (δ^0, c_i^0) より低い水準に定められる。上記のモデルが用いられるとき，これらの特性はグローバル化の現象を説明することができる。図4–2と図4–3による説明が可能なように，まず，(10)を満たす $t^* = (t_1^*, \cdots, t_n^*)$ に関して，(9)において x^* の値が決定されるとしよう。図4–2において，企業からの限界便益曲線 AG，社会的に最適な (δ^0, c_i^0) における社会的限界費用曲線 OE とグローバル化社会で想定される δ と c_i における社会的費用曲線 OF が描かれる。図から世界規模で実施される規制緩和や自由主義経済の政策によってグローバル化における経済活動は

社会的に最適な水準 x^0 を超過して x^* に達することが読み取れる。この企業の活動水準において，三角形 BDC の面積に等しい社会的厚生の損失が生じることが明らかである。世界規模における経済および社会に関する適正なルールや監視体制が確立していない企業活動は最適な水準を超過することが予測される。

次に，経済社会のグローバル化において，企業が第 i 国の財政に対する貢献 t_i が分析される。(10)の第 i 番目以外の式と(9)を成立させる $(x^*, t_1^*, \cdots, t_{i-1}^*, t_{i+1}^*, \cdots, t_n^*)$ に関して，(10)の i 番目の条件を満たす t_i^* が図 4-3 を用いて説明される。図 4-3 において，財政的な貢献のステークホルダー（各国政府）による限界便益曲線は AK，企業の評価曲線は，社会的最適の水準の下では DH，グローバル経済が進行するときには BG で描かれる。不等式 $\frac{1}{\delta^* + c_i^*} > \frac{1}{\delta^0 + c_i^0}$ から，グローバル化の財政の貢献額 t_i^* は社会的最適の水準 t_i^0 より小さくなることが確かめられる。市場経済の社会的な規律と監視と罰則の体制が整っていない世界的な体制の下では，企業は税などの財政的な負担を適正水準以下に定め

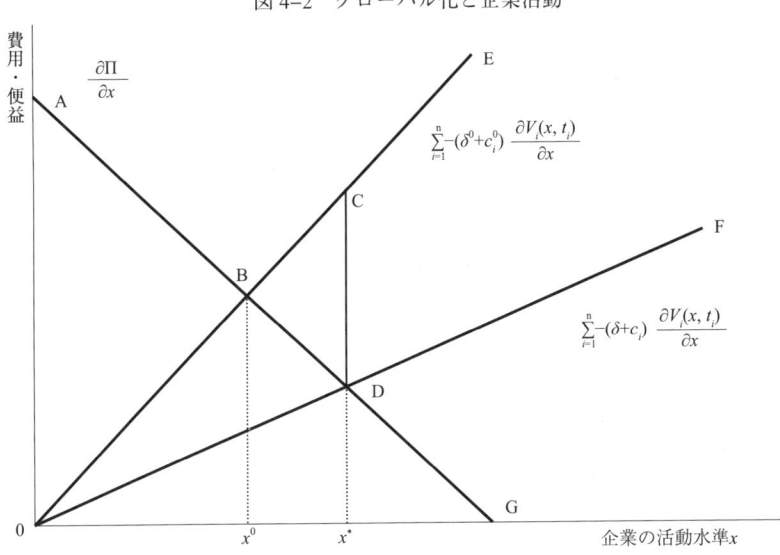

図 4-2 グローバル化と企業活動

（出所）筆者作成。

る行動を実施する。この状況の下で発生する厚生の損失が三角形 CEF の面積で示されることが推測される。

負のステークホルダーが優勢な社会において，以上の推論から導出される帰結は次のように要約される。

帰結 グローバル化の経済社会の利他係数が小さく，企業の社会的費用を過小に評価して，ステークホルダー（政府）が企業行動に対する活動の修正を求めるリスク係数が実際以上に小さく想定された社会において，企業による過剰な経済活動と過小な財政上の貢献が生じる。この状況の中で世界経済にもたらされる厚生の損失が減少するためには，利他係数とリスク係数が増加する市場経済の修正が必要である。

6. グローバルな市場の失敗と税制の機能

前節における議論は，負のステークホルダーが優勢な市場社会における結論であったことから，正のステークホルダーが優勢な社会において，別の角度か

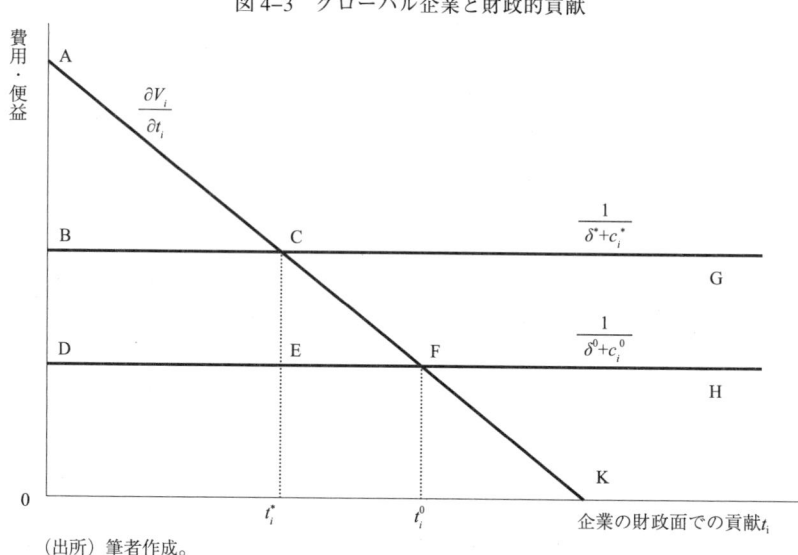

図 4-3 グローバル企業と財政的貢献

縦軸：費用・便益

A, B, C, G（水準 $\dfrac{1}{\delta^* + c_i^*}$）, D, E, F, H（水準 $\dfrac{1}{\delta^0 + c_i^0}$）, K

曲線：$\dfrac{\partial V_i}{\partial t_i}$

横軸：企業の財政面での貢献 t_i（t_i^*, t_i^0）

（出所）筆者作成。

らの分析が必要である。さらに，(9)と(10)は連立方程式であることから，解$(x, t_1, \cdots, t_n)$は同時決定される。この基本モデルはt_iがi以外のステークホルダーの評価に与える効果の分析も可能である。このことから，本章の帰結は，限定された状況における理論的な分析結果である。しかしながら，本章で説明される市場の失敗のケースはわれわれに重要な示唆を与える。このようなタイプの市場の失敗が利他係数とリスク決数という2つの要因によってもたらされることが解明されたことから，この2つの係数を高めていく政策の実行が必要であるといえる。

　グローバル化が急速に進む段階において，企業による財政的な貢献が過小になるという帰結が確認された。国際的な企業誘致競争は，税収面における効果を期待して国家間で展開される。しかし，行き過ぎたグローバル化の波及効果により財政への貢献は乏しいといえる。世界規模における国家財政の健全化という課題への回答は企業の自己規律を向上させる仕組みの導入と不正な行動を厳格に監視し，適正な罰則の体制を確立することであり，正常に機能するグローバル市場の実現である。現在，グローバルな規模における租税回避行動への対策が国際的な協同の取組は代表的な租税回避地であるカリブ海地域に関して以下のような効果があることが報道される[12]。

　「財務省によると，日本からケイマン諸島などカリブ海への証券投資は2008年の買越額が700億円弱と，2005年の60分の1に急減した。世界同時不況に加え，世界の金融当局が監視強化の方針を打ち出したことで，租税回避地への投資抑制や資金引き上げが活発になっている。……4月にロンドンで開いた20カ国・地域（G20）首脳会合（金融サミット）では，情報開示に非協力的な国・地域に対し，国際機関による投資自粛や援助見直しなどの措置を実施することで合意。日本も英領バミューダと金融機関の顧客情報を交換する協定を結ぶことで基本合意するなど，租税回避地対策に力を入れている。」

　このような，効果が永続するかどうかは，世界の諸国が協調して規制を強化

---

12)　『日本経済新聞』2009年7月17日。

できるかどうかに依存している。世界同時不況の中で実現した，グローバルな規制強化は，グローバル化へのエネルギーによって，後退して，世界規模において市場の失敗と政府の失敗が拡大する，不安定な経済社会が出現する可能性も存在する。

7. おわりに

経済社会のグローバル化において，各国の政府の個別の規制政策の枠組みを超えた新たな社会システムが拡大してきた。この仕組みの構造は必ずしも正確には分析されていないが，本章のモデル分析に基づき次のような考察の有効性が論証された。英国などの欧州諸国は企業の社会的な活動に関する規制あるいは標準化に関心があるのに対して，日本の政府の産業政策の基本は業界のボランタリーアプローチに委ねられた。この産業政策は日本の製造業が海外で事業を展開するときに世界標準をクリアして，グローバル市場での競争に勝利する戦略を支援する役割を有していた。グローバル化された経済社会における企業のステークホルダーは，多国籍の株主，従業員，関連企業，政府などから構成される。これらの企業の活動が引き起こす市場の失敗を是正するためには，より合理的な世界標準となるルールの構築とステークホルダーの要望が企業に円滑に伝わるコミュニケーションの仕組みが必要である。企業活動と各国の財政の関係にこの視点からの分析の重要性は認識されることになるであろう。

参 考 文 献

内田孟男（2004）「国連とビジネスを結ぶグローバル・コンパクト」（『地球環境レポート』9号）11–19ページ。

田中廣滋（2004）「企業の社会的責任の経済理論」（『地球環境レポート』9号）1–10ページ。

田中廣滋，長谷川智之（2005）「企業の環境経営指標と株主価値－環境会計のモニタリング機能の理論的・実証的分析―」（『地球環境レポート』10号）1–34ページ。

田中廣滋（2005）「開発プロジェクトにおける銀行のモニタリング機能」（『開発金融研究所報』国際協力銀行，22号）154–159ページ。

田中廣滋（2006）「持続可能な地域社会の基本モデル」田中廣滋編著『持続可能な

地域社会実現への計画と戦略』中央大学出版部，1-14 ページ。
田中廣滋，長谷川智之（2006）「持続可能な経営と評価指標」田中廣滋編著『持続可能な地域社会実現への計画と戦略』中央大学出版部，98-143 ページ。
田中廣滋，長谷川智之（2007）「持続可能な企業統治におけるコミュニケーションの役割」田中廣滋編著『環境ガバナンスとコミュニケーション機能』中央大学現代 GP，7-75 ページ。
塚原佑介（2007）「グローバルな CSR 活動の展開と金融の役割－ロンドン原則の理論実証分析評価－」中央大学大学院修士論文。
米田篤裕（2007）「企業の地域社会貢献活動における外部評価方法の開発」田中廣滋編著『環境ガバナンスとコミュニケーション機能』中央大学現代 GP，119-146 ページ。
Barrow, C. J. (2006), *Environmental Management for Sustainable Development* 2 ed., Routledge.
Bosetti, V, C. Carraro and M. Galeotti (2006), "The Dynamics of Carbon and Energy Intensity in a Model of Endogenous Technical Change," *The Energy Journal special issue*, pp.191-205.
Corporation of London (2006), *Financing the Future : The London Principles, the Role of UK Financial Services in Sustainable Development*. http : //213.86.34.248/NR/rdonlyres/13F2434D-2209-4836-AEE3-D5C2E6A5F75E/0/SUS_financingfuture.pdf
Hirschland, J. M. (2006), *Corporate Social Responsibility and the Shaping of Global Public Policy*, New York, Palgrave Macmillan.
Hunt, J. (ed.), (2005), *London's Environment : Prospects for a Sustainable World City*, London, Imperial College Press.
Krapivin, V. F. and C. A. Varotsos (2007), *Globalization and Sustainable Development : Environmental Agendas*, Springer-Praxis Publishing.
Marshall, G, R. (2005), *Economics for Collective Environmental Management : Renegotiating the Commons*, Earthcan.
Nyssens, N. (ed.), (2006), *Social Enterprise : At the Crossroads Market, Public Policies and Civil Society*, Routledge.
Stern, N. (2007), *The Economics of Climate Change : The Stern Review*, Cambridge : Cambridge University Press.
Tanaka, H. (1998), "Redistribution Tax under Non-Benevolent Governments," *Public Choice* 96, pp.325-343.
Tanaka, H. (2007), "A Theoretical Analysis for Sustainability Function of SRI Fund Organizations : A Sustainable Framework of London Mechanism," *The Institute of Economic Research Discussion Paper Series of Chuo University*, No.96, 2007.
Tanaka, H. (2008), "Two Intensities Analysis of London Accord," *The Institute of Economic Research Discussion Paper Series of Chuo University*, No.103, 2008.
Tanaka, H. (2009), "A Theoretical Analysis of Sustainable Framework for the Climate Change : In the Case of London Mechanism," (*KEIZAIGAKU RONSAN*, Chuo

University, Vol.XLIX, No 5・6（『経済学論纂』中央大学第 49 巻 5・6 合併号））pp.1-12.
The London Accord (2007, 2008). http : //www.london-accord.co.uk/
Tirole, J. (2001), "Corporate Governance," *Econometrica*, 68 (1), pp.1-35.

第 5 章

ホスト国の法人税制が日本の海外直接投資に与える影響

1. はじめに

近年グローバル化が急速に進み，海外を拠点に経済活動を行う多国籍企業が増えてきた。フローで考えると 2006 年の日本の海外直接投資[1]はアメリカへのそれが最も多く，第 5 節の表 5-3 に掲載してある国全体の約 35.89％ を占めている。また，2003 年から 2004 年にかけてアメリカへの海外直接投資が急激に減少する一方で，アジアへの海外直接投資は確実に増えた。これは中国を始めとする香港，シンガポールの経済成長が著しいためである。また，EU 諸国ではドイツやフランスに比べて，イギリスへの海外直接投資が多い。

1997 年から 2006 年にかけて同じ期間で各国の法人税率を比較してみると，日本は世界的にみて高い水準にある[2]。アメリカのように国土面積や市場規模が大きいならまだしも，日本のように国土面積の小さい国でこれだけ高い法人税率を設定するのは将来的にも困難となるであろう。

---

1) 本章で述べている海外直接投資は対外直接投資と同じ意味である。
2) 各国の法人税率の変化については，第 5 節の表 5-4 に掲載してある。また，表 5-4 を作成するのに利用した KPMG（2006）の統計資料では法人税率の動向とあるが，これは表面税率であると思われる。もっとも，本章ではこれを法人実効税率と考えて実証分析を行うが，実際には表面税率と法人実効税率が異なるかもしれない。

グローバル化が進む中で国境を隔てた資本の移動が活発になると，今の日本の高い法人税率はもはや時代遅れといっても過言ではない。日本の安定した法人税収を確保するためにも，政府は有力企業の海外進出を食い止めなければならない。それゆえ，税制と海外直接投資との関係を分析することは今日最も重要な課題であるといえる。

これまで海外でも様々なデータを利用して，税制と海外直接投資に関する分析は活発に行われてきた。アメリカでも Hartman (1984) や Boskin and Gale (1987) 等を中心として税制と海外直接投資の議論が行われている。また，日本でも日高・前田 (1994)，程 (1996)，前川 (2005) 等が税制と海外直接投資に関する研究を行っている。

このように日本でも海外直接投資と税制との関係についての実証分析が盛んに行われているが，問題なのは先行研究では 2000 年より前を分析対象にしていることである。したがって，今日盛んになっているアジア諸国への海外直接投資の要因を説明しきれていない。

さらにアジア諸国では中国を中心に香港や台湾，シンガポールでも経済成長が著しく，法人税法の面でも海外の企業に対して様々な投資優遇措置を講じている。日本の先行研究では海外の税法の違いを考慮して，投資関数を推定しているものは少ない。本章では，今日盛んなアジア諸国への海外直接投資を考慮して，ホスト国の税制が日本の海外直接投資にどのような影響を与えているのかを分析している。分析対象期間も 1997 年から 2006 年であり，アジア諸国への海外直接投資が盛んであった 2000 年以降の期間を含んでいる。さらに，分析対象国もアメリカだけではなく，アジア諸国やヨーロッパ諸国も含めて投資関数の推定を行っている。

本章の構成として，第 2 節ではホスト国の法人税制度を述べている。第 3 節では税制と海外直接投資に関する先行研究を概観している。それを踏まえた上で第 4 節では本分析で考えている実証モデルを説明している。第 5 節では実証モデルに使うデータの説明を行っている。第 6 節では分析で得られた結果の解釈を行っている。おわりにでは，全体のまとめを行った後で簡単な政策提言と

今後の研究課題について述べている。

2．ホスト国の法人税制度

法人課税は益金－損金である法人所得に課税されるため，減価償却を損金に含めない国での投資は多国籍企業にとって不利になる。減価償却の計算方法としては主に定額法と定率法があり，日本の法人税制では主に有形資産である機械設備等には定率法を，広告・宣伝費等の無形資産には定額法を認めている。

日本の減価償却制度は平成19年度の改正で償却可能限度額や残存価額が廃止されたことからもわかるように，海外の償却制度と比べても決して優遇されていない訳ではない。実際，イギリス，フランス，アメリカ等では日本と同じように償却資産に応じて定額法以外にも定率法による計算を認めている。ただ，ドイツでは定額法による計算しか認めていない[3]。また，アジア諸国と比べても，韓国では日本と同じように定率法による償却資産の計算を認めているが，中国では残存価額10%の定額法による計算が原則である[4]。シンガポールではキャピタルゲイン非課税の代わりとして，会計上の減価償却等の資本的支出の損金算入を認めていない[5]。

ホスト国の法人に対するキャピタルゲイン課税について考えてみると，アメリカではブッシュ政権のときに法人のキャピタルゲインに対する減税が認められている。ドイツでは法人税法上の株式等の売却益は95%が非課税となっている[6]。中国では外商投資企業が国内で別の企業に投資して得られた受取配当金については課税所得に含めていない[7]。また，香港，シンガポール，マレー

---

3) 川上（2008），288-289ページ。また，イタリアでは土地を除いて有形，無形関係なく定額法による計算である（詳細はトーマツ（2008），308ページにある）。
4) もっとも中国では使用年限終了後に売却できない，あるいは売却価値がないと予測される固定資産については残存価額をゼロとすることができる（詳細はトーマツ（2007），102ページにある）。また，台湾やマレーシアも同じように定額法を基本としている（詳細はトーマツ（2007），176ページ，404-409ページにある）。
5) トーマツ（2007），511-518ページ。
6) トーマツ（2008），160-161ページ。
7) トーマツ（2007），99ページ。

シアではキャピタルゲインについて原則非課税としている[8]。

台湾では受取配当金についてはその一部を課税所得に算入していないが，土地の売却益については土地増値税が課税されてしまう[9]。フィリピンでは事業所得，資産売買に伴うロイヤルティ，配当金等を総所得に含めているが，内国法人が国内法人から受け取る配当については非課税である[10]。このことから海外でも法人に認められるキャピタルゲインの課税は異なっているため，それに応じて多国籍企業の投資行動が変化してくる。

さらに，平成20年において日本と租税条約を結んでいる国は56カ国であり，45の条約を締結している。租税条約を結ぶ目的には二重課税を調整することが考えられるが，それ以外にも条約を濫用することで租税回避する企業が出てくるのを防いだり，源泉地国での課税の軽減を受けることで投資交流を活発にさせたりする目的もある[11]。

香港は減価償却の計算やキャピタルゲイン非課税等の税制面での優遇は行っているが，日本と租税条約は結んでいない。したがって，国際税理士を活用することが必要になるなど多国籍企業に不必要なコストを生じさせている。同じようなことはマレーシアに海外直接投資を行う場合にもいえる。以上で各国の法人制度を簡単にまとめると表5-1のようになろう。

それ以外にも，ホスト国がタックス・ヘイブン（軽課税）国であるかどうかは多国籍企業が海外直接投資を行う際の重要な決定要因となる。タックス・ヘイブン国で子会社を設立し留保所得を再投資すれば，多国籍企業は日本の課税を繰り延べすることが可能となる。日本でも外国子会社合算税制を設けてタックス・ヘイブンに対する対策を行っているが，実際には外国税法との兼ね合いで様々なループホールが存在する[12]。

問題は厳密にタックス・ヘイブンをいかに定義するかであるが，通常は各事

---

8) トーマツ編 (2007)，222ページ，404ページ，504ページ。
9) トーマツ編 (2007)，173ページ。
10) トーマツ編 (2007)，607ページ。
11) 川上 (2008)，253ページ。
12) 川上 (2008)，244-245ページ。

表 5-1　各国の法人税制度

	減価償却	キャピタルゲイン課税	租税条約		減価償却	キャピタルゲイン課税	租税条約
中国	△	×	○	マレーシア	△	×	×
香港	○	×	×	インド	△	○	○
韓国	○	○	○	アメリカ	○	△	○
台湾	△	△	×	イタリア	△	○	○
インドネシア	○	○	○	イギリス	○	○	○
シンガポール	×	×	○	ドイツ	△	△	○
タイ	○	○	○	フランス	○	○	○
フィリピン	○	△					

(注)　減価償却
　　○は定額法と定率法，△は定額法のみ（インドは定率法のみ），×は一部認められない。
　　キャピタルゲイン課税
　　○は課税される。△は課税をされるものの，特別な優遇措置がある。×は非課税である。
(出所)　トーマツ編（2007），2-800ページ；トーマツ編（2008），114-536ページ；川上（2008），253ページより作成。

業年度の所得に対して課される外国法人税の額を，本店所在地の法令で定めた所得および非課税所得の合計額で除した値が25%以下であれば，タックス・ヘイブン国であると定義される[13]。

　議論を単純化するために法人税率が25%以下の国がタックス・ヘイブン国であると考えると，第5節の表5-4をみてもわかるように2006年であれば香港，台湾，ロシア，シンガポール等がこれに充当する。

3. 先 行 研 究

　前節では各国の法人税法の違いについて論じてきたが，ここでは税制と海外直接投資に関する先行研究を概観してみよう。税制が海外直接投資に与える影響を説明した先行研究のモデルは表5-2にまとめてある。
　法人実効税率が海外より高く，日本のように外国税額控除方式を採用している場合，企業の海外直接投資は税引き前の収益率によって決められる。逆に理

---

[13]　藤井（1995），72ページ。

論的に考えると，海外から日本への直接投資は両国の税引き後収益率によって決まってくるので，対内直接投資は課税の影響を受けることになる[14]。

そのため，1980年代の税制と多国籍企業の投資行動を考える場合，対内直接投資を問題にして議論されることが多かった。Hartman（1984，pp.476-484，1985，pp.107-121）は成熟した企業と成熟していない企業とで投資行動が異なることを理論的に明らかにしている。その上で，1965年から1979年までのアメリカの対内直接投資データを利用して投資関数を推定した結果，Hartman（1984，pp.476-484）は税引き後の資本収益率は対内直接投資に正の影響を与えているという見解を示している。

表5-2 税制が直接投資に与える影響を説明した先行研究のモデル

	データ	データ期間	説明変数
Hartman (1984), Boskin and Gale (1987)	時系列データ	1964-79年	ln（対内直接投資の税引き後資本収益率），ln（国内全般の税引き後資本収益率），①
		1956-84年	
Young (1988)	時系列データ	1956-84年	ln（対内直接投資の税引き後資本収益率），ln（国内全般の税引き後資本収益率），①，ln（国民所得），ln（前期投資）
Slemrod (1990)	時系列データ	1960-87年	ln (t*), ln (t'), ln（対内直接投資の税引き前収益率），ln（海外直接投資の税引き前収益率），法人税率の差，GDP比率，失業率，為替レート
日高・前田 (1994)	大蔵省の時系列データ	1956-84年	ln（税引き前と後資本収益率），失業率，為替レート，GDP比率
程 (1996)	IMFのプールデータ	1986-90年	ln (1−t), ln (1+関税), ln (賃金), ln (リスク), 貿易規制
深尾・岳 (1997)	多国籍企業のプールデータ	1978-92年	ln労働コスト，安全度，集積の指標，ダンピング，ln (1−実効法人税率), 操業許可条件，立地経験ダミー，ln（人的資本），ln（1人当たりインフラ），日本ダミー
Devereux and Griffith (1998)	多国籍企業のプールデータ	1980-94年	資本コスト，平均実効税率，法定税率，労働1単位の費用，イギリスとフランスのダミー，
福重・前川 (2000)	SNAのプールデータ	1975-96年	実効税率，コールレート，為替レート変化率，GDP成長率，企業所得成長率
前川 (2005)	多国籍企業のプールデータ	1986-95年	短期資本コスト，長期資本コスト，為替変化率，インフラ水準，集積効果

（注）①は$\ln(1-t')/(1-t^*)$を表す。表5-2でt'はアメリカの資本所得を居住者が受け取った場合の実効税率を意味しており，t^*は法人レベルで課せられる資本所得税率を意味している。

---

14) 日高・前田（1994），184-188ページ。

これを受けて Boskin and Gale（1987, pp.208-214）は Hartman（1984）と同じモデルを使ってデータ期間を 1956 年から 1984 年に拡張させて推定を行っている。Hartman（1984）の推定では国内全般の税引き後収益率と移転による対内直接投資との関係が正であったが，1980 年代の税制改革も考慮に入れると，その関係は逆に負であることを Boskin and Gale（1987）は明らかにしている。

　Young（1988, pp.111-117）は Hartman（1984）のモデルに GNP と前期の対内投資の対数も加えて，さらにデータ期間も 1953 年から 1984 年に拡張させて推定を行った。その結果，企業の資金調達が内部留保，移転に関係なく国内全般の税引き後収益率は負の符号であったと Young（1988）は述べている。これは Hartman（1984）や Boskin and Gale（1987）の結果と異なるものである。

　Slemrod（1990, pp.79-1179）ではホスト国との法人実効税率の差や為替レートなどもモデルに入れて投資関数の推定を行った。推定の結果，アメリカの実効税率が引き上げられると対内直接投資は呼び込めないという結論を Slemrod（1990）は出している。

　日本の先行研究の場合，法人税制と多国籍企業の投資行動の分析では海外直接投資を被説明変数に使っているものが多い[15]。理論的に考えても日本の高い法人実効税率と外国税額控除の採用を考えれば，本来なら対内直接投資を被説明変数にして実証分析を行った方が良い。ただ，これまで日本の対内直接投資は海外直接投資に比べるとかなり低く，被説明変数に対数を取って投資関数を推定することは難しかった。

　その一方で，日本の直接投資のデータは本国からの移転によるものに制約されており，理論上は対内直接投資を被説明変数に取らなければならない。そこで，日高・前田（1994, 188-195 ページ）は日本への対内直接投資が多いアメリカに限定することでこの問題点を解決した。日高・前田（1994）が Hartman

---

15）　アメリカでホスト国の法人税制が海外直接投資に与える影響を分析したものについては Grubert and Mutti（1991, pp.285-293）の研究がある。Grubert and Mutti（1991）によりアメリカではホスト国の法人税制が海外直接投資に影響を与えていることが明らかにされた。

(1984), Boskin and Gale (1987), Young (1988), Slemrod (1990) のモデルを使って投資関数を推定したところ，理論と異なり日本からアメリカへの海外直接投資は両国の実効税率の差に影響を受けているが，対内直接投資では良い結果が得られなかったという結論を出している[16]。日高・前田 (1994) の研究成果は経済学者の間で高い評価を受けたが，経済のグローバル化が進む中でアメリカのみを分析対象にしていたことは日高・前田 (1994) も認識していたように今後の研究課題として残された。

そこで，程 (1996, 1161-1177 ページ) の研究では，アメリカ以外の OECD 諸国 (イギリス，オランダ，ドイツ，フランス，イタリア，オーストリア，アイルランド) も分析対象に含めて投資関数を推定している。程 (1996) の推定結果でアメリカの海外直接投資はホスト国の税制に影響を受けているところがあるが，日本の場合はその影響はあまり強くないことが示された。

もっとも，程 (1996) の研究でも日本の海外直接投資に限定しており，対内直接投資を分析に含めていないという問題点をクリアーにはできなかった。そのため，福重・前川 (2000, 110-115 ページ) は 1985 から 1996 年までの SNA の海外勘定から得られるデータを利用することで，日本の海外直接投資のみならず対内直接投資も含めて投資関数の推定を行っている。福重・前川 (2000) の投資関数の推定により，海外直接投資と法人実効税率は正の関係があり，対内直接投資とそれは逆に負の関係にあることが明らかにされた。

その後，アメリカでは企業の個票データを利用した海外直接投資の分析が盛んに行われるようになる。具体的に，個票データを利用して対内直接投資を考慮したもので代表的なものをあげれば Hines (1996, pp.1076-1094), Swenson (2001, pp.89-108) 等の研究がある。さらに，個票データを利用して海外直接投資を分析したもので代表的なものをあげれば，Grubert and Mutti (2000, pp.825-839), Altshuler, Grubert and Newlon (2001, pp.9-32) 等の研究がある。日

---

16) この結果について，日高・前田 (1994, 193-194 ページ) は外国税額控除が実際には完全に行われていない，あるいは海外の所得が日本に送金されるというモデルの前提が現実とは異なるかもしれないことを述べている。

本では深尾・岳（1997, 209-237 ページ），前川（2005, 123-133 ページ）等が Grubert and Mutti（2000）と同じように個票データを使って税制と企業の立地選択に関する分析を行っている。また，プールデータを利用して税制と企業の立地選択との関係を分析したものには Devereux and Griffith（1998, pp.344-362）の研究がある。

しかし，これらの先行研究では海外の法人税法の違いを考慮して投資関数を推定しているものは少ない。特に，今日重要となっているアジア諸国の投資優遇政策は先行研究では考慮していない。海外の法人税法の違いを考慮した研究は主に資本コストを計測した研究が中心である[17]。

実際日本の海外直接投資を考える場合，日本がホスト国と租税条約を結んでいるのか，ホスト国において減価償却やキャピタルゲイン課税がいかに行われているか，あるいはホスト国がタックス・ヘイブン国であるかどうかは多国籍企業が海外直接投資を行う際に重要な与件となろう。筆者の知る限り，これらの海外の税法の違いも考慮して，投資関数を推定している研究は日本ではない。

それ以外に，先行研究の対象としている分析期間は表 5-2 を見てもわかるように 2000 年より前である。2000 年以降，日本の海外直接投資で増えているのは第 5 節の表 5-3 に示したようにアジア諸国であり，先行研究ではこれについて説明ができていない。それに対して，本分析の対象期間は 2000 年以降を含んだ 1997 年から 2006 年までであり，投資関数の推定もアジア諸国の税法の違いも考慮して行っている[18]。

---

17) 具体的には，岩田・鈴木・吉田（1987, 55-60 ページ）は日本とアメリカに限定してはいるが，資金調達の違いによる資本コストや実効税率の変化を計測している。また，油井（1998, 197-218 ページ）は親会社と子会社の資金調達の違いが資本コストにどのような影響を与えるのかを理論分析している。それ以外に前川（2005, 130-138 ページ）はアジアの税法の違いを考慮して資本コストを計測している。その上で，前川（2005）は資本コストが海外直接投資に与える影響を分析しているが，この研究の分析期間は 2000 年より前である。
18) より最近のデータを利用した研究では，直接投資の定義を個人レベルにおける対外証券投資の購入まで広げれば，野村（2008, 212-219 ページ）の研究成果がある。

4. 実証モデル

ホスト国の税制と海外直接投資との関係を分析する場合,企業の利潤関数としてどのようなものを考えているかが重要となる。これまで企業の利潤関数を理論的に展開させ,税制と海外直接投資の関係を論じたものではDevereux and Griffith (1998) や程 (1996),深尾・岳 (1997) の研究がある。これらの研究はプールデータを使っている点で共通しているが,Devereux and Griffith (1998, pp.338-350) と深尾・岳 (1997, 214-215 ページ) は被説明変数に企業の立地選択を表す質的な変数を使っているのに対して,程 (1996) ではフローとストックの海外直接投資額を表す量的な変数を使っている。程 (1996, 1162-1163 ページ,および 1176 ページ) のモデルから被説明変数が量的な変数であっても税引き後の収益率 ($1-t$) が日本の海外直接投資に影響を及ぼすことが理論的に証明された。

本分析では被説明変数に量的な変数である海外直接投資を使っているため,程 (1996) のモデルと同じように税引き後収益率で日本の海外直接投資を説明する。ただ,程 (1996) ではフローとストックの海外直接投資を被説明変数にしている。それに対して,ここで使っている説明変数が名目 GDP と 1 人当たり名目 GDP のフローであるため,フローのみの海外直接投資を被説明変数とした。もっとも,本章では程 (1996) で考えている関税や貿易規制,カントリーリスク等は説明変数に入れなかった。これらの要因を含めた投資関数の推定は今後の研究課題とする。

さらに程 (1996) と本分析との違いを述べると,日本の海外直接投資を考えた場合,第 5 節の表 5-3 に示したようにアメリカへのそれが大きなウェートを占めている。したがって,ホスト国の市場規模は多国籍企業の投資行動に大きな影響を与えると考えられよう。そのため,Young (1988),Slemrod (1990),

---

野村 (2008) は CPIS で公表されている 2002 年から 2006 年までのプールクロスセクションデータを利用して,わが国の対外証券投資に対する課税の効果を推定している。

日高・前田 (1994),福重・前川 (2000) と同じように,説明変数にはホスト国の市場規模も含めた。以上で,本分析で推定する投資関数は (1) 式のようになる。

ln (日本のフローの海外直接投資) =
a + bln (1 − ホスト国の法人税率) + cln (1 人当たり名目 GDP) + dln (ホスト国の市場規模) + e ホスト国の政策変数　　　　　　　　　　　　　　　(1)

　本章では各国の税法の違いを考慮して減価償却の違いやキャピタルゲイン課税の違い,日本と租税条約を結んでいるかどうか,あるいはホスト国がタックス・ヘイブン国であるかどうか等をホスト国の政策変数にしている。また,程 (1996) で使っていたホスト国の賃金の代理変数として 1 人当たりの名目 GDP をここでは取っている。それ以外に,市場規模を表す変数にはホスト国の名目 GDP を加えた。分析対象期間についても程 (1996) の研究では 1986 年から 1990 年という期間を問題にしているのに対して,本章では 1997 年から 2006 年までを問題としている。これは 2000 年以降のアジア諸国の経済成長を考慮したためである。

5. データの説明

　フローの海外直接投資のデータは国際貿易投資研究所の『世界主要国の直接投資統計集 (2008 年)』から集めている。この統計資料は海外の現地から直接データを集めているため,原統計の異なったデータの徴収方法,作成基準等に注意する必要がある。複数の国・地域の統計を同一ベースで比較することは難しく,この統計資料ではベース統一のためのデータ加工は行われていない。『世界主要国の直接投資統計集 (2008 年)』では日本の原統計を財務省と日本銀行から集めている[19]。

---

19)　国際貿易投資統計研究所編 (2008) の目次, i ページと vii ページ。

表 5-3 日本の海外直接投資（フロー）

（単位：100万米ドル）

年	1997	1998	1999	2000	2001	2002	2003	2004	2005	2006
中国	2014.9	1051.9	753.3	1033.4	1497.1	1717.5	3065.6	4537.0	7054.4	5764.4
香港	710.7	624.9	955.2	969.4	358.8	201.9	385.7	634.9	1937.4	1314.7
韓国	448.8	297.2	960.5	836.7	579.4	608.9	277.0	839.2	2063.5	1569.2
台湾	456.2	219.3	280.9	523.2	330.9	364.7	148.4	476.0	998.2	475.5
インドネシア	2549.6	1090.9	939.4	430.4	646.1	514.0	631.6	308.7	1442.8	745.5
シンガポール	1849.6	640.9	1016.7	468.5	1181.1	731.8	314.1	709.8	863.9	706.8
タイ	1893.4	1373.6	820.0	955.5	910.3	490.0	613.5	1176.5	2010.0	2093.7
フィリピン	530.6	372.8	624.2	476.8	814.0	399.0	191.5	315.2	162.4	370.6
マレーシア	802.5	510.3	516.2	237.5	264.2	78.2	451.3	124.8	576.2	2928.6
インド	439.7	253.6	203.7	171.6	149.0	301.7	85.4	96.1	384.8	546.9
アメリカ	21062.8	10184.1	21950.8	12660.5	6654.3	7992.0	10314.9	4646.0	9344.8	14991.4
イタリア	141.3	110.0	47.4	59.4	25.5	198.7	131.1	53.6	0.0	62.8
イギリス	4176.9	9568.4	11475.0	19659.6	4087.2	4292.1	1741.2	1778.2	4206.0	8197.8
ドイツ	742.1	556.1	639.2	327.5	434.6	371.1	676.4	657.1	690.6	885.6
フランス	1760.3	511.1	1110.6	339.5	317.7	3476.5	1522.9	159.9	409.3	1111.8

（注） すべての日本の海外直接投資額は『世界経済の潮流（2007年秋）』の269ページに掲載してある為替レートのデータに基づきドル建てで換算している。
（出所） 国際貿易投資研究所編『世界主要国の直接投資統計集（2008年）』，61-9-1から61-9-3ページ；内閣府編『世界経済の潮流（2007年秋）』より作成。

しかし，『世界主要国の直接投資統計集（2008年）』では61カ国の直接投資や投資収益の情報が把握でき，日本にある他の統計資料と比べてもデータの数は豊富である。したがって，本分析では『世界主要国の直接投資統計集（2008年）』に掲載してある日本の海外直接投資のデータを利用する。被説明変数である日本の海外直接投資には表5-3にあるフローのデータを利用して投資関数の推定を試みた。

分析対象にしている国は中国，香港，韓国，台湾，インドネシア，シンガポール，タイ，フィリピン，マレーシア，インド，アメリカ，イタリア，イギリス，ドイツ，フランスを考えている。ここでは分析対象となる国と期間をクロスさせたプールデータを作成して投資関数の推定を行っている。

本分析では程（1996）の研究に基づき，税引き後の収益率で海外直接投資を説明するモデルを推定している。したがって，法人税率を引き上げると税引き後の収益率，すなわち（1－法人税率）が下がることになる。そのため，税引き

後の収益率の符号は正となることを期待する。ホスト国の法人税率については表5-4にあるデータを利用した[20]。

また，法人税率25%以下の国を本章ではタックス・ヘイブン国とみなしている。分析期間中においては香港，台湾，2002年から2006年までのシンガポール等がタックス・ヘイブン国となる。投資相手国がタックス・ヘイブン国であれば，法人税の負担は軽くなり多国籍企業にとって有利となる。したがって，投資関数の推定においてタックス・ヘイブンのダミーの符号は正であることを期待する。

さらに第2節でも説明したように，海外では国によって減価償却の計算方法が異なる。定額法の他に定率法も認められれば，それだけ企業の法人税負担が

表5-4 各国の法人税率の変化 (単位：%)

年	1997	1998	1999	2000	2001	2002	2003	2004	2005	2006
日本	51.6	51.6	48	42	42	42	42	42	40.69	40.69
中国	33	33	33	33	33	33	33	33	33	33
香港	16.5	16.5	16	16	16	16	16	17.5	17.5	17.5
韓国	30.8	30.8	30.8	30.8	30.8	29.7	29.7	29.7	27.5	27.5
台湾	25	25	25	25	25	25	25	25	25	25
インドネシア	30	30	30	30	30	39	30	30	30	30
シンガポール	26	26	26	26	25.5	24.5	22	22	20	20
タイ	30	30	30	30	30	30	30	30	30	30
フィリピン	35	34	33	32	32	32	32	32	32	35
マレーシア	30	28	28	28	28	28	28	28	28	28
インド	35	35	35	38.5	39.55	35.7	36.75	35.88	36.59	33.66
アメリカ	40	40	40	40	40	40	34	34	40	40
イタリア	53.2	41.25	41.25	41.25	40.25	40.25	38.25	37.25	37.25	37.25
イギリス	31	31	31	30	30	30	30	30	30	30
ドイツ	57.5	56.6	52.3	51.6	38.36	38.36	39.58	38.29	38.31	38.34
フランス	36.66	41.66	40	36.66	35.33	34.33	34.33	34.33	33.83	33.33

(注) 1997年と1998年における台湾の法人税率のデータは朝日監査法人・アーサーアンダーセン編 (1998) の328ページから集めている。
(出所) KPMG (2006)
http://www.kpmg.or.jp/resources/research/r_tax 200706_1.pdf；2009年9月15日；朝日監査法人・アーサーアンダーセン編 (1998)，328ページより作成。

---

20) 実際は法人実効税率の推計を行わなければならない。法人実効税率を推計した研究で代表的なものをあげれば，田近・油井 (1990)，(1998) 等の研究がある。

少なくて済む。ここでは表 5-1 に基づき定額法のみならず定率法も認めている国を 3，どちらかの一方を認めている国を 2，減価償却の損金算入を認めていない国を 1 としてデータ加工している。それゆえ，説明変数である減価償却の符号は正であることを期待している。

キャピタルゲイン課税の違いについては表 5-1 に基づきキャピタルゲインに課税をする国は 3，課税はするが特別な優遇措置がある国は 2，キャピタルゲイン非課税の国は 1 としてデータ加工している。企業はキャピタルゲインに課税しない国を投資先に選ぶため，キャピタルゲイン課税の符号は負であることを期待する。

それ以外にも，国境を越えた取引には海外の法人税法が異なることも考慮に入れなければならない。海外と取引するにあたって事前に租税条約を結んであれば，その国との交渉がスムーズに進むため，企業は無駄なコストを考えなくても良い。表 5-1 に基づけば日本と租税条約を結んでいない国は香港，台湾，マレーシアである。ここでは租税条約を結んでいない国を 0，結んでいる国を 1 として租税条約ダミーを作った。それゆえ，投資関数の推定において租税条約ダミーの符号は正が期待されよう。

最後に，1 人当たり名目 GDP と名目 GDP については内閣府が公表している『世界経済の潮流（2007 年秋）』からデータを集めている。ホスト国の経済が活発であればあるほど，企業がその国で操業を行うようになると考えられる。したがって，市場規模を表す名目 GDP の符号は正であることを期待する。

同じように，生産面から見た 1 人当たり名目 GDP も正であることが期待される。ただ，多国籍企業の利潤を考えた場合，労働の賃金は企業の法人所得を減らす要因ともなる。したがって，1 人当たり名目 GDP を労働の賃金として捉えるならば，この符号は負になるかもしれない[21]。

以上で本分析に使う被説明変数と説明変数のデータ，および期待している符

---

21) 本分析は分析対象国をアジア諸国にまで拡大しているため，労働の賃金に関するデータが集められない国がある。そのため，仕方なく労働の賃金の代理変数として 1 人当たり名目 GDP を利用した。

号を述べたが，投資関数の推定には通常の OLS による回帰分析をここでは行っている。考えているモデルの被説明変数は海外直接投資の対数であるため，税引き後収益率と1人当たり名目 GDP，名目 GDP の値は同じように対数を取った。そのため，本分析は対数関数により税引き後収益率と1人当たり名目 GDP，名目 GDP の弾性値をそれぞれ求めていることになる。

6. 分析結果

表5-5をみればわかるように，全サンプルで考えると投資関数の推定結果はタックス・ヘイブンダミーを除けばほぼ理論通りの結果が得られている。考えているすべての説明変数を入れた（1）式のモデルでは，税引き後収益率が日本の海外直接投資に定量的にも大きく正の影響を与えた[22]。したがって，日本の多国籍企業は税引き後の収益率に敏感であり，法人税率の低い国に対して優先的に海外直接投資を行っていることが示唆される。また，ホスト国における1人当たりの名目 GDP は日本の海外直接投資に影響を及ぼさなかった。

その一方で，ホスト国の名目 GDP は日本の海外直接投資に正の影響を及ぼしている。すなわち，分析対象期間である1997年から2006年において，企業のコスト面を表す1人当たり名目 GDP ではなく，市場規模を表す名目 GDP によって日本の海外直接投資が決まってくると考えられる。これはアジア諸国の経済成長により日本の海外直接投資が増えたという2000年以降の状況と整合的な結果である。

ちなみに，理論的な符号が得られないタックス・ヘイブンダミーを除いた（2）式のモデルでも投資関数の推定を行ったが，結果はほぼ同じであった。そのため，市場規模を表す名目 GDP を除いて，程（1996）のモデルに近い（3）

---

22) ひょっとしたら，ホスト国と日本の税引き後収益率の差が海外投資に影響を及ぼしているかもしれない。ただ，本分析のモデルは程（1996）のモデルを前提としていること，また，税引き後収益率とホスト国と日本の税引き後収益率の差を同時に入れることは，多重共線性の問題からどちらかの変数が除かれてしまう結果となった。また，どちらか一方のみを説明変数に含めた投資関数の推定でも結果は同じであった。

表 5-5　ホスト国の法人税制が日本のフローの海外直接投資に与える影響

	全サンプル					アジア諸国				
	(1)	(2)	(3)	(4)	(5)	(1)	(2)	(3)	(4)	(5)
定数	0.361	0.034	2.853***	0.050	0.505	3.401**	2.054	4.805***	2.745***	3.376**
t値	0.445	0.044	4.092	0.065	0.567	1.888	1.157	2.747	2.583	1.908
ln 税引き後収益率	4.804***	4.200***	1.171	4.229***	5.130***	7.206***	3.030*	0.473	3.955	2.718
t値	4.569	4.334	1.272	4.482	4.998	2.577	1.291	0.195	0.288	1.224
減価償却	0.854***	0.903***	1.121***	0.900***		0.260**	0.391***	0.389***	0.366***	
t値	5.524	5.962	6.843	6.007		1.745	2.713	2.518	2.727	
キャピタルゲイン課税	-0.779***	-0.787***	-0.850***	-0.786***		-0.351***	-0.447***	-0.455***	-0.435***	
t値	-6.128	-6.166	-5.996	-6.186		-2.830	-3.664	-3.476	-3.656	
租税条約ダミー	1.107***	1.295***	1.663***	1.285***		0.861***	1.061***	1.058***	1.062***	
t値	3.790	4.925	5.838	5.080		3.850	4.909	4.564	4.934	
タックス・ヘイブンダミー	-0.479*					-0.804***				
t値	-1.450					-2.578				
ln 名目GDP	0.503***	0.504***		0.511***	0.672***	0.405***	0.339***		0.346***	0.340***
t値	5.978	5.973		7.397	7.229	4.597	3.906		4.065	3.451
ln 1人当たり名目GDP	0.039	0.009	0.227***		-0.079	0.019	0.052	0.124		-0.027
t値	0.579	0.143	3.877		-1.107	0.180	0.487	1.092		-0.240
調整済み決定係数	0.487	0.483	0.357	0.486	0.287	0.336	0.295	0.189	0.301	0.090
標準誤差	0.942	0.946	1.054	0.942	1.110	0.714	0.735	0.789	0.732	0.835
サンプル数	150	150	150	150	150	100	100	100	100	100

(注)　***：1% 有意水準を満たす。**：5% 有意水準を満たす。*：10% 有意水準を満たす。
(計測データの出所)　表 5-3, 表 5-4 と同じ。政策変数は表 5-1 を利用してデータを加工している。

式で推定を行ったところ, 税引き後収益率は有意な符号が得られず, 1人当たりの名目GDPが日本の海外直接投資を増やしていることが確認された。

次に, コスト面を表す1人当たりの名目GDPの代わりに市場規模を表す名目GDPを入れた (4) 式で投資関数の推定を行った。すると, 今度は税引き後収益率と名目GDPの両方が正で有意になった。これは1人当たりの名目GDPよりも, 市場規模を表す名目GDPと税引き後の収益率との相関係数が大きいためである。それは政策変数を除いた (5) 式の推定結果でも強く示唆される。(5) 式では税引き後収益率と名目GDPが期待通り正の符号が得られているのに対して, 1人当たりの名目GDPは日本の海外直接投資に影響を及ぼさなかった。

政策変数について考えてみると, どのモデルにおいても減価償却は期待通り正で有意であった[23]。これはアメリカのみならず比較的に日本の海外直接投資を呼び込んでいる香港, 韓国, タイ等のアジア諸国でも減価償却が多く認め

られているためであると解釈される。

　さらに，キャピタルゲインに課税を行っている国も日本からの海外直接投資を呼び込めていないことが (1) 式から (4) 式の推定結果から示唆される。これはキャピタルゲイン非課税である中国や香港，シンガポールへの海外直接投資が増えていることが原因の1つとして考えられよう。また，租税条約ダミーの符号も期待通り正で有意となっている。すなわち，日本の多国籍企業は事前の取り決めがある国を投資先に選ぶ傾向にある。

　しかし，全サンプルで投資関数の推定を行う場合，あるホスト国の税法がどれだけ推定結果に影響を及ぼしているかを見極めることは難しい。そのため，分析対象となる国をアジア諸国に限定して同じモデルで投資関数の推定を行った。

　その結果，全サンプルの推定結果と異なり税引き後収益率よりも名目GDPが日本の海外直接投資に影響を及ぼしている可能性が (4) 式と (5) 式の推定結果より示唆された。これは2000年以降のアジア諸国の経済成長により日本の海外直接投資が増加したという状況を反映している。説明変数をすべて入れた (1) 式のモデルでは税引き後収益率のみが7.206と係数が非常に大きくなっており，このモデルでは定式化できていないと考えられる。

　さらに，タックス・ヘイブンダミーを除いた (2) 式のモデルでは，確かに税引き後収益率の方が名目GDPよりも係数は大きいのであるが，名目GDPの方が統計的な有意性は高くなっている。それゆえ，(1) 式と (2) 式のモデルの推定結果からだけでは税制と海外直接投資に関する見解を述べることはできない。また，市場規模を表す名目GDPを除いた (3) 式のモデルでは政策変数のみが有意となり，他の変数は有意とならなかった。このことからアジア諸国を分析対象にして投資関数を推定した場合，アジア諸国では市場規模を表す名目GDPや政策変数，すなわち特別な投資優遇政策が日本の海外直接投資を呼

---

23)　実際，減価償却として定額法と定率法を認める国を4，定額法のみを認める国を3，定率法のみを認める国を2，減価償却を認めない国を1として同じ分析を行ったが，結果は変わらなかった。

び込んでいると思われる。

　それに対して，EU諸国（ドイツ，フランス，イタリア，イギリス）のみに限定して投資関数を推定するとどのような結果が得られるであろうか。具体的には，ドイツのみで認められている減価償却やキャピタルゲイン課税の優遇政策で日本の海外直接投資を呼び込めているのであろうか。表5–1をみてもわかるように，減価償却とキャピタル課税の制度がドイツのみ異なるため，ここではドイツダミーを政策変数として投資関数に含めている。EU諸国のみに限定した投資関数の推定は表5–6にまとめてある。

　初めに，フローの海外直接投資を被説明変数にして投資関数の推定を行ったところ，期待通り正で有意ではあるが，税引き後収益率の係数のみが非常に大きくなってしまった。それゆえ，どのモデルにおいても定式化することができていない。そのため，被説明変数をストック変数の海外直接投資に変えてみると，市場規模を表す名目GDPを除いた（4）式でほぼ期待通りの結果が得られた。つまり，EU諸国を分析対象にして投資関数を推定してみると，どのモデルにおいても税引き後収益率が日本の海外直接投資に大きな影響を及ぼしてい

表5–6　EU諸国の法人税制が日本の海外直接投資に与える影響

被説明変数	フローの海外直接投資				ストックの海外直接投資			
	(1)	(2)	(3)	(4)	(1)	(2)	(3)	(4)
定数	−43.79	−9.386	−7.331	−1.496	−58.77***	−18.44***	−17.82*	−8.848
t値	−1.116	−0.694	−0.382	−0.100	−2.279	−2.018	−1.376	−0.869
ln 税引き後収益率	6.035***	6.603***	6.208***	6.391***	5.228***	5.932***	5.469***	5.699***
t値	2.414	2.728	2.484	2.562	3.177	3.641	3.232	3.344
ln 名目GDP	12.60	2.695	1.169		14.72**	3.212***	2.013***	
t値	1.165	1.269	0.893		2.091	2.268	2.283	
ln 1人当たり名目GDP	−12.45	−1.921		1.073	−13.80**	−1.601		1.950**
t値	−1.065	−0.618		0.455	−1.819	−0.776		2.024
ドイツダミー	−3.358		0.331	0.748	−3.921**		0.202	0.901**
t値	−0.934		0.345	0.300	−1.667		0.315	1.865
調整済み決定係数	0.194	0.197	0.191	0.186	0.438	0.410	0.402	0.385
標準誤差	1.477	1.475	1.480	1.485	0.975	0.999	1.006	1.02
サンプル数	40	40	40	40	40	40	40	40

　（注）　***：1％有意水準を満たす。**：5％有意水準を満たす。*：10％有意水準を満たす。
（計測データの出所）表5–5と同じ。

ることが確認される。これは第5節の表5-3や表5-4をみてもわかるように，イギリスの法人税率が低く，日本の海外直接投資を呼び込めているという事実と整合的である。

また，ドイツダミーは(1)式のモデルで投資関数を推定すると負で有意となるが，(4)式で推定を行うとそれが正で有意となっている。したがって，日本の海外直接投資に対してどのような影響をドイツダミーが及ぼしているのかの結論をここでの分析だけでは述べることができない。そのため，全サンプルにおいて政策変数，すなわち減価償却やキャピタルゲイン課税，租税条約が期待通り有意の符号が得られたのは，アジア諸国における政策変数の影響を受けているものと思われる。

本分析の課題について述べると，推定結果全体にいえることであるが，程(1996)の推定結果で得られた調整済みの決定係数が約0.9であるのに対して，ここでの調整済み決定係数は程(1996)のものと比べるとかなり低い。原因の1つとして程(1996)の回帰分析はGLSで行っているのに対して，ここではOLSで回帰分析を行っていることが考えられる。そのため，本分析は不均一分散の問題を解決していない可能性がある。

また，程(1996)のモデルでは貿易規制やカントリーリスクを説明変数に含めているのに対して，ここではそれを説明変数に含んでいない。そのため，主要な説明変数をモデルから落としている可能性が本分析にはある[24]。これらの問題については今後の研究課題としたい。

---

24) それ以外にも為替レート（対ドル）は日本の海外直接投資に影響を及ぼすかもしれない。そのため，(1)式のモデルに為替レートも含めて投資関数の推定を行った。為替レートのデータは『世界経済の潮流(2007秋)』の268・269ページから集めている。もっとも，1999年以降アメリカ，ドイツ，イタリア，フランス等の為替レートのデータを集めることができないため，これらの国は分析対象から除いた。したがって，ここでの分析のサンプル数は110となる。推定結果は以下のようなものとなった（括弧内はt値を表す）。

ln 日本のフローの海外直接投資
= 0.134 + 6.120 ln 税引き後収益率 + 0.210 ln 1人当たり名目GDP + 0.483 ln 名目GDP
　(0.092) (2.087)　　　　　　　　　　(2.327)　　　　　　　　　　　　(5.566)

7. おわりに

経済のグローバル化が進み，日本からの海外直接投資は増加傾向にある。特に，2000年以降中国や香港，シンガポールを中心としたアジア諸国への投資が盛んになっている。これらの国では経済成長が著しい側面もあるが，一方で税法の面においても海外企業に対して様々な投資優遇措置を講じている。具体的には，キャピタルゲインを非課税にしたり，法人税率を低く設定したりといった政策で外資系の企業誘致を行っている。

これまで日本でも税制と海外直接投資に関する研究は盛んに行われたが，海外の税法の違いによる研究は主に資本ストックの計測のみに焦点が当てられてきた。また，それらの研究のほとんどが日本とアメリカの税法の違いのみを論じている。したがって，2000年以降重要となっているアジア諸国への海外直接投資と税制の関係を説明しきれていない。

さらにいえば，税制と海外直接投資に関する先行研究は2000年より前の期間を分析対象にしており，アジア諸国への海外直接投資が急激に伸びた期間については論じていない。したがって，本章ではホスト国にアメリカのみならずアジア諸国やヨーロッパ諸国も含めて，海外の税法の違いを考慮しながら，ホスト国の税制が日本の海外直接投資にいかなる影響を与えているのかを分析した。また，本分析ではアジア諸国への海外直接投資が急激に増加した2000年以降も含めた1997年から2006年までを分析対象期間にしている。

結果として，全サンプルで投資関数の推定を行った場合，ホスト国での税引き後収益率は日本の海外直接投資に正で有意の影響を与えていることが確認さ

$$+0.456\,減価償却 -0.465\,キャピタルゲイン課税 +1.116\,租税条約ダミー -1.239$$
$$(2.872) \quad (-3.146) \quad (4.091) \quad (-3.299)$$
$$タックス・ヘイブンダミー +0.00002\,為替レート$$
$$(1.736) \quad RR = 0.502,\ S.E. = 0.750$$

投資関数の推定結果から，税引き後収益率が最も弾性値が大きく，海外直接投資に影響を及ぼしている。為替レートは正で有意の符号が得られた。これは福重・前川（2000，112ページ）の推定結果と一致している。

れた。したがって，法人税率を引き上げている国では日本の海外直接投資を呼び込めていないことが示唆される。さらに税法の違いとして，本章ではホスト国での減価償却やキャピタルゲイン課税の違い，ホスト国と租税条約を結んでいるのかどうか，ホスト国はタックス・ヘイブン国であるかどうか等も考慮して投資関数を推定した。

そこから確認されたことは，減価償却の違いやキャピタルゲイン課税の違いは日本の海外直接投資に大きな影響を及ぼしていることである。したがって，企業が日本の高い法人税率を嫌って海外直接投資を増やしているだけではなく，海外との税法の違いにおいても影響を受けて海外直接投資を増やしている側面がある。

また，今度は全サンプルと同じモデルで，アジア諸国とEU諸国とにサンプルを分けて投資関数の推定を行った。その結果，アジア諸国では税引き後収益率よりも名目GDPやアジア諸国特有の投資優遇政策が日本の海外直接投資に影響を及ぼしていることが確認された。これは今日のアジア諸国の経済成長に伴い，日本の海外直接投資が増えている状況を反映している。その一方で，EU諸国では税引き後の収益率が日本の海外直接投資に影響を与えていた。これはイギリスで法人税率が低いため日本の海外直接投資を呼び込めている事実と整合的である。

今日，日本の地方でも外資系の企業誘致による雇用の拡大が必要とされているが，将来的には地方に対して独自の投資優遇政策を国が認める必要性があるのかもしれない。もっとも，本分析では調整済みの決定係数が先行研究と比べても低く，不均一分散の問題が解決できていない。さらに，これに付随するような形で日本の海外直接投資を説明するのに主要な説明変数を落としている可能性がある。また，第5節の表5-4にある法人税率は法人実効税率と異なるかもしれない。したがって，多国籍企業にとって最終的な負担率ではないが，説明変数の1つとして採用している。これについては今後の研究課題としたい。

参 考 文 献

朝日監査法人・アーサーサンダーセン編(1998)『アジア・太平洋諸国の税務ガイド』中央経済社, 327-329 ページ.
岩田一政・鈴木郁夫・吉田あつし(1987)「設備投資の資本コストと税制」(『経済分析』第 107 号), 1-72 ページ.
川上尚喜(2008)『日本の税制 平成 20 年度版』財経詳報社.
田近栄治(1990)「税制と海外直接投資」石弘光編『グローバル化と財政』有斐閣, 63-94 ページ.
田近栄治・油井雄二(1990)「税制と設備投資:平均実効税率, 資本収益率, 投資行動の日米比較」(『フィナンシャル・レビュー』第 20 号), 121-161 ページ.
田近栄治・油井雄二(1998)「法人税負担の日米比較―資本コストと限界実効税率による分析」(『フィナンシャル・レビュー』第 45 号), 145-173 ページ.
程 勳(1996)「ホスト国の税制が日・米の対外直接投資に及ぼす効果 OECD 諸国への製造業投資に関する実証分析」(『一橋論叢』第 116 巻第 6 号), 1158-1177 ページ.
トーマツ編(2007)『アジア諸国の税法(第 5 版)』中央経済社, 2-800 ページ.
トーマツ編(2008)『欧州主要国の税法(第 2 版)』中央経済社, 114-536 ページ.
中元文徳編著(1996)『世界 100 ヵ国の法人税』中央経済社, 1-329 ページ.
野村容康(2008)「わが国の対外証券投資に対する課税の効果」証券税制研究会編『金融所得課税の基本問題』194-227 ページ.
日高政浩・前田実(1994)「海外直接投資と税制」(『フィナンシャル・レビュー』第 31 号), 182-196 ページ.
深尾京司・岳希明(1997)「電機メーカーの立地選択」(『三田学会雑誌』第 90 巻第 2 号), 209-237 ページ.
福重元嗣・前川聡子(2000)「直接投資と企業税制」跡田直澄編『企業税制改革 実証分析と政策提言』日本評論社, 103-120 ページ.
藤井保憲(1995)「第 4 章 タックス・ヘイブン対策税制の問題点」水野忠恒編著『国際課税の理論と課題』53-86 ページ.
前川聡子(2005)『企業の投資行動と法人課税の経済分析』関西大学出版会, 120-139 ページ.
油井雄二(1998)「税制と海外直接投資」(『成城大学経済学研究』第 139 号), 197-218 ページ.
渡辺智之(2007)「第 1 章 国際課税の基本的仕組み」田近栄治・渡辺智之編著『アジア投資からみた 日本企業の課税』中央経済社, 10-38 ページ.
Altshuler, R., H. Grubert and T. S. Newlon (2001), "Has US Investment Abroad Become More Sensitive to Tax Rates?", in J. R. Hines eds., *International Taxation and Multinational Activity*, pp.89-108.
Boskin, M. J. and W. G. Gale (1987), "New Results in the Effects of Tax Policy on the International Location of Investment", in M. Feldstein eds., *The Effect of Taxation on Capital Accumulation*, pp.201-219.
Devereux, M. P. and R. Griffith (1998), "Taxes and the Location of Production: Evi-

dence from a Panel of US Multinational," *Journal of Public Economics*, Vol.68, No.3, pp.335–367.
Grubert, H. and J. Mutti (1991), "Taxes, Tariffs and Transfer Pricing in Multinational Corporation Decision Making", *Review of Economics and Stastics*, Vol.73, No.2, pp.285–293.
Grubert, H. and J. Mutti (2000), "Do Taxes Influence where US Corporations Invest?", *National Tax Journal*, Vol.53, No.4, pp.825–839.
Hartman, D. G. (1984), "Tax Policy and Foreign Direct Investment in the United States", *National Tax Journal*, Vol.37, No.4, pp.475–488.
Hartman, D. G. (1985), "Tax Policy and Foreign Direct Investment", *Journal of Public Economics*, Vol.26, No.1, pp.107–121.
Hines, J. R. Jr. (1996), "Altered States. Taxes and the Location of Foreign Direct Investment in America", *American Economic Review*, Vol.86, No.5, pp.1076–1094.
Slemrod, J. (1990), "Tax Effects on Foreign Direct Investment in the US, Evidence from A Cross–Country Comparison", in A. Razin and J. Slemrod eds., *Taxation in the Global Economy*, pp.79–117.
Swenson, D. L. (2001), "Transaction Type and the Effect of Taxes on the Distribution of Foreign Direct Investment in the United States", in J. R. Hines eds., *International Taxation and Multinational Activity*, pp.89–108.
Young, K. H. (1988), "The Effects of Taxes and Rates of Returns on Foreign Direct Investment in the United States", *National Tax Journal*, Vol.41, No.1, pp.109–121.

参 考 資 料

国際貿易投資研究所編（2008）『世界主要国の直接投資統計集（2008年版）』。
内閣府編『世界経済の潮流（2007年秋）』。
KPMG（2006）『各国法人税率調査』。
http://www.kpmg.or.jp/resources/research/r_tax 200706_1.pdf ; 2009年9月15日。

第 6 章

付加価値税の越境調整

1. はじめに

　グローバル化とは,経済の活動領域が国家の統治管轄領域を越え地球規模の広がりを持ち出す現象,として理解できる(横山(2005), 5ページ)。グローバル化が進展すると,各国の経済制度や経済政策の違いによって,各主体が容易に国境を越えて経済活動を展開できるようになる。そこで,グローバル化が進展するほど,各国は互いに自国の利益を高めるために経済制度や経済政策の競争や協調を行うようになる(Sinn (2003), p.4)。租税制度や租税政策の国際的な競争や協調も,そうした競争や協調の一部である。

　グローバル化は,国家間の国際的な競争や協調の問題をもたらすと同時に,地方政府間や都市間の地域的な競争や協調の問題も惹起する。こうした視点に立ち,本章は,ヨーロッパ諸国で発展してきた付加価値税(VAT : Value Added Tax)に着目し,付加価値税に関する国家間の越境調整だけではなく地方政府間の越境調整について検討を加える。

　本章の構成は以下の通りである。まず第2節で,EU(European Union)主要国の付加価値税について概観した上で,EC指令に基づく越境調整を考察する。次いで第3節で,付加価値税が国だけでなく地方政府の重要な財源となっ

ている現実から，地方政府間の越境調整を検討する。そして第4節では，そうした考察と検討を踏まえて，日本の地方消費税の今後のあり方について一定の方向性を示唆する。

2. EU付加価値税の越境調整

本章でいう「EU付加価値税」とは，「EUにおける付加価値税」という意味と「EC指令による付加価値税」という意味をもつものである。EUにおける付加価値税は，EUの税制調和の下に進展してきたが，種々の課題も抱えている。これらの課題については，イギリス税制に関して包括的な検討を加えたマーリーズ・レヴューの中の付加価値税に関する研究で指摘されている（Crawford, Keen, and Smith（2008））。本節では，まずEU主要国の付加価値税について概観し，EC指令（EU Council Directive）による付加価値税の越境調整を考察する。その考察では，マーリーズ・レヴューの指摘を参考にしつつ，付加価値税の越境調整のあるべき方向性を検討する。

2–1　EU主要国の付加価値税

現在のEU主要国の付加価値税については，財務省が表6–1のような整理をしている。この整理は，施行年・納税義務者・非課税対象・標準税率・ゼロ税率・軽減税率・納税期間でなされている。さらに，表6–2は，マーリーズ・レヴューの付加価値税に関する研究がOECD（2008）のデータ表を基にOECD諸国の付加価値税について実態把握したものである。表6–2における◎印の国はEUの原加盟国，○印の国はその後のEU加盟国である（◎印と○印は筆者加筆）。付加価値税を有するOECD加盟国29カ国中，EU加盟国は19カ国である。2009年現在で，OECD加盟国30カ国のうち付加価値税を有さない国はアメリカ1国である。表6–2では，標準税率（Standard Rate）・軽減税率（Reduced Rates）・免税点（Threshold）・C効率性（C–Efficiency）で各国の付加価値税を比較している。ここでC効率性とは，すべての国内消費が標準税率で課された

ときの税収に対する実際の付加価値税収額の比率であり，OECD（2008, pp.66-70）で VAT 収入比率（VAT Revenue Ratio）といわれているものである。つまり，C 効率性は VAT 税収／［(最終消費支出－VAT 税収）×標準税率］で算定される。最終消費支出には VAT 税収が含まれているから，国内消費＝（最終消費支出－VAT 税収）に標準税率を乗じたもので VAT 税収を割り算することで，C 効率性が算定される。もしすべての国内消費に均一税率が適用される純粋型の付加価値税であれば，C 効率性は 100% である。したがって，C 効率性が低い付加価値税ほど，純粋型から乖離した付加価値税であることになる。

　表6-1 と表6-2 からもわかるように，現時点でも EU 諸国間で税率や非課税対象や軽減税率など大きく異なっている。今日までの付加価値税に関する EC 指令の多くは，EU 諸国の異なる付加価値税を調和させ，EU 域内の越境調整に一定のルールを課すものである。表6-1 における EC 指令は，EC 第 6 次指令（Council of the European Union, 1977：77/388/EEC）および EC 第 6 次指令修正指令（Council of the European Union, 1992：92/77/EEC）に基づくもので，現在の EU 付加価値税の基本制度を形作っている。EC 第 6 次指令（77/388/EEC）は付加価値税の課税標準の統一を図り，EC 第 6 次指令修正指令（92/77/EEC）は標準税率や軽減税率について規定した。EC 第 6 次指令修正指令（92/77/EEC）では，1993 年 1 月 1 日から 1996 年 12 月 31 日までの間，標準税率は 15% 以上とし，軽減税率については 5% 以上で 2 本までと規定された。その後も，標準税率と軽減税率についての規定は，2010 年 12 月 31 日まで継続されている。こうした EU 付加価値税の越境調整については後に述べることにして，以下では，表6-2 に基づき EU 付加価値税の特徴を簡単にみておこう。

　(1)　標準税率が OECD 29 カ国平均の標準税率 17.7% よりも低い EU 諸国は，イギリス 17.5%（表6-1 の（注2）で示されているように時限措置では 15%），スペイン 16%，ルクセンブルク 15% の 3 カ国だけである。標準税率が最も高い国は，EU 加盟国でデンマークとスウェーデンの 25%，他の OECD 諸国でノルウェー 25% である。このことから，OECD 諸国の中では EU 加盟国の標準税率が総じて高いということがわかる。

表6-1 主要国の付加価値税の概要

(2009年1月現在)

区分		日本	EC指令(注1)	フランス	ドイツ	イギリス	スウェーデン
施行		1989年	1977年	1968年	1968年	1973年	1969年
納税義務者		資産の譲渡等を行う事業者及び輸入者	経済活動をいかなる場所であれ独立して行う者及び輸入者	有償により財貨の引渡又はサービスの提供を独立して行う者及び輸入者	営業又は職業活動を独立して行う者及び輸入者	事業活動として財貨又はサービスの供給を行う者で登録を義務づけられている者及び輸入者	利益を得るために経済活動を独立して行う者及び輸入者
非課税		土地の譲渡・賃貸,住宅の賃貸,金融・保険,医療,教育,福祉等	土地の譲渡(建築用地を除く)・賃貸,中古建物の譲渡,建物の賃貸,金融・保険,医療,教育,郵便,福祉等	不動産取引,不動産賃貸,金融・保険,医療,教育,郵便等	不動産取引,不動産賃貸,金融・保険,医療,教育,郵便等	土地の譲渡・賃貸,建物の譲渡・賃貸,金融・保険,医療,教育,郵便,福祉等	不動産取引,不動産賃貸,金融・保険,医療,教育等
税率	標準税率	5%(地方消費税を含む)	15%以上	19.60%	19%	15%(注2)	25%
	ゼロ税率	なし	ゼロ税率及び5%未満の超軽減税率は,否定する考え方を採っている	なし	なし	食料品,水道水,新聞,雑誌,書籍,国内旅客輸送,医薬品,居住用建物の建築,障害者用機器等	医薬品(医療機関による処方)等
	輸出免税	輸出及び輸出類似取引	輸出及び輸出類似取引	輸出及び輸出類似取引	輸出及び輸出類似取引	輸出及び輸出類似取引	輸出及び輸出類似取引
	軽減税率	なし	食料品,水道水,新聞,雑誌,書籍,医薬品,旅客輸送等 5%以上(2本以下)	食料品,書籍,旅客輸送肥料等 5.50% 新聞,雑誌,医薬品等 2.10%	食料品,水道水,新聞,雑誌,書籍,旅客輸送等 7%	家庭用燃料及び電力等 5%	食料品,宿泊施設の利用等 12% 新聞,書籍,雑誌,スポーツ観戦,映画,旅客輸送等 6%
	割増税率	なし	割増税率は否定する考え方を採っている	なし	なし	なし	なし
課税期間		1年(個人事業者:暦年 法人:事業年度)ただし,選択により3か月又は1か月とすることができる	1か月,2か月,四半期又は加盟国が任意により定める1年を超えない期間	1か月(注3)	1年 原則として1か月ごとに予定申告納付を行う	3か月(注3) ただし,選択又は課税庁の命令により課税期間を1か月とすることができる	1か月(注3)

(注1) EC指令は,2007年1月より,それまでのEC第6次指令が改編されたもの。(内容について実質的な変更はなく,条文の構成や文言等が修正された。)
(注2) 2008年12月1日から2009年12月31日までの間の時限措置として,標準税率は従来の17.5%から15%に引き下げられている。
(注3) 課税売上高等が一定額以下の場合は,上記以外の課税期間を選択することができる。
(出所) 財務省「税制ホームページ(国際比較に関する資料)」http://www.mof.go.jp/jouhou/syuzei/siryou/108.htm＜閲覧:2009.9.12＞

表 6-2　OECD 諸国の付加価値税の標準税率・軽減税率・免税点・C 効率性

	標準税率 (%)	軽減税率 (%)	免税点 (米ドル)	C 効率性 (%, 2005)
オーストラリア	10	ゼロ	35,500	57
○オーストリア	20	10, 12	3,440	60
◎ベルギー	21	ゼロ, 6, 12	6,400	50
カナダ	6	ゼロ	25,000	52
○チェコ	19	ゼロ, 5	70,000	59
○デンマーク	25	ゼロ	5,800	62
○フィンランド	22	ゼロ, 8, 17	9,700	61
◎フランス	19.6	2.1, 5.5	87,500	51
◎ドイツ	19	7	20,000	54
○ギリシャ	19	4.5, 9.0	11,500	46
○ハンガリー	20	5	30,800	49
アイスランド	24.5	ゼロ, 7	4,800	62
○アイルランド	21	ゼロ, 4.8, 13.5	63,000	68
◎イタリア	20	ゼロ, 4, 10	8,000	41
日本	5	—	80,600	72
韓国	10	ゼロ	なし	71
◎ルクセンブルク	15	3, 6, 12	11,500	81
メキシコ	15	ゼロ	なし	33
◎オランダ	19	6	2,200	61
ニュージーランド	12	ゼロ	26,300	105
ノルウェー	25	ゼロ, 8, 14	5,600	58
○ポーランド	22	ゼロ, 7	20,900	48
○ポルトガル	21	5, 12	11,500	48
○スロバキア	19	—	86,700	53
○スペイン	16	4, 7	なし	56
○スウェーデン	25	ゼロ, 6, 12	なし	55
スイス	7.6	ゼロ, 2.4, 3.6	44,100	76
トルコ	18	1, 8	なし	53
○イギリス	17.5	ゼロ, 5	93,600	49
単純平均	17.7			58

(備考) 1. C 効率性を除く項目のデータは 2007 年 1 月 1 日現在のものである。
2. 軽減税率における「ゼロ」とは，ある品目の国内販売についてゼロ税率を示す。
3. トルコの免税点については，個人所得税の免税対象となる小規模小売業者などや農家が登録免除されている。
4. ◎印は EU 原加盟国で，○印はその後の EU 加盟国である。

(出所) Crawford, Keen, and Smith (2008), p.23, Table 2 に筆者加筆修正。

(2) 軽減税率の適用については，付加価値税を有するOECD諸国の中でEU諸国が目立っている。ゼロ税率の適用は，EU諸国19カ国のうち9カ国，その他のOECD諸国10カ国のうち8カ国である。

(3) 免税点は，売上高や供給額が一定の規模以下の中小事業者について，納税義務を免除しVAT制度から外す制度である。この制度が設けられる主な理由は，こうした中小事業者にかかるVAT税収が，事業者の納税コストや課税当局の徴税コストよりも少ないということにある。OECD（2008, p.65）は，免税点について登録免税点（registration thresholds）と徴収免税点（collection thresholds）の2種類に区分している。登録免税点は登録も徴収も免除される制度であるのに対し，徴収免税点は登録を義務づけられるが免税点を超えるまでは徴収を免除される制度である。免税点には，特定の産業や企業に適用されるものもある。表6-2に示されている免税点は，こうした特定の産業や企業を対象にしたものではなく，一般の免税点である。EU諸国の免税点についてみると，イギリス・フランス・スロバキアのように80,000米ドル以上の高い免税点をもつ国もあれば，スウェーデン・スペインのように免税点のない国もある。したがって，免税点についてEU付加価値税は一様ではないということになる。

(4) C効率性は，上述したように，実際の付加価値税が純粋型の付加価値税からどれ程乖離しているかを示す指標である。この値が低いほど，純粋型からの乖離が大きい。EU諸国のC効率性については，OECD 29カ国平均の58％に比べて，ルクセンブルク（81％）・アイルランド（68％）・デンマーク（62％）など高い国もあるが，EU諸国19カ国中の12カ国が平均以下である。このことは，EU付加価値税が純粋型の付加価値税から大きく乖離していることを示している。C効率性は，軽減税率やゼロ税率などの税率構造，非課税対象，免税点などの付加価値税制度内容によって決まるので，C効率性を高めることが付加価値税改革の大きな目標にもなる。

以上の4点から，EU付加価値税とりわけマーリーズ・レヴューの検討対象

であるイギリスの付加価値税については,軽減税率,非課税対象,免税点などに大きな問題があると指摘できる。

2-2 越境調整：原産地原則から仕向地原則に

EU は,1993 年に域内の租税国境撤廃以前から,域内の付加価値税について原産地原則をめざしていたが,現時点でも実質的に仕向地原則で域内の越境調整を行っている。そもそも原産地原則と仕向地原則の違いは,税収がどこに帰属するかにある。原産地原則は財・サービスを生産して付加価値を生み出した原産地に税収を帰属させ,仕向地原則は財・サービスが消費される最終消費地に税収を帰属させるものである。すなわち,原産地原則では国内で生み出された付加価値に課税して国外の付加価値には課税しない輸出課税・輸入非課税であるのに対し,仕向地原則では付加価値がどこで生み出されるかにかかわらず財・サービスの最終消費国が課税する輸出非課税・輸入課税となる。

したがって,仕向地原則では輸出時に国内の付加価値税の還付と輸入時に国内の付加価値税の課税といった税関での越境調整が必要になる。これに対し,原産地原則ではこうした越境調整が要らない点から,仕向地原則に対する原産地原則の優位性が伝統的な財政学の見解とされていた。しかし,仕向地原則には,税関での越境調整があるがゆえに原産地国の付加価値税の影響を受けず,国内財と輸入財とに関する民間主体の選択を歪めないという中立性の点で優位性がある。さらに,仕向地原則には最終消費に対する課税権を仕向地国が担保できる優位性がある。加えて,伝統的な原産地原則の優位性に対する Cnossen and Shoup (1987) の批判的検討以降,「現時点ではむしろ仕向地原則の原産地原則に対する優位は確固たるものであるといって過言ではない。控えめにいっても,境界統制廃止後の原産地原則の実施には説得力に欠ける面がある。」(持田 (2001),18 ページ) という認識が広まった。

そこで仕向地原則の優位性を前提に,境界統制のないときに仕向地原則に基づく越境調整をいかに行うかが,租税国境撤廃後の EU における付加価値税の越境調整の問題となった。境界統制のないときに仕向地原則に基づく越境調整

には，(1) 税額控除清算方式（tax credit clearance mechanism）と (2) 繰延べ支払い方式（deterred payment method）の 2 方式がある。

租税国境撤廃後の EU では，EU 加盟国相互の輸出・輸入は供給・取得といわれ，輸出・輸入という表現は EU 加盟国以外の国との輸出入に限られた。しかし一般に，供給・取得という言葉は，EU 加盟国間の境界を越えた財の取引という意味での越境取引だけを含意せず，越境調整を論述するときには必ずしも適切な言葉ではない。したがって以下では，連邦国家における州間の越境取引や単一国家における地方政府間の越境取引のときによく用いられる，移出・移入という言葉を用いることにする。こうした断りをした上で，いま A 国の移出業者より B 国の移入業者が財を仕入れ B 国における販売先である事業者（ないし消費者）に販売した事例，つまり A 国から B 国へ財を移出した事例，言い換えれば B 国が A 国から財を移入した事例を考えてみよう。

このとき (1) 税額控除清算方式では，A 国は A 国内の移出業者の移出に対し A 国の付加価値税率で課税するが，A 国に納付された付加価値税額はクリアリングハウスを通して B 国に移転される。こうした仕組みが清算制度と呼ばれるものである。他方，(2) 繰延べ支払い方式では，A 国は A 国内の移出業者の移出に対しゼロ税率を適用し免税（すなわち非課税）とし，B 国は移入時に税関で課税せず B 国の移入業者が B 国で最初の販売先の事業者（ないし消費者）に販売する時点まで課税を繰延べ，B 国の移入業者がこの販売にかかる付加価値税を B 国に納税する。この繰延べ支払い方式は，VAT 情報交換システム（VAT Information Exchange System：VIES）の下，インボイス等の移出にかかる納税証明書に基づく現在の EU における越境税調整となっているが[1]，「回転木馬型詐欺」（Carousel Fraud）あるいは「域内雲隠れ取引業者詐欺」（Missing Trader Intra–Community <MTIC> Fraud）といわれる VAT 還付詐欺の発生をもたらしている。

---

1) EC 指令（2001/115/EC）により，2004 年 1 月 1 日から加盟国間で統一記載事項を定めた電子インボイスが実施されている。Council of the European Union（2001）を参照。

このVAT還付詐欺については，マーリーズ・レヴューの付加価値税に関する研究でも簡単な事例で言及されている（Crawford, Keen, and Smith（2008），pp. 35-37）。その内容は，以下の通りである。EU域内のA国のα会社がEU域内のB国のβ会社に財を移出販売する。移出販売時点で，VATゼロ税率免税である。α会社から財を移入購入したβ会社は，B国のγ会社に税込価格で販売しVAT税額相当額を受取るが，税務当局に申告納税することなく雲隠れする。γ会社は，詐欺に全く気づかない善意の第三者かもしれないが，β会社から購入した財を税込価格でB国のδ会社に販売する。このδ会社は，A国のα会社に財を移出販売し，γ会社から財を購入したとき支払った付加価値税について仕入税額控除または還付を受ける。このことで，δ会社はβ会社が支払っていない付加価値税を実質手にできることになる。さらに，α会社→β'会社→γ会社→δ会社（ないしδ'会社）→α会社→……と連鎖がまさに回転木馬のように続く。この連鎖では，雲隠れしたβ会社に代わり新たに雲隠れするβ'会社が登場し，δ会社もしくはそれに代わるδ'会社が還付を受け取る事態が続くことになるのである。

　こうした「回転木馬型詐欺」あるいは「域内雲隠れ取引業者詐欺」の事態が生ずる大きな原因は，付加価値税の徴収に対して還付支払いが早すぎる点と，仕向地原則に基づき移出をゼロ税率免税とすることにより越境調整を行う点にある。この詐欺に対する根本的な対処としては，(1) 移出をゼロ税率免税とする仕組みを維持した対処と，(2) 移出をゼロ税率免税とする仕組みを取らない対処とが，検討されている。後者の (2) については，地方付加価値税の越境調整に密接に関わるので次節で考察し，本節の残りでは (1) についてみておこう。

　移出をゼロ税率免税とする仕組みを維持して，「回転木馬型詐欺」あるいは「域内雲隠れ取引業者詐欺」に対処する方法としては，次のようなものが検討されている（Crawford, Keen, and Smith（2008），pp. 38-39）。

① 「逆課税」（reverse charging）

　これは，事業者間（business-to-business：B2B）取引において納税義務を売り

手ではなく買い手に求めるもので,オーストリアとドイツが提案している。上述の事例でいえば,雲隠れ取引業者であるβ会社の売上げにかかる付加価値税の納税義務を買い手であるγ会社に課し,次いでγ会社からδ会社への売上げにかかる付加価値税の納税義務はδ会社に課し,δ会社から域外のα会社への移出売上げにかかるゼロ税率免税については,完全な還付ではなくγ会社からの購入にかかる納税から相殺する方式である。このことで還付詐欺には対処できるが,逆課税の対象になる商品とそうでない商品の線引きの税務執行問題が残る。そこで,オーストリアとドイツは普遍的な逆課税を提案しているが,普遍的な逆課税方式は,付加価値税を変容させ小売売上税に限りなく近い税にしてしまい,小売段階ですべての付加価値税を徴収することから最終消費者への課税売上の未申告による税収ロスが極めて大きくなる恐れもある。

② 「逆源泉徴収」(reverse withholding)

これは,事業者間取引において買い手に,購入における付加価値税の一部ないし全部について税務当局への直接支払いを求めるものである。この逆源泉徴収では,逆課税とは違い納税義務者は売り手のままであり,本来のVAT納税額から買い手が事前に支払った源泉徴収額を控除した税額を納税する。この方式の一番の問題は,税務執行が複雑になることと取引業者が還付請求する可能性が高くなることである。

③ 「VAT口座」(VAT accounts)

これは,取引業者に対し,販売先に請求したVAT税額と同額を振込ませる納税口座を開設するよう求めるものである。VAT還付は,それに対応するVAT支払いがすでになされていることを税務当局が確証できた場合に限り,なされることになる。VAT口座の仕組みでは,現行制度よりも早く納税をさせるので,還付がなされるとき過去の納税についてチェックできることになる。しかし,納税のタイミングの点を除けば,基本的な問題を解決したことにはならず,こうした過去の納税について本当に正しくチェックできるかどうかは明らかでない。

以上のような解決策は，いずれも弱点があり，抜本的な解決にはならない。そこで，VATの越境調整について基本的な再設計が求められ，EU域内の移出ゼロ税率免税をとらないような方向での検討がなされている。次節の「地方付加価値税の越境調整」で，こうしたEU域内におけるVATに関する越境調整の再設計についても考える。一国内の地方付加価値税の越境調整に関する考察は，EU付加価値税の越境調整に関する考察と本質的に同じ論点をもつからである。

3. 地方付加価値税の越境調整

　仕向地原則に基づきながらも移出のゼロ税率免税をとらないような付加価値税の検討が，いくつかなされている。そうした検討は，地方（州や県など）が国と同じ課税ベースの付加価値税をもつカナダや日本のように，一国内の地方付加価値税の越境調整に関する考察でもなされている。

　移出のゼロ税率免税を取らない越境調整の工夫としては，(1) クリアリングハウスなど清算制度なしに地方（EU加盟国）レベルの付加価値税と並行して国（EU全体）レベルの付加価値税を租税回避手段として活用する方式と，(2) クリアリングハウスなど清算制度をもつ越境調整方式とに大別できる。(1) の清算制度をもたない方式には，①CVAT（Compensating VAT）方式，②Dual VAT方式，③VIVAT（Viable Integrated VAT）方式がある。(2) クリアリングハウスなど清算制度をもつ越境調整方式には，EUで検討されてきた①税額控除清算方式ないし移出者課税（Exporter rating）方式，②カナダの協調売上税（Harmonized Sales Tax：HST）方式，③日本の地方消費税の清算方式などがある。以下では，これらの越境調整方式について考察する。

3-1　CVAT，Dual VATとVIVAT

　これらの方式は，クリアリングハウスなど清算制度なしに，地方（EU加盟国）レベルの付加価値税と並行して国（EU全体）レベルの付加価値税を租税回避手段として活用する方式である。EU域内の越境調整でいえば，これらの

方式は，EU 加盟国レベルの各国の付加価値税については加盟国間の移出ゼロ税率免税を維持するが，EU 全体レベルで均一税率の付加価値税を課税するものである。地方付加価値税の越境調整と EU 付加価値税の越境調整との関係は，主権国家における地方レベルの地方付加価値税は EU における加盟国レベルの各国付加価値税に対応し，主権国家における国ないし連邦の付加価値税は EU における EU 全体レベルの付加価値税に対応する。以下では，それぞれの方式について簡単に見ていく。

(1) CVAT

これは，ブラジルの州レベルで課税されている州付加価値税の州間越境取引に伴う脱税問題への対処案をもとに，McLure（2000）が検討を加えた方式である。一国の州内（EU の加盟国内）の取引には州（加盟国）ごとの付加価値税があり，この州付加価値税（加盟国付加価値税）については前節で詳述したような移出ゼロ税率免税の繰延べ支払い方式を適用する。この州（加盟国）の付加価値税と並行して，州間（加盟国間）の取引については，国（EU 本体）が単一の特別な税率の追加税を移出時に課税し，移入州（加盟国）内で還付する。この追加税が CVAT（Compensating VAT）で，これは原則的には税収ゼロで還付詐欺防止のためのダミー税として機能させるものである。

しかし，この追加税の課税主体としては，地方付加価値税の越境調整のときには主権国家の国ないし連邦政府で問題ないが，EU 付加価値税の越境調整のときには EU 全体を統括する課税当局を想定しなければならい。それゆえ，EU における CVAT の実施には，EU 加盟国の課税当局とは独立した EU 課税当局を設立しなければならないという政治的な問題がある。さらに，地方付加価値税の越境調整であれ EU 付加価値税の越境調整であれ，移出（州間・加盟国間）販売と非移出（州内・加盟国内）販売を峻別した税務執行をしなければならない点も，CVAT が抱える問題として指摘されている（Crawford, Keen, and Smith (2008), p.61）。

(2) Dual VAT

これは，カナダの連邦付加価値税とケベック州付加価値税の並存実態から

Bird and Dendron（1998）が提示した方式である。カナダの連邦付加価値税は，財・サービス税（Good and Service Tax：GST）といわれ2009年現在5％の単一税率で課税されている。他方，ケベック州付加価値税は，ケベック売上税（Québec Sales Tax：QST）といわれているが，その課税ベースはGST込みの付加価値で実質的に連邦付加価値税と同じで税率は7.5％である（Revenu Québec（2009））。そしてケベック州が，GSTとQSTの両方を徴収し連邦政府に対し税務費用控除後のGSTを支払う形で，連邦付加価値税と州付加価値税とからなる二重の付加価値税を執行している。この二重の付加価値税をDual VATとして，EU付加価値税の越境調整にも適用することが検討されてきているのである。

　ケベック州歳入省のDual VATにおける越境調整は，移出ゼロ税率免税の繰延べ支払い方式を適用する。すなわち，ケベック州から他州（他国）への移出（輸出）はゼロ税率免税で，他州（他国）からの移入（輸入）については，移入購入者が登録事業者のときGSTだけを支払い，最終消費者のときはGSTとQSTを支払う。他州（他国）から購入された仕入れ品については，QSTが課税されていないから，それを原材料として販売活動したときの付加価値税計算においてはQST仕入税額控除を受けられない。つまり，ケベック州の移入購入業者は，QST税抜きの付加価値合計に対してQST税込みで販売するが，この売上税額から控除できるQST仕入税額はゼロとなっている。このDual VATにおける利点は，州間の取引についてはGSTが課されているので，州外への移出免税についても連邦レベルで州外の移入業者の存在確認などができ，租税回避行動を抑制できる点にある。

（3）VIVAT

　これは，マーリーズ・レヴューの付加価値税に関する研究（Crawford, Keen, and Smith（2008））の執筆者でもあるKeen and Smith（1996, 2000）が提案したもので，EU域内のすべての登録事業者間の取引に対し均一の税率を課す付加価値税を導入する一方，加盟国には最終消費者への販売に対する付加価値税率決定権を保持させる方式である。この登録業者間の取引に対する均一税率の付加価値税がVIVAT（Viable Integrated VAT：実行可能な統合VAT）であり，登録事業

者間の税額は販売時点ですべて前段階税額控除されるので税収ゼロのVATで，CVATと同じくダミー税として機能する。このVIVATの利点と欠点は，以下のように指摘されている（Crawford, Keen, and Smith（2008），p.62）。利点は，EU加盟国の課税権を侵すことなく，加盟国の付加価値税のバラツキがもたらす競争上の歪みを，加盟国間における多段階の中間財取引に均一税率を適用することで緩和できることにある。他方，このVIVATの欠点は，最終消費者を特定して，事業者間（business-to-business：B2B）取引と事業者・消費者間（business-to-consumer：B2C）取引を厳格に区分することの難しさにある。

3-2 清算制度をもつ越境調整方式

上述のCVAT，Dual VAT，VIVATは清算制度をもたない方式であるが，以下では，清算制度をもつ越境調整方式を検討する。清算制度をもつ越境調整方式では，ある州（EU加盟国）は州内（加盟国内）の移出業者の移出に対し自分の付加価値税率で課税するが，納付された付加価値税額はクリアリングハウスなどの清算制度を通して移出先の州（EU加盟国）に移転される。

（1） EU型の税額控除清算方式

これは，移出者課税（Exporter rating）方式ともいわれ，Cnossen（1983）によって提唱され，その後にEU域内の越境調整に関する確定的な制度とされた方式である。この方式では，移出段階で課税された税収が存在し，その税収の移転を前提に移入側政府（州ないし加盟国）で購入額にかかる税額を販売にかかる税額から控除して納税させたり還付したりするので，繰延べ支払い制度におけるような還付詐欺や租税回避が生じにくいという利点があると指摘されている。しかし実際のEU域内の越境調整は，この方式でなく，還付詐欺や租税回避の恐れもある，暫定的な制度とされる繰延べ支払い方式である。では，なぜEU型の税額控除清算方式が現実世界で実施されないのか。ここに，この方式の課題がある。

EU型の税額控除清算方式では，移出段階での納税額と移入後の税額控除額を一致させることが，クリアリングハウス機能を果たす機関の独立採算を維持

する上で必要である。しかし，移出業者は移出を過少申告し移入業者は移入にかかる税額を過大申告する誘因をもつと同時に，移出側政府も移入側政府もそうした虚偽申告を防止する誘因をもたない。なぜならば，移出側政府は移出段階で得た税収を移入側政府に移転することになるので，そうした移転額が過大になることにだけ注意を傾け過少になることに対し積極的な是正措置をとる動機はなく，移入側政府も過大申告された税額控除額についてもクリアリングハウスからそのまま取り戻せるので過大申告を積極的に是正する誘因をもたないからである。したがって，こうした虚偽申告に対処できるだけの越境取引に関する情報把握システムを構築することが，この方式を現実のものにする際の大きな課題の1つと考えられている。

　この方式には，別の課題もある。移出側政府は，移出課税収入を増大させることで移入側政府に移転するまでの間のキャッシュフローの増大を図るため，自らのVAT税率を引き上げる誘因をもち税率引き上げ競争が生ずる，という課題である。この課題に対しては，Poddar（1990）が提案したように，移出時点の課税を移出側のVAT税率ではなく移入側のVAT税率で課税する仕組みにすれば対処できる可能性はある。しかし，各地方政府（加盟国）で納税義務者となるような事業活動を行う事業者は，それぞれの行政管轄区域で登録事業者とならねばならない事態になり，同じ市場に多くの地方政府（加盟国）が関わっているような状況下では，Poddar提案の実効性は低くなる。

(2)　カナダの協調売上税（Harmonized Sales Tax : HST）方式

　カナダの協調売上税は，1997年に連邦政府の付加価値税GSTと東部3州（ノバスコシア，ニューブランズウィック，ニューファンドランド・ラブラドル）の売上税とを統合させて誕生した税で，連邦のGST 7%と州分8%の合計15%の均一税率が課された。その後にGSTの税率の変化で，HSTの税率は，2006年7月1日以降GST 6%・州分8%の14%，2008年1月1日以降GST 5%・州分8%の13%となっている[2]。この税は，「運用規定が内国消費税法（the Excise

---

2)　カナダ歳入庁ホームページ（http : //www.cra-arc.gc.ca/tx/bsnss/tpcs/gst-tps/rts-eng.html）＜2009.8.10＞参照。

Tax Act) に定められ，東部3州で採用されている国税の付加価値税として捉えることが正しい」（堀場・望月（2009），23ページ）との指摘もある。この点で，地方付加価値税の越境調整として議論することには，一定の留意が必要かもしれない。しかし，日本における地方消費税も，その運用規定は国の法律である「地方税法」に定められているが，地方消費税は国の付加価値税としてではなく地方付加価値税として認識されている。そうした点を確認した上で，いま少し，HSTについて考察してみよう。

加盟3州とケベック州を除く非加盟州との州間取引についての課税は，次のようになっている。加盟3州から非加盟州への移出については，非加盟州で5％のGSTが課税され移入事業者がその仕入税額控除を受ける。当然に，非加盟州では，その移入品の販売についてはGSTだけでなく非加盟州が課す売上税の対象になる。他方，非加盟州のGST登録事業者が加盟3州の登録事業者に販売したとき，すなわち非加盟州から加盟3州への移入については，非加盟州の登録事業者はHST13％の税込みで販売し加盟3州の移入業者は仕入税額控除を受ける。

問題は，加盟3州間の越境調整である。この越境調整は，繰延べ支払い方式ではなく，マクロ統計データに基礎を置く税収配分システムを採用している。このマクロ税収配分システムについては，堀場・望月（2009）が詳細な解説を行っている。その骨格は，カナダ統計局の産業連関データとカナダ歳入省の税務行政データを基礎に各州の課税標準額を推計して算定される各州の按分比率によって，税収を各州に配分する仕組みである。換言すれば，マクロ統計データで各州の需要サイドの付加価値を推計し，その付加価値の大きさに応じて各州の按分比率を計算して，HSTも含めた連邦全体の付加価値税の総税収のうち加盟州全体に割振られた税収総額に按分比率を乗じたものを基礎に，実際の配分額が決定される。

このカナダのマクロ税収配分システムは，個別の取引や事業者ごとの取引を州間で清算するのではなく，州間の越境調整をマクロ清算方式で行うものである。この点で，日本の地方消費税の清算方式と同じ方式といえる。

(3) 日本の地方消費税の清算方式

　日本の地方消費税は，マクロ統計データを用いて47都道府県に税収が配分されている。その配分基準が清算基準に他ならず，現行の清算基準は次のようになっている。つまり，税収の6/8を47都道府県の最終消費を把握する統計データ（商業統計の「小売年間販売額」とサービス業基本統計の「サービス業対個人事業収入額」の合計額）で，国勢調査の「人口」と事業所・企業統計の「従業員数」のデータでそれぞれ税収の1/8を47都道府県に配分している。税収の1/4を最終消費以外のマクロ統計データに基づき47都道府県に配分する現行の清算基準は，本来の仕向地原則に基づく最終消費地への税収帰属から乖離し，税の論理ではない財政調整の側面があるともいえる。また，地方消費税の現行の課税ベースは国税の消費税額であり，税率も25/100である。この点で，地方消費税の税率を都道府県が自由に設定できるようにすると，税収配分に問題が生ずると指摘されている。

4. おわりに

　グローバル化は，国家間の国際的な競争や協調の問題をもたらすと同時に，地方政府間や都市間の地域的な競争や協調の問題も惹起する。こうした視点に立ち，本章では，ヨーロッパ諸国で発展してきた付加価値税に関する国家間の越境調整だけではなく地方政府間の越境調整について考察してきた。本章では，国際間（州間・地方政府間）の財取引に関する付加価値税の越境調整の考察が中心で，国際間（州間・地方政府間）のサービス取引や電子商取引に関する付加価値税の越境調整については検討を加えていない。

　この詳しい検討は別の論考で行うことにするが，本章のおわりに当たり，サービス取引や電子商取引に関するEC指令を簡単に述べておく。EC指令（2002/38/EC）により，2003年からEU域外の事業者による電子商取引については，事業者がEU加盟国のいずれか1国でVAT登録事業者となり，供給地ではなく消費地で課税を行うことになった（Council of the European Union (2002)）。また，EC指令（2008/8/EC）により，事業者間のサービス取引につ

いて供給地ではなく消費地で課税を行うことになった（Council of the European Union (2008)）。こうしたことは，仕向地原則に基づく課税がEU付加価値税の実態となっている証左である。

　この点からして，本章で考察してきたように，境界統制のないときに仕向地原則に基づく越境調整をいかに行うかが今後も重要な問題となるのである。境界統制のないときに仕向地原則に基づく越境調整には（1）税額控除清算方式（tax credit clearance mechanism）と（2）繰延べ支払い方式（deterred payment method）の2方式があるが，税額控除清算方式による越境調整の方が，租税回避や税務執行の点からして望ましいことを確認した。さらに，税額控除清算方式の越境調整でも，個別の取引や事業者ごとの取引に基づく清算方式よりも，マクロ統計データに基づく清算方式の方が望ましいことも考察した。カナダのHSTや日本の地方消費税の清算方式は，このマクロ統計データに基づく清算方式であるが，財政学者ではなく税務行政官が実地の中で考え出したものである。また，EU付加価値税の越境調整にかかる漸進的な変更も，現実世界で進展しているグローバル化とボーダレス化の下で加盟各国の税務行政官が実地の中で行ってきたものである。財政学者が，こうした現実世界における付加価値税の越境調整について，その実態を観察し，租税理論的かつ経済分析的な検討を加え，より望ましい越境調整の仕組みを提案している。

　日本では，分権化の潮流の中で地方消費税の充実が求められていることもあり，地方公共団体の課税自主権の強化から地方消費税の税率設定権を都道府県に与え，都道府県で異なる地方消費税率だとしてもマクロ清算方式で越境調整ができる仕組みも検討されている（地方消費税の清算基準に関する研究会（2008）；持田・望月・堀場（2008）；望月・堀場（2009））。他方，EUでは加盟国間で大きく異なる付加価値税を調和させるために加盟国の課税自主権に制限を加える方向で，付加価値税に関するEC指令が積み重ねられている。EU付加価値税の越境調整の経験とカナダのHSTの越境調整の経験を踏まえて，日本の地方消費税の充実と清算基準の改善が求められている。このEU付加価値税の経験に照らすならば，地方公共団体の課税自主権を強化するということから地方消費税

の税率設定権を都道府県に与え，都道府県ごとに地方付加価値税の税率や免税点が異なるように志向することは，EC指令による加盟国間の付加価値税調和の流れにも，カナダのブリティシュ・コロンビア州のように売上税をHSTに移行しようとする流れにも逆行する。さらに消費税の増税に当たり，低所得層の負担軽減を図るため，EU付加価値税に倣い食料品などへの軽減税率を適用する複数税率を主張する論が日本では主流になっている。しかし，マーリーズ・レヴューの付加価値税に関する研究（Crawford, Keen, and Smith（2008））がEU付加価値税は模範となる付加価値税ではないと明確に指摘している点に，われわれは留意すべきである。日本が今後に模範とすべき付加価値税は，C効率性が100％を満たすニュージーランドの付加価値税であるし，低所得層の負担軽減についてはEU付加価値税のような複数税率方式ではなくカナダのGSTで実施されているような給付付き税額控除方式なのである。そして地方消費税の清算方式については，持田・望月・堀場（2008）や堀場・望月（2009）が詳細に考察しているカナダのHSTの清算方式を参照に，改善していくことが求められている。

参 考 文 献

鎌倉治子（2008）『諸外国の付加価値税（2008年版）』国立国会図書館調査及び立法考査局。

玉岡雅之（2004）「原産地主義課税再考―電子商取引を考慮に入れて―」（『国民経済雑誌』（神戸大学），第188巻第3号），81-95ページ。

地方消費税の清算基準に関する研究会（2008）『地方消費税の清算基準に関する研究会報告書』（財）地方自治情報センター。

地方消費税勉強会（2006）『地方消費税勉強会報告書』（財）地方自治情報センター。

付加価値税の政府間割当て等に関する調査研究（2005）『付加価値税の政府間割当て等に関する調査研究について　報告書　EU編（その1）』（財）地方自治情報センター。

堀場勇夫（2008）『地方分権の経済理論―第1世代から第2世代へ―』東洋経済新報社。

堀場勇夫・望月正光（2009）「カナダの協調売上税とマクロ税収配分システム」（『青山経済論集』（青山学院大学），第61巻第1号），23-51ページ。

持田信樹（2001）「付加価値税の政府間割当て―国際比較の視点から―」（『經濟學

論集』(東京大学) 第 67 巻第 2 号), 2-35 ページ。
持田信樹・望月正光・堀場勇夫 (2008)「地方消費税とマクロ清算方式」日本財政学会第 65 回大会報告論文。
望月正光・堀場勇夫 (2009)「地方消費税のマクロ算定方式：産業連関表の活用」(『明大商學論叢』(明治大学) 第 91 巻第 2 号), 63-96 ページ。
横山彰 (2005)「経済政策と公共選択の新展開―政策の国際的な競争と協調―」(『経済政策ジャーナル』(日本経済政策学会), 第 3 巻第 1 号 (通巻第 55 号)), 3-17 ページ。
横山彰・馬場義久・堀場勇夫 (2009)『現代財政学』有斐閣。
Bird, R. M. and P.-P. Gendron (1998), "Dual VATs and Cross-Border Trade : Two Problems, One Solution?," *International Tax and Public Finance* 5, pp. 429-442.
Bird, R. M. and P.-P. Gendron (2000), "CVAT, VIVAT, and Dual VAT : Vertical "Sharing" and Interstate Trade," *International Tax and Public Finance* 7, pp. 753-761.
Cnossen, S. (1983), "Harmonization of Indirect Taxes in the EEC," chapter 7 in C. E. McLure, Jr. (ed.), *Tax Assignment in Federal Countries*, Canberra : ANU Press, pp. 150-168.
Cnossen, S. (2008), "VAT Coordination Issues in the European Union," Commentary on the Mirrlees Review on VAT and Excises, Draft : 19 February, 2008, The Institute for Fiscal Studies.
Cnossen, S. and C.S. Shoup (1987), "Coordination of Value-Added Taxes," chapter 2 in S. Cnossen (ed.), *Tax Coordination in the European Community*, Deventer [Netherlands] ; Boston : Kluwer Law and Taxation Publishers, pp. 59-84.
Council of the European Union (1977), "Sixth Council Directive of 17 May 1977 on the harmonization of the laws of the Member States relating to turnover taxes-Common system of value added tax : uniform basis of assessment (77/388/EEC)." (http : //www.taxation.ch/File/PDF/EU_6_VAT_Directive.pdf <2009.9.13>)
Council of the European Union(1992), "Council Directive 92/77/EEC of 19 October 1992 supplementing the common system of value added tax and amending Directive 77/388/EEC (approximation of VAT rates)." (http : //eur-lex.europa.eu/LexUriServ/LexUriServ.do?uri=CELEX : 31992 L 0077 : EN : HTML <2009.9.13>)
Council of the European Union (2001), "Council Directive 2001/115/EC of 20 December 2001 amending Directive 77/388/EEC with a view to simplifying, modernising and harmonising the conditions laid down for invoicing in respect of value added tax." (http : //eur-lex.europa.eu/LexUriServ/LexUriServ.do?uri=OJ : L : 2002 : 015 : 0024 : 0028 : EN : PDF <2009.9.13>)
Council of the European Union (2002), "Council Directive 2002/38/EC of 7 May 2002 amending and amending temporarily Directive 77/388/EEC as regards the value added tax arrangements applicable to radio and television broadcasting services and certain electronically supplied services." (http : //eur-lex.europa.eu/LexUriServ/LexUriServ.do?uri=OJ : L : 2002 : 128 :

0041 : 0044 : EN : PDF <2009.9.13>)
Council of the European Union (2006), "Council Directive 2006/112/EC of 28 November 2006 on the common system of value added tax."
(http ://eur-lex.europa.eu/LexUriServ/LexUriServ.do?uri=OJ : L : 2006 : 347 : 0001 : 0118 : EN : PDF <2009.9.13>)
Council of the European Union (2008), "Council Directive 2008/8/EC of 12 February 2008 amending Directive 2006/112/EC as regards the place of supply of services."
(http ://eur-lex.europa.eu/LexUriServ/LexUriServ.do?uri=OJ : L : 2008 : 044 : 0011 : 0022 : EN : PDF <2009.9.13>)
Crawford, I., M. Keen, and S. Smith (2008), "Value-Added Tax and Excises," Background paper for the Mirrlees Review, *Reforming the Tax System for the 21 st Century*, Final draft : 20 March, 2008 (Further revised : 23 July, 2008), The Institute for Fiscal Studies.
Keen, M. (2000), "VIVAT, CVAT and All That : New Forms of Value-added Tax for Federal Systems," *Canadian Tax Journal* 48, pp. 409-424.
Keen, M. and S. Smith (1996), "The Future of Value-Added in the European Union," *Economic Policy* 23, pp.373-411 and pp. 419-420.
Keen, M. and S. Smith (2000), "Viva VIVAT!," *International Tax and Public Finance* 7, pp. 741-751.
McLure, C. E., Jr. (2000), "Implementing Subnational Value Added Taxes on Internal Trade : The Compensating VAT (CVAT)," *International Tax and Public Finance* 7, pp. 723-740.
OECD (Organisation for Economic Cooperation and Development) (2008), *Consumption Tax Trends, 2008 Edition* : VAT/GST and Excise Rates, Trends and Administration Issues.
Poddar, S. N. (1990), "Options for a VAT at the State Level," chapter 9 in M. Gillis, C. S. Shoup, and G. P. Sicat (eds.), *Value Added Taxation in Developing Countries*, Washington, D. C. : World Bank, pp. 104-112.
Revenu Québec (2009), *General Information Concerning the QST and the GST/HST*, (http ://www.revenu.gouv.qo.ca/documents/en/publications/in/in-203-v(2009-08).pdf<2009.11.30>).
Sinn, H.-W. (2003), *The New Systems Competition*, Oxford : Blackwell Publishing.
Yokoyama, A. (2005), "Choosing Policy Makers in a Society," C. C. Aktan (ed.), *Economics in a Changing World Vol.3*, Izmir [Turkey], Yasar University, pp. 203-210.

第 7 章

観光税制の展開とエコツーリズム

1. はじめに

本章では，観光業に関連する様々な課税について，その理論的な分析を行うと共に，課税の現状を考察することで，グローバル化する観光業のもたらす地域経済の影響を検討する。

観光業は，地域の様々な観光資源——例えば自然や景観，文化財あるいはその他人工的なアトラクションなど——を要素投入する観光サービスの供給とそれに対する需要によって構成される産業である。観光資源が，個別の地域固有のものであって地域属性の高いものであるがゆえに，観光サービスは，現地消費や同時消費といった属性をもつ。それゆえ，多くの場合，地域の雇用や所得創出に直結し，時として地域の社会構造や環境に影響する。世界遺産や自然公園などで知られる代表的な観光資源は，世界の各地に散在し，都市や地方，あるいは先進国や途上国などで，個性的な観光地としての形成がなされている。とりわけ，近年では，工業化や特定の農業開発によって，地域ごとに経済格差が広がり，地方や途上国での経済社会の状態は相対的に疲弊する傾向が顕著になっている。こうした中で，所得移転を介した経済発展によって，経済格差を解消させる地域政策—観光発展政策—が注目を浴びている。特に途上国などで

は，こうした潜在的な観光資源の開発余力が十分にあり，観光開発を通じて成長が実現し，結果的に経済格差が解消する方途が期待されている。観光発展に期待される効果は，所得増や雇用増のみではない。世界全体の経済成長を上回る観光業の発展の下で，観光収入の増大は同時に各国や地域に安定的な税収をもたらす。税収の拡大を通じて政府の裁量は増大し，インフラ整備や公共投資への余力は拡大する。

しかし，このような観光開発は地域の観光資源を多く利用するために，その管理・運営が不適切に行われることによって，かえって地域発展の持続可能性を失わせ，地域へ悪影響を及ぼす可能性がある。筆者は，薮田・伊佐（2007）において，観光サービスの需要が生じる源泉である地域の観光資源が，自然環境や地域固有の文化などの地域資源から構成されていること，また，それらの地域資源は，基本的に誰でもがアクセスし利用でき（非排除性），しかも，その利用に関しては，誰かの利用が他の人の利用をしにくくする傾向（競合性）があることを示した。非排除性をもつものの競合性がある財は，一般に，「コモンプール財（common pool goods）」あるいは「コモンプール資源（common pool resources）」とよばれる。実は，このようなコモンプールがもつ独特な性質が，地域観光を実践していく場合に，様々な問題を引き起こす原因の1つになっていると考えることができる。結論からいえば，このような地域観光資源の過剰利用や不適切な管理は，いわゆるコモンプールの外部性をもたらす。これに加えて，これまで環境経済学が対象としてきた外部性問題——つまり，混雑現象や公害などのよる社会的費用の問題——がある。こうして，環境保全型の持続可能な観光発展にとって，2つの外部性問題が立ちはだかることになる。

本章では，このような問題に対峙するために必要とされる課税などのインセンティブ政策に加えて，とりわけ地域のステークホルダーが行うべき地域観光資源の適切な管理・運営の双方に焦点を当てて検討を行う。

一方での高い潜在的成長性と併せて，他方での市場の失敗をコントロールする施策，特に観光資源の過剰利用の抑制と観光資源の保全をめざす施策を同時に効果的に行う必要性があるという認識の下で，1992年の地球サミットにお

いて，持続可能な観光開発の形態であるエコツーリズムが標榜され，2002年に「地球エコツーリズム年」が企画され様々な催しが行われ，その後，例えば東アジア（モンゴルや中国など）でも様々なエコツーリズムの発展に向けた国際会議や取組みが行われている。基本的には，観光と地域の成長ならびに環境保全を通じた持続可能な発展のためには，成長政策と併せて地域の観光資源の適切な管理・運営が必要であること，また地域住民の参加や行政との協働による計画立案と政策遂行が望まれること，観光のもたらす利益の多くが地域に還元されること，観光客の教育と参加ならびに適切なマーケティングを含むこと，などが指摘された。施策としてこれらをまとめれば，市場の失敗をコントロールするためには，地域の管理・運営手法と併せて課税などの経済的インセンティブとの組み合わせ，同時に租税を原資とするインフラなどの整備が必要であるという点がエコツーリズム展開の鍵になる。

　本章では，以上の基本視点をベースに，コモンプールである地域観光資源の利用によって市場の失敗が生じるメカニズムを明らかにし，そのコントロールを行う方法とその機能ならびに有効性について論じる。2節では，観光発展に関して，コモンプールをベースにしたモデル分析を行う。3節では，動学的側面も踏まえて，特に，観光がもたらす2つの外部性に着目し，その管理・運営に関して必要な施策を併せて検討する。4節において，現実の観光関連税制の現状を概観し，5節では，観光税とエコツーリズムの発展に関する議論を整理し展望する。最後に，6節において本章の議論の梗概を与える。

2．エコツーリズムとコモンプール

　ここで考えられる問題は，観光関連税の観光サービスの供給，需要への影響ならびに租税帰着やディストーション，非効率性などの極めて技術的な分析課題とその支出政策の効果，公共財に関する資源配分問題などであり，これらの点は，環境保全の側面でも同様で，外部性をどのように評価するか，社会的費用を考慮した場合の収入や支出あるいは経済活動に及ぼす効果，あるいは消費者余剰への影響を含む厚生分析などが主たるものである。もちろん，温暖化を

ターゲットにして観光関連税制を導入するといった方向性も，主眼は観光サービスへの相対的影響である。

しかし，エコツーリズムとして観光を把握し，観光地域の持続可能な発展と自然環境保全の問題について，こうしたツールとしての観光関連税がどのように有効性をもちうるかを包括的に分析するためには，地域における観光資源の主体的な管理・運営の枠組みと観光関連税制を整合的に包括する分析が必要になる。地域の観光資源の多くは，先に言及したように非排除的かつ競合的なコモンプールとして理解することができる。つまり，地域観光資源を陽表的にコモンプールとして把握し，その管理・運営システムの一環として観光関連税を理解する必要があると思われる。伝統的な分析は，市場の分析に終始し，観光の「地域」性を必ずしも重視してこなかったといってよい。これまで多くの論者によって地域におけるコモンプール資源の適切な管理・運営に関する計画原理が論じられてきた（Ostrom（1990），Ostrom, et al.（1994）参照）。例えば，シュタインとエドワード（Steins & Edwards（1999））は，理論的な分析を与えているわけではないが，エコツーリズムの考え方のベースをコモンプールの管理・運営問題に帰着させている。また，ボッセルマン，ピーターソンとマッカーシー（Bosselman, Peterson & McCarthy（1999））も，地域における観光政策遂行に関してコモンプールアプローチの重要性を論じている。ブリアソリス（Briassoulis（2002））は，持続可能な観光開発について，コモンプール資源の管理形態としてのコモンズに着目した分析を行っている。ブリアソリスは，観光コモンズ（Tourism Commons）という用語を提案し，観光の背後にあるコモンプール財を，自然や文化などに限らず，交通や様々な団体などを含む広範な概念として把握し，これらの退化によってもたらされる経済，環境，社会正義ならびに顧客満足の衰退状況を「観光コモンズの悲劇」とよび，その発生因に関連する要素として，観光コモンズの規模や属性，資源や利用の多様性，フリーライドの状況，悲劇の累積性，即時的なインパクト，観光需要の変動性，資源所有の状況，意思決定と計画の枠組み，などを掲げており[1]，総じて，コモンプールアプローチからの分析の重要性を論じた点で評価できる。しかしながら，これを含む先

行研究の多くは，本節におけるような形での経済理論的な枠組みを与えているわけではない。

まず，なぜコモンプールで問題が生じるのかを考えよう。一口に地域観光資源といっても様々である。後にも触れるが，世界遺産の基本分類として自然遺産と文化遺産があるように，ここでも，性質の違う 2 種類の観光資産である自然環境と文化財を取り扱う。もちろん，その両者が織り成す景観など複合的要素が相まってはじめて魅力ある観光地として確立する場合もあるだろう。いわゆる自然や農村風景といったものが売りの観光地，仏教文化に関係する歴史的建造物などを中心とする観光地もある。以下では，このような資源を地域に固有の賦存資源と考え，その利用と影響について考える[2]。

ここでは，単純化のために，森林や河川など一定の観光価値をもった自然資源を N とし，n 人の観光業者（エージェント）はそれを利用して観光サービス y を供給すると考える。1 単位の観光サービスが利用する（したがって，自然環境を減耗させる）資源量の原単位を 1 と仮定すれば，観光サービスの生産関数ならびに自然資源の増減は，それぞれ

(1) $\quad y = F(n, N, C), \quad \partial y/\partial n > 0, \partial y/\partial N > 0, \partial^2 y/\partial n^2 < 0,$
$\quad\quad\quad\quad\quad\quad\quad\quad \partial^2 y/\partial n \partial N > 0, \partial y/\partial C > 0, \partial^2 y/\partial C^2 < 0$

(2) $\quad \dot{N} = H(N) - y$

で表される。(1)で，C は当該地域の文化財のストック水準を表している。また，ドットは変化を示しており，単位時間当たりの N の変化量を意味する。いうまでもなく，C に関しても収穫逓減が作用していること，また，文化財の維持に関しては，

---

1) さらに，無形資源と有形資源の関係を明示し，無形資源に関する観光コモンズの悲劇の取り扱いを検討すべきであり，現実のコモンズの属性，機能，問題，および管理などを実証すべきであるとする指摘は重要である。
2) なお，ここでのモデル分析の基本的な枠組みについては薮田（2004）ならびに Leach（2004）に依拠している。

(3) $\quad \dot{C} = -n\delta + I$

と表せうる。(3)において，δ はエージェント 1 単位当たりの文化財の減耗を示しており，I はそれを補塡するための投資を示している。持続可能な観光資源が維持される条件は，(2), (3)の右辺がともにゼロとなることである。以下では，議論を単純化するために，文化財の均衡条件 $(I = n\delta)$ が常に満たされると仮定する。これに関連して，一般性を失うことなく，$y = F(n, N, \delta n) \equiv f(n, N)$ と置換しておく[3]。(2)の $H(N)$ は自然資源に関する自身の再生能力を表す再生関数を表している。

地域観光資源がコモンプールであることを確認しておこう。観光サービスに関する地域利潤 π は，

(4) $\quad \pi = py - (1+t)wn - rI = pf(n, N) - ((1+t)w + r\delta)n$

である。これらの関係は，図7–1 によって視覚的に理解できる。ここで，w はエージェントの限界運営費用，r は文化財の限界補塡投資費用を示している。また，t は各エージェントにかかる税である。以下では，短期の（すなわち，N が所与の下で，文化財が維持されている条件下での）均衡条件は，(4)を n で微分することによって，

(5) $\quad \partial \pi / \partial n = p(\partial f / \partial n) - ((1+t)w + r\delta) = 0 \Leftrightarrow p(\partial f / \partial n) = (1+t)w + r\delta$

で求められる。これは，限界収入と限界費用の均等条件を示している。

図7–1 の点 A は，限界収入（pf 曲線の接線の勾配）が限界費用 $((1+t)w + r\delta)$ に一致している状態，すなわち，利潤最大の条件(5)を示している。問題は，点 A では，新たなエージェントが観光業に参入するインセンティブを排除できないという点にある。例えば図7–1 において，$n^0 - n^*$ のエージェントは観光業に参入しようとすることは容易にわかる。なぜならば，新たに参入する

---

3) ここで，$y = f(n, N)$ についても n, N に関する1階と2階の条件は満たされると考える。

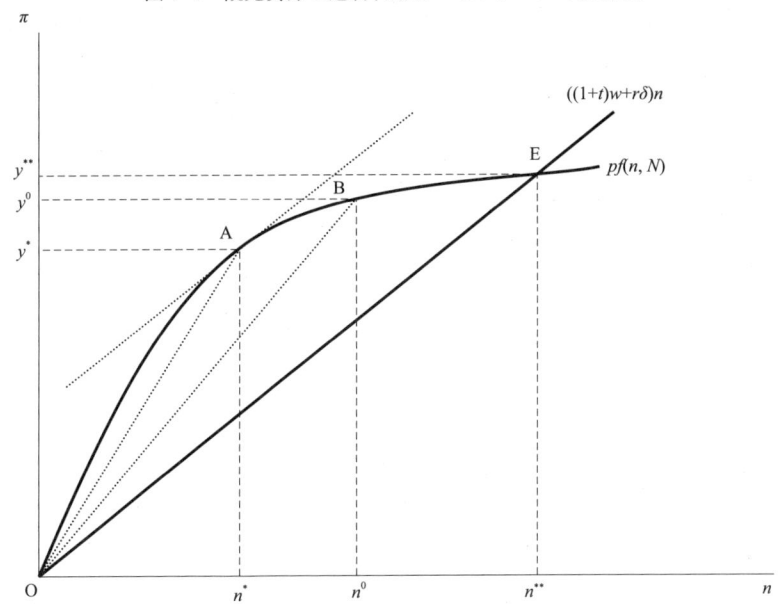

図 7-1 観光資源の過剰利用とコモンプールの外部性

エージェントは，収入と費用を差し引いた正の限界便益（y^0/n^0 と $(1+t)w+r\delta$ の差）を獲得できる．コモンプールのもつ非排除的な性質から，限界純便益が正である限りこうした新たなエージェントの参入が生じ，最終的には，図 7-1 の点 E まで参入は続くであろう[4]．

利潤を最大化させる点 A では，自然資源の利用水準は n^*，文化財の補塡投資は $n^*\delta$ と小さいのに対して，点 E では，それぞれ n^{**}，$n^{**}\delta$ といずれも高水準になる．コモンプールとしての地域観光資源は，このような意味で相対的に「過剰なエージェント」によって「過剰に利用」されることになり，そのことが様々な問題を引き起こすことになる．これが，いわゆるコモンプールの（負の）外部性（externality of the common pool resources）とよばれる現象に他ならな

---

[4] このことは，形式的に N 一定の下で，$\pi = \{pf/n - ((1+t)w+r\delta)\}n > 0$ であること，すなわち，右辺の｛ ｝内の第 1 項（平均収入）が第 2 項（限界費用）を上回ることを意味する．

い。

このようなコモンプール均衡では，(4)において，

$$(4)'\quad pf(n,N) - ((1+t)w + r\delta)n = 0 \Leftrightarrow \frac{pf(n,N)}{n} = (1+t)w + r\delta$$

となりゼロ利潤が成立する。

　自然環境や文化財などの保全や利用に関して，地域の人々がどのように考えるかに依存して，その管理と運営の状況が決定されることになるが，いずれにしても，適切な姿勢がなければ，地域の観光資源は過剰に利用されることになる。次に考えるべきことは，このような課題に対して，地域がどのような管理，運営の仕組みをもとうとするかである。

3. エコツーリズムのモデル分析

　幾分やっかいな問題は，図7-1で描かれた2つの短期均衡（点Aと点E）が実現されたとして，(2)で示される自然資源の持続可能性が保証されるか否かである。自然環境のストックが一定となるためには，(2)より

$$(6)\quad (n',N') = \{(n,N)|H(N) = f(n,N)\}$$

を満たさなければならない。(6)が満たされれば，自然環境の水準は一定となり定常状態（stationary state）が実現する。右辺を全微分すれば，定常状態をもたらす (n',N') の軌跡（SS）について，

$$(7)\quad H'dN = \frac{\partial f}{\partial n}dn + \frac{\partial f}{\partial N}dN \Rightarrow \frac{dN}{dn}|_{SS} = \frac{\partial f/\partial n}{H' - \partial f/\partial n}$$

を得る。森林や河川などの資源がどのような再生可能性をもっているかについては，様々な状況が想定できる。ストック均衡の存在ならびに均衡での安定条件を仮定すれば，(7)の第2式の右辺分母の符号は負であると考えられる[5]。この場合には，SSは，図7-2にあるように，右下がりの曲線として描くこと

---

5) ストックの安定性の条件は，(2)を N で微分したものが負値を取ることである。これが，(7)の右辺分母に一致することは明らかである。

ができる。これに対して，(5)で示される利潤最大を満たす均衡，ならびに(4)′のコモンプール均衡を満たす (n, N) の軌跡を，それぞれ，PP および NN とすれば，

(8) $\quad \dfrac{dN}{dn}|_{PP} = \dfrac{-\partial^2 f/\partial n_2}{\partial^2 f/\partial n \partial N} > 0$

(9) $\quad \dfrac{dN}{dn}|_{NN} = \dfrac{((1+t)w+r\delta)-p\partial f/\partial n}{p\partial f/\partial N} > 0$

となることがわかる。これに関して，図7-2で示されているように，同一のストック水準 N に対して，常に $n^* < n^{**}$ であることを考慮すれば，PP と NN の軌跡は，NN が PP に比して右方に位置する曲線として描かれることがわかる。

図7-2には，これら SS, PP, NN の3つの曲線を一緒に描いている。SS 曲線より右上方にある場合，例えば，点 E^0 の場合には点 E へ向けて，あるいは点 A^0 に初期状態がある場合には点 A へ向けたストックと利用水準の調整が行われる。いずれにしても，ストック調整後の定常状態における均衡についても，コモンプール均衡のケースで，より多くの資源利用者とより低い均衡資源ストック水準がもたらされていることが理解できる。定常状態は，このケースでは，ストック水準が維持されるという意味で，そのまま持続可能な資源利用を保証している。しかし，ここでの持続可能性は，(6)において想定したように，明らかに再生可能関数の形状に依存している。場合によっては，ストックは一層減少しさらなる縮小過程が持続し，観光業ならびに地域の発展は持続不可能になる[6]。

次に，地域の持続可能な観光開発が目指すべき目標は何かという点を考えよう。地域の観光資源を活用し生産活動を行う主体の最適化は(4)で示された。

---

6) これについては，生産関数 f に関して稲田条件（すなわち，$N \to 0$ のとき $\partial f/\partial N' \to \infty$）が満たされることが1つの十分条件である。これは，N が小さいとき，N の増大につれて資源利用量の限界的増分が，限界的な再生能力を上回る状況を意味する。

図7-2 自然環境の保全と持続可能性

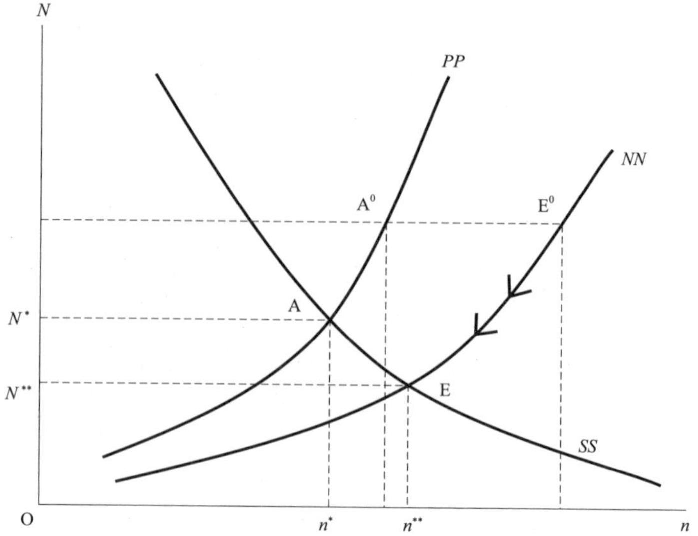

しかし，地域には，地域で暮らす人々がいる。観光業を中心とした企業の目指すべき目標は，その利潤最大化にあることはいうまでもないが，それが，地域社会全体の厚生の最大化を必ずしも意味しない。地域のステークホルダーである住民とNPOなどの団体，企業，政府とその関連組織などが基本的に地域の主体を構成するが，それらの目指すべき目標は互いに一致するとは限らない[7]。いわゆる観光開発を軸に地域の活性化を目指そうとする地域は多い。地域の自然環境や文化財がコモンプールであるとすれば，持続可能でかつ地域を最も幸せにする適切な管理・運営水準はどのようなものであろうか。地域の観光資源を利用して観光サービスを供給することで，雇用や所得増が生じる反面，コモンプールの管理・運営にかかわる費用や，混雑や環境問題など観光のもたらす外部費用の負担が発生する。これらを総合的に考慮した場合の地域社会の厚生関数 W は，

[7) 地域のステークホルダー間の利害調整問題については，ここでは立ち入らない。企業を含めた利害調整の結果，ここでは，共通の目的関数が設定されたことを前提に議論を進めている。

$$
\begin{aligned}
(10)\quad W &= \pi - sy - \varepsilon N = (p-s)f(n.N) - ((1+t)w + r\delta)n - \varepsilon N \\
&= W(n,N)
\end{aligned}
$$

で表しうるであろう。(10)の右辺第 1 項は，限界社会的費用 s を考慮した場合の観光収入，第 2 項はコモンプール財の利用費用と文化財の減耗分の補塡費用，第 3 項は，自然資源の管理・運営に費やされる費用（その限界費用は ε）をそれぞれ意味している[8]。ここで，SS 曲線上では $p\partial f/\partial n - ((1+t)w + r\delta) = 0$ が成り立っていること，また，NN 曲線上では，$p\partial f/\partial n - ((1+t)w + r\delta) < 0$ となっていることから，W 曲線は正の勾配をもって両曲線を横切ることがわかる。さらに，

$$
(11)\quad (p-s)\partial f/\partial n - ((1+t)w + r\delta) = 0
$$

を満たす曲線を WW とすれば，W 曲線は，WW 曲線の右側で正，左側では負の勾配をもつことがわかる。

　すでに説明したように，地域の観光資源に関して持続可能性（定常状態）を実現するためには，SS 曲線を制約として，地域社会の厚生関数 W を最大化する必要がある。形式的には，

$$
(12)\quad W = W(n,N) \to \max, \ subject\ to\ H(N) = f(n,N)
$$

であり，この問題を解けば，1 階の条件として

$$
(13)\quad \frac{dN}{dn}\Big|_W = -\frac{\partial W/\partial n}{\partial W/\partial N} = \frac{\partial f/\partial n}{H' - \partial f/\partial N} = \frac{dN}{dn}\Big|_{SS}
$$

を得る。(13)は，均衡点が，図 7-3 で示されているように，W 曲線と SS 曲線が接する点 G であることを意味する。このケースでは，W を最大化させるのは，先のコモンプール均衡点 E でも，利潤を最大化させる均衡点 A でもなく，

---

8)　(10)については，限界社会的費用 s や自然環境の管理・運営の限界費用 ε は，一定であると仮定し，さらに，両者が十分に小さく，$\partial W/\partial N = (p-s)\partial f/\partial N - \varepsilon > 0$ が満たされていることを仮定している。

図 7-3 地域の厚生水準最大化

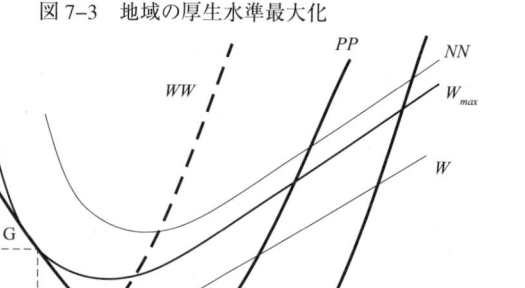

それらよりもより左上方に位置する点 G においてである。図 7-3 が示すように、持続可能性（定常状態）の下で、地域社会の厚生を最大化させるという意味で社会的最適な均衡点 $G = (n^G, N^G)$ が実現されるべきである。このように地域の厚生を最大化させる持続可能な均衡は、エコツーリズム均衡（ecotourism equilibrium）とよばれる[9]。

以上のことは、次の様な重要なインプリケーションをもっている。つまり、持続可能を保証しながら、同時に観光サービスに関して地域厚生を最大化させるためには、コモンプールの定常均衡よりも、また通常の観光サービス業の利潤を最大化させる定常均衡点よりも、利用資源量をより抑制気味に、また地域

---

9) ところで、以上の議論の帰結が、(12) のように問題を近視眼的に設定していたことに依存しないことは容易に理解できる。例えば、
$$PW \equiv \int_{t=0}^{\infty} W(n,N) e^{-\rho t} dt \to \max, \ subject\ to\ H(N) = f(n,N)$$
と定式化した場合には、$\rho \to 0$ のときには、上述の議論がそのまま当てはまり、$\rho \to \infty$ のときには、SS 曲線上で WW 曲線の勾配がゼロとなる点 G^* が定常均衡になることを意味している。つまり、一定の割引率の下で、地域が将来の地域厚生の割引現在価値を最大化する場合、図の G から G^* の間で定常均衡が実現されるようにコモンプールの利用水準をコントロールする必要がある。

観光資源ストック量をより大きく保つようにコントロールする必要があるという点である。エコツーリズム均衡の実現のためには、（当該モデルの場合はエージェントへの課税を含めて）より厳格な地域観光資源の管理・運営が求められるといってよい。

前節で論じたように、持続可能でかつ地域の厚生を最大化する観光サービス供給水準は、図7-3に関する限り、$y = f(n^G, N^G)$になる。しかし、市場でこの水準に等しい需要が存在するとは限らない。観光需要をどのように考えればよいのであろうか。ここでは、最も単純な形で消費者の行動を

(14) $\quad U = U(x, x_{-1}) = x^\theta x_{-1}^\sigma \to \max$, subject to $M = (1+\tau)px + x_{-1}$

と定式化しよう。(14)では、対象地域の観光需要をx、それ以外の観光需要をx_{-1}で表し、Mを消費者が観光に振り分けることのできる所得額、また、対象地域での観光サービス価格をp、それ以外の観光サービスの価格を1と基準化している。さらに、τは観光サービス課税を示す。この問題をxについて解けば、

(15) $\quad x = \dfrac{M}{(1+\tau)p(1+\sigma/\theta)} = x(p, \theta; \tau, M, \sigma), \dfrac{\partial x}{\partial p} \equiv x_p < 0, \dfrac{\partial x}{\partial \theta} \equiv x_\theta > 0, \dfrac{\partial x}{\partial \tau} \equiv x_\tau < 0$

を得る[10]。

---

10) ここで、(15)右辺分母のσ/θは、比較される地域間の相対的魅力度を表すと解釈できる。実際、$\theta \to 0$のとき$x \to 0$、$\theta \to \infty$のとき$x \to M/p$となる。また、需要の価格弾力性は1に等しい。問題は、当該観光地の相対的魅力が、何によって決められているかという点である。これに関しては、様々な要因が考えられる。地域固有の自然環境や文化財、雰囲気やホスピタリティ、あるいは大消費地からの距離やアクセサビリティなどが主たる要因としてあげられる。観光経済学の標準的な文献では、旅行需要への影響要因として、出発地要因、目的地要因に加えて、両者のリンク要因が取り上げられることが多いが、地域の魅力である観光地の質や量は、目的地要因に分類されるであろう。ここでは、自然環境や文化財など地域固有の観光資源が魅力を醸し出すと考えている。したがって、その変動があれば魅力度に影響を与えるであろうが、実際には、魅力度を伝える情報を発信するメディアや口コミなどの媒体が硬直的であること（イメージの固定化など）が多いので、観光需要の影響はむしろ価格などの要因が大きいと考えられる。例えば、バル（A. Bull（1995））やバンフーブ（N. Vanhove（2005））などは代表例である。

以上の準備の下に、地域の観光サービス市場がどのように調整され、それが地域観光資源とその利用にどのような影響を及ぼすかを検討する。この問題を考える場合には、地域が観光サービス供給に際して、地域観光資源をどのように管理・運営しているかという、その行動様式を想定しなければならない。実際、例えば図7-3で示したように、たとえ地域の持続可能性が保証されたとしても、均衡点の選択肢は、点Gから点Eに至るまで様々である。こうした地域の管理・運営システムが、市場の調整にどのような影響を及ぼすかを明示的にみるために、以下では、地域の観光資源ストックに関して持続可能性条件が保証される状態（したがって、$H(N)-f(n,N)=0$）を仮定しよう。他方、地域の観光市場の価格調整メカニズムについては、ワルラス調整タイプの

(16) $\quad \dot{p} = \alpha[x(p, \theta; \tau, M, \sigma) - f(n,N)], \alpha > 0$

を想定しよう。

ところで、地域の観光資源をめぐる管理・運営の代表的なパターンとしては、コモンプール均衡(4)′、利潤最大化均衡(5)、ならびにエコツーリズム均衡(12)があった[11]。それぞれをまとめて書けば、

(17) $\begin{cases} コモンプール均衡 \quad pf(n,N) - ((1+t)w + r\delta)n = 0 \\ 利潤最大化均衡 \quad p\partial f(n,N)/\partial n - ((1+t)w + r\delta)n = 0 \\ エコツーリズム均衡 \quad (p-s)\partial f(n,N)/\partial n - ((1+t)w + r\delta) = 0 \end{cases}$

である。(17)の各式は、それぞれ観光サービスの供給関数 $n = n(p), n' > 0$ を与えるが、その形状と位置は異なっている。いずれも、持続可能性条件と(16)ならびに、(17)の式を組み合わせることで (p, n, N) を3変数とする体系を構成する事ができる[12]。

ここでは、エコツーリズム均衡が実現される市場に限定して、需要や供給を

---

11) ここでのエコツーリズム均衡は、地域が(12)で示されるような長期視野をもった計画を立て、したがって、均衡点は(17)で与えられていると考えている。
12) いずれの場合も、市場の短期安定条件が満たされることは容易にわかる。

変化させる様々な外生的要因の影響を検討しよう。先述した，持続可能性条件と需給均衡式，ならびにエコツーリズム均衡条件の3つの式に関して，全微分を行えば

$$(18) \quad \begin{bmatrix} H' - \partial f/\partial N & -\partial f/\partial n & 0 \\ -\partial f/\partial N & -\partial f/\partial n & x_p \\ (p-s)\partial^2 f/\partial n \partial N & (p-s)\partial^2 f/f \partial n^2 & \partial f/\partial n \end{bmatrix} \begin{bmatrix} dN \\ dn \\ dp \end{bmatrix} = \begin{bmatrix} 0 \\ -x_\theta d\theta - \chi_\tau d\tau \\ (\partial f/\partial n)ds + rd\delta + wdt \end{bmatrix}$$

が成り立つ[13]。これより，各パラメータの観光資源ストック，参入エージェント数，ならびにサービス価格への影響は，

$$(19) \quad \begin{cases} dN/d\theta < 0, dn/d\theta > 0, dp/d\theta > 0 \\ dN/ds > 0, dn/ds < 0, dp/ds < 0 \\ dN/d\delta > 0, dn/d\delta < 0, dp/d\delta < 0 \\ dN/d\tau > 0, dn/d\tau < 0, dp/d\tau < 0 \\ dN/dt > 0, dn/dt < 0, dp/dt < 0 \end{cases}$$

となる。(19)は，地域が持続可能性を維持しながら観光の社会的費用などを考慮した地域厚生水準の最大化を図るように，地域観光資源を適切に管理・運営する場合，観光需要の一時的増大に直面した場合には，均衡の観光エージェント数の増加と観光サービス価格の上昇に直面すると同時に，地域観光資源ストックの減少を余儀なくされることを意味している。それとは逆に，地域観光から生じる限界社会的費用 s が上昇する場合は，観光サービス価格の低下と観光エージェント数の減少とともに，観光資源ストックの増大を図る必要がある。また，何らかの理由で地域の文化財の減耗 δ が増大する場合も，同様の変化が必要になる。また，エージェント課税や観光サービスへの課税は，ともに，参加エージェント数を減少させサービス価格を引き下げる効果の半面，地

---

13) (18)の係数行列式については，需要の価格弾力性が1であることを考慮すれば，正値をとる蓋然性が大きい。たとえば，単純化のために $f(n,N) = n^a N^{1-a}, a > 0$ のようなコブダグラス型の関数を想定すれば，係数行列式が正値を取ることは容易に確かめられる。

域観光資源の保全に資することがわかる。注意を要するのは，観光サービス市場で需給バランスを考える限り，課税は需要曲線や供給曲線の下方シフトを通じて，価格をむしろ低下させる効果をもつという点である。

以上の議論をまとめれば次のようになる。理論的な分析からは，少なくとも，地域観光資源をコモンプールとして把握する必要があること，その場合に，環境や文化の保全にとって持続可能な観光開発については，適切なエージェントの管理（いわゆる Ostrom の利用・調達ルールと地域条件の調和＝藪田 (2004)）が不可欠であること，さらに，そうした管理・運営過程を補完する手段として税などの手段が有効であること，などが確認できる。次節では，このような基本的な認識に立って，主として観光関連税制がどのように展開されているかを概観しよう。

4. 観光と税制——概観

4-1 観光と観光関連税

最初に一般の税制と観光関連税について概観しよう。税の機能と役割については，標準的な文献において，「簡素，中立，公平」の租税原則を図りながら，所得の再配分や公共財の供給ならびに反景気循環への機能を果たすことが述べられている。これらの，いわゆる資源配分機能，所得再配分機能ならびに経済安定化機能とインセンティブ規制機能などは，基本的に，市場経済の失敗に対峙する機能である（片桐他 (2007)）。さらには，近年の環境問題の深刻化——特に地球温暖化——をめぐって，租税原則に明確に「環境」を付加すべきであるとする主張もある（横山 (2009)）。

以上の動向について，地域ないし国が観光による発展を模索する場合を考えてみよう。観光サービスの供給面の整備のために，とりわけ交通インフラを整備するなど公共投資が必要となる。観光は所得移転という点では，輸出と同様の機能をもつ。したがって，都市部から地域への，あるいは豊かな国から貧しい国への所得移転を促すために観光開発を行う措置も必要になる。また，乱開発などを阻止したり，あるいは地球温暖化の観点からも「環境」配慮的な税に

よって外部性を内部化するインセンティブ機能を課す必要もある。つまり，観光発展に関しても，その必要とされる租税機能と租税原則は，一般の場合と代わりはない。ところで，観光関連税は，WTO（1998）によれば，観光客に対して直接に課せられる税，もしくは，その費用の一部になるような観光関連業者に課せられる税である。課税する政府のレベルも，場合によっては中央政府の他に，地域や地方政府が行うケースもある。こうした観光関連税の根拠としては，

(ⅰ) 潜在的に大きな収入が見込まれ，先進国では税収の10％程度，ある特定の小さい観光経済では100％近い収入がある点，

(ⅱ) 特に観光が重要な産業であるような国にとっては，租税輸出が可能であって，税のディストーションが比較的小さい点，

(ⅲ) 観光客によって消費される公共財や公共的サービスに対して価格代替機能を果たす点，さらに，

(ⅳ) 環境に対する課税や価格設定によって市場の失敗が調整されうる点，

などがあげられる[14]。

観光発展に関する国際機関であるWTO（World Tourism Organization）が主張する観光と税のあり方に関する議論でも，観光関連税が，地域や国に対して重要な経済的便益を与えうること，また，観光関連税にあっても，先述の「簡素，中立，公平」さが保たれるべきであることを示唆している。しかし，実際には，不適切な課税を通じて不公平さが残り，競争が阻害される状況があるという。それを回避するためには，観光税の導入にあたって，①税制の導入や決定プロセスに対する民間企業の参加，②公平性，徴税費用，経済や雇用への影響，競争阻害，などの側面からの税スキームの分析，③観光客による消費への課税，④観光部門の成長を促し雇用を促進するためのインセンティブ付与の税スキー

---

14) こうした認識は，WTO（1998-b）やMak（2004）あるいはGago et.al（2008）などで共通である。なお，GagoらはCGEモデルを用いて，スペインを対象にホテル税やVATの引き上げがもたらす効果を分析している。両者に実際上の差異が少ないことから，よりディストーションの少ないVATの引き上げを政策提言している。

ム，⑤観光部門と国内他産業とのバランスある課税，⑥特定の観光プロジェクト，マーケティング促進の考慮，⑦税の観光価格や規模への影響に関するモニター，などが必要であるとの主張がなされている[15]。

今次のスランプは別として，これまでの急速な世界経済の成長とともに観光業もそれ自体，GDP成長を上回る率で成長を遂げてきた（図7-4参照）。2020年には160億人が長距離の旅行を楽しむと推計されている。また，表7-1にあるように，アフリカや東アジアおよび大洋州ならびに中東や南アジアへの比重が高まっていくことも看取できる。これは，先進国から途上国へと旅行やビジネスの比重が高まっていくことを意味していると思われる。

このような比較的安定した観光サービスの成長の中で，かかる観光課税についても，その課税対象の拡大と新税の導入が積極的に行われてきた。しかし，観光関連の税スキームが国際的な偏差を生み出したのも事実である[16]。また，差別的で不公平な産業に対する課税は，時として他産業や他地域との競争関係に悪影響を及ぼし，観光価格の上昇を通じて観光需要を減退させ，結果的に当該地域での観光収入を減じる結果をもたらす場合もありえる。特に，観光サービスに対する需要の価格弾力性は高いことが知られており，そのため，課税のもたらす影響は大きいと考えられる。消費者や観光客を問わず地域あるいは国内で共通に課せられる税に消費税（付加価値税）がある。EUにおけるVATが好例であるが，その税率は国ごとに大きく異なっている。表7-2にあるように，VATの標準税率に対していくつかの観光サービス課税が同一である国はむしろ少ないように思われる[17]。

こうした国や地域別の観光課税は，観光サービスの競争力に影響を及ぼし，

---

15) WTO（1998 a，1998 b，2002）を参照。
16) 実際，OECD（1991）では，OECD内各国間の国際観光に対する障害になっているとして，海外からの旅行客に対する課税などへのガイドラインを示している。例えば，特定の目的がない限りは旅行客の到着や出発にかかる税などは課すべきではないとしている。
17) Jensen and Wanhill（2002）は，デンマークのケースを事例として（表7-2にあるようにすべてが25％と高率の国である），ホテル税などの50％カットによって，租税中立性のもとで当該部門からの観光収入が5.4％増大することを示している。

多くの場合効率性を失わせる結果となっている。税率の大きな差異，拡大する観光課税ベースなどは，観光サービスの財の特性と相まって，様々なゆがみを生み出し効率性を失わせている。先のEUの事例でも容易に理解できるが，EU内で観光関連税の均一水準化を計るべきであるとの産業界の主張がWTOによって支持されている点は理解できる（WTO（1998 b））。

他方，すこし古いが1998年にWTTC（world Travel & Tourism Council）が公刊したレポートによれば，観光全体で4.4兆ドルの所得，総GDPの11.6%，総投資額の11.8%，2億3千万人の雇用を生み出し，消費支出の10.5%，政府支出の6.8%を占めているという。また，観光産業が間接税収入の10.6%を占め，間接税，直接税全体で8000億ドルに達すると推計している（1998年。また，OECD各国ではそれぞれ9–24%程度貢献していることを意味している）[18]。

以上のような観光関連税制のもつ現行の課題は，簡潔にまとめれば，課税による需要の減退，地域間格差による競争条件の歪み，ならびにその非効率性で

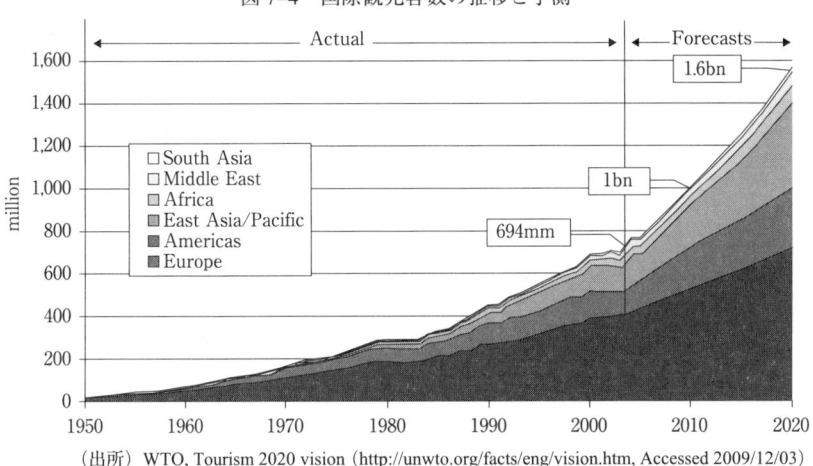

図7-4 国際観光客数の推移と予測

(出所) WTO, Tourism 2020 vision (http://unwto.org/facts/eng/vision.htm, Accessed 2009/12/03)

---

18) 世界全体の観光関連税の動向を研究する機関としてWorld Travel & Tourism Tax Policy Centerがある。これは，1993年以来WTTCとミシガン州立大学が共同で運営し，観光関連の税制度に関する研究を行ってきた組織である（ただし現時点で休止中（http://www.traveltax.msu.edu/ ; Accessed 2009/09/22を参照））。

表 7-1　国際観光客数の地域別内訳と予測

	Base Year 1995	Forecasts 2010	Forecasts 2020	Market share (%) 1995	Market share (%) 2020	Average annual growth rate (%) 1995-2020
	(100万人)	(100万人)	(100万人)			
World	565	1006	1561	100	100	4.1
Africa	20	47	77	3.6	5.0	5.5
Americas	110	190	282	19.3	18.1	3.8
East Asia and the Pacific	81	195	397	14.4	25.4	6.5
Europe	336	527	717	59.8	45.9	3.1
Middle East	14	36	69	2.2	4.4	6.7
south Asia	4	11	19	0.7	1.2	6.2

(出所)　図 7-4 に同じ。

表 7-2　EU における観光サービス課税と VAT

(%)

国名	標準	宿泊	食事	カーレンタル	入場(公園)
Austria	20	10	10	10	10
Belgium	21	6	21	21	6
Denmark	25	25	25	25	25
Finland	22	6	22	22	6
France	19,6	5.5	19.6	5.5	0
Germany	16	16	16	16	16
Greece	19	9	9	18	9
Ireland	21	13.5	13.5	免税	免税
Italy	20	10	10	19	19
Luxembourg	15	3	3	15	3
Netherlands	19	6	6	17.5	17.5
Portugal	21	5	12	5	5
Spain	16	7	7	16	16
Sweden	25	12	25	25	25
UK	17.5	17.5	17.5	17.5	17.5

(注)　Portugal の「食事」の項は 2008 年より 20%。
(出所)　Jensen and Wanhill (2002), Gago et al. (2008) により作成。

ある。実際，需要の価格弾力性が大きい場合，税を課すことによる価格上昇がかえって税収入や観光収入を減少させる場合がありえる。ただし，このような場合でも，地域やそれを包括する領域における観光開発を考える場合，次の点に注意を要することはいうまでもない。つまり，地域における観光資源利用の適切な管理・運営のもとで，課税がその補完手段として，先の理論分析の意味で，エージェントのコントロールを行う必要がありえる。特に，環境保全や文化の維持に対しては，時として制限的なインセンティブ規制が加えられる必要がある。

4-2 観光関連税の諸相

ところで，観光税について，先に言及した直接の課税負担者による区分をみておこう。表7-3は，WTO（1998 b）による分類を簡略化したものである。観光産業別に観光収入の内訳は，概ね，宿泊28%，食事18%，小売販売30%，地方交通13%ならびにアトラクション（余興）が10%となっており，これらに課せられる税はいずれも重要な役割を演じることがわかる。表7-3に関連するA，Bの部分については，国，地域別に様々な名称が付されている。

他方，航空業に限っていえば，200カ国以上をカバーしたIATAの調査がある。2002年の調査によれば，航空運輸に関する税の細部は，表7-4である（表は2002年のみ掲載）。税の総数は，1989年には620であったが，1997年には1371へ，さらにまた，1720へと大きく増加している。とりわけチケット税の増加が著しく，1989年に125であったものが2002年には513まで増加している。IATAはこうした課税の拡大について，費用増加による直接的な航空運賃値上げと徴税費用の二次的な費用増大効果による2つのネガティブ効果を示している。

観光関連税は，表7-3で掲げられたように様々であり，その税率はもとより課税対象の範囲については，国・地域ごとに大きく状況は異なっている。税率や対象の範囲について，WTO（1998 a）で紹介されたアジアのいくつかの国の中でも，最も特徴的なパキスタンの事例をまとめたものが表7-5である。

表 7-3 観光関連税の分類と影響

税のタイプ			中立性	公平性	競争関連	経済的影響
観光客対象	A1	入国,出国税	多くの制約があり中立性を欠く	高税率は中所得者に対して大きく影響	需要に対して大きく影響	減税ないし免税は観光需要を増大
	A2	停泊税	低税率の故にほぼ中立的	中所得者に対して影響	需要に対して大きく影響	通常,問題は小さい
	A3	観光関連消費税(ホテル税,その他)	中立性を欠く可能性がある	支出に応じて課税されるため概ね公平性は失われる	競争環境に影響	観光地での競争力に影響
	A4	環境税			環境配慮に対して魅力を感じる観光客がいるとしても概して観光業に対して悪影響を与える	
観光業者対象	B1	燃料税(航空燃料税など)	中立性を欠く可能性がある		航空運輸業者はより安価なエネルギーを模索	
	B2	観光関連財の輸入関税	中立性を欠く		競争環境に影響	免税は新たな投資をもたらす
	B3	ホテルなどへの財産課税	中立性を欠く		競争環境に影響	観光地での競争力に影響
	B4	観光関連の法人税	中立性を欠く		競争環境に影響	

(出所) WTO (1998 b) により筆者再構成。

パキスタンへの観光客は,アメリカ,英国ならびに欧州に加えて近年では東南アジア諸国からの来訪者が増加している。海外からの観光客は,1992年の35万人から2006年の89万人へ,また,観光収入は,それぞれ1.2億ドルから2.6億ドルへと倍増している[19]。ただし,観光収入のGNPや輸出に占める割合は,それぞれ0.2%,1.3%と比較的小さく,紛争などの影響が看取できる。全体として70年代以降税が広がりをみせ始め,観光関連税についても,連邦,

---

19) WTO (1998 a) ならびに Pakistan Tourism Facts & Figures 2006 による。

表7-4 航空関連税

タイプ（コード）	内容	数量
空港税	チケットのセールスと関係のない空港等で直接旅客が支払う税	
AT 1	国際旅客	63
AT 2	国内旅客	25
AT 3	到着時の旅客	1
フライト・カーゴ税	空港での貨物サービスコストに関連する課税	
FC 1	国際輸送の発送人	8
FC 2	国際連送の荷受人	5
FC 3	国際輸送の航空会社	38
FC 4	国内輸送の発送人	3
FC 5	国内輸送の荷受人	1
FC 6	国内輸送の航空会社	8
旅客税	空港での旅客サービスコストに関連する課金	
PC 1	国際線で出発する旅客	261
PC 2	国際線の航空会社	74
PC 3	国内線で出発する旅客	189
PC 4	国内線の航空会社	26
PC 5	国際線で到着した旅客	57
PC 6	国内線で到着した旅客	55
PC 7	税関，入国審査サービスの供給のために旅客に賦課	8
PC 8	税関，入国審査サービスの供給のために航空会社に賦課	11
PC 9	アメリカの旅客施設チャージに関連して旅客に賦課	335
印紙税	チケット，搭乗券等に税支払い済証として添付押印されるスタンプへの課税	
ST 1	国際旅客	10
ST 2	国内旅客	5
チケット税	チケット販売時などに課せられる税	
TT 1	国際旅客	240
TT 2	国内旅客	273
航空貨物税	航空貨物料金に課せられる税	
WT 1	国際貨物	3
WT 2	国内貨物	8
その他		
MT 1	その他	13
総計		1720

（出所）IATA List of Ticket and Airport Taxes and Fees（12-Mar-2002）．
　　（http://wwwiata.org/NR/rdonlyres/ADA 886 D 9-A 23 F-4878-965 C-8 DBDCACDAEBF/37401/ SamplTaxlist.pdf ; Accessed 2009/09/22）

州，市および地方税など，地域レベルの税が複合的に課せられている。ホテル業は常に観光関連とは限らないが，表7-5のうち特に観光関連の税・手数料は影が付してあるものである。多様な税とその複雑さから，観光関連業界からは，その簡素化および軽減が要求されているという。

最後に，先に紹介したWTTCのTax-Barometerについて言及しておこう。2002年末に公表されたTax-Barometerは，標準化された4泊5日の旅行について52観光地の現実の課税コストを数量化し比較するものである。具体的には，カーレンタル，宿泊，食事や空港などで課せられる税を個別にまたは総合的に判定したものである。これらを税率で考えれば，表7-6のような状況にある。観光関連税の税率は東京において比較的低いこと，高率の都市につい

表7-5　パキスタンにおけるホテル関連税

連邦税および手数料	税率	州税および手数料	税率	市税，地方税	税率
所得・法人税	32%（指定）他は43%	ベッド税	部屋代の8%（パンジャブ），地域によって異なる	市税	Rs.200（パンジャブ）など
資産税	指定業者は免税	州関税	5%（パンジャブ）イスラマバード（0%）など	ネオンサイン税	Rs.600-1500など
関税	10%	州印紙税	5%（パンジャブ：部屋代，飲食費，電話，洗濯および結婚など）	財産税	Rs.5.50／平方ftなど
ホテル売上税	12.50%	メニュー税	12.50%	市ホテル免許税	
連邦物品税	12.50%	娯楽免許税	イスラマバードを除くRs.10000-20000		
婚姻行事税	20%	教育税	Rs.100／年労働者		
ホテル免許税	Rs.250／年部屋	洗濯税	Rs.2000（パンジャブ）など		
TV免許税	Rs.125／年TV	パン税	Rs.120（シンディー）など		
アンテナライセンス	Rs.3000／年アンテナ	酒免許税	Rs.500（シンディー）など		
無線ライセンス	Rs.5000／年	飲酒店深夜営業税	Rs.2500（シンディー）など		
ラジオライセンス	Rs.400／年	許可部屋手数料	Rs.25000（パンジャブ）など		
外国為替手数料	Rs.10000／回				

（出所）WTO（1998a）により作成。

表7-6 WTTC-Tax Barometer（上位5都市と東京）

		カーレンタル	税率%	宿泊	税率%	食事	税率%	空港	税率%
上位5位		ウイーン	33.2	コペンハーゲン	20	コペンハーゲン	20	マイアミ	7.66
		ブラッセル	32.9	ブエノスアイレス	17.35	ストックホルム	20	ロスアンゼルス	6,95
		ロンドン	30.08	ニューデリー	16.67	ムンバイ	19.03	サンフランシスコ	5.19
		アムステルダム	29.16	イスラマバード	15.25	ヘルシンキ	18.03	シカゴ	5.16
		コペンハーゲン	28.82	ナイロビ	15.25	ブラッセル	17.35	ホノルル	5.08
東京			4.76		10.71		4.76		1.08
下位2位		シンガポール	4.38	香港	2.91	ホノルル	4	バルセロナ	0.57
		北京・香港	0	北京	0.25	北京・香港	0	ブエノスアイレス	0.53

（出所）WTTC（2002）により作成。

て，その税率は比較的偏差がなく，むしろ観光サービスごとの税率がそれぞれ5-33%の範囲で大きく偏差がある点が看取できる。

5. 環境保全と観光税制

以上，観光関連税の現況と動向を観察したが，最後に本章の主題である環境から見た観光課税をみておこう。先の表7-3で示したように，環境関連の税については，新たな分野としての記述がほとんどない。しかし，デンマークではすでに300に上る環境関連税が課せられており，ドイツでも容器包装の処理に関する税は，レストランやホテルにも当然適用されており，フランスで1993年に導入された騒音税は，航空機の各着陸に対して課せられ，近隣住民の防音に活用されている。1995年には，鉄道への代替を促すために，ノルウエーにおけるオスロおよび地方空港に対して特別税が課せられた。他に同様の交通手段の代替を目的としたEUのエネルギー課税（航空券への課税による'グリーン税'化）や，あるいは，南アフリカの地域の下水処理システム構築のために，ホテルなどの宿泊客によって支払われるトイレ税なども環境目的の課税であると考えられる。また，オーストラリアの世界遺産保全（GBRなど）のために課

せられる利用税もある（Mak（2006）参照）。

　環境目的の課税については，その観光業の展開がもたらす市場の失敗の一部あるいは全部を内部化する目的で課せられる。観光に限らず，昨今の地球温暖化に対する課税について一般に論じられる環境税の目的は，①環境に有害な行動を変える経済的インセンティブとなる，②法令遵守の限界費用を均等化する最小費用手段である，③継続的な技術開発のインセンティブとなる，さらに，④税収が得られる，こととされる。環境関連税の税収は加重平均でGDP比2％程度であり，そのうち70％程度は輸送燃料および電力に課せられている（OECD（2001））。しかし，これらの環境税に関しては，還付や免除あるいは軽減措置の傾向にあり，実態として多くの企業が環境税を支払っていないという。わが国の環境関連税については，それに加えて税率そのものが低いこと，また，そもそも環境保全の目的に沿って設計されていないなどの問題点が指摘されている（横山（2009））。観光に関しても，それがもたらす外部性が明確に認識されない場合や，認識されても，その財の特性ゆえに観光業者が導入に強く反対するケースもある。つまり，課税によって観光価格が上昇し需要弾力的な観光需要の下で，観光が停滞する可能性が大きいと想起されるからである。表7-2に示されたサービスごとに異なる税率の適用，とりわけ標準税率を下回る観光関連課税は，観光開発をめざす戦略の反映であるとも考えられる。

　ところで，このように観光関連税制を環境保全と結びつけるという考え方について，その問題点や課題を次のようにまとめることができる。

　まず，WTTCなどの主張にあるように，どちらかといえば観光発展を主眼として，むしろいかなる目的の税の導入も観光へ悪影響を及ぼすとする点である。次に，上記に掲げた観光関連の税の中で交通手段をよりグリーン化させるといったグローバルなものから，騒音を軽減させる，ホテルやレストランからのごみや排水を減じる，交通渋滞を軽減させるといったインセンティブを与えるような，目的が比較的明確な税の導入についても，それが税収入の確保を目的とするのか，あるいは環境保全目的であるのかといった点が不明確なまま課せられている場合には，かならずしも効率的な帰結を生まない場合がありえる

ということである。また，観光財の輸出財としての特性からみて，課税対象者と課税決定者の乖離が多くの場合生じる。つまり，税の決定に関してステークホルダーの全員がそろわないといった問題が生じる。また，課税が地域や国別に異なって行われる場合，いわゆる競争力維持のために結果的に低い税率が適用される事態となりえる。さらに，環境関連税などのインセンティブ規制については，一般に，他の政策手段（社会的，政治的手段）を併用する必要があるとされる。このような視点からいえば，経済的手段とその他の手段のミックスを考えた上で適切な税率の設定がなされる必要がある。

　観光サービスが他の財・サービスの生産・消費と全く異なる点は，消費の同時性と地域性である。最初にふれたように，観光サービスが利用し活用する観光資源は，地域に密着した自然であり，文化であり人々である。こうした視点で考えた場合，観光関連税制は，地域の持続可能性――すなわち，これらの地域観光資源の保全と地域経済の発展――を保証するように設計されなければならない。残念ながら，このような視点から，税と地域のステークホルダーのコミットメントを整合的に論じたモデル分析は，これまで皆無といっても過言ではない。これに関連して，UNやWTOは，1992年の地球サミット以来，観光のとくに途上国における重要性を認識し，その発展経路としてエコツーリズム（環境保全型の地域発展），あるいはよりミクロの視点から地域の主体的参加と厚生水準を重視したCBET（Community-Based Eco Tourism）の方向性を打ち出している。その意味でも，現代の観光関連税制をこうしたエコツーリズムの視点から論じる必要性がある。

　マクロの中心的課題は，いうまでもなく，観光がもたらすCO_2などの温室効果ガスによる地球温暖化問題である。航空輸送などの運輸業のみならず，観光サービスのあらゆる過程でCO_2は排出される。例えば，Gössling, et al. (2005)は，世界のいくつかの観光地を対象に環境効率性を測定し，1€の観光収入を生み出すために発生するCO_2の量が世界全体で1.18 kgであるのに対して，観光地としてのアムステルダムでは0.9–1.1 kg，ロッキー山麓の2.4 kg，セーシェル諸島の7.6 kgと大きく異なることが示されている。このことから，観光業

（地）においても環境効率性を指標にした分析ならびに対応が重要であることを主張している。また，Tol (2007) は，基本的に GRAVITY-MODEL を援用して，航空輸送においては CO_2 の排出は，長距離と短距離で大きく，全体としては＄1000/tC の灯油に対する課税は，航空輸送を 0.8%，CO_2 排出量を約 0.8% 程度減少させるとのシミュレーション結果を示している[20]。さらに，Mayor and Tol (2007) は，英国での航空旅客税（APD=Air Passenger Duty：£5.5（英国から EU），£22（その他））の変化の航空旅客数への影響を分析し，国内旅行と海外旅行の代替性が低い場合には，APD を倍増させる政策が，近距離と遠方の相対価格差を減じるためにかえって CO_2 の排出量にとって逆効果になりえること，英国への観光客はわずかにしか減少しないことを示している。

以上のように，観光サービスの展開がマクロないしグローバルに影響するケースとして，特に CO_2 削減問題を中心として，航空輸送を始め，ホテルなどの観光地での観光サービス全般を関連づけて論じられている。

他方，局所的な課題として，観光地における混雑や過剰な資源アクセスなどの負の外部性のコントロールの問題がある。従来から，それを解決させるための税や課徴金のあり方が分析されてきた。例えば，Wanhill (1980) は，観光サービスにおける混雑現象の緩和策として混雑費用を課税することが必要であって，混雑税が資源の効率的利用とそれを原資とするサービスの充実が可能であることを示した。また，Clarke and Ng (1993) では，観光客（tourists）の増加が地元住民（residents）の厚生を低めるのかという課題に関して，混雑費用を観光客がすべて負担することで地域の税収となり地域住民の厚生が高まることを示している。つまり，短期モデルと伝統的な外部性の議論の枠内で，適切な課税と支出を組み合わせることで混雑現象を回避し地域の厚生水準を高めることができるという主張がなされた。もちろん，この場合，誰が外部性に対してその社会的費用を負担すべきかという問題は残る。例えば，Palmer and Riera (2003) は，観光資源の利用が観光客のみに限定されないために課税がディス

---

20) さらに，地域間で導入される税が異なる場合には，地域によって影響の程度に大きな差異が生じることも示唆している。

トーションをもたらす可能性を示した[21]。また，Palmer-Tous et al. (2007) は，スペインの特定の観光地を対象に交通混雑緩和のためにレンタカーに混雑税が導入された場合，中長期的には代替的手段の活用に向かわせる税収の活用が良い結果をもたらすことを示した。この他，多くの自然環境保全地域における手数料や入場料などの課金を通じて，地域の観光保全──特に野生生物保全をめざす分析も多く行われている。多くの場合，事例研究の中で，いわばGood-Practiceとしての地域の管理・運営が具体的に紹介されている[22]。

6. おわりに

その概念上の重要性にもかかわらず，エコツーリズムに関しては，これまで環境経済学の枠内での厳密な分析は行われてこなかった。観光業の発展が，世界の国や地域の経済発展に対した大きな貢献をなしているという現実的な期待の反面，その環境や文化への悪影響を懸念し，しっかりとした地域観光資源の管理・運営の必要性が強調されてきた。また，近年では，エコツーリズムを地域で実現させるための経済的手段として観光関連税が注目されつつある。現実にも，様々な局面で観光関連税が課せられていることを概観した。その上で，本章では，持続可能性を保証しながら，地域厚生を最大化させるエコツーリズムのあり方を，理論モデルによって構築しそのワーキングを検討した。単純な地域モデルの枠組みの下で，地域観光資源の管理・運営について，地域の人々がどのような政策目標をもって行うかが需要であることをあらためて示した。観光サービスに関して，社会的外部費用や資源の管理・運営費用が掛かる場合，地域厚生の最大化と観光業の利潤最大化は必ずしも一致せず，地域厚生の最大化のためには，観光業に参入するエージェントの数を幾分制限する必要があること，また，地域観光資源のストック水準を大きめに維持する必要があることが示された。

---

21) Gooroochurn & Sinclair (2004) は観光関連税制のサーベイを行っている。
22) 例えば，Higham (2007) は，マクロの視点と併せて，局所的な視点からもエコツーリズムの様々なケーススタディを紹介している。

以上のような議論をもとに,エコツーリズムの原則がどのように設計されるべきであるかについては,さらに,税収入の使途とコモンプールとしての地域観光資源の保全への支出との関連性,多様な観光ないし環境保全関連の税を含む個別具体的な枠組みの分析が必要であり,さらには,そうした分析枠組みの下で,特定観光地における管理・運営のあり方とインセンティブとしての観光関連税制の有効性の実証分析など,本章に残された課題は多い。

参 考 文 献

片桐正俊 (2007)『財政学—転換期の日本財政 (第 2 版)』東洋経済新報社。
藪田雅弘 (2004),『コモンプールの公共政策』新評論。
藪田雅弘・伊佐良次 (2007 a),「エコツーリズムと地域発展—理論から実証へ」(『計画行政』第 30 巻第 2 号,日本計画行政学会),10-17 ページ。
藪田雅弘・伊佐良次 (2007 b)「エコツーリズムと地域発展」『環境と資源の経済学』勁草書房,346-362 ページ。
横山彰 (2009)「税制のグリーン化と環境税」(『経済セミナー』日本評論社),31-36 ページ。
Bosselman, F., C. A. Peterson and C. McCarthy (1999), *Managing Tourism Growth*, Island Press.
Briassoulis, H. (2002), "Sustainable Tourism and the Questions of the Commons," *Annals of Tourism Research*, Vol.29, No.4, pp.1065-1085.
Budowski, G. (1976),"Tourism and environmental conservation : conflict, coexistence, or symbiosis," *Environmental Conservation*, 3 (1), pp.27-31.
Bull, A. (1995), *The Economics of Travel and Tourism*, 2nd edition, Longman.
Clarke, H. R. and Y-K. Ng. (1993), "Tourism, Economic Welfare and Efficient Pricing," *Annals of Tourism Research*, 20, pp. 613-632.
Diamantis, D. (2004), *Ecotourism : Management and Assessment*, Thomson Learning.
Fennell, D. A. (2003), *Ecotourism : An Introduction*, Second edition, Routledge.
Gago, A., X. Labandeira, F. Picos, M. Rodrlguez (2009), "Specific and general taxation of tourism activities. Evidence from Spain," *Tourism Management*, 30, pp.381-392.
Gooroochurn, N. and M. T. Sinclair (2005), "Economics of Tourism Taxation Evidence from Mauritius," *Annals of Tourism Research*, 32, No.2, pp.478-498.
Gössling, S., P. Peeters, J. P. Ceron, G. Dubois, T. Patterson and R. Richardson (2005), "The eco-efficiency of tourism," *Ecological Economics*, 54, pp.417- 434.
Higham, J. (2007), *Critical Issues in Ecotourism*, Elsevier.
Leach, J. (2004), *A Course in Public Economics*, Cambridge University Press.
Mak, J. (2006), "Taxation of Travel and Tourism," *International Handbook on the Economics of Tourism* (Ed. by Dwyer, L. and P. Forsyth), Edward Elgar, pp.251-265.
Mayor, K. and R. S. J. Tol (2007), "The impact of the UK aviation tax on carbon dioxide

emissions and visitor numbers," *Transport Policy*, 14, pp.507-513.
Mowforth, M. and I. Munt (1998), *Tourism and sustainability. 2 nd edition*, Routledge.
OECD (2001), *Policy Brief ; Environmentally related Taxes : Issues and Strategy*. (http : // www.oecd.org/dataoecd/39/18/2674642.pdf Accessed 2009/09/22)
Ostrom, E. (1990), *Governing the Commons : The Evolution of Institutions for Collective Action*, Cambridge University Press.
Ostrom, E., R. Gardner and J. Walkers (1994), *Rules, Games and Common-Pool Resources*, University of Michigan Press.
Palmer, T. and A. Riera (2003), "Tourism and Environmental Taxes. With special reference to the "Balearic Ecotax"," *Tourism Management* 24, pp.665-674.
Palmer-Tous, T., Riera-Font, A. and Rosslló-Nadal, J. (2007), "Taxing tourism : The case of rental cars in Mallorca," *Tourism Management*, 28, pp.271-279.
Steins, N. A. and V. M. Edwards (1999), "Collective Action in Common-Pool Management : the Contribution of a social constructive perspective to existing theory," *Society and Natural Resources*, 12, pp.539-557.
Tisdell, C. and J. Wen (1997), "Why Care is Needed in Applying Indicators of the Sustainability of Tourism," *Australian Journal of Hospitality Management*, Vol. 4, pp. 1-6.
Tol, R. S. J. (2007), "The impact of a carbon tax on international tourism," *Transportation Research*, Part D, 12, pp.129-142.
Wanhill, S. R. C (1980), "Charging for Congestion at Tourist Attractions", *International Journal of Tourism Management* Sep., pp.168-174.
WTO (1998 a), *Pan-Asia Pacific Technical Seminar on Tourism taxation in Asia*.
WTO (1998 b), *Tourism Taxation : Striking a Fair Deal*.
WTO (2002), *Enhancing the Economic Benefits of Tourism for Local Community and Poverty Alleviation*.
WTTC (2002), *World Travel & Tourism Tax Barometer*. (http : //www.traveltax.msu.edu/ barometer/index.htm : Accessed 2009/09/22)

第3部

グローバル化と外国財政

第 8 章

グローバル化下のアメリカの法人税負担
―― 2000 年代ブッシュ政権期を中心に ――

1. はじめに

　アメリカの法人税は,財源としてますます頼りにできない存在になってきているにもかかわらず,法人税率が高いためにアメリカの国際競争力が削がれ不利になっているという見方が,2000 年代に入ってアメリカの有識者や研究者のみならず,政治家,官僚の間でも広がり,その中でブッシュ政権の企業減税が実施され,また様々な法人税改革の提案が行われた。

　本章の課題は,2000 年代減税政策を推進したブッシュ政権の下で,実際にアメリカの企業課税の実態がどうであったのか,また法人税改革の方向性としてそれをどう理解すればよいのかについて国際比較して考察することである。

　経済のグローバル化は 1990 年代のクリントン政権下において相当強く意識され,毎年の『大統領の経済報告書』においても,経済諮問委員会からそれに対応するための諸々の経済政策が勧告されている。しかしながら,毎年の『大統領の経済報告書』を構成する各章の経済政策のタイトルに租税政策は全く含まれていない。これに対し,2000 年代のブッシュ政権下の『大統領の経済報告書』においても当然経済のグローバル化が強く意識されているが,報告書を構成する各章の経済政策のタイトルには,2002 年を除き 2003 年から 2009 年

までの7年間毎年租税政策が含まれている。

　このクリントン民主党政権とブッシュ共和党政権の鮮やかなコントラストを見れば明らかなように，ブッシュ政権は経済のグローバル化に対応するための経済政策として租税政策を極めて重要視していたのである。そして，どの『大統領の経済報告書』にも一貫しているのは，グローバル競争に勝ち抜き経済成長するためには，アメリカの税制を抜本的に改革せねばならないという視点である。

　『大統領の経済報告書』以外にも重要な税制改革関連の報告書がある。大統領税制改革諮問委員会が2005年11月に提出した同委員会の報告書『簡素・公平・経済成長促進』と，財務省が2007年12月に公表した『21世紀に向けたアメリカの企業課税制度の競争力向上のためのアプローチ』が特に重要である。後者は，2007年7月26日に財務省が企業を一層競争的にするために，企業税制をいかに改善するべきかを論ずるべく，民間有識者や専門家を集めて，「グローバル競争と企業税制改革」という会議を開催したが，その時の内容をまとめたものである。財務省はこの会議に先立つ7月23日に「企業課税とグローバル競争」というバックグランド・ペーパーを発表している。

　『大統領の経済報告書』や税制改革諮問委員会報告書や2007年の財務省の報告書は，アメリカの企業税制がEU諸国等と違って，国レベルで投資財を一括控除できる付加価値税を有しておらず，また国際課税面でも全世界所得課税原則を取っていて，積極的外国源泉所得を所得控除できる領土主義課税原則を採用していないために，国際競争においてアメリカは不利な立場にあることを強く意識している。

　そして，そのことと関わってアメリカの現行資本所得課税は，アメリカ経済の効率性と生産性を損なう多数の歪みを引き起こしていると考えている。その歪みというのは，①投資所得に対する課税によって引き起こされる，貯蓄・投資への税のディスインセンティブ，②法人利潤に対する二重課税による法人部門への投資に対する税のディスインセンティブ，③企業の利子控除は認めるが配当控除は認めない租税規定によって引き起こされることだが，株式金融より

も社債金融を選択してしまうような租税のインセンティブ，④ただ選択的にだけ利用できる租税特別措置によって引き起こされるのだが，特定の経済活動にだけ参加するような税のインセンティブ，⑤外国所得を送金することに対する税のディスインセンティブ等である[1]。それらの報告書には，こうした歪みを引き起こす租税制度は改革しなければならないとの共通の問題意識があり，ブッシュ政権の取った減税政策もこうした問題意識を背景としている。

以上の点を予め念頭に置いて，ブッシュ政権期の企業課税の実態に迫ってみよう。

2．アメリカ連邦法人税の推移と概観

アメリカ連邦政府のオン・バジェットとオフ・バジェットを合せた統合予算の財政赤字が過去30年間で一番大きかったのは，1983年度で対GDP比6.0%の赤字であった。この年度の財政支出の対GDP比は23.5%で，財政収入の対GDP比は17.5%であった。これ以降アメリカは巨額の赤字に苦しみ，幾度となく試みた財政再建努力によってようやく黒字転換できたのは，1998年度である。だが財政黒字を維持できたのはわずか4年間で，2002年度以降再度アメリカは赤字国家に転落した。

財政支出は，ピーク時の1983年度に記録した対GDP比23.5%から2000年度の18.4%まで5ポイント近く低下した後，再び2000年代に入って膨張の一途を辿っている。その経費膨張の主要因は福祉エンタイトルメント費と軍事費にある。他方財政収入は，1990年代前半までは最低時の1983年度に記録した対GDP比26.6%を少し上回る程度の水準にしか増加しなかったが，90年代後半にはニューエコノミーの恩恵を受けて急増し，2000年度には対GDP比20.9%まで達した後，2000年代初頭不況で急減し，2004年度には対GDP比16.3%まで低下した。その後幾分回復したものの，2008年度から再度急減少に転じた。

---

1) Office of Tax Policy (2007), p.43.

今後，イラクから撤退してもアフガンでの軍事的展開が続いており，軍事費の激減はないと思われる反面，福祉エンタイトルメント支出は大きな経費膨張要因であり続けるであろう。財政収入は景気の回復につれて増加していくであろうが，連邦財政を黒字転換させる程の急激な増加は見込めない。巨額の財政赤字をオバマ政権1期目末までに果たして公約通りに半減できるかどうかわからない。

これまでの連邦の財政収支の動きの中で，連邦法人税はどのような推移を辿ってきたのであろうか。図8-1に示されるように，連邦法人税収入は対GDP比で長期低下傾向にあり，また図8-2に示されるように対連邦総税収比でも長期低下傾向にある。2007年度の法人税収の対GDP比は2.7%，対連邦総税収比は14.2%程度に過ぎなくなっている。

法人税であるから，税収が景気の変動に左右させられるのは避けえないとこ

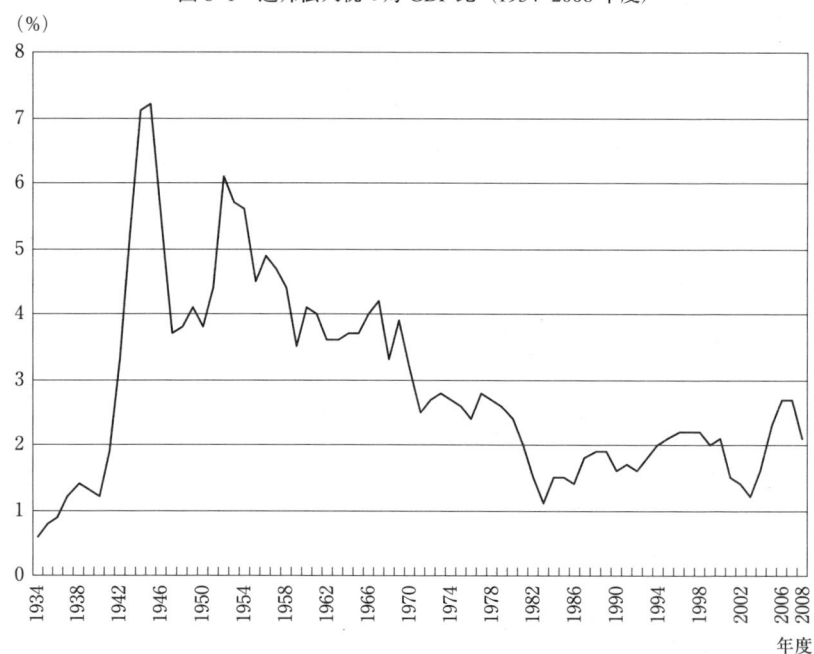

図8-1　連邦法人税の対GDP比（1934-2008年度）

(出所）U.S. Office of Management and Budget (2009), pp. 34-35より作成。

第8章　グローバル化下のアメリカの法人税負担　197

図 8-2　連邦法人税収入の対連邦総税収比
(1934-2008 年度)

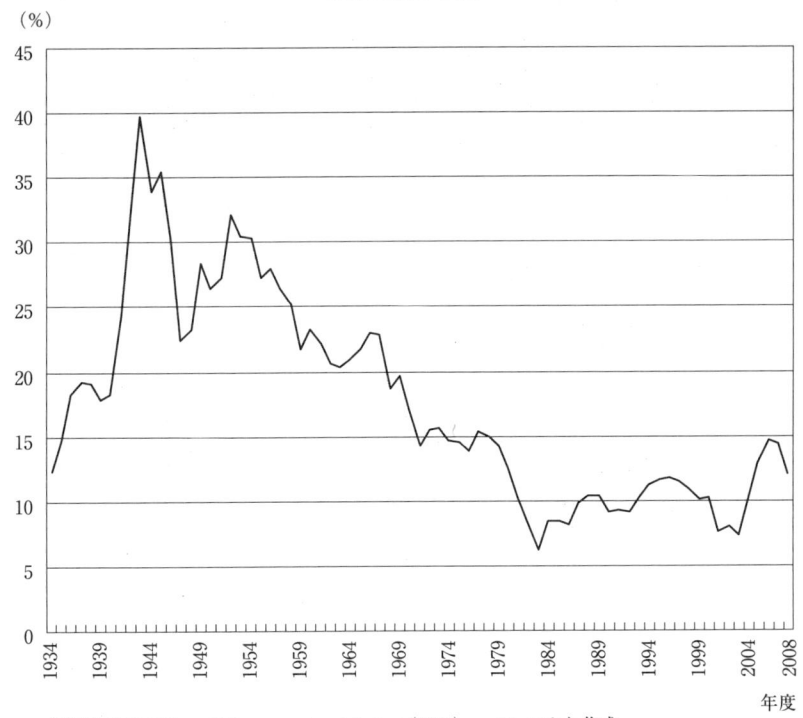

(出所) U.S. Office of Management and Budget (2009), pp. 32-33 より作成。

ろであるが，長期的趨勢として，連邦法人税収の対 GDP 比や対連邦総税収比が低下してきているのは何故であろうか。

　まず法定税率であるが，レーガン政権発足時の 1981 年度では最高税率 46％，最低税率 17.0％，5 段階税率であったが，その後 6 回の変更を経て 1993 年度以来最高税率 35.0％，最低税率 15％，4 段階税率となって現在に至っている。この間に最高税率は 9 ポイントも低下している。ただし，ここでいう最高税率 35％ というのは基本税率であって，課税所得が 10 万ドルから 33.5 万ドルまでは追加税がかかるので 39％ の税率が適用される。また，課税所得が 1500 万ドル超 1833 万 3333 ドルまでは 38％ の税率が適用される。

　次に法人税の課税ベースであるが，多くの租税支出によって侵食されてい

る。所得税，法人税を含めての租税支出は，1986年レーガン税制改革直前の1985年には対GDP比で約8％程度[2]に達していたが，86年税制改革により大きく圧縮された。しかし，その後再び租税支出は増加傾向にある。管理予算局の2006年度連邦租税支出額は8470億ドルで，その対GDP比は6.5％まで戻している[3]。連邦租税支出のうち企業向租税支出は，Burman（2003），p.625の図から推し量ると2割程度かと考えられる。しかし，これも法人税収の比重低下の大きな要因である。ちなみに2008年現在の法人税の主要優遇措置（租税支出）は，向こう10年間続いた場合，課税ベースを25％まで減らすと財務省は推計している。そして，もしこれらの租税優遇措置を法人税率引下げに使われるならば，ほぼ同じ税収を生みながら税率を35％から27％まで引き下げることができるという[4]。

3. 非法人事業体への所得税課税の拡大

法人税の負担が重いか軽いかという問題は，法人税が事業収入に課せられて問題になる。ところが，事業収入すべてに法人税がかかるわけではない。法人税がかかるのはC法人に対してである。非法人事業部門やある種の法人（すなわち個人事業主，パートナーシップ，S法人のような通り抜け事業体）はその所有者やパートナーの事業所得に個人所得税がかかる。財務省の推計では，すべての事業税の約30％は通り抜け事業体の所有者が取得した事業所得にかかる個人所得税で支払われている。

内国歳入法は，異なった形態の事業体に異なった税制を適用している。C法人は，法人分配金の法人と株主の取扱いおよび調整に関するルールを定めた内国歳入法のサブチャプターCに服する法人のことであり，一般的には，内国歳入法のセクション11に設けられた法人段階の税率が課せられる。C法人は，長い間投資家に有限責任を負う主な事業体であった。株主への配当金課税

---

2) Burman (2003), p.625.
3) Office of Management and Budget (2007), Table 19.1.
4) U.S. Department of the Treasury (2007), pp.10–11.

に加えて法人段階でも課税される。パートナーシップは，1つの段階すなわち投資家段階で課税できる有利な機会を提供したが，長い間パートナーシップの連邦課税は，一般パートナーを通して少なくともある程度企業責任を公表することを要求していた。また議会は，投資家段階でのみ課税する機会を与える有限責任企業形態を認めるために，S法人を創設した。非常に最近のことではあるが，州法は新しい事業体すなわち有限責任会社（LLC）を認めるようになってきている。LLCは，投資家に有限責任を与えるが，比較的最近の財務省規則の下では，投資家段階でのみパートナーシップとして課税することが認められている[5]。

表8-1は，1978-2005年期における各種タイプの事業体の申告数とすべての事業申告数に対するその割合を示している。この表をみると，非農業個人事業主が事業の圧倒的部分を占めており，かつその構成比も増加傾向にあることがわかる。S法人は，その構成比が1978年当時わずか3.1％であったのに，2005年には11.6％にまで高まっている。特に，C法人が1987-93年期に毎年減少しているが，その間にS法人は86年直後から急速に増加している。C法人の申告数は1990年代中頃に増加した後，再度毎年減少している。パートナーシップの申告数は，1985年にピークに達した後1993年までは，全般的には低落し

表8-1 事業体タイプ別納税申告数とその構成比（1978-2005年）

（単位：1000件，％）

年	個人事業主 申告数(1000件)	割合(％)	C法人 申告数(1000件)	割合(％)	S法人 申告数(1000件)	割合(％)	パートナーシップ 申告数(1000件)	割合(％)	農業者 申告数(1000件)	割合(％)	合計 申告数(1000件)	割合(％)
1978	8,908	58.5	1,898	12.5	479	3.1	1,234	8.1	2,705	17.8	15,224	100
1980	9,730	59.2	2,165	13.2	545	3.3	1,380	8.4	2,608	15.9	16,429	100
1985	11,929	61.0	2,552	13.1	725	3.7	1,714	8.8	2,621	13.4	19,540	100
1990	14,783	66.0	2,142	9.6	1,575	7.0	1,554	6.9	2,321	10.4	22,374	100
1995	16,424	66.5	2,321	9.4	2,153	8.7	1,581	6.4	2,219	9.0	24,698	100
2000	17,903	66.1	2,185	8.1	2,860	10.6	2,058	7.6	2,087	7.7	27,092	100
2005	21,468	67.3	1,987	6.2	3,684	11.6	2,764	8.7	1,981	6.2	31,883	100

（出所）Joint Committee on Taxation (2008), p.8 より作成。

---

5) Joint Committee on Taxation (2008), p.2.

ていく。農業事業者の申告数も全般的には28年間を通じて減少している[6]。

表8-1に掲げられている各種タイプの事業体のうち，C法人とS法人とパートナーシップは公式の法的事業体であるが，事業体自身に税がかかるのはC法人だけで，S法人とパートナーシップは個人所有者やパートナーに所得が通り抜け，そこで課税される。C法人の申告数が通り抜け事業体（S法人とパートナーシップ）の申告数を上回るのは1986年で，それ以来通り抜け事業体の申告数がC法人の申告数を圧倒的に上回るようになっている[7]。

表8-2は，1990-2005年期におけるパートナーシップのタイプ別の申告数の推移をみたものであるが，内国有限責任会社（LLC）が急激にその数を増やしている。

ところで，通り抜け事業体の所得は個人段階で個人所得税が課せられる。ちなみに2006年には，2700万人が（シェデュールDで通り抜けたキャピタル・ゲインを含めて）個人事業主，S法人，パートナーシップからの推定所得9380億ドルを自らの申告書に記載し，推定1590億ドルを所得税で支払っている。それと対比してC法人は，2006年に約1兆2000億ドルの純所得に対して3590億ドルの法人税を支払ったと推定される[8]。つまり，C法人は所得1000億ド

表8-2 パートナーシップタイプ別納税申告数（1990-2005年）

（単位：1000件）

年	内国一般パートナーシップ（1000件）	有限パートナーシップ（1000件）	内国有限責任会社（1000件）	内国有限責任パートナーシップ（1000件）	外国パートナーシップ（1000件）
1990	1,267	285	N.A.	N.A.	N.A.
1995	1,167	295	119	N.A.	N.A.
2000	872	349	719	53	3
2005	729	414	1,465	100	5

（注）N.A.は統計利用不可を意味する。
（出所）Joint Committee on Taxation (2008), p.12より作成。

---

6)　*Ibid*., pp.6-8.
7)　*Ibid*., pp.8-9.
8)　U.S. Department of the Treasury (2007), p.17.

に対し約299億ドルの法人税を支払っているのに，通り抜け事業体は所得1000億ドルに対し約170億ドルの個人所得税しか支払っていないのである。

さて，2006年現在連邦所得税6段階ブラケット（基本税率15%，25%，34%，35%の4段階に追加税38%，39%の2段階）のうち，どのブラケットが通り抜け事業体の所得に対する税を支払っているのであろうか。それを示した表8-3をみてみよう。トップ・ブラケットの納税者（全納税者数の4%）が通り抜け事業体の所得の61%を受け取り，それにかかる税では，全体の71%の割合を支払っている。上位2つのブラケットの納税者は，通り抜け所得を受け取ったすべての納税者の8%を占めているが，彼らは通り抜け純所得の72%を受け取り，この通り抜け純所得にかかる税の82%を支払っている。

通り抜け事業所得は，トップ・ブラケットに集中しているために，2001年と2003年のブッシュ減税で高い方の2つの限界税率が引き下げられたことにより，こうした通り抜け事業所得を受け取った納税者（典型的には小規模事業主）が大きな恩恵を受けることになった。2007年に財務省は，個人所得税最高限

表8-3　通り抜け所得と個人所得税（2006年）

（単位：100万人，10億ドル，%）

	通り抜け所得／損失のある納税者		通り抜け所得／損失		通り抜け所得／損失にかかる租税	
	人数 (100万人)	割合 (%)	金額 (10億ドル)	割合 (%)	金額 (10億ドル)	割合 (%)
すべての通り抜け所得						
全納税者	27.5	100	938	100	159	100
上位2つの租税階層	2.1	8	671	72	131	82
最上位租税階層	1	4	573	61	113	71
能動的で積極的な通り抜け所得						
全納税者	18.3	100	762	100	143	100
上位2つの租税階層	1.4	7	433	57	109	75
最上位租税階層	0.7	4	349	46	92	64
通り抜け所得＞賃金の50%						
全納税者	11.9	100	880	100	156	100
上位2つの租税階層	1.1	9	608	69	127	81
最上位租税階層	0.6	5	527	60	110	70

（注）通り抜け所得／損失には，個人事業主，S法人，パートナーシップが得た通常の純所得とパートナーシップ，S法人，遺産財団，信託が得た長期および短期の純利得が含まれている。
（出所）U.S. Department of the Treasury (2007), p.15.

界税率の39.6%から35%への引下げにより恩恵を受けた納税者の約75%は，通り抜け事業の所有者であり，最高限界税率引下げによる減税額の84%は通り抜け事業の所有者のものとなったと推定している[9]。

ここで，非法人事業体の存在の程度を国際比較してみよう。OECD諸国と比べて，アメリカでは非法人事業体が重要な役割を果たしている。2004年のOECD 15カ国の調査では，事業体数合計に占める非法人事業体の割合でみて，アメリカ（82%）を上回るのはメキシコ（88%）だけである。非法人事業体といってもその規模が問題である。アメリカの場合，100万ドル以上の利益を計上している大きな事業体の66%が非法人事業体であるのに対し，メキシコ27％，イギリス26%，ニュージーランド17%とその割合が低い[10]。

4. ブッシュ政権の法人税改革の基本方向と2001／2003年企業減税の評価

4-1　『大統領の経済報告書』にみる税制改革の基本方向

「はしがき」で述べたように，ブッシュ政権下の経済諮問委員会は，経済のグローバル化に対応する経済政策の重要な柱として租税政策を位置づけてきた。

経済諮問委員会はアメリカの現行税制をどう見ているのであろうか。結論的にいえば，現行税制は所得と消費の両方を課税ベースにもつハイブリッド型だ捉えている。貯蓄と投資に対する収益のすべてではないにしても，一部は課税ベースから除外されている。具体例として，2007年の『大統領の経済報告書』は，「個人退職勘定（IRA），企業退職貯蓄プラン，キャピタル・ゲインや配当に対する軽減税率，特定のタイプの投資に対する加速度減価償却は，少なくとも部分的には，現行法に定められている消費課税ベースの規定である。最近の推計によると，家計金融資産の収益の約65%が所得課税ベースとして課税され，残りは消費課税ベースとして扱われていることがわかる。」と述べてい

---

9)　*Ibid*., p.16.
10)　*Ibid*., pp.16–17.

る[11]。

　同報告書では，成長を促進する租税政策の目的は，家計や企業の投資決定に対する税の歪みの影響を最小限にするように，課税ベースを明確化し，適切な税率を選択しなければならないと述べている。適切な税率の選択というのは，投資に対する限界税率の影響をみるのに，法定税率よりも実効税率でみることが大事だと述べている[12]。

　課税ベースの選択に関しては，同報告書は，所得税は課税ベースに貯蓄と投資が含まれるが，それは潜在的消費に課税することに等しく，人々が経済に投入するあらゆる資源に課税することになり，歪みをもたらすとする。それに対し消費ベースの課税は，貯蓄と投資を課税から除外しているので，経済に歪みをもたらすことはなく中立で効率的だとする。このようなことから，理論的には消費ベース課税が優れており，一度に消費ベース課税にもっていくかどうかは別にしても，現行所得税を消費ベース課税の方向へ近づけることがより成長促進的であると考えていることは明らかである。

　また同報告書は，実効税率に関して次のように述べている。「投資収益に対する実効税率を引き下げれば，今日ますますグローバル化する経済においてアメリカの競争的地位を高める。これは，実効税率の引下げが外国で投資する場合よりもアメリカ国内で投資する場合の方が税引後利益を増やし，国内外の投資家によってアメリカへの投資を比較的魅力的なものにするためである[13]。」

　国際課税については，2003年の『大統領の経済報告書』で検討されている。所得の国際的フローに課税する方法には，領土主義課税制度と全世界所得課税制度の2つがある。領土主義課税制度では，個人と企業はその居住地に関わりなく，その所得の源泉地でのみ課税される。全世界所得課税制度では，すべての所得はその源泉地に関わりなく，納税者の居住地国の課税に服する。そしてアメリカの国際課税制度は原則的には全世界所得課税制度であるが，事実上は

---

11) Council of Economic Advisers (2007), p.65.
12) *Ibid*., pp.64–65, p.84.
13) *Ibid*., p.66.

これらの2つの課税制度のハイブリッド型になっているという[14]。というのは，多国籍企業の外国子会社は，その所得が本国の親会社に配当として送金された時初めて課税されるので，本国へのその所得の送金を繰り延べることができるため，アメリカの国際課税はすでに純粋な全世界所得課税制度ではなくなっている。とはいえ多くの国では，領土主義課税制度を採用し，外国所得全部または一部を非課税としているので，アメリカが原則全世界所得課税制度を取っていることは国際課税制度において不利な立場にあることには違いない。

4-2 ブッシュ政権下の企業減税改革に対する経済諮問委員会の評価

ブッシュ政権最後の2009年『大統領の経済報告書』は，第5章で同政権8年間の租税政策について総括している[15]。同政権は，これまでの8年間投資の拡大，雇用の創出，長期的な経済成長を促進する目的で企業の税負担を軽減するために一貫して働いてきたとし，この目的を達成するために，2つの主な戦略を追求してきたという。第1は，税制が投資収益を減らすという長年の問題に取組んできたことである。第2は，企業に新たな投資インセンティブを与えて投資拡大を刺激することである。その具体的事例として，法人所得の二重課税緩和，加速度減価償却，中小企業の経費化の拡大，研究開発税額控除の4つをあげている。以下順に紹介する[16]。なお，2007年と2008年の『大統領の経済報告書』でもブッシュ減税について言及されているので，それらの記述も参照しつつ上記4点について解説する。

(1) 法人所得の二重課税緩和

従来，アメリカの法人所得課税と配当所得課税の調整は全くなされていなかったが，2003年2月3日に議会に提出された2004年度予算教書では，株主段階での配当所得の全額控除が提案されている。法人段階と株主段階の二重課税の解消は，法人の留保所得に係る法人所得課税と株式のキャピタル・ゲイン

---

14) Council of Economic Advisers (2003), p.209.
15) Council of Economic Advisers (2009), pp.151–173.
16) *Ibid*., pp.162–165.

課税の調整にも拡張し，留保所得をみなし配当として，株式取得価額を嵩上げすることを認めている。しかし，上・下両院での審議の結果，2003年5月28日に最終的にまとまった，「雇用・経済成長租税負担軽減調整法」(JGTRRA 2003)では，配当二重課税の完全廃止は実現せず，配当所得とキャピタル・ゲイン（1年超保有）に係る税率について，2003年から2007年まで，5％，15％(2008年には0％，15％)の2段階に軽減されるだけの措置となった。しかもこれは，2008年末までの時限措置であった。しかしその後，「2005年増税阻止・調整法」(TIPRA 2005)が成立したことによって，この措置は2010年末まで延長された。

2007年の『大統領の経済報告書』は，JGTRRA成立以降13四半期の間に，実質民間非住宅投資は平均年率約6.9％で増大し，年間実質成長率は平均3.6％の伸びを示したが，もしこの減税がなかりせば，雇用は300万人ほど少なく2004年末で3.5～4％少なくなっていたであろうという。特にJGTRRAの成立以来，法人配当支払いの平均額と配当を支払う企業の割合が増加したことをもって，法人利潤に対する二重課税緩和による投資と経済成長に対するインセンティブ効果を強調している[17]。

2009年の『大統領の経済報告書』は，この減税の他に，法人の税負担の軽減に資するように法人の法的構造の改正が行われたことを指摘している。すなわち，2004年と2007年の法律改正により，企業がS法人になることに対する制限をある程度緩和したのである。企業がS法人になれれば，S法人は法人税のかからない通り抜け企業なので，法人利潤の二重課税を回避してC法人の株主より低い実効税率で済ますことができる。その目的は，C法人とS法人のそれぞれが生み出す所得にかかる税率の格差を縮めることによって，競争条件をならそうとするものである[18]。

(2) 加速度減価償却

2009年の『大統領の経済報告書』は，ブッシュ政権の一貫した目標は，企

---

17) Council of Economic Advisers (2007), pp.73–74.
18) Council of Economic Advisers (2009), pp.163–164.

業に税制上のインセンティブを与えて新規の施設・設備への投資をさせることであったとし，その目標に向かって進む方法の１つが企業の減価償却を加速化することであったと述べている[19]。

2007年の『大統領の経済報告書』は，次のようにそれを詳述している[20]。

2002年の雇用創出・労働者支援法（JCWAA）には臨時ボーナス償却規定が含まれていて，納税者に初年度課税所得からの30％追加減価償却を認めている。2003年のJGTRRAでは，JCWAAのボーナス規定に修正が加えられて，納税者に初年度課税所得からの50％追加減価償却を認めている。これら両規定は臨時的なもので2004年末に期限切れとなった。しかし2008年の景気対策法で再導入され，2008年に新規設備投資を行う場合，調整済み価格の50％が追加的に控除可能となった。経済諮問委員会は，JCWAAやJGTRRAの加速度減価償却規定により，投資家は取得時に課税所得から投資コストの多くの部分を控除できたので，適格投資に対する限界実効税率を半分以上軽減できたと評価している。こうした高い評価を背景に，2008年の景気対策法でそれを再導入したのである。

（3） 中小企業の経費化の拡大

ブッシュ政権は，減価償却可能な資産を利用する際に中小企業が経費化できる金額を増やす成長促進企業課税政策を支持してきた。すなわち，内国歳入法セクション179は個人および中小企業が即時費用化できる限界額を定めているが，その限度額の拡大を進めてきた。2003年のJGTRRAでは，中小企業を対象とした即時償却額は2005年までの時限措置として25,000ドルから100,000ドルに引き上げられた。この限度額は再度2007年に125,000まで引き上げられ，2008年から2010年までは物価スライドもされることになった。2008年景気対策法では，その限度額は2008年につき250,000ドルまで引き上げられた[21]。

---

19) *Ibid*., p.163.
20) Council of Economic Advisers (2007), p.75.
21) Council of Economic Advisers (2009), p.164.

(4) 研究開発の税額控除

ブッシュ政権は代替エネルギー分野で，研究開発税額控除を上手に拡大してきたが，2005年と2006年にそれをさらに拡大し，適格なエネルギー研究に対して20%追加的な税額控除を与え，税額控除資格のある研究開発費の割合を高めた。それによって2005年と2006年に，民間産業の研究開発は著しく拡大したと経済諮問委員会は評価している[22]。

4-3 「租税公正を求める市民」というシンクタンクと税制・経済政策研究所のブッシュ政権の企業減税に対する批判的研究

政府の経済諮問委員会のブッシュ減税に対する評価とは違って，上記2つのシンクタンクの共同論文（McIntyre and Nguyen (2004)）はブッシュ政権の企業減税政策に対して完全に批判的である。

この共同論文が調査したのは，2004年のフォチューン・リストに載っているアメリカの500の大会社のうちの275社である。これら275社は，2001–03年期に1.1兆ドルの税引前利潤を国内で上げていた。これら275社の税引前利潤は，平均実効税率が2001年の21.4%から2002–03年の17.2%へと低下したので，この3年間に26%と飛躍的に増加した。平均実効税率17.2%は法定税率35%の半分未満である。この共同論文は275社の課税実態について詳細に明らかにしているので，要点を整理しておこう[23]。

(1) かなりの会社が税を支払っていない。

275社のうち82社すなわち全体の3分の1の会社は，2001年から2003年までの3年間のうち少なくとも1年間は連邦税を支払っていないかあるいは逆に連邦から税の還付を受けている。その金額は合計126億ドルになる。この期間に税の還付を受けた会社の数は28社である。最も還付率の高いペプシコの平均実効税率は実に-59.6%である。2003年だけでみると，46社が連邦税を支

---

22) *Ibid*., p.165.
23) McIntyre and Nguyen (2004), pp.1–68.

払っていないかあるいは逆に連邦から税の還付を受けていた。

(2) 法人税の租税支出の規模は大きい。

ループホールやその他の租税支出は，275社に対して，2001年で434億ドル，2002年で608億ドル，2003年で710億ドル，3年間の合計で1752億ドル税負担を軽減した。この3年間の減税合計の約半分（871億ドル）が丁度25社に配分され，各社は15億ドル以上の減税の恩恵に浴した。中でもGEは最大の減税の恩恵を受けた会社で，3年間で950億ドル税負担を軽減された。実際，2002年と2003年で275社は，利潤の半分以上を免税にすることができた。275社が株主に説明したところでは，この2年間（2002-03年）に7390億ドル稼いだが，税として支払ったのはその半分以下のたった3630億ドルだけであった。

(3) 大会社の法人税の平均実効税率は，租税支出の拡大により大きく低下した。

1986年レーガン税制改革で法人税の法定税率は46％から34％に軽減されたが，課税ベースの拡大で大企業の法人税の平均実効税率は，改革前約14％から1988年には26.5％にまで上昇した。しかしながら，90年代には，大きな会計会社の作り出したタックス・シェルター計画に乗せられて1986年税制改革の抜け道を見つけ出した結果，1996-98年に250社を調査した結果では，平均実効税率は21.7％にまで下落した。その後同じ位の水準で推移し，2001年では21.4％であった。

ところが，2002年と2003年の法人税減税で，275社の平均実効税率は2002-03年期に17.2％にまで下落した。275社の租税支出合計額は，2001年434億ドル→2002年608億ドル→2003年710億ドルと増大した。法人税減税のお陰で275社は，法定税率35％がそのまま適用された場合と比べて半分以上税を支払わないで済ませることができた。

(4) 大企業の支払い税額が少ない主な理由は，加速度減価償却，ストック・オプション，税額控除，オフショア・タックス・シェルターリングのためである。

＜加速度減価償却＞

　275社の加速度減価償却制度利用による租税支出は，2001年の150億ドルから2002年の226億ドル，2003年の333億ドルと増え，3年間の合計で709億ドルにもなった。こうした巨額の新規減価償却減税にもかかわらず，財産，工場，設備への新規投資は，275社全体で2002年に12%程度，2003年に3%程度減少した。加速度減価償却による税負担軽減分の3分の2は275社中の25社に行った。25社は3年間で合計465億ドルの加速度減価償却利用による税負担の軽減を受けたが，1社平均で約19億ドルとなる。

＜ストック・オプション＞

　ほとんどの大会社は，役員やその他従業員に将来有利な価格で会社の株を買うことを選択権付き（オプション）で認めている。これらのオプションが実施されると，会社は従業員が株式に支払う金額とその株式の時価との差額を課税所得から控除できる。しかし株主への利益報告では，ストック・オプション取引の結果を企業の経費として取り扱わない。というのは，会社の株式の市場価格は収益と緩やかな関係があるだけなので，株式を割引価格で発行することは実際に利益を減らすわけではない，という疑わしい理論に基づいてそう判断しているからである。

　275社中269社が2001–03年期にストック・オプション減税の恩恵に浴したが，その税負担軽減額は3年間の合計で320億ドルになる。これは275社の平均実効税率を3年間にわたって3.0ポイント引き下げたことになる。また275社のうち25社は，ストック・オプション減税の恩恵のうち207億ドル（全体の84%）を受けていたことになる。

＜税額控除＞

　研究投資，ある種の石油掘削事業，輸出，低賃金労働者の雇用，安価な住宅といった事業活動に従事する会社に税額控除が認められた。中には予想以上に税額の恩恵を受けた会社もある。

＜オフショア・タックス・プランニング＞

　過去10年間に法人と会計会社は，租税負担回避のために帳簿上の利益をオ

フショア・タックス・ヘイヴンに移すのにやっきとなっている。法人のオフショア・タックス・シェルターリングは年間300億ドルから700億ドルに上るものと思われる。

(5) 法人租税インセンティブの失敗

2001年以降，275社の平均実効税率は5分の1程下落した。この下落の原因の大半は，2002年と2003年に制定された法律を反映している。

商務省は，2001年から2003年にアメリカの民間非住宅固定投資が名目約7％下落したと発表した。275社は，同期間に有形固定資産への全世界の投資が約15％下落したと報じた。

総じて275社の加速度減価償却の恩恵の大半を得た25社は，2001–03年期に有形固定資産への投資を全体として27％程減らした。25社のうち1社は不明だが，11社は投資を増やし，13社はそれを減らした。対照的に残りの250社はその投資を約8％だけ減らしている。

過去3年間で租税補助金（租税支出）合計が最も大きかった25社は資本投資を2001–03年期に22％程減らした。対照的に，残り250社は13％程資本投資を減らしただけである。

2001–03年期に加速度減価償却から業種内の企業が平均的に最大の恩恵を受けていた5つの業種（産業）（電気通信，石油・パイプライン，運輸，ガス・電力，エレクトロニクス・電子機器）は資本投資を22％減らした。対照的に，残り15業種（産業）はその投資を9％減らしただけである。3年間の減税額1750億ドルの使われ方として，うまく使われたとは思われない。

(6) ブッシュ減税による損失

＜一般大衆＞

2000–03年度にかけて連邦法人税収は2070億ドルから1380億ドルに減った。対GDP比で2.1％から1.3％に低下した。これによって一般大衆につけが回る。公共サービスのための負担が増えるかサービスの切り下げにあうか，将来債務に直面するかのいずれかである。

＜不利益を受ける会社＞

減税の恩恵は業種や会社ごとに違っており，不利益を受ける業種・会社も出てきた。

＜米国経済＞

ワシントンDCで盛んにロビースト活動をした会社が利益を受けたが，長期経済成長を犠牲にしてのことであった。

＜州政府と州の納税者＞

一般的に州法人税の課税ベースは連邦法人税のそれにリンクしているので，連邦法人税減税の結果，252社が支払った州法人税は，2001年の税引前利益の2.8％から2003年には2.3％に下落した。2003年の2.3％の州法人税実効税率は，州が表向き平均的に会社に支払いを要求している公式の法人税率6.8％の3分の1に過ぎない。州法人税収入の低下は，州の他の納税者の負担を増やすか，あるいは州・地方の公共サービスを削減することを意味する。

＜税制度に対する大衆の信任＞

企業減税は大衆の不信を招く。

4-4　予算政策優先研究所のブッシュ法人所得税減税に対する批判的研究

予算政策優先研究所の研究も，ブッシュ政権の減税政策に対して批判的である。

2001年と2003年のブッシュ政権の減税政策は，所得税の限界税率の引下げ（39.6％，36％，31％，28％→35％，33％，28％，25％），キャピタル・ゲインと配当への税率引下げ，相続税の2010年までの段階的廃止，児童税額控除の拡大，代替ミニマム税の基礎控除の拡大，法人税の初年度特別償却，小規模事業者の即時償却枠の拡大等が主なものである。ブッシュ減税は全体として，次の点で評価されていない[24]。

第1に，2001年と2003年の減税は2001年から2008年までの間に約17兆円赤字を膨らませた。しかも，減税の財源は公債を発行することによって賄わ

24）　The Center on Budget and Policy Priorities (2009), p.1；Aron-Dine, Stone and Kogan (2008), p.21.

れた。

　第2に，減税額の大半は高所得者を潤すことになった。事実，家計のトップ1％層（2008年に45万ドル以上の所得のあるグループ）は，もしブッシュ減税が2010年以降恒久化されると，次の10年間に減税の恩恵の31％を受け取ることになる。

　第3に，7つの景気指標中6つについて2001–07年期の平均的伸び率は，ブッシュ減税があったにもかかわらず，戦後の拡張期の平均的伸び率よりも低かった。全般的経済成長と非住宅投資の伸びについては，第二次大戦後のどの拡張期と比べても，2001–07年期が最も弱かった。労働市場も2001–07年期は弱含みであった。雇用の伸びも賃金・給与の伸びも全体として第二次大戦以来のいずれの拡張期よりもこの拡張期の方が弱かった。ただ，法人利潤だけは，2001–07年期の拡張期の方が第二次大戦後の拡張期の平均を上回る伸びを示した。

　次に，予算政策優先研究所の研究では，企業課税に関わるブッシュ減税についても以下の点で評価されていない[25]。

　第1に，新規配当は必ずしも通常のベースでの通常の支払いといった形になっていない。むしろ，配当支払いの一部は，一時的な特別配当の形でなされている。約150社が減税後配当を支払い出して，合計四半期配当を15億ドル以上に増やしたが，その約40％は一時的な特別配当であった。通常の配当とは違って，これらの一時的な特別配当は会社の将来計画の指標にはならない。また会社は，配当支払いに代えて株式の買戻しをしているかもしれない。減税に反応して配当を始めたり増やしたりしそうな会社は，会社のトップがその会社の株式の相当部分をもっていることもある。

　第2に，配当，キャピタル・ゲイン減税は最高所得層に圧倒的に恩恵をもたらしている。アーバン・ブルッキングス両研究所租税政策センターの分析によると，2005年では配当，キャピタル・ゲイン減税の恩恵の約53％が100万ド

25）　Friedman (2005), pp.1–13；Huang and Stone (2008), pp.1–4.

ル以上の所得をもつ，0.2%家計層に入り込む。これらの家計は，平均37,962ドルの減税額を得ることになる。20万ドル以上の所得を有する家計は，配当，キャピタル・ゲイン減税の4分の3以上を受け取っている。10万ドル以上の所得を有する家計は，それら減税の恩恵の90%を受け取っている。それら減税の恩恵の10%だけが10万ドル未満の所得を有する86%の家計に入る。

高所得家計は，税のかからない退職勘定に貯蓄の大半を預けている中所得家計よりも，税のかかる口座で株式を保有している傾向が強い。上位5%所得層の家計は全株式の50%を，また税のかかる口座で保有全株式の約60%を所有している。ところが，税のかかる口座にある株式のみがそれら減税から直接的恩恵を受けるのである。

配当の二重課税の程度は誇張されているばかりか，配当の二重課税は公平性問題として不適切に表されている。しかし，賃金もまた，所得税と賃金税（社会保障税）として二重に課税されている。一般に所得が課税される回数は，適切な公平性問題とはいえない。公平性というのは，租税理論上は税負担が異なった所得グループにどのように担われるのか，また同じ条件の納税者が同じ額の税を支払うかどうかを問うものである。したがって，適切な公平性問題は，配当，キャピタル・ゲイン減税が，それに見合う税収入を得るための負担を賃金に転嫁し，株式によって生み出される所得から離れるかどうか，またそれが株式の大半を所有する高所得層に対し，実質的減税を与えることによって租税法の累進性を弱めるかどうかを問うことである。

第3に，ブッシュ政権下の財務省は，配当，キャピタル・ゲイン減税は法人所得二重課税の負担を軽くして，資本を法人部門に移させ，全般的な経済的営みの改善を促すと述べているが，こうしたことがいえるのは，減税のコストが大部分赤字に影響しないと想定しているからであって，減税のコストが赤字を増やす限り，減税は国民貯蓄を減らし，それによって投資を低下させ，長期的な成長を抑えることになる。

第4に，企業向加速度減価償却に1ドル使うと27セントの追加需要を生み出すが，失業保険給付，食料スタンプ給付の臨時の供給拡大，諸州への財政的

救済の配分は追加1ドル以上を創出する。要するに，加速度減価償却制度は有効な経済的刺激策を与えそうにない。

5. 法人税負担の国際比較

5-1 法人税の法定税率の国際比較

図8-3は，1982-2005年期におけるアメリカとOECD 22カ国の国と地方を合せた法人税の平均および中位の法定税率を示している。見ての通り，アメリカの法人税の法定税率はOECD諸国の法定税率の平均を超えている。

連邦と州平均を合せたアメリカの法人税の法定税率は，1980年代中頃まではほぼ50％という高い水準にあった。1986年のレーガン税制改革で連邦法人税率は34％にまで引き下げられたため，連邦と州平均とを合せた法定税率は38％にまで落ちた。これは当時のOECD諸国の法人税の法定税率よりかなり低かった。ところが，OECD諸国の法人税の法定税率は1980年代後半から下がり続け，遂に1990年代末頃にアメリカの法人税の法定税率以下にまで低下

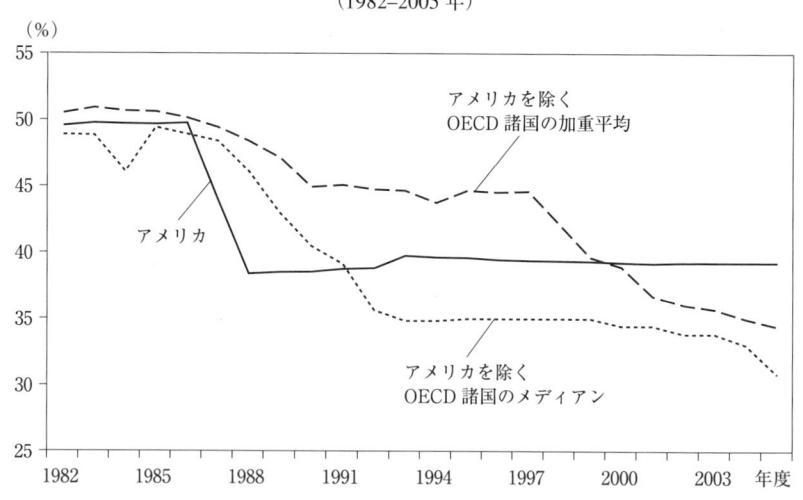

図8-3 アメリカとOECD 22カ国の法人税の法定税率
（1982-2005年）

（注）法人税の法定税率は中央政府と地方政府の税率を合わせたものである。
（出所）U.S. Department of the Treasury (2007), p. 36.

し，その後もさらに下がり続けている[26]。

様々な要因が法人税率の引下げ競争に拍車をかけているが，アメリカ財務省は次の3つを要因としてあげている[27]。

第1に，過去20年間の国際的資本移動の急拡大が法人税率の相対的な差に法人の投資を敏感にさせてきたという。特にEUの市場統合が顕著に進んできたが，その中で進んだ加盟国の法人税率の引下げは，かなりの程度まで東欧の低い法人税率に反応したものであったという。

第2に，アメリカは本国に送金する一定の法人所得に対する課税の繰り延べを認めているけれども，イギリスや日本と同様に世界所得ベースで法人所得に課税している。したがって，アメリカの法人子会社は所得を本国に送金する時に自国政府に，自国の法人税率と受入国の法人税率との差を支払うので，諸外国はアメリカの法人子会社の税負担を全く増やすことなしに，アメリカ（あるいはイギリスあるいは日本）の法人子会社にそれらの本国によって課せられている法人税率まで，やすやすと課税することができる。

第3に，社債と株式のハイブリッド形の企業金融の発展やオフショア・タックス・ヘイヴンの増大のような洗練されたタックス・プランニングの展開もまた，OECD諸国間の租税競争の高まりの一因となっているかもしれない。

なお，2007年のOECDの報告書では，GDPの規模でみて，大規模諸国（米，日，独，英，仏，伊），中規模諸国，小規模諸国の法定法人税率の変化を比較し，2000-06年期に大規模諸国3.6%ポイント，中規模諸国で4.5%ポイント，小規模諸国で6%ポイント低下したことを明らかにしている[28]。すなわち，経済規模の大きな国々の方が小さな国々よりなお高い法定法人税率で課税し続けていることを意味する。

しかしながら，2007年のOECDの報告書は，法定法人税率が2000-06年期にOECD諸国で大きく低下したにもかかわらず，法人税収は多くの国でGDP

---

26) Office of Tax Policy (2007), p.6.
27) U.S. Department of the Treasury (2007), pp.36-37.
28) OECD (2007), p.22.

の伸びと同じかそれを上回るペースで増えたことも明らかにしている。これは，法人税の課税ベースを広げたことに一部起因することでもあろう。例えば，これまでの寛大な減価償却規定を見直し，厳しくすることによって，また租税特別措置を廃止することによって課税ベースの拡大が図られたとも考えられる。法人税収の増加は，さらに，グローバル化に伴う，税引前の企業の利潤構造に大きな変化が起こったことにも起因することが考えられるが，これにもいろいろな要因が考えられ，確定的な解答は見出されていない[29]。

5-2 法人税の平均実効税率の国際比較

図8-4は，国と地方を合せての法人税の平均実効税率の国際比較を示したものである。この平均実効税率は，課税前法人利潤に対する支払われるべき国・地方法人税額の割合を表している。ただし，この平均実効税率は次のような条件の下で計算されたものである。使われていたデータは製造部門の投資に関するものである。投資は，設備と機械への1期間の投資であり，資金は社債によ

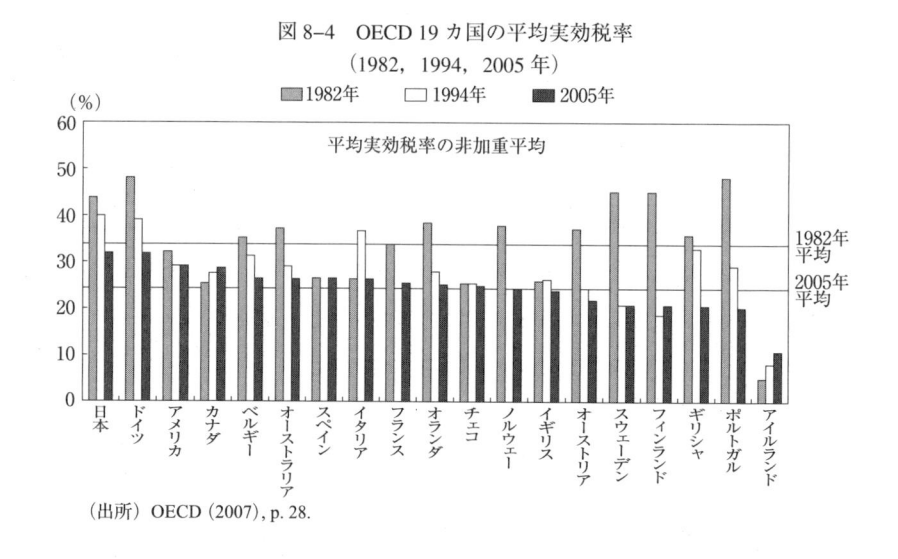

図8-4 OECD 19カ国の平均実効税率
(1982，1994，2005年)

(出所) OECD (2007), p. 28.

---

[29] OECD (2007), pp.33-34.

らず株式または留保利潤で賄われる。期待利潤率は 10%，実質割引率 10%，インフレ率 3.5%，減価償却率 12.25% と仮定する。

さて，企業は，最も高い税引後利潤の得られそうな立地を選択しようとする。この意思決定に対する税のインパクトは，平均実効税率で計ることができる。図 8-4 をみると，OECD 19 カ国の平均実効税率の非加重平均は，1982 年から 2005 年までの間に 10% ポイント程下がっていることがわかる。しかし，アメリカの平均実効税率は，1982 年では 19 カ国平均より低かったのに，2005 年では 19 カ国平均を上回ったままとなっている。つまり，税率だけではあるが企業の立地条件としては，今日アメリカは国際的に不利な状態に置かれていると読める。

ところが果たしてそうか。表 8-4 では法人の経常剰余金に対する法人税収入の比率を平均実効税率として，G 7 諸国の法人税の平均実効税率を国際比較している。これをみると，アメリカの法人税の平均実効税率は，OECD 平均より低く，主要国の中でも 2 番目に低い。その値は 2001／2003 年ブッシュ減税をなくしても変わらない。したがってアメリカは，G 7 の中では国際競争上ブッシュ減税があろうがなかろうが不利というわけではない。図 8-4 の平均実効税

表 8-4 アメリカの各種法人税率の G 7 諸国との国際比較（2006 年）

(単位：％)

国名	法定税率	法人平均実効税率	法人・個人統合平均実効税率	法人限界実効税率	法人・個人統合限界実効税率
カナダ	36	18	25	14	56
フランス	35	20	26	11	40
ドイツ	39	7	16	24	60
イタリア	33	14	27	−1	14
日本	42	16	18	33	49
イギリス	30	27	38	15	47
アメリカ					
現行法	39	13	24	14	44
2001/2003 年減税のない場合	39	13	NA	14	56
G 7 平均	36	17	25	16	44

(出所) Carroll (2006), p.30.

率は種々の仮定の上に計算されているのに対し，表8-4の平均実効税率は実現値を使っているだけに，この方が実態に近いといえる。そして，図8-3に示されるようにアメリカの法人税の法定税率が非常に高いのに，なぜ平均実効税率がこのように低いのかという疑問が起こる。それはアメリカが法人税優遇措置をOECDの平均以上に利用しているからであろう。

なお平均実効税率は，法人負担の尺度としては不十分な点がある。というのは，税は新規投資の耐用期間にわたる期待収益率を引き下げることによって資本所得に負担を課すが，平均実効税率は，企業の1年間の税負担のスナップショットにすぎないからである。加えて，投資にかかる税負担は，割引現在価値で算出するために，税が投資期間にわたってどのように配分されるのかに部分的には依存している。一定額の税はその支払いが早ければ早いほど企業には重大事となる。同じことは控除にも当てはまる。しかし，逆に一定額の控除は，その請求が早ければ早いほど価値が増す[30]。

5-3 法人税の限界実効税率の国際比較

一般に法人税の限界実効税率は，課税前投資収益と課税後投資収益の差を課税前投資収益で割った値である。限界実効税率は，平均実効税率とは違って，加速度減価償却規定のインパクトを組み込んでおり，またインフレと租税規則との相互作用，法定税率，投資税額控除のような投資補助金も計算に入れている[31]。

図8-5は1953-2006年期の5種類の資本所得にかかる限界実効税率を示している。1953年時点でみて一番上の線は，法人投資にかかる合計限界実効税率の推計を示している。それは，減価償却や租税補助金（租税優遇措置）と並んで，企業段階の利子控除や個人段階の利子，配当，キャピタル・ゲイン課税を計算に入れた合計税率を表している。上から二番目の線は，法人企業段階での法人所得にかかる限界実効税率を示している。もし減価償却が経済合理的な

---

30) Brumbaugh (2005), p.7.
31) *Ibid*., pp.7-8.

図 8-5 アメリカの資本所得に対する限界実効税率
(1953-2006 年)

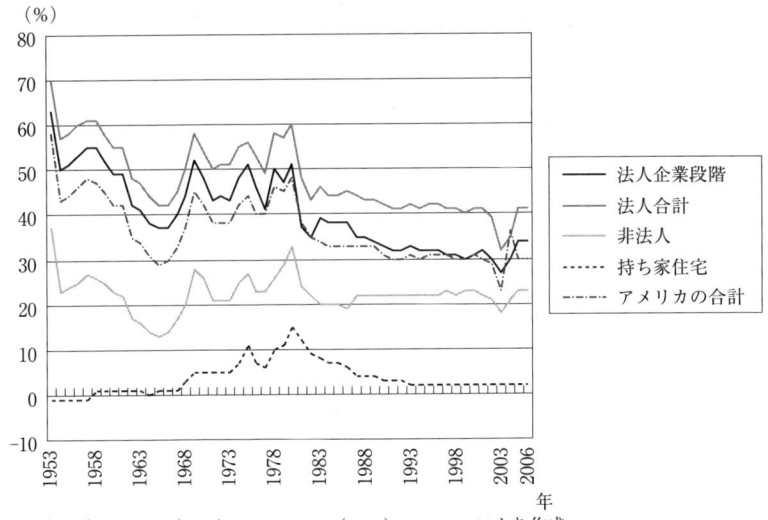

凡例：
- 法人企業段階
- 法人合計
- 非法人
- 持ち家住宅
- アメリカの合計

(出所) Gravelle (2004), p. 2; Steuerle (2008), pp. 282-283 より作成。

割合で行うことが認められ，かつ租税補助金（租税優遇措置）が全くないと仮定すれば，この税率は法定法人税率に等しい。上から三番目の線は，法人，非法人，個人，持ち家住宅の資本所得にかかる限界実効税率を加重平均した税率を示している。上から四番目の線は，非法人事業（個人事業主や各種パートナーシップ）の推定限界実効税率を示している。上から五番目の線は，持ち家住宅（所有者居住持家住宅）の推定限界実効税率を示している。この税率は，純帰属家賃が所得から除外されるために，通常はゼロに近づく。

さて，図 8-5 の資本所得にかかる限界実効税率の推移について説明しよう。上から五番目の線を除く，上から一番目から四番目までの線は，1950 年代初めから 1960 年代中頃にかけて下落を示している。これは，加速度減価償却，投資税額控除の導入，法定税率の引下げの結果そうなったのである。その後これらの線は，1960 年代後半に上昇し，1970 年代に変動している。これは，インフレと並んで，投資税額控除の廃止と再導入の結果である。これらの線は，1981 年に急激に下落している。それは，経済再建税法の加速度減価償却規定

を反映している。これらの線は，株主段階の税の軽減（配当とキャピタル・ゲインにかかる税率の軽減を含む）が限界実効税率の低下を引き起こす 2000-03 年までは比較的安定的である[32]。2005 年・2006 年には，それらの線はややリバウンドしている。

次にもう1つ指摘しておくべきは，図 8-5 をみてわかるように，1953-2006 年期を通じて法人投資の合計限界実効税率（一番上の線）が，他の投資の限界実効税率よりずっと高い位置にあった点である。

図 8-6 は，国と地方を合せての法人税の限界実効税率の国際比較を示したものである。19 カ国のうち 14 カ国で 1982-2005 年期に限界実効税率が下がっている。逆にそれが上がっているのは，カナダ，イギリス，アイルランド，イタリア，アメリカだけである。限界実効税率の非加重平均は，1982 年の 27.9% から 2005 年の 20.3% まで下がっている[33]。アメリカは，図 8-6 の限界実効税率をみれば，国際競争上不利な立場に立たされている。

しかし果たしてそうか。法人所得課税は，法人段階と個人投資家段階の両方

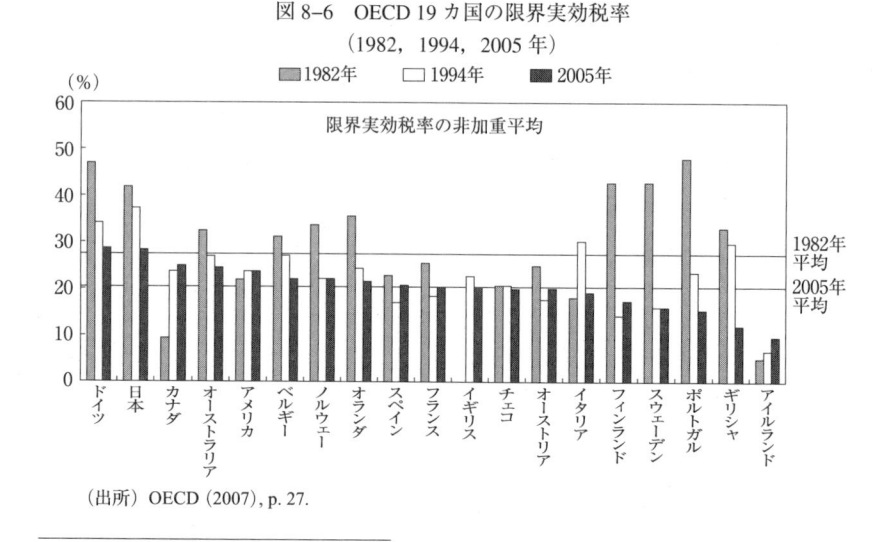

図 8-6　OECD 19 カ国の限界実効税率
（1982，1994，2005 年）

（出所）OECD (2007), p. 27.

---

32)　*Ibid*., p.8.
33)　OECD (2007), p.11.

が考えられる。表8-4では法人段階の課税と，法人段階および個人を統合した場合の法人課税の限界実効税率をアメリカとG7諸国と比較して示している。法人段階での限界実効税率をみると，アメリカは2001／2003年のブッシュ減税があろうがなかろうがG7の平均より低い値を示している。統合限界実効税率をみると，アメリカは2001／2003年ブッシュ減税がある場合（現行）G7の平均値と同じ値であるが，ブッシュ減税をなくすとかなり高い値になるという結果が出ている。その限りでアメリカが国際競争上不利だといえるかもしれない。

　さて，減価償却費は，法人の課税ベースの中心的決定因子であり，法定税率と限界実効税率を区別する重要な要因をなしている。表8-5は，OECD諸国についての法人課税ベース（と限界実効税率）の差を説明するには減価償却費が重要なことを示している。OECD諸国の減価償却費の割引現在価値が示されている。割引現在価値ゼロは投資が全く償却されないことを意味するが，割引現在価値が1の場合は，投資の即時償却（費用化）に等しい。ほとんどのOECD諸国は，設備投資を株式金融で賄った場合の限界実効税率が法定税率より低くなるように，その設備投資にある種の加速度償却を適用している。アメリカは

表8-5　OECD 7カ国の中央・地方を合せた法定法人税率，減価償却費の割引現在価値，限界実効税率（2005年）　　　　　　　　　　　　　　　　　　（単位：％）

国名	中央・地方を合せた法定法人所得税率	減価償却費の割引現在価値（設備投資を株式金融による場合）	限界実効税率（設備投資を株式金融による場合）	限界実効税率（設備投資を社債金融による場合）
カナダ	36	73	25	-37
フランス	34	77	20	-36
イギリス	30	73	20	-28
ドイツ	38	71	29	-37
イタリア	37	82	19	-48
日本	40	73	28	-40
アメリカ	39	79	24	-46
G7諸国非加重平均	36	76	24	-39
OECD 19カ国非加重平均	31	75	20	-32

（出所）U.S. Department of the Treasury (2007), p.35 より作成。

高い法定税率とは対照的に，設備に比較的寛大な減価償却費を適用している。その割引現在価値は79%である。OECD諸国の過去20年間の傾向は，寛大な減価償却費を次第に厳しくしてきたことである[34]。

ところで，限界実効税率は，企業金融が社債によるのか株式によるのかによっても変化する。というのは，利子は控除されるが，配当は控除されないからである。したがって，社債金融の場合の予定投資収益率は，株式金融の場合の予定投資収益率より法定税率だけ低くなる。この低い割引率はまた，社債金融による投資の場合の減価償却費の割引現在価値を増加させる。実際，利子控除と加速度減価償却のおかげで，社債金融による投資に対する限界実効税率はすべてのOECD諸国で負の値を示しており，それは社債金融による投資に対する税制面からの補助金であることを意味する[35]。

株式金融による設備投資と社債金融による設備投資のそれぞれの限界実効税率は，表8-5の第3欄と第4欄に示されている。株式金融による設備投資の場合のアメリカの限界実効税率24%は，OECD 19カ国の平均である20%より高いが，G7の平均に等しい。社債金融による設備投資の場合のアメリカの限界実効税率-46%は，G7平均の-39%やOECD平均の-32%より低い。これらの数値は，株主や社債による企業金融それぞれの場合の，限界実効税率に対する法定税率の相異った影響を例証している。高い法定税率は，株式金融の場合に高い限界実効税率を生み出し，社債金融の場合に低い限界実効税率を生み出す。というのは，利子控除額は，法人税率とともに上昇するからである。なるほどアメリカは，OECD諸国の中で社債による場合の限界実効税率と株式による場合の限界実効税率の間に最も大きな格差を生じさせている。おそらく，OECD諸国よりもアメリカで企業金融の決定に顕著な税の歪みを生じさせている[36]。

---

34) U.S. Department of the Treasury (2007), p.35, p.37.
35) Office of Tax Policy (2007), pp.8-9.
36) *Ibid*., p.9

5-4 個人レベルの法人所得課税

企業段階の課税を捉えるだけでは，法人に対する税負担を完全には捉ええない。なぜなら，利子，配当，キャピタル・ゲインの形で分配される法人利潤は，しばしば投資家段階での課税に服するからである。利子は法人によって控除されるために，社債金融による投資は，投資家段階での税にのみ服する。しかし，配当や留保所得（それはキャピタル・ゲインを生み出す）は，法人によって控除されない。だから，株式金融による投資は，二重課税されることになる。ほとんどの国は，この二重課税を緩和するために，何らかのタイプの統合方式を採用している[37]。

配当課税の部分的ないし完全なインピューテーションを実施している OECD 諸国の中には，イギリス，カナダ，メキシコが含まれる。アメリカ，日本，インドは長期キャピタル・ゲインに軽減税率を適用している。アメリカは現在配当にも軽減税率を適用している。他方，ドイツ，フランスは配当所得の 50% を非課税扱いにしている。イタリアや中国は，稼得所得にかかる最高限界税率より充分低いが，利子，配当，キャピタル・ゲインに一律課税するスカジナビアン制度を採用している[38]。

表8-6 は，G7諸国について，個人の収入である利子，配当，キャピタル・ゲインにかかる最高法定税率を示している。アメリカは，利子課税ではG7諸国平均より高く，配当課税ではG7諸国平均以下で，長期キャピタル・ゲイン課税ではG7諸国の平均の位置にある。表8-7 は，トップ限界所得課税ブラケットにいる国内課税対象投資家の統合限界実効税率をG7諸国について示している。アメリカは，社債金融あるいは留保金金融で設備投資を行う場合には，G7平均を超える限界実効税率を有し，株式の新規発行で設備投資を行う場合には，大体G7平均の限界実効税率を有することを示している[39]。

---

37) U.S. Department of the Treasury (2007), p.39.
38) *Ibid*., p.40.
39) Office of Tax Policy (2007), p.12.

表 8-6　G7 諸国の住民の利子・配当・キャピタルゲイン受取収入にかかる最高法定税率（2006 年）

(単位：％)

国名	利子 最高法定税率	配当 最高法定税率	キャピタル・ゲイン 最高法定税率
カナダ	46.4	30.0	23.2
フランス	27.0	23.0	26.0
ドイツ	47.5	23.7	23.7
イタリア	12.5	12.5	20.0
日本	16.3	30.0	10.0
イギリス	40.0	25.1	10.0
アメリカ	37.9	18.8	18.8
7カ国非加重平均	32.5	23.3	18.8

(注) 最高法定税率には中央政府と地方政府の税率が含まれている。
(出所) Office of Tax Policy (2007), p.12.

表 8-7　G7 諸国の最高限界所得税率適用対象の国内投資家に対する統合限界実効税率（2006 年）

(単位：％)

国名	社債	新規株式発行	留保所得
カナダ	51.8	63.4	51.8
フランス	12.6	49.9	43.7
ドイツ	56.8	64.0	58.7
イタリア	−29.7	29.0	28.3
日本	−49.0	49.9	25.3
イギリス	46.1	55.8	38.8
アメリカ	31.0	51.8	46.1
7カ国非加重平均	17.1	52.0	41.8

(注) 1. 新規株式発行に適用される税率は配当にかかる税である。
　　 2. 留保所得に適用される税率は長期キャピタル・ゲインにかかる税である。
　　 3. 留保所得にかかる限界実効税率は，10 年の猶予期間を想定している。つまり，長期キャピタル・ゲインの実現に 10 年かかることを想定している。
(出所) Office of Tax Policy (2007), p.13.

5-5　国際法人所得課税

アメリカが国際課税において，特に EU 諸国との企業競争上不利な立場に置かれてきた問題が2つ存在する。1つは，アメリカと EU 諸国との国境税調整をめぐる問題である。アメリカは州売上税は別にして，連邦レベルでは付加価値税（VAT）を有していないのに対し，EU 諸国は VAT を導入して国境税調整に仕向地原則を適用できる点で優位に立っている問題である。もう1つは，多国籍企業の所得の課税において，アメリカは全世界所得課税原則を採用しているのに対し，EU 諸国は領土主義課税を採用しているために，アメリカの多国籍企業が国際競争上不利だとされる問題である。順に検討しよう。

(1)　アメリカと EU 諸国との国境税調整をめぐる問題

Hufbauer and Grieco（2005）に依りながら説明しよう[40]。

1971 年以来輸出課税をめぐって，アメリカとヨーロッパは争ってきた。GATT の規定では，間接税は消費者に負担が帰着するので輸出に際し国境税調整の対象になるが，直接税は生産者に負担が帰着するので輸出に際し国境税調整の対象とされていなかった。アメリカ政府は，この判断そのものの当否を争うことはしなかった。代わりに，1971 年時のアメリカ政府は，意欲的な議会を説得して，輸出業者の負担を軽減するために法人税制に対し一連の法改正を行っていった。

1971 年に内国国際販売会社制度（DISC）が制定された。これによって法人税は輸出収入に対し約 12% ポイント程軽減された。ヨーロッパ委員会は 1974 年，それは輸出補助金を扱っている GATT 第 16 条に違反するとして提訴した。それに対抗してアメリカはベルギー，フランス，オランダの領土主義課税は同条項に違反するとして提訴した。その後両者が休戦状態に入った後，1981 年に休戦協定が結ばれた。

1984 年に連邦議会は，GATT の義務を完全履行するために DISC を廃止し，代わりに外国販売会社制度（FSC）を設けた。FSC は，輸出収入の約 5.25% ポ

---

[40]　Hufbauer and Grieco (2005), pp.87–89.

イント程法人税を軽減した。これに対し，EU は 1997 年に，FSC は補助金と対抗措置に関するウルグアイラウンド規約（SCM）違反だと提訴したが，1999 年に WTO 控訴機関はこれを認める報告書を公表した。

2000 年 11 月には超党派の支持を得て，連邦議会は国外所得免除制度（ETI）を制定した。ETI は，FSC の便益の内実を維持しつつ，WTO パネルの報告書にあげられた技術的な問題点に答えようとしたものであった。2000 年 12 月に EU は ETI について訴え，2002 年 1 月に WTO 提訴機関は ETI は以前の FSC と同様に，ウルグアイ・ラウンドの SCM 規約違反だとの判断を下した。2002 年 8 月に WTO 紛争処理委員会は，EU がアメリカの輸出に対して対抗措置として年間 40 億ドルを課すことを許可した。

その後連邦議会は，法人税法に優遇措置を盛り込むために年間約 50 億ドルの財源を使いながら FSC／ETI の廃止の道を模索した。2004 年 3 月に EU は，アメリカ連邦議会の審議を促進させるために，アメリカからの個々の輸入品に 5％ の報復関税を課し始め，FSC／ETI が廃止されなければ 12 ヵ月間，月に 1％ 報復関税を引き上げると警告した。2004 年 10 月に，アメリカの上・下両院は 2004 年アメリカ雇用創出法（AJCA）として知られる，FSC／ETI 廃止法を成立させた。ブッシュ大統領は 2004 年 10 月 22 日に AJCA に署名し，それは法律となった。EU はその法律が発効する 2005 年 1 月 1 日にその制裁を解くことに同意した。

こうした経過にもかかわらず，アメリカと EU との間の輸出課税をめぐる基本的な対立は全く解決していない。アメリカが法人税に依存し続ける限りこの問題は続く。アメリカの企業は，アメリカ市場では EU 等の VAT を支払わない国々からの競争に曝されながら，EU 等への輸出には 15％ VAT が上乗せせられることについて不満を抱き続けている。ただもし合衆国が法人税に代えて連邦売上税や企業活動税のような消費ベース課税を導入すれば，GATT／WTO の輸出に関する国境税調整ルールが適用でき，その問題は解決される。しかしながら，アメリカ政府や財務省からは，消費ベース課税が 1 つの選択肢として示されつつも，それを選択するという最終判断まで下せないでいる。

（2） サブパートF条項廃止か否かの問題

　一般的にアメリカの法人は，その所得がアメリカ国内で稼得されたものであるか外国で稼得されたものであるかを問わず，そのすべての所得に課税される。すなわち法人は全世界所得ベースでその所得に課税される。しかしながら，外国子会社をもつアメリカの親会社は，その所得が配当として本国へ送金されるまでは，アメリカ政府からその外国子会社の積極的事業所得に一般的には課税されない。その時まで，そうした外国源泉所得へのアメリカの課税は，一般的には繰り延べられる。外国所得の二重課税を緩和するために，アメリカは，すでに支払われた外国税のアメリカの税負担からの税額控除を認めている[41]。

　外国子会社収入に対するアメリカの課税の繰り延べは，サブパートF（内国歳入法でそう名付けられている）のような一定の反課税繰延制度によって制限されている。サブパートFは，一定の外国法人が得たある種の所得に通常のアメリカの課税を適用するものである。サブパートFは，従属外国子会社（CFC）とそのアメリカの株主に適用される。CFCは，法人株式の議決権ないし価値の50%以上が，少なくとも法人の議決権株の10%を所有するアメリカ人（アメリカの株主）によって，所有されている外国法人のことである。アメリカの各株主は，その所得がCFCによって分配されているかどうかにかかわらず，CFCのサブパートF所得の比例配分部分をアメリカの課税目的の所得に含めなければならない。サブパートF所得は，受動的所得や一般的に所謂「外国ベースの会社所得」を含め，流動性の高いタイプの所得を含んでいる。その「外国ベースの会社所得」としては，関係取引相手との一定の販売・サービス取引からの収入と並んで，配当，利子，地代，ロイヤルティを含んでいる[42]。

　アメリカの多国籍企業の海外所得課税は1962年歳入法で導入された従属外国子会社（CFC）ルールとサブパートF条項によって執行されてきた。1950–60

41） Office of Tax Policy (2007), p.84.
42） *Ibid*., p.85.

年代にアメリカの法人は外国子会社を設立して課税の繰り延べを図ったのに対し、これを阻止しようとして1961年にケネディ政権が途上国を除き、CFCが得た所得についてアメリカの株主に繰り延べを認めることなく課税しようとした。しかし、連邦議会は政府の提案は反競争的だとして、代わりにサブパートF条項を導入したのである。すなわちアメリカの親会社は、その外国子会社が稼得した利子、配当、ロイヤルティのような受動的所得や流動性の高い所得については、課税繰延できず、アメリカの課税に服さねばならなくなった。その趣旨は、CFCの受動的所得の課税繰延阻止である。そしてその後もサブパートF所得の範囲は拡大されて大変複雑なものになってきた。とはいえ、サブパートF条項から除外されるCFCの能動的所得には課税繰延が認められており、アメリカは多国籍企業の海外事業展開を建前としての全世界所得課税主義にこのような形で風穴を開けつつ、EU諸国の領土主義課税に対抗してきたのである。このような租税政策は本庄（2007）によれば、2002年「ETI除外制度が違法な輸出補助金である」というWTO決定によって、行き詰ることになったということである[43]。

こうしたことを背景に、ブッシュ政権下においても、アメリカの多国籍企業強化の観点からサブパートFを廃止して、領土主義課税で外国所得控除方式に移行した方が良いという意見も登場して、国際租税制度改革の議論が活発化し、ブッシュ大統領税制改革諮問委員会も一定の提案を行った。そうした改革論議の重要なものについては、本庄（2007）第7章「外国投資政策」で紹介されている。また本書第9章「国際課税制度の大転換—米国とわが国の議論の整理—」でもそれについて詳細な検討が行われている。したがって、ここでは改革論議の仔細については触れない。

しかし、民主党オバマ政権に代わってから新たな動きも出てきているので、それについてのみ触れておくこととする。2009年2月26日に公表した「今後

---

[43] Hines Jr. (2009), pp.1-50 ; Hufbauer andGrieco (2005), p.30 ; 本庄（2007），161-162ページ。

10年間の予算の青写真」において，オバマ政権は，今後10年間に法人課税の強化で約3540億ドルを捻出するが，そのうち2100億ドルは国際課税の強化や課税繰延の改革等で捻出するとしている。こうしたことを受けて，連邦議会は課税繰延制度の制限ないし廃止を審議する構えを見せている。これに対し，国際課税の代表的論者たちは警戒心を高めている。

Hufbauer and Kim（2009）は，課税繰延を廃止すれば，アメリカ本拠の多国籍企業は，海外で稼いだ所得について本国から一般的には課税されない他国の多国籍企業より実質的に税を多く払うことになり，国際的競争バランスが崩れることになり，自分の外国子会社を売却するところが出てくるかもしれないという。また，課税繰延制度を廃止するよりもアメリカ本拠の多国籍企業が海外活動で稼いだ「積極的所得」を課税することを止める領土主義課税を行うべきだという[44]。

他に，Shapiro and Mathur（2009）は，課税繰延制度の廃止やその制限強化は，提案者の意図に反して，それによって外国子会社の税引後収入が突然かつ急激に落ちるので，何百億ドルの国内投資と何十万人もの雇用に相当するコスト負担をアメリカにかけることになるという。それはまた，海外市場においてアメリカ企業の競争力を著しく損ない，さらにアメリカ国内の投資と雇用を減らすことになるという。課税繰延制度を廃止ないし顕著に制限していくと，グローバル企業にとって，本社活動をずっと税率が低く領土主義的課税制度を有する国々に移した方がはるかに有利になっていくともいう[45]。

(3) 2004年アメリカ雇用創出法

上記(1)と(2)に関わって，ブッシュ政権期に成立した法律は，2004年アメリカ雇用創出法（AJCA）である。アメリカの輸出および多国籍企業の対外直接投資における国際競争力強化の視点からその内容は構成されている。以下，Hufbauer and Kim（2009），Hufbauer and Grieco（2005），西野（2005），本

---

44) Hufbauer and Kim (2009), p.5.
45) Shapiro and Mathur (2009), p.37.

庄（2007）等を参照しつつ，重要点について述べる[46]。

AJCA の内容は大きくは①輸出優遇税制の段階的廃止及び国内製造活動に係る控除の創設，②事業活動に係るインセンティブ税制，③その他国内再投資目的の本国送金に係る控除等の3つに分かれる。ここでは，アメリカの国際競争力強化の観点から，①と③について述べる。

まず，外国所得除外制度（ETI 税制）という輸出優遇税制の段階的廃止について述べよう。アメリカは，EU との輸出課税をめぐる争いで，WTO から ETI 税制（輸出優遇税制）に対し協定違反と判定され，2004 年 AJCA を成立させて輸出優遇税制を段階的に廃止することになった。ETI 税制は，外国に対する販売，リースにより稼得した所得の 30%，外国との貿易に係る総収入の 1.2%，外国との貿易に係る総収入に対応する所得の 15% の3つのうち，最も金額の大きいものを課税所得から除外する制度であるが，AJCA では所得から除外される金額を，2005 年には 80%，2006 年には 60% とし，2007 年より完全廃止とした。そしてこの輸出優遇税制廃止の代替措置として，国内の製造活動に係る所得の一部を減額する措置が導入された。

この国内製造活動に係る控除の創設について説明しよう。適格製造活動に係る所得または課税所得（当該規定を考慮しないで計算した課税所得）のいずれか低い方の金額に対し，「一定率」を乗じた金額を課税所得金額の計算の際に控除することを認めるものである。ここにいう「適格製造活動に係る所得」とは，アメリカ国内において製造された動産，ソフト，音楽媒体等の販売等により生じた所得を指す。また，上記にいう「一定率」とは課税所得金額からの控除割合のことであり，それは 2005，2006 年 3%，2007〜2009 年 6% であり，2010 年以降 9% となる。これによって製造業の法定税率 35% は，実質的に 32% まで引き下げられたことになる。これは製造業に対する輸出優遇税制廃止に代わる新たな優遇税制である。

---

46) Hufbauer and Kim (2009), pp.6-7 ; Hufbauer and Grieco (2005), p.30, pp.56-58, p.89 ; 西野（2005），4ページ；本庄（2007），第4章〜第7章。

次に，AJCAのもう1つ重要な柱である国内再投資目的の本国送金に係る控除制度の創設について述べよう。この制度は，従属外国子会社（CFC）より受領した配当について，その配当額の85%の控除を認めるものである。この制度の適用要件は，配当のうち，通常の期間における配当等の金額を超える部分のみを対象とし，また配当がアメリカ国内における再投資目的のものであることとなっている。この制度の狙いは，これらの条件に合った配当金を使ってアメリカ国内での投資と雇用を促そうとするものである。これらの控除は，配当所得に適用される連邦法人税率を最高35%から5.25%まで引き下げる効果があったといわれている。

この制度の利用についてみると，企業の約70%が2007年末までに，また95%が2009年末までに，支出計画の実施を完了しようと計画していた。そしてこの制度利用の結果，約3120億ドルの配当が余分に本国アメリカに送金され，そのうちの80%は製造業企業における送金であったとされている。

ただ，この制度利用の効果については，研究者の間で意見が割れているが，Hufbauer and Kim（2009）は，AJCAの経験を重ねることは領土主義課税の恒久的採用に向けた道程の中間駅のようなもので有益だと評価している[47]。

6. 法人税改革に関する大統領税制改革諮問委員会の報告書と財務省の報告書

最後に，グローバル化の下でのアメリカの法人税制改革の方向性を示した，大統領税制改革諮問委員会の報告書『簡素・公平・経済成長促進』と財務省の報告書『21世紀に向けたアメリカの企業税制の競争力改善のためのアプローチ』について，その要点をみておこう。

先に，前者の報告書からみてみよう。2005年11月に，ブッシュ政権下の税制改革諮問委員会は，2つの税制改革案を検討するよう政府に勧告した。1つは簡素な所得税制案（SIT）と呼ばれる所得税改正案であり，もう1つは成

---

47) Hufbauer and Kim (2009), pp.6-7.

長・投資税制案（GIT）である。前者（SIT）は，課税ベースを広げ，税率を引き下げる所得税改革案である。後者（GIT）は，企業へのキャッシュフロー税と個人への賃金所得累進税を含む直接税として課税される。

　まず，簡素な所得税改革案（SIT）の主なポイントを説明しておこう[48]。

　SIT は，租税優遇口座への貯蓄や持家住宅への投資に影響を与える改正だけでなく，資本所得の現行措置を大きく改正しようとするものである。主な改正ポイントは次の通りである。

- ・法人税率を現行の 35% から 31.5% に引き下げる。
- ・配当への課税を取り除き（法人の国内事業に係る受取配当非課税），株式のキャピタル・ゲインへの税を多少ともネグリジブルな水準に引き下げる。
- ・小規模企業，中規模企業への現金主義会計を認めると同時に，設備投資額のかなりの部分の費用化を認める。
- ・法人代替ミニマム税を廃止する。
- ・新しい，簡素な減価償却制度を許可する。大規模企業，中規模企業については 4 類型に簡素化する。小規模企業については，土地・建物を除き即時償却を認める。
- ・既存の租税優遇措置のほとんどを廃止する。
- ・海外の能動的事業活動による所得に対する課税は止め，無形資産からの収入には経常的に課税する。つまり能動的所得には領土主義課税原則を適用し，受動的所得には従来通り世界所得課税原則を適用する。

　次に，GIT の主なポイントについて説明しよう。GIT は，開発・投資に対する無形の支出のような，現在費用化されている投資の取扱いが今後も続けられるように，企業段階でキャッシュフロー税を導入するものである。主な改正ポイントは次の通りである。

- ・法人税率を現行の 35% から 30% に引き下げる。
- ・土地・建物を含めてすべての投資および購入は費用化される（支払時に即

---

48) Gravelle (2006), pp.3–4.

時償却)。そして，古い減価償却の控除は漸次消失する。
- 支払利子は企業によって控除されない。また利子所得は課税されない。現存の債務に対する利子に対する課税の控除や支払いは，漸次消失する。
- 法人の受取配当は非課税とする。
- 支払われた税は国境で還付される（付加価値税と同じ仕向地課税方式）。
- 金融資本所得（配当，キャピタル・ゲイン，利子）は15％で課税される。

これら2つの税制改革案について，それが実施された場合の効果を検討した，議会図書館調査局のJ. G. グラヴェルは，次のように述べている[49]。

「両方のプランは資本配分の効率性を高めそうであるが，その効果はSITについては全く小さく，またGITについては金融所得課税があるため減少してしまう。SITは資本配分の歪みを世界中に拡大するかもしれない。全般的に経済成長への効果は，SITについては限界税率の変更が限られたものであるためネグリジブルである。GITの場合には新規投資への限界税率は相当軽減されるけれども，この案について成長効果は不確かで，かつ効果があっても全く緩やかなものであるかもしれない。ともかく，それらの税制改革案は，予算見通しに相当影響する程には大きくない。」

これらの評価はともかく，SITとGITはともに大統領によっても連邦議会によっても正式に取り上げられて提案されることはなかった。とはいえ，これらの報告書にはアメリカ企業の国際競争力強化を意識して，消費ベース課税や領土主義課税へ誘おうとする意図があることを読み取ることができる。

今度は，財務省の報告書の方をみることにしよう。この報告書では，3つの大きな企業税制改革案が提示されている。第1は，企業所得税制を企業活動税（BAT）に代置する案である。この企業活動税は消費税タイプの税である。第2は，租税優遇措置を廃止し，企業所得課税ベースを拡大し，代わりに法定税率を引き下げる案である。第3は，現行税制上の主要な問題点を洗い直す案である。

---

49) *Ibid*., "Summary".

もう少し詳しく3つの企業税制改革案の重要ポイントをあげておこう[50]。
(1) 第1案について。
　①企業活動税の課税ベースは，財貨・サービスの販売粗収益から他企業からの財貨・サービスの購入額（資本財購入を含む）を差し引いたものとなる。
　②賃金やその他の従業員報酬（フリンジ・ベネフィットのような）の形態は課税されない。
　③利子は課税ベースから除外される。それは，所得に含まれもしなければ，控除もされない。
　④配当とキャピタル・ゲインにかかる個人段階レベルの税は維持される。個人が受け取る利子所得は，現在の配当およびキャピタル・ゲインに対する15％の税率と同じ税率で課税される。
　⑤このアプローチにより経済業績が改善し，最終的には経済規模を大体2％から2.5％程拡大することになるであろう。
　⑥この種の改革には，大きな実施上，行政上の問題が伴いそうである。
(2) 第2案について。
　①すべての租税特別措置規定を廃止することによって企業課税ベースを広げれば，最高連邦法人税率は28％まで低下する（できる）。もし加速度減価償却が維持されるならば，税率は31％までにだけ低下する。代わりに，新規投資財の購入は部分的に費用化される（35％は即時償却される）。財務省の分析では，歳入中立での税率軽減はほとんど経済的影響をもたず，費用化は特定の産業にのみ便益を与える。
　②経済とアメリカの競争力にとって著しい便益を与えられるのは，相当の法人税率の引下げ（例えば20％）や費用化の拡大（例えば65％）を通してであろう。そのような法人税率の引下げは，企業税制の非歳入中立の改革を要求することになる。

---

50) Press Room, U.S. Department of the Treasury (2008).

③現在のアメリカの国際課税制度は，外国に拠点を置くアメリカの会社が競争上の不利益を被ることになるかもしれない。

④現在の国際課税制度は，外国所得を本国に送金することによって，また重要なタックス・プランニングを促進することによって経済的行為を歪める。

(3) 第3案について。

現在の法人税制の洗い直しをする際に，特にその対象とすべき領域には次のようなものがある。

　①法人利潤の多重課税問題

　②借入れによる資金調達を優遇する租税バイアス問題

　③国際課税問題

　④損失の取り扱い

　⑤企業会計と税務会計の税の取扱いの不一致問題

　⑥その他税務行政改善問題

7. おわりに

ブッシュ政権の経済諮問委員会の租税政策，ブッシュ減税の基礎にある租税思想，大統領税制改革委員会報告書，財務省の報告書等に共通している問題意識は，アメリカの現行法人税制が法人企業に大きな租税負担を強いる，非常に複雑で，非効率的で不公正な規定を張り合わせたパッチワークになっており，そのことが製造業におけるアメリカ企業の競争力の弱体化をもたらしているのではないかという点である。さらに，アメリカは国レベルで所得税，法人税，社会保障税等の所得課税が基幹税をなしていて，EU諸国の付加価値税のような消費ベース課税をしておらず，また国際課税においてもEU諸国のように外国所得控除ができる領土主義課税原則を採用しておらず，こうした税制を採用しているEU諸国と比べて国際競争上著しく不利だという認識がある。

したがって，まずは現行法人税枠内で最大限歪みが少なく公平で簡素な税制を目指そうという主張をする一方，他方では抜本的税制改革案としては消費

ベース課税と領土主義課税の採用が選択肢として提示されることになる。しかし，第2期目のブッシュ政権には，抜本的税制改革どころか，ブッシュ減税の恒久化さえも実現できなかった。

ところで，現行法人税制の枠内での有力な改革案の1つに，1986年レーガン税制改革と同様にループホールを塞ぎ，法定法人税率を引き下げるという考え方がある。これに近い発想から，下院歳入委員長C. B. ランジェルは，2007年10月25日に「減税および2007年改革法」(H.R.3970) を連邦議会に提案した。この法案では，多くのループホールを塞ぎ，法人税に関しては税率を35％から30.5％に引き下げることが提案されている。今まで法人税のループホールやタックス・シェルターリングを何年も促進したり，無視したりしてきたブッシュ政権は，当初賛成するかにみえた。財務省も法人税改革の1つとして，ループホールを塞ぎ税率を引き下げる考えを2007年7月の報告書で示している。しかし，財務省は2007年12月の報告書では，やや懐疑的なコメントを示している。ブッシュ政権の元経済諮問委員会の委員長であったG. ハバードは，経済に打撃を与えずに課税ベースを広げることによって望ましい程度の法人税率軽減を実現するのはできそうにないことであるとの見解を表明している[51]。結局のところ，上記H. R. 3970法案は連邦議会で成立しなかった。

オバマ大統領も，大統領選挙期間中は，収入中立で法人税のループホールを塞ぎ，税率を引き下げる改革に賛意を表明していたが，2009年5月に公表した2010年度予算教書ではそのような考えは出していない。

法定法人税率の引下げ問題に関しては，OECDの中でアメリカの法定法人税率は最も高い方にランクされ，国際競争上不利だから引き下げるべしという意見と，引き下げてもアメリカ経済の成長につながらず，かえってマイナスの影響が出るという意見が真っ向から対立している。

前者の意見を代表するのはHufbauer and Kim (2009) である。要約すると次のようになる[52]。

---

51) Aron-Dine (2008), pp.1-3.
52) Hufbauer and Kim (2009), p.3.

「アメリカはOECDの中で第2番目に高い法定法人税率を有する国，換言すれば第2番目に高い限界税率を有する国であるが，法人税の平均実効税率は，減価償却，加速償却，税額控除等の寛大な規則のために低くなっている。投資の意志決定をする際には，低い平均実効税率は低い限界税率程重要ではない。法定法人税率は，将来所得に適用される限界税率として当然に解釈される。この税率は，多国籍企業が事業をどこに決めるかを決定するときに事業がうまくいくための最も実際に意味のある税率である。多くの国々が世界経済の中で競争的地位の向上を目指して，税率を下げ税制を簡素化する政策を採っているのに，1人アメリカだけが反対方向を向いている。アメリカは，ループホールをなくし，法定法人税率を25%以下に引き下げて，競争的な税制度を採用すべきである。」

こうした見解に対し，後者の意見を代表するのは，Aron-Dine (2008) である。要約すると次のようになる[53]。

「法人税のループホールを塞ぐといっても，現実にそれだけで法人税率の大きな引下げを賄えるほどの税収が得られるわけではない。そうすると，どうしても他の税の増税かあるいは借金による法人税率引下げということになる。しかし，借金による法人税率引下げということになれば，税率軽減による便益が多少発生しても，それ以上に借金は国民貯蓄を食うので長期的には経済成長を阻害することになる。したがって現実には，現行法人税法では投資のタイプごとに減免税の差異が存在するので，ループホールを塞ぐことでその差異を無くし，投資にとって税の影響を平準化する方が，借金による税率引下げより有効である。」

「租税公正を求める市民」というシンクタンクも，同様の見解を表明している。法定法人税率を引き下げるよりも，連邦の歳入不足問題に取り組むべきで，それには投資の意志決定を歪めているループホールを塞ぐことによって税収を確保した方が，アメリカ経済の発展に資することになるという[54]。

---

53) Aron-Dine (2008), pp.1-21.
54) Citizen for Tax Justice (2007), p.1.

さて，今後のアメリカの税収改革の方向性であるが，2010年度まではブッシュ減税は続く。ただし，2010年度予算教書によると，2010年度までの時限措置となっている配当，キャピタル・ゲインに対する軽減税率の適用については恒久化する提案となっている。もっとも高所得者の受取配当とキャピタル・ゲインについては，20％税率で課税する提案がなされている。オバマ政権が，本章で述べたようなブッシュ政権下の企業課税の実態とそれに対する改革提案に対して，どう判断して国際競争力を高め，それによる税収も確保しようとするのか，今後の動きを注視するしかない。

付記：本研究に対し，2007年度中央大学特定課題研究費の交付を受けた。

参 考 文 献

関口智 (2007)，「アメリカ国際租税政策の一側面―CFC・サブパートF・外国事業体・エンロン―」(『立教経済学研究』第60巻第4号)。

関口智 (2009)，「現代アメリカ租税論の展開―グローバル経済下の企業課税論」日本租税理論学会編『税制の新しい潮流と法人税』法律文化社。

西野健 (2005)，「欧米主要国における最近の税制改正の動向」(財務総合政策研究所編『財政金融統計月報』第636号)。

本庄資 (2007)，『アメリカの租税政策』税務経理協会。

Aron-Dine, A. (2008), *Well-Designed, Fiscally Responsible Corporate Tax Reform Could Benefit the Economy : Unpaid-For Rate Cuts Would Likely Hurt Most Americans in the Long Run*, Center on Budget and Policy Priorities, June 4.

Auerbach A. J., J. R. Hines Jr. and J. Slemrod eds. (2007), *Taxing Corporate Income in the 21$_{st}$ Century*, Cambridge University Press.

Brumbaugh D. L. (2005), *Federal Business Taxation : The Current System, Its Effects, and Options for Reform*, CRS Report for Congress, RL 33171.

Burman, L. E. (2003), "Is the Tax Expenditure Concept Still Relevant?" *National Tax Journal*, Vol. LXI, No. 3, pp. 613-627.

Carroll, R. J. (2006), *Testimony of Robert J. Carroll Deputy Assistant Secretary, United States Department of the Treasury Before the Senate Committee on Finance, United States Sanate,* September 20, HP-106.

Citizen for Tax Justice (2007), *Bush Administration Gets It Half Right on Corporate Reform*, August 9.

Congressional Budget Office (2005 a), *Corporate Income Tax Rates : International Comparisons*.

Congressional Budget Office (2005 b), *Taxing Capital Income : Effective Rates and Ap-*

proaches to Reform.

Congressional Budget Office (2006), *Computing Effective Tax Rates on Capital Income*, Background Paper.

Devereux M. P. and P. B. Sorensen (2005), *The Corporate Income Tax : International Trends and Options for Fundamental Reform*, the Paper for the Working Party No. 2 of the Committee on Fiscal Affairs of the OECD.

Friedman, J. (2005), "Capital Gains Tax Cuts Unlikely to Yield Tounted Economic Gain," *Center on Budget and Policy Priorities*, Revised October 7.

Gravelle, J. G. (2004), "Historical Effective Marginal Tax Rates on Capital Income," *CRS Report for Congress*, RS 21706, January 12.

Gravelle, J. G. (2006), "The Advisory Panel's Tax Reform Proposals," *CRS Report for Congress*, RL 33545, July 13.

Gravelle, J. G. and T. L. Hungerford (2007)," Corporate Tax Reform : Issues for Congress," *CRS Report for Congress*, RL 34229, October 31.

Hines Jr., J. R. (2009), *International Tax Seminar for Congressional Staff*, International Tax Policy Forum, February 20.

Huang C. and C. Stone (2008), "Bonus Depreciation Tax Cut Unlikely to Provide Effective Economic Stimulus," *Center on the Budget and Policy Priorities*, September 10.

Hufbauer G. C. and P. L. Grieco (2005), *Reforming the US Corporate Tax*, Institute for International Economics.

Hufbauer, G. C. and J. Kim (2009), "US Taxation of Multinational Corporations : What Makes Sense What Doesn't," *Policy Brief*, Number PB 09-7, Peterson Institute for International Economics, March.

Joint Committee on Taxation (2006), *Present Law and Background Relating to Selected Business Tax Issues*, JCX-41-06.

Joint Committee on Taxation (2008), *Tax Reform : Selected Federal Tax Issues Relating to Small Business and Choice of Entity*, JCX-48-08.

McIntyre R. S. and T. D. Coo Nguyen (2000), *Corporate Income Taxes In the 1990s*, The Institute on Taxation and Economic Policy.

McIntyre R. S. and T. D. Coo Nguyen (2004), *Corporate Income Taxes in the Bush Years*, Citizens for Tax Justice and the Institute on Taxation and Economic Policy.

OECD (2007), *Fundamental Reform of Corporate Income Tax*, OECD Publishing.

Office of Tax Policy, U.S. Department of the Treasury (2007), *Approaches to Improve the Competitiveness of the U. S. Business Tax System for the 21st Century*.

Press Room, U. S. Department of the Treasury (2008), *Approaches to Improve the Competitiveness of the U. S. Business Tax System : A Summary*.

Randolph, W. C. (2006), "International Burdens of the Corporate Income Tax," *Working Paper Series*, Congressional Budget Office.

Shapiro, R. J. and A. Mathur (2009), *The Economic Benefits of Provisions Allowing U. S. Multinational Companies to Defer U. S. Corporate Tax on their Foreign Earnings* and the Costs to U. S. Economy of Repealing Deferral, SONECON.

Steuerle, C. E. (2008), Contemporary U. S. Tax Policy, second ed., The Urban Institute Press.

The Council of Economics Advisers (2005–09), Economic Report of the President, U. S. Government Printing Office.

The President's Advisory Panel on Tax Reform (2005), Simple, Fair, and Pro–Growth : Proposals to Fix America's Tax System.

United States Government Accountability Office (2005), Understanding the Tax Reform Debate : Background, Criteria & Questions.

United States Government Accountability Office (2008), U. S. Multinational Corporations : Effective Tax Rates Are Correlated with Where Income Is Reported, GAO–08–950.

U. S. Department of the Treasury (2007), Treasury Conference on Business Taxation and Global Competitiveness.

U. S. Office of Management and Budget (2007), Budget of the U. S. Government, FY 2008, Analytical Perspectives, U. S. Government Printing Office..

U. S. Office of Management and Budget (2009), Historical Tables : Budget of the U. S. Government, Fiscal Year 2010, U. S. Government Printing Office.

第 9 章

国際課税制度の大転換
—— アメリカとわが国の議論の整理 ——

1. はじめに

　アメリカでは，自国の企業がグローバル競争に耐えうるように，国際課税制度を改革する必要があるという大議論が起こっている。アメリカは，全世界主義課税を採用し，国際的二重課税の排除方法として外国税額控除方式を採っている。現行の国際課税制度ではヨーロッパ諸国と比べて競争条件が不利となるので，競争条件をヨーロッパ諸国と平等にするべく，領土主義課税を採用し，国際的二重課税の排除方法として国外所得免除方式へ転換すべきであるとの考えが台頭してきている。1990年代からこのような考えはハフバウアー（Hufbauer）らによって主張されてきた[1]が，これは，アメリカが対外的な租税政策を変更してまで，グローバル化に対応しようとする姿勢の表れなのであろうか。

　アメリカが，領土主義課税を採用し，国際的二重課税の排除方法として国外所得免除方式へ転換すれば，同じく全世界主義課税を採用しているわが国も国外所得免除方式への転換をせまられることになろう。世界第1位と第2位の経済大国が行おうとしている国際課税制度を大転換しようとするような税制改革の議論は，世界から注視されている。

1）　Hufbauer and Assa（2007）ならびに柳下（2000）を参照のこと。

そこで，本章では，まず，アメリカの 2005 年大統領税制改革諮問委員会報告書と 2008 年両院税制委員会対外直接報告書を取り上げ，アメリカにおける国際課税制度に関する税制改革の議論を整理・評価する。次に，それらの議論を受けて，わが国でどのような議論が行われているのかを紹介する。最後に，日米両国の議論の比較を行い，まとめとする。

2. 大統領税制改革諮問委員会報告書

2-1 大統領税制改革諮問委員会報告書における税制改革勧告

(1) 税制改革プランの全体像

2005 年 11 月に大統領諮問パネルにより提出されたレポートは，タイトルにもあるように「複雑さの排除」，「公正さの増進」，「経済成長の促進」を目的とした税制改革案の勧告を行っている。大統領税制改革諮問委員会報告書（以下，諮問委員会報告書）には，①税制全般の簡素化および家族と事業の税務申告の簡素化，②家族と事業の税率引き下げと累進税制の維持，③住宅所有と事前寄付の重要なタックス・ベネフィットをすべての納税者へ拡大することおよび免税の健康保険をすべての納税者へ拡大すること，④貯蓄および投資の阻害要因の除去，⑤代替的ミニマム・タックスの廃止が含まれている[2]。

諮問委員会報告書は，簡易所得税プラン（Simplified Income Tax Plan：以下 SITP）と成長投資税プラン（Growth and Investment Tax Plan：以下 GITP）の 2 つのプランを提案している。これらの 2 つのプランは，事業所得税と資本所得税に関して異なるアプローチを用いている。SITP は従来の制度と連続した改革案であり，GITP は消費型所得税の改革案である。

以下では，特に諮問委員会報告書で取り上げられている国際課税の部分についてみていくことにする。

(2) 現行制度の問題点

現行制度が抱える問題点として，諮問委員会報告書では，以下のようなこと

---

[2] The President's Advisory Panel on Federal Tax Reform (2005), p.xiv.

が認識されている[3]。

　第1に，外国子会社からの配当については，納税者が課税のタイミングを選べるようになってしまっており，キャピタル・ゲイン課税のタイミング選択と同様の状況にある。そのため，投資行動に歪みを生じさせてしまっている。第2に，企業の租税回避の努力次第で外国源泉所得について税負担がまちまちになっている。第3に，外国税額控除制度は，濫用を防ぐために複雑なものとなっているが，外国源泉所得から十分な税収が上がっている訳ではない。むしろ，この複雑な制度のおかげで，アメリカ企業は高いコストを課されている。

　この認識を受け，諮問委員会報告書は，アメリカの競争力をサポートする公平な競争環境を構築するために，経済的歪みの減少と国際課税の公正さを増進させるという目標を立てる[4]。そして，SITPにおいては領土主義課税方式移行を，GITPにおいては仕向地主義課税移行を提案している。

(3)　SITPにおける領土主義課税方式移行の議論

　CFC（従属外国子会社）のactive incomeに由来する配当およびアメリカ法人の外国支店を免税とし，cross-border投資を現状よりも簡素・平等に取扱うことで，アメリカの事業をより競争力のあるものにし，その一方でタックス・プランニング（tax planning）の余地を減らす目的で，諮問委員会報告書のSITPにおいては領土主義課税方式への移行が提案されている。

　アメリカ法人の外国子会社および外国支店が外国で稼いだ所得については，国外事業所得（Foreign Business Income）と可動的所得（Mobile Income）という2つのカテゴリーに分類される。国外事業所得は，外国子会社が積極的事業によって得た所得であり，grossではなくnet incomeである。国外事業所得に分類される所得は，アメリカにおいて免税とされる。外国子会社からアメリカ法人に配当されてもアメリカ法人の段階では課税されない。また，外国支店の所得についても外国子会社からのものと同様に扱う。可動的所得は，受動的かつ高度に動きやすい所得（passive and highly mobile income）であり，外国で課税さ

---

[3]　The President's Advisory Panel on Federal Tax Reform (2005), pp.102-103.
[4]　*Ibid*., p.105.

れない所得も含まれる。可動的所得については，現行制度と同様に外国税額控除を適用するとしているが，現行の制度と異なるのはバスケットルールを止めて，限度枠を単一にするとしている。金融サービスの事業者に対しては，能動的事業を営む中で可動的所得を得ることがあるので，それを国外事業所得として扱う特別なルールと，濫用対策が必要であるとしている。

諮問委員会報告書では，費用配分についても触れられ，国外所得に帰するべき費用がアメリカの課税所得から控除されることを防がなければならないとしている。これに関しては，①国外負債：国外資産の比が全世界負債：全世界資産の比よりも低い限りで利子費用控除は否認する，②一般管理費は，外国関連者総所得：全世界所得の比で按分し，さらに外国の免税所得と非免税所得との間で配分する，③研究開発費用は国内源泉所得と外国源泉の可動的所得の間でのみ配分するとして，すべての使用料はアメリカの税率で課税されるので国外所得への配分はないとしている[5]。

租税回避対策等について，諮問委員会報告書では，法人の居住地の決定基準として管理支配地基準を盛り込むことや，移転価格対策の重要性がさらに高まること，国外事業所得を得ている事業者に開示義務を課すことも述べられている。

(4) GITPにおける仕向地主義課税移行の議論

諮問委員会報告書のGITPでは，国内消費を課税ベースにすることで，外国多国籍企業（および国内投資家）の国内投資に誘因を与えること，国内生産と輸入について環境を等しくすることを目指すとしている。

諮問委員会報告書では，原産地主義よりも執行が容易であるという理由で仕向地原則を提案している。原産地主義の下では，移転価格の誘因が残ってしまうが，仕向地原則の下では，課税ベースが国内消費なので国際取引の価格は課税ベースに影響せず，移転価格の誘因がないとしている[6]。

しかし，①仕入にかかる控除と輸出にかかる免税とを監視する必要があり，

---

5) The President's Advisory Panel on Federal Tax Reform (2005), pp.241–242.
6) *Ibid*., pp.169–170.

財やサービスが真に輸出されたのか，そしてそれはいつなのかについてのルールが必要となること，②アメリカ市民が外国で購入すれば輸入にかかる税を免れることができてしまうため，外国で購入する誘因が働くこと，③欠損を抱える国内事業と輸出事業との間での費用配分についてのルールが必要であること，④輸入者が課税事業者でない場合は，課税が実効的でなくなる可能性があり，とりわけインターネット販売等で深刻な問題であり，特別な徴税メカニズムが必要であることという理由から，仕向地原則が完璧なものであると諮問委員会報告書は主張している訳ではない。

　生産地・投資先選択について，諮問委員会報告書は，GITPの下では新規投資について即時全額が損金に算入されるので，外国資本にとってアメリカに投資を行うことが魅力的なものになるとしている。さらに，仕向地主義課税は，生産地に依存しないので，アメリカの多国籍企業が国外に生産を移す誘因もないと論じている[7]。

　その他として，諮問委員会報告書では，直接税の国境税調整は禁止されている一方で，間接税についてはそれが可能であるので，控除方式の付加価値税と同じであるGITPは国境税調整が可能であること，GITPは従来の所得税から大きく変わるので，租税条約を締結している国々と条約を再交渉が必要となることが述べられている[8]。

2-2　大統領税制改革諮問委員会報告書に対する評価

　アメリカでの国外所得免除方式への移行についての議論を受け，わが国においても諮問委員会報告書を取り上げ，国外所得免除方式への移行を考察または評価する研究が出ているが，その研究のうちのいくつかを以下では紹介する。

　浅妻（2006）では，諮問委員会報告書に関して，「学界で有力になりつつあった国外所得免除移行論が漸く政府レベルで議論された恐らく初めての報告書」というように位置づけるが，結論として「アメリカにおいても国際租税政策と

---

7)　The President's Advisory Panel on Federal Tax Reform (2005), pp.170-171.
8)　*Ibid*., pp.171-172.

アメリカの国益との関係について理論的な整理が十分に煮詰まっていないまま，議論をしているという印象を受ける」と評価している[9]。議論の流れとしては，まず，伝統的な国際租税政策論について触れ，国外所得免税移行に関してのアメリカでの議論を整理している。次に諮問委員会報告書の国際課税の部分を紹介し，最後に伝統的な国際租税政策論の対象である資本所得課税と国外所得免税移行論の対象である事業所得との関係について考察している。

浅妻氏は，「結局，国外所得免除移行論は国益に適うのか」という問題に対して，諮問委員会報告書は，「アメリカ企業を不利に扱わないことを目指しているが，不利に扱った場合の死荷重損失がどのように発生し，アメリカ国民にふりかかっていくのか，説明されているわけではない。そのため，不利に扱わないとすることがアメリカの経済厚生をどのように改善させるかもよくわからないままになっている」と評価している。最後に，日本への示唆として，二重課税排除のための現行制度がアメリカと同様の制度を採用しているのでアメリカの制度における議論が参考にならないはずはないとしながらも，「国際税制が国益にどのように作用しているかについて理論的な整理がついている訳ではないかもしれない中で諮問委員会報告書が見切り発車的に書かれたものであるとすると，参考程度にすぎない」としながらも，「将来アメリカも国外所得免税方式へ移行したならば，日本も何らかの対応をせまられるし，その際には多少の見切り発車も余儀なくされるであろう」と結んでいる[10]。

本庄（2007）では，諮問委員会報告書の議論を紹介し，アメリカで国外所得免除方式が導入されたとき日本がどうすべきか考える契機を作ることを目的として議論が行われている。日本への税制改革の示唆として日系多国籍企業の動向予測，日本の国際課税ルールの再点検の必要性を論じている[11]。

日系多国籍企業の動向予測については，国外所得免税方式に移行した場合，グローバル市場において競争しなければならない日系多国籍企業の行動を的確

---

9) 浅妻（2006），153 ページ。
10) 同書，164 ページ。
11) 本庄（2007），616–617 ページ。

に予想し，その予想に基づいて立法上の措置を講じなければならないが，不幸にして，立法措置が遅れた場合，税務行政レベルでどのように対応するか決めなければならないこと，租税政策のポジションを決めることが必要であることが重要であると指摘している。

　日本の国際課税ルールの再点検については，現行制度の骨格を領土主義をベースとした課税である国外所得免除方式に変更するか，変更をしない場合には，国際課税の基本ルールの再点検を急ぐ必要があるとしている。

　小野島（2008）では，1990年代以降の国外所得免除方式を理論面，実際面で再評価するアメリカの学界での学説の動きに関して，伝統的中立性の概念から近年主張されるようになってきた新たな中立性の概念を理論的な面から整理を行っている。小野島氏は，諮問委員会報告書の国外所得免除方式移行論について，「アメリカ・イギリスがそろって国外所得免除方式に移行するならば，日本だけが資本輸出中立性や世界的効率性などと唱えてはいられないであろう」として，アメリカでの国外所得免除方式導入の検討を日本にとっても重要な意味があると指摘する。このような動きを，グローバル化による国際課税制度の収斂の動きであると評価しているが，国際課税競争を招く可能性があるという問題点も指摘している。また，同氏は，諮問委員会報告書でも取り上げられている国外所得免税方式への移行で増大する移転価格に問題に関して，「定式配布方式が導入されれば移転価格問題を相当程度解消することになる」と主張している[12]。

3．両院税制委員会対外直接投資報告書

　2008年6月26日にアメリカ上院財政委員会において公聴会が開催され，両院税制委員会（Joint Committee on Taxation : JCT）が『対外直接投資に対するアメリカ租税政策の選択肢の経済効率分析と構造分析（Economic Efficiency and Structural Analysis of Alternative U. S. Tax Polices for Foreign Direct Investment）』（以下『対外

---

12)　小野島（2008），109ページ。

直接投資報告書』）と題する報告書を提出した。

この『対外直接投資報告書』は，現行法がもたらす経済効率上の懸念について次の3点をあげている[13]。(1) 内国法人と外国法人の異なる取扱いは，多国籍グループがその親会社をオフショアに置く誘因を生む。(2) 繰り延べの意味するところは国外能動事業所得に対する税率が国内所得に適用される税率と異なることであり，このように税率が異なることで，全くの内国企業と比較して，あるいは全くの外国企業と比較して，事業投資の種類と場所に影響しうる。(3) アメリカ企業は現行法の下で一定の能動的外国所得をアメリカに送金しない誘因を有するかもしれない。

これらの懸念に対する解決策として，『対外直接投資報告書』は「領土主義課税方式」の採用または「完全合算 (full inclusion) 方式」の採用を分析，提案している。『対外直接投資報告書』の特徴的な点は，これらの方式のいずれかが望ましいという立場を明確にすることなく，それぞれの得失を客観的に明らかにしようというスタンスで記述されていることである[14]。

以下では，『対外直接投資報告書』の分析についてみていくことにする。

3-1 課税の繰り延べが引き起こす経済的歪み

アメリカは全世界所得 (worldwide tax system) を採用している。アメリカに居住する個人とアメリカ内国法人は，アメリカに源泉があるか外国に源泉があるかを問わず，すべての所得に課税される。直接に稼得される所得やパス・スルー事業体を通じて稼得される所得は，発生ベースで課税される。しかしながら，内国親法人が外国子会社を通じて間接的に稼得する能動的 (active) 国外事業所得は，その内国親法人に対して配当として分配されるまでは原則として課税されない。これが，課税の繰り延べ (deferral) である。『対外直接投資報告書』では，現行法の特徴として (1) 繰り延べに対する対抗措置，(2) 外国税額控除，(3) コーポレート・インバージョンについて概観している[15]。

---

13) Joint Committee on Taxation (2008), p.1.
14) 増井 (2008)，206 ページ。

外国税額控除は二重課税緩和の措置として導入されているが，限度額計算にあたって，諸々の控除項目についてそれをアメリカ源泉粗所得から控除するか外国源泉粗所得から控除するかが問題になる。この制度が抱える問題点が2つあげられている[16]。まず，外国税額控除を利用できる範囲が広がり，企業にとって減税になることである。2004年度改正で，外国法人も含めた法人グループを単体法人として扱うことが許されるようになったので，外国源泉所得に配賦される利子費用が減少することが見込まれ，限度額計算における国外源泉所得の割合が大きくなるからである。次に，控除限度額計算において所得バスケットごとになされる目的は，「彼此流用（cross-crediting，彼我流用）」の防止のためであるが，現行法では，この彼此流用をかなり許容している。その例として，高税率で課された被支配外国法人から支払われる配当に関する受け取りに関係して生じる超過外国税が，しばしば，低課税国で無形資産を使用する対価として受け取る使用料に課されるアメリカの税を相殺するために用いられた。

多国籍法人グループのアメリカでの課税取扱いは，グループの最上位に位置する親会社が内国法人であるか外国法人であるかによって大きく違ってくる。内国法人は全世界所得に課税され，外国法人はアメリカ国内に十分つながりのある所得に限り課税される。

最近まで，アメリカの親会社が外国法域で再設立するときに，退出していく会社から将来，得られるであろう税収ロスを補償する出国税なしにすませるインバージョンという取引が行われていた。2004年の改正で，法人グループの最上位にある新設外国法人を内国法人とみなすという制限が加えられた[17]。

『対外直接投資報告書』は，以上のような現行法が抱える問題点を指摘したのち，現行法の有する構造的な歪曲の分析を行っている。アメリカの租税政策は，アメリカ居住者のクロス・ボーダー投資決定に大きな影響を与える。国際的に活動しているアメリカ企業に適用される際，租税による構造的歪曲をもた

---

15) Joint Committee on Taxation (2008), p.3.
16) *Ibid*,. pp.5-8.
17) *Ibid*,. p.8.

らす現行法の代表的な特徴は，次の2つである。1つは，アメリカ居住者に対して全世界所得を行うという政策決定である。もう1つは，外国法人の形で行う外国での能動的事業活動から生じる所得に対してアメリカの課税繰り延べを許容するという政策決定である。これらの政策決定は，多国籍法人グループが，新規投資をどこで行うのかの決定や，外国で繰り延べられた収益をアメリカへ送還するか否かの決定に影響を与え，経済的な歪みをもたらすと『対外直接投資報告書』は指摘している[18]。

　構造的な歪曲の分析に関して，『対外直接投資報告書』では，まず，アメリカ居住者に対して全世界所得課税を行うという政策決定が法人の居住地選択に対して与える影響を取り上げ，続いて，DesaiとHinesが主張する投資の所有に着目して全世界課税の歪みを分析する資本所有の中立性（CON: Capital Ownership Neutrality）を取り上げている[19]。CONが達成されるのは，すべての国が外国所得に課税し，外国税額控除をフルに与える場合，あるいは，すべての国が課税ベースから外国所得を控除する場合である。どちらの場合も，ある国の租税政策が他国との一致状況から逸脱するとCONは達成されないことになり，DesaiとHinesは，アメリカの税制は複雑で世界的傾向から逸脱しており歪みを有していると主張する。

　そして，『対外直接投資報告書』は，外国子会社の能動的事業所得から生じる所得に対してアメリカの課税繰り延べを許容する政策決定が，投資にいかなる影響を及ぼすかについて論じている[20]。5つのセクションに分かれており，「3. 租税によって引き起こされる歪みは実証的にみて重要である」では，実証研究のサーベイが行われている[21]。サーベイされたほとんどの実証研究において，外国の税率と，アメリカの対外投資の間に，予想通りの負の関係があることが示されている。

---

18) Joint Committee on Taxation (2008), p.10.
19) *Ibid.*, pp.11–12.
20) *Ibid.*, p.14.
21) *Ibid.*, pp.17–18.

『対外直接投資報告書』では，現行法の歪みに対する解決として，2つの対極的な選択肢が検討されている。第1の選択肢は，配当の形でアメリカに送還される能動的外国所得を非課税とする領土主義課税方式である。第2の選択肢は，すべての外国源泉所得を発生年度に即時課税する完全合算方式であり，アメリカへの送還の有無を問わずすべての外国所得を現年度に課税するものである。いずれの選択肢も，軽課税に服した外国所得をアメリカに送還する現行法のディスインセンティブを減らことが期待されている。しかし，これら2つの選択肢の立地に関する初期決定に与える影響は明らかに等しくなく，アメリカの異なる諸産業の国際競争力にとって異なる含意を有するかもしれない。

3-2 領土主義課税方式

『対外直接投資報告書』の第3章は，領土主義課税方式がどのようなものであるのかを説明し，経済的効率性や競争力に与える影響を分析し，制度的あるいは法律的な観点から構造的論点について分析し，各国の例を示すという論理的な流れで整理されている[22]。

『対外直接投資報告書』では，2005年両院税制委員会報告書（JCT Options report）と類似する受取配当非課税措置を含む提案が2005年大統領税制改革諮問委員会報告書にも含まれているので，この2つの提案を合わせて非課税提案（Exemption Proposals）と呼んでいる。これら2つの提案で示されている領土主義課税方式の内容は，①外国子会社および外国支店にかかる能動的所得をアメリカ法人手元で免除すること，②他の所得はアメリカで完全に課税に服せしめ外国税額控除の対象にすること，③費用の内外配賦について現行法を基礎としつつ個別のルールを設けることである[23]。

また，『対外直接投資報告書』は，領土主義課税方式が効率性の観点からどのように評価できるかについて以下のことを議論している[24]。

---

22) 増井（2008），214ページ。
23) Joint Committee on Taxation (2008), pp.22-25.
24) *Ibid*., pp.26-29.

領土主義課税方式は法人の居住地決定をめぐる歪みを軽減する可能性があること，外国稼得所得の送還に対するディスインセンティブを除去すること，アメリカ企業が生産活動・サービス活動をアメリカ外に移転してしまうこと，国内投資に必要な税引き後リターンを引き上げることで投資場所の決定に影響すること，無形資産をオフショアで形成することを誘発すること，どこからも課税されないいわゆる無国籍所得の創出を招くこと，領土主義課税方式の下では，外国税額控除の彼此流用により外国税をアメリカ税からシールドすることができなくなるため，軽課税国で発生した所得に対する課税は重くなること，領土主義課税方式は金融業が製造業やハイテク産業などに対して不利になるような課税をもたらすこと，ポートフォリオ投資を直接投資と異なって取り扱うことである。

　これらの議論を総合し，領土主義的アプローチは外国稼得収益送還に関しては，経済効率を改善しうるが，立地に関する諸決定に関して効率性が改善されるか否かを評価するにはさらに分析が必要であると結んでいる。

　さらに，『対外直接投資報告書』は，領土主義課税方式が制度として具体化されたときに執行するにあたって生じる構造的論点について検討を行っている[25]。具体的には，①移転価格の問題，②費用の配分と配賦，③「外国税に服する（"Subject to foreign tax"）」要件の導入，④免除所得と非免除所得の定義，⑤外国パートナーシップをどう扱うのか，⑥簡素化になっているかどうか，⑦導入に伴って必要となる核種の移行措置の7つの問題を検討している。

　『対外直接投資報告書』は，①の移転価格の問題について，領土主義課税方式を導入した場合，移転価格が現行法にましてさらに一層重要な問題になることを指摘している。アメリカで領土主義課税方式の採用を考慮する場合の決定的な問題として，移転価格税制を修正して所得移転に対する効果的な防御策とすることが可能であるかどうかが議論されている。

　最後に，各国の例として，イギリスと日本を紹介しているが，日本について

25）　Joint Committee on Taxation (2008), pp.32–43.

は後述する。

3-3　完全合算方式

完全合算方式のメカニズムには，支配的な見解があるわけではないが，次の2つの特徴があることには合意がある。その特徴とは，①（少なくとも一定の所有最低基準を満たす）外国法人のアメリカ株主が，当該外国法人の所得に対する自らの取り分について現年度において課税されること，②外国源泉所得の二重課税を緩和するために外国税額控除が何らかの形で維持されることである。

『対外直接投資報告書』の第4章では，こうした特徴を有する完全合算方式を3つの節にわけて議論しているが，第3章の領土主義課税方式と同じような流れで論じている。まず，完全合算方式の3つのやり方を説明することで検討対象を確定し，完全合算方式の経済的効率性や競争力に与える影響などを分析し，完全合算方式の構造的論点について分析している。

まず，完全合算方式の3つのやり方としてパス・スルー制度，全世界連結制度，サブパートFの拡大があげられ，それぞれについて説明している。パス・スルー方式は，パートナーシップの課税方式であるサブチャプターKのルールを応用するやり方である。全世界連結制度は，連結納税グループの範囲を拡大して外国子会社も含めるやり方である。サブパートFの拡大は，CFCの一定の留保利益を親会社に合算するサブパートFを拡大するやり方である[26]。

『対外直接投資報告書』は，完全合算方式の経済効率性との関係で現行法よりも中立的になるのは次の2点であると評価している。外国稼得所得の送還については，ディスインセンティブを除去する。投資の立地決定については，現行法（および領土主義課税方式）よりも，より中立的である。これは，軽課税国に直接投資を行っても租税上得にならないからである。ただし，限度額との関係で超過税額控除がどの程度あるかに依存する。

競争力に関して，『対外直接投資報告書』は，完全合算方式を次のように評

---

[26]　Joint Committee on Taxation (2008), pp.50–54.

価している[27]。アメリカベースの多国籍企業に課される合計税が減税されてはじめてアメリカ企業の競争力が高まるとみた場合，完全合算方式は全体的な増税をもたらす。そのため，完全合算方式の提唱者は，完全合算方式の採用と合わせて，アメリカの税率の引き下げを推奨する。しかし，完全合算方式を採用する国はほとんどないだけでなく，アメリカの主要な通商パートナーの中にもこの方式を採用する国はない。そこで，完全合算方式を採用すると，アメリカの制度は諸外国から孤立することになる。完全合算方式の下でも，外国税額控除が国際的二重課税を緩和するので，国際的規範に整合的なものであると『対外直接投資報告書』は評価している。

最後に，『対外直接投資報告書』は，完全合算方式を制度化する場合の構造的論点について，次の7点を検討している[28]。具体的には，①移転価格による軽課税国への所得移転の誘因が大幅に減少すること，②外国税額控除の限度額を強化するか，緩和するかについて見解が分かれていること，③外国子会社の計上する損失をアメリカ株主段階にフロー・スルーを認めるか否かを制度設計の上で決めておく必要があること，④少数持分を有するに止まる株主に対して完全合算方式を適用するかどうか，⑤個人株主に対しても完全合算方式を適用するかどうか，⑥簡素化が進むか，⑦移行措置に関しての検討である。

4. 国際租税小委員会『中間報告書』における議論

4-1 背景と経緯

アメリカの諮問委員会報告書での議論や『対外直接投資報告書』での議論などを受け，わが国においても国際課税制度改革を行うべきであるとして，経済産業省にある「経済社会の持続的発展のための企業税制改革に関する研究会」の中の小委員会である国際租税小委員会（以下，小委員会）が『わが国企業の海外利益の資金還流について～海外子会社からの配当についての益金不算入制度の導入に向けて～〈中間論点整理〉（以下，中間報告書)』と題する報告書を

---

27) Joint Committee on Taxation (2008), p.57.
28) *Ibid*., pp.58-64.

出しているが，その議論をみていこう。

まず，経済のグローバル化によってわが国企業の海外生産比率ならびに海外子会社の利益が大幅に増加する中で，海外利益を国内に還流させずに海外に留保する傾向が見られ，海外での内部留保額が急増しているとの現状認識が述べられている。その要因として資金還流がタイミングを計って外国税額控除の有効な活用ができる範囲で行われており，資金還流に税制がバイアスを与えていることがあげられている。

それが多国籍企業の事業戦略にどのような影響を及ぼすのかという観点からは，海外利益が長期にわたって海外に留保されると，コストセンターであると同時にわが国の成長の源である研究開発や雇用が海外へ流出してしまうという懸念が発生する。

そのような懸念を受けて，『中間報告書』は，グループ全体の投資戦略や成長戦略の観点から，日本企業が海外子会社の利益を必要な時期に必要な金額を国内に取り戻す上での税制の阻害要因を取り除く方向で国際租税改革が必要であるとの問題意識にたって検討が行われている。子会社からの配当について，現行の外国税額控除方式から国外所得免除方式へ移行を視野に入れ，具体的な制度改正内容とその効果についての議論を行っている。

4-2 制度の骨子

小委員会は海外子会社からの配当に係る益金不算入制度を恒久措置として創設することを提案する。具体的には，対象となる税目，対象となる所得，適用対象子会社，益金不算入額（割合），源泉税，租税回避措置，その他の点について勧告を行っている[29]。

対象となる税目については，法人所得税すべてを含むこととし，国税と地方税を同一に扱うべきであるとしている。

対象となる所得については，海外子会社からの配当のみとすることが提案さ

---

29) 経済産業省・国際租税小委員会（2008），2-6ページ。

れている。小委員会においては，支店もイコールフッティングの観点から対象にすべきであるとの考え方も提示されたようだが，支店利益についてはすでに国内課税に服しているため，これを新たに非課税することによって海外資金還流の促進につながらないことという実務的な理由があげられている。また，支店利益の算定に関して OECD における議論が一致していないことに鑑みて，今回の議論においては対象外とするのが適当であることも理由としてあげられている。支店利益を対象に含めるかどうかについては中長期的課題としている。投資所得を対象外とした理由については，国内還流のタイミング，その額が調整可能な子会社からの配当とは性質が異なることからである。キャピタル・ゲインを対象外とした理由については，キャピタル・ロスとの関係，租税回避の懸念や所得算定の困難性を含めた実務面での煩雑さ，株式を売却するまでは課税が繰り延べられることからである。

　適用対象子会社については，出資比率要件として株式出資比率が 25％ 以上の株式会社として最低株式保有期間は 6 カ月としている。

　益金不算入額（割合）については，「受取配当額の一定割合とするか，受取配当額から当該配当を受け取るために実際に生じた費用を除外するかのいずれかが適当であるか，今後わが国企業の実態や実額計算を行うための事務コスト，費用把握の困難性を十分精査し決定することが適当である」としている。

　源泉税に関しては，「配当を現行の外国税額控除から益金不算入扱いとする場合には，配当は源泉地国のみの課税となる。そのため，配当の源泉税に対する二重課税調整は不要となることから，配当に係る源泉税は直接外国税額控除の対象外とすべきである」とし，「配当を益金不算入とすることから，配当に係る費用は課税標準に影響を及ぼさないため，源泉税は損金算入されない」としている。

　租税回避防止措置については，わが国ではタックス・ヘイブン対策税制や移転価格税制を導入しているので，海外での事業所得を低税率の国で稼得しようとする誘因に対処できる体制はあるものの，新たに国外所得免除方式を制度として導入したとき，「制度上・執行上の強化が必要になった場合においても」，

その対応は「①企業にとって過度なものとならないこと，②納税者の予見可能性の確保，③制度移行に伴う企業行動の変化の見極めの必要性」の観点から適正かつ必要最低限とすべきであるとの整理に止まっている。

その他では，経過措置の手当て，その他の制度施行の円滑化のための対応，国内法と租税条約の関係といった技術的な面からの議論が行われている。

国外所得免除方式が導入された場合，上で議論されている間接税額控除の見直しに加えて，直接税額控除の見直しも必要となるが，中間報告書においてもその議論が行われている。「国外所得免除方式に導入により，実質的に配当とそれ以外の国外所得の2バスケット管理になり，控除枠の流用が制限されることになるが，わが国法人実効税率が50％から40％に引き下げられたことから，少なくとも高率負担分の外国税額を除外する規定の見直しを検討していくべきである」ことと「控除枠の流用が制限されることも踏まえ，超過税額，控除余裕額の繰越期間を延長すべきである」ことが提案されている。

4-3 制度改正によって見込まれる効果

制度改正によって見込まれる効果として，勧告通りに税制改革が行われた場合に現れることが予想される経済的な成果について，中間報告書は以下の4点から検証を行っている。

(1) 海外子会社から国内への資金還流が活発化するか

これに関して，中間報告書では，国際的に事業展開する個々の企業が，海外子会社から実際にどれだけの資金を還流するかは，国内の資金需要，為替，内外の金利差に影響を受けるものなので，制度導入によって具体的な額を見込むのは困難であるとしている[30]。定性的に資金還流に関するバリアがなくなるので，企業の自由度が増すといえるが，具体的にはどの程度の金額になるかは推計できないということである[31]。

(2) 還流された資金による「前向き投資」は実現するのか

---

30) 経済産業省・国際租税小委員会 (2008)，7ページ。
31) 青山 (2008 b)，137ページ。

中間報告書は,「受取配当をどのような形で使うのか」というアンケート結果に基づき,企業が国内に還流した資金を主に設備投資や研究開発等の前向きな国内投資に用いるであろうと予想し,国内のイノベーションの寄与するものとして捉えている。また,アメリカの 2004 年の「雇用創出法」が時限立法として海外子会社配当の軽課を行ったことと比較して,恒久的措置として提案することのメリットを述べている[32]。

(3) 国外所得免除方式の導入は,わが国企業の海外移転（空洞化）につながるのか

この制度を導入することで,日本がさらに空洞化するのではないかという懸念に対して,中間報告書は,経済産業省が行った企業アンケートの結果をもとに,分析を行っている。わが国企業の製造業の製造拠点等のプロフィットセンターの移転理由として「①労働コスト,②海外市場の将来性,③取引先の海外移転,④インフラ・物流・原材料調達等各種コスト」をあげている。また,海外子会社からの配当についての益金不算入制度への移行について,大半の企業が製造拠点の移転に対する影響はないとする結果を受けて,小委員会において「今般の制度改正による空洞化の影響はない」としている。財務・金融拠点の海外流出を促進するのではないかという懸念に対しては,中小企業などの例外を除いて,日本の親会社が集中的に財務・金融を管理しているなどの理由から,「財務・金融拠点が海外に流出する可能性は小さい」としている[33]。

(4) 税制の簡素化・中立化

中間報告書は,国外所得免除方式を導入することのメリットとして,膨大な事務負担の改善と高税率所得と低税率所得の彼此流用が解消されるという 2 点をあげており,この 2 点により税制が簡素化・中立化していくとしている[34]。

---

32) 経済産業省・国際租税小委員会（2008）,8–9 ページ。
33) 同書,9–10 ページ。
34) 同書,11–12 ページ。

5. お わ り に

本章では，国際課税の税制改革として，現行の外国税額控除方式から国外所得免除方式への転換に関するアメリカとわが国の議論を整理してきた。

アメリカにおいては，たくさんの国で事業を展開している大規模な多国籍企業の場合，配当のタイミングを計る，高負担所得と低負担所得をうまくミキシングするという外国税額控除を利用したプランニングがセルフヘルプ（自助努力）として可能であり，不公平であると指摘された。そこで，その対応策として出てきたのが，国外所得の事業所得を免除方式にするという提案である。

2005年の大統領諮問委員会報告書では，アメリカの競争力を向上させるために国際課税の税制改革を行うべきであるとの認識から外国税額控除方式から国外所得免除方式への変更が提案されている。2008年の両院税制委員会の『対外直接投資報告書』では，外国税額控除方式と国外所得免除方式の両方の経済分析を行い，完全合算方式の検討を行っている。国外所得免除方式に寄っていた議論が中立的な方向へ戻される形になり，議会レベルでは議論が1つの方向に向いて1本化することがなさそうである[35]。

2005年の大統領諮問委員会報告書における国外所得免除方式移行の議論を受けて，わが国においても，国外所得免除方式移行を検討する研究が出てきた。研究者によるいくつかの先行研究については本章でも触れたところであるが，税制調査会においても外国税額控除方式を見直し，国外所得免除方式の導入が議論されている。こうした動きを受けて，国際課税小委員会による『中間報告書』では，わが国企業の海外利益をわが国へ還流させるような税制を提案するべく，海外子会社の配当の益金不算入制の導入を勧告している。『中間報告書』は，国際課税小委員会での検討を進めているが，「今後の検討に向けて」において「より具体的な制度設計のため，税務当局との調整が必要」であることと「効果についてのより詳細なアンケートを含め，大企業・中小企業の海外

---

35) 青山（2008b），139–140ページ。

事業展開の実態の精査を進めていくことも必要」であると結論づけている。

　国際課税制度を大きく転換させるためのアメリカと日本で行われてきた議論を比較すると，アメリカの『対外直接投資報告書』では，国外所得免除方式と完全合算方式を検討するのに，研究者やエコノミストの実証研究を拠り所として理論武装を行っているのに対して，わが国の『中間報告書』では，企業に対するアンケートを拠り所としており，制度あるいは政策の選択を行うという観点からは，議論の材料が少なすぎるといわざるをえない。グローバル化の中でわが国企業が生き残っていくためには何が必要であるのか，そのために国際課税制度をどのように変えていくかを考慮に入れた戦略的観点を含んだ税制改革の議論が求められる。

参 考 文 献

青山慶二（2008 a）「アメリカ納税義務者による海外直接投資の課税の改革へ向けて」（『租税研究』第709号）。

青山慶二（2008 b）「わが国企業の海外利益の資金還流について―海外子会社からの配当についての益金不算入制度―」（『租税研究』第710号）。

浅妻章如（2006）「国外所得免税（又は仕向地主義課税）移行論についてのアメリカの議論の紹介と考察」（『フィナンシャル・レビュー』第5号（通巻第84号））。

小野島真（2008）「国外所得免除方式移行への国際的潮流―アメリカにおける国外所得免除方式導入の提案を中心に―」（『政経論叢』第76巻第5・6号）。

経済産業省・国際租税小委員会（2008）『我が国企業の海外利益の資金還流について～海外子会社からの配当についての益金不算入制度の導入に向けて～〈中間論点整理〉』。

高久隆太（2007）「居住地国課税と源泉地国課税の競合」（『三田商学研究』第50巻第1号）。

本庄資（2007）『アメリカの租税政策』税務経理協会。

増井良啓（2008）「アメリカ両院税制委員会の対外直接投資報告書を読む」（『租税研究』第708号）。

柳下正和（2000）「アメリカの対外租税政策の潮流―国際課税の視点から―」（『城西大学大学院研究年報』第16号〔Ⅱ〕）。

Becker, J. and C. Fuest (2007), "Corporation Tax Policy and International Merger and Acquisitions – Is The Tax Exemption System Superior?", *CESifo Working Paper*, No.1884.

Hines Jr., J. R. (2008), "Foreign Income and Domestic Deductions", *National Tax Journal*, Vol. LXI, No.3.

Hufbauer, G. C. and P. L. E. Grieco (2005), *Reforming the US Corporate Tax*, Institute for International Economics.

Hufbauer, G. C. and A. Assa (2007), *U. S. Taxation of Foreign Income*, Peterson Institute for International Economics.

Joint Committee on Taxation (2008), *Economic Efficiency and Structural Analysis of Alternative U. S. Tax Polices for Foreign Direct Investment*.

Musgrave, P. B. (2002), *Tax Policy in the Global Economy*, Edward Elgar.

The President's Advisory Panel on Federal Tax Reform (2006), *Simple, Fair, and Pro-Growth: Proposals to Fix America's Tax System*, William S. Hein & Co.

U. S. Department of the Treasury Office of Tax Policy (2007), *Approaches to Improve the Competitiveness of the U. S. Business Tax System for the 21st Century*.

第10章

ドイツの公債発行における
グローバル・ルールと国内ルール*

1. はじめに

　まず、グローバル化による公債発行の制約について考えてみよう。財政は、原則として各国が独自の判断において運営するものである。そこでの制約条件は、国民の合意や経済状況などであり、財政に関するルールは国民の意思により変更が可能である。財政運営の柱のひとつである公債発行についても、例えば日本は独自の意志や政策によって決定している。もちろん、信用力の問題や金利をはじめとした経済への影響などの制約があるので、いつでも好きに発行できる訳ではないものの、そうした条件の下での意思決定は各国独自になされるものである。通貨統合以前のドイツについても、金利上昇の恐れといった経済的な制約要因はあったものの、基本的にドイツの国内ルールと政策によって公債発行の規模は決定されてきた。

　しかし、ドイツが参加するEU（欧州連合）において、通貨統合を目指すことになり、その状況に変化が訪れた。マーストリヒト条約（1992年調印、1993年発効）では、単一通貨ユーロ参加の条件として、インフレの抑制や金利の低

---

*　本章におけるドイツ行政法の解釈については、白鴎大学法学部渡邊亙准教授（憲法・行政法）の協力を得ている。

下に加えて，一般政府の財政赤字の削減（GDP 比 3% 以下）と政府債務残高の削減（GDP 比 60% 以下）というコンバージェンス・クライテリア（Convergence Criteria，以下，収斂基準）を設けた。そして，ユーロ参加後も，ユーロの価値安定のために，財政赤字や政府債務残高は継続的に収斂基準を満たす必要がある。ユーロの導入は，人・物・金・情報のうち，金の動きをグローバル化するだけでなく，人や物の動きをグローバル化するのにも役立っていることは間違いないだろう。また，米ドルに対抗できる通貨として，ユーロ圏内におけるグローバル化に止まらず，世界的な意味でのグローバル化にも資するものになっている。ドイツは，EU ならびにユーロ参加国における主要国の 1 つであり，ユーロ圏内における発言力は強い。また，ドイツにとって，ユーロの維持はグローバル化する国際社会の中で一定の地位を占めるためには不可欠なものになっていると考えられる。しかし，そうしたグローバル化の果実と引き換えとなる形で，金融政策の独立性とともに，財政運営についても公債発行においてグローバル・ルールの中で実行していかなければならなくなった。

本章では，ドイツにおける従来の財政運営における重要な歯止めであった建設公債の原則が，マーストリヒト条約に伴うグローバル・ルールとしての財政赤字 GDP 比 3% 以内という制約が導入されたことでどのような影響を受け，またドイツの連邦財政の運営にどのような変化が生じたかを検証する。そして，グローバル・ルールとの関係で，ドイツの国内ルールは現行でどのように位置づけられ，今後どのような関係になるか検討する。

なお，後述のように，2009 年 6 月 12 日の連邦議会において，ドイツ連邦共和国基本法（以下，連邦基本法）が改正され，公債発行に関して 2011 年から順次新しいルールが施行されることになった。本章では，従来のルールのままで検証し，最後に改正によってグローバル・ルールとの関係がどう変化するか考えることにする。

2. ドイツ国内の公債発行ルール

2-1 公債発行に関する法体系

　ドイツにおいては，日本と同じように，国・連邦のレベルで建設公債の原則が採用されている。この他に国・連邦で建設公債の原則をもつ主要国としては，イギリスがあげられる程度である[1]。ただし，不文法の国であるイギリスのものは，不文律として投資的支出の範囲内に財政赤字を抑制するというゴールデン・ルール（Golden Rule）である。成文法で建設公債の原則を採用している主要国は，日本とドイツである[2]。しかもドイツでは，憲法である連邦基本法において建設公債の原則を明記している点で，一般法（財政法第4条）で規定する日本とは異なっている。また，それ以外の公債発行の規定についても，連邦基本法の規定が基本となっている。まず，連邦基本法におけるドイツの公債発行関連の法体系をまとめておこう。

　連邦基本法において財政規律と強い関わりをもつのは，第109条，第110条第1項，そして第115条第1項である（表10-1）。このうち第109条第2項では，「連邦とラントは，その財政の運営に際して，経済全体の均衡の要請を考慮に入れなければならない」としている。ここでいう経済全体の均衡とは，後述の建設公債の原則の規定と同様，安定した適度の経済成長，高度の雇用水準，物価の安定，対外バランスの均衡を指す。つまり，経済成長などが阻害される状況では，それを払拭する財政政策が求められているということである。もちろん，ここにグローバル・ルールを意識する部分はなく，ドイツ国内の経

---

1) 地方政府のレベルにおいて，建設公債の原則およびそれと類似した制度を採用している国は多い。例えば日本，ドイツ，イギリスの他，フランスやイタリアにおいても，地方政府では投資的支出の範囲内に公債発行を抑制する必要がある。
2) この他，憲法で公債の発行規模を規定している主な国としては，スイスにおいて公債発行を原則禁止（スイス連邦憲法第126条）している他，ポーランドでは，ポーランド共和国憲法第216条において，債務残高の上限を規定している。ポーランドにおける債務残高の上限はGDP比60%であり，マーストリヒト条約の収斂基準に適合している。また，憲法で公債発行に議会承認を求める国は多い（例：ルクセンブルク，スペイン，ポルトガル）。

表 10-1　ドイツ連邦基本法の公債関連条項

第109条［予算の独立の原則，経済全体の均衡の維持］ (1)　連邦およびラントは，その財政において，独立であって，相互に依存するものではない。 (2)　連邦とラントは，その財政の運営に際して，経済全体の均衡の要請を考慮に入れなければならない。 (3)　連邦参議院の同意を必要とする連邦法律によって，財政法，景気に応じた財政および多年にわたる財政計画のための，連邦および諸ラントにとって共通に適用される諸原則を立てることができる。 (4)　経済全体の均衡を乱すことを防止するために，連邦参議院の同意を必要とする連邦法律によって， 　　1　地域団体および目的組合による信用借入の最高額，条件および時間的順序，ならびに， 　　2　連邦およびラントに対し，ドイツ連邦銀行に無利息の預金をしておくべきことを義務づけること（景気調整準備金） についての規定を発布することができる。法規命令を発布する権限は，連邦政府に対してのみ，これを与えることができる。法規命令は連邦参議院の同意を必要とする。法規命令は，連邦議会の要求があれば，その限度でこれを廃止するものとし，詳細は，連邦法律でこれを定める。 第110条［連邦の予算］ (1)　連邦のすべての収入及び支出は，これを予算に編入するものとし，連邦企業体及び特別財産については，繰入れ又は交付のみが計上されることで足りる。予算は，収入および支出が均等になるものとする。 (2)　予算は，一または複数の会計年度について，年度ごとに，最初の会計年度の始まる前に，予算法律によって確定する。予算法律は，予算が部分的には異なる複数の期間，会計年度ごとに分けて，これを執行する旨を予め定めることができる。 　　（以下略） 第115条［起債］ (1)　将来の会計年度の支出をもたらす可能性のある起債ならびに人的および物的保証その他の保証の引き受けは，その額が特定されるかまたは特定されうるような，連邦法による授権を必要とする。起債による収入は，予算中に見積られている投資支出の総額を超えてはならない。ただし，経済全体の均衡の攪乱を防止するためのものは例外とする。詳細は，連邦法で定める。 (2)　連邦の特別財産については，連邦法により1項の例外とすることができる。

（注）1．2009年6月改正以前のもの。なお，改正後の規定の多くは2011年以降の施行となっている。
　　　2．第110条第2項について，下記出所の訳は「各年度ごとに」だが明らかに不適当なので修正している。

（出所）高田敏・初宿正典編訳（2007）『ドイツ憲法集〔第5版〕』信山社。

済状況のみが判断材料となる。

　一方，第110条第1項では，「予算は，収入および支出が均等になるものとする。」として，収支均等を謳っている。この点については，「新たな公債による必要な財源の創出はこの原則によって妨げられない。実際的意義は僅かしかない」[3]という指摘がある。また，「信用市場で資金を調達することが難しいにもかかわらず，公債を発行して予算を均衡させることは憲法でいう予算均衡を損なうものであり違法であると考えられている。」[4]という指摘も重要である。つまり，無理な公債発行によって経済状況を混乱させてはいけないという解釈である。

2-2　建設公債の原則

　建設公債の原則は，連邦基本法第115条によって規定されている。第1項において，「起債による収入は，予算中に見積られている投資支出の総額を超えてはならない」として，起債の上限として建設公債の原則を規定している。意図としては，もちろん公債発行の歯止めである。日本でも同じく公債発行の歯止めとして建設公債の原則が設定されているものの，ドイツとは異なり起債の対象を規定する形になっている。

　第115条第1項で示されている「投資支出」の定義は，別途，予算原則法第10条において定められている。そこでは，建設事業（除く軍用），動産の取得（一定価値をもち耐用年数1年以上，除く軍用），不動産の取得，公共体や私企業への資本参加，貸付金，保証による要求などが列挙されている。人的資本への投資（教育など）が含まれない点は日本と同じだが，日本では認められない動産の取得が含まれることや，耐用年数が概ね40年程度必要とする日本よりも，投資支出の対象となる公共事業等の範囲はやや広いといえる。ただし，ドイツにおいて「投資支出」の投資と認定されるには，事業計画，事業費計算書，注

---

3)　シュタイン（1993），40ページ。
4)　大西（1984），159ページ。

釈書を作成し，そこにおいて事業計画の詳細，建設事業費，土地取得，設備費，資金調達計画，日程計画を明示する必要がある（予算原則法第16条）。こうした点については，予算総則での費目の明示に止まる日本よりも厳格な運用となっている。

第115条第1項では，建設公債の原則の例外も規定されている。それが，「ただし，経済全体の均衡の攪乱を防止するためのものは例外とする」という規定である。第109条第2項でもふれたように，経済全体の均衡の攪乱の定義については，安定した適度の経済成長，高度の雇用水準，物価の安定，対外バランスの均衡，という4つの政策目標が同時に達成できない場合を意味する（経済安定・成長促進法第1条）。このような状況では，公債発行の歯止めに対する例外規定が適用され，投資支出を超えた規模の公債発行が可能となる。建設公債の原則の例外規定が存在しない日本では，いわゆる赤字公債の発行は，別途特例法を制定する必要がある。ドイツでは，日本における建設国債・赤字国債のような法制度上の区分は存在しない。また，日本では一般会計で発行する新発債と国債整理基金特別会計で発行する借換債を区分するが，ドイツではそうした区分もない。

ドイツの連邦総予算は，行政予算（経常勘定）と財務予算（資本勘定）に区分されている。しかし，経常勘定と資本勘定の区分の基準は資産効果の有無にあり，資本勘定（Ausgaben der Kapitalrechnung）と建設公債の原則でいう投資支出（Investive Ausgaben）の定義とは一致しない。2009年度予算案で見ると，資本勘定は263億ユーロ，投資支出は259億ユーロである。

建設公債の原則における投資支出を上限とする公債収入は，グロスの公債発行額から償還額を控除した分を計上する純債務調達（Nettokreditaufnahme）である（連邦予算規則）。予算上純債務調達は負（－）で示され，グロスの公債発行額が償還額を下回った財政黒字の状態は，純償却（Nettotilgung）と呼ばれ正（＋）で示される。日本では，総計予算主義にのっとりグロスの公債新規発行額が計上され，償還額は別途国債費に計上される[5]。債務償還についても，日本の60年償還ルールのような制度はドイツには存在しない。

なお，ドイツにとってのグローバル・ルールである収斂基準は投資支出などと無関係で，建設公債の原則はあくまでドイツ国内のルールであることは注意が必要である。

2-3 連邦基本法改正と通貨統合

ドイツの連邦基本法における公債発行などの規定は，1949年の制定時から現在の姿だった訳ではない。経済全体の均衡の維持などを規定している第109条は，1967年（第15回改正），1969年（第20回改正：財政改革法律とよばれる），2006年（第52回改正）に改正されている。制定当時の第109条では，予算の独立の原則のみが規定されていて，その後，経済全体の均衡の維持，多年度財政計画が追加された。1967年（第15回改正）の改正により，経済全体の均衡の維持の概念を導入し，その後の経済安定・成長促進法（1967年）で公債発行をフィスカル・ポリシーとして活用する方向が明確になった。収支均衡などを規定する第110条は，1969年（第20回改正）でのみ改正されている。改正によって，複数年度予算が導入された。建設公債の原則などを規定する第115条も，1969年（第20回改正）にのみ改正されている。

一方，こうした規定は，通貨統合に際して批准したマーストリヒト条約の収斂基準とは一致しない。通常，国際条約などの批准によって国内ルールと齟齬をきたす場合，国内ルールを変更する必要がある。しかし，公債関連について，マーストリヒト条約の批准や発効に伴うドイツ国内ルールの変更は実施されていない。

ドイツの憲法における建設公債の原則は，1919年制定のワイマール憲法において，現行にやや近い概念が登場している。第87条において，「国債は，非常に必要のある場合に限り，かつ，通例は事業目的の経費に充てるための

---

5) 日本では建設公債の原則とは関係なく，借換債を国債整理基金特別会計で発行する。一方，ドイツでは新規債と借換債の区分がないため，すべて総予算に計上される。ただし，純債務調達はネットで計上されるため，借換債分は相殺される。

み，これを起こすことができる。」としている[6]。これは建設公債の原則とは異なるものの，事業目的の経費に公債発行の対象を限定する規定である。「事業目的」という用語はワイマール憲法ではじめて使われたものである[7]。この場合の「事業目的」(werbender Zweck) とは，企業性を有するもの（貸付や出資を含む）に限定される[8]。そして，「事業目的経費に充てる」ということで，対象規定の形を取り，現在の建設公債の原則における上限規定とは異なっている。

制定当時の連邦基本法旧第115条は，ワイマール憲法と類似した規定であった。「非常の需要がある場合においてのみ，かつ，原則として事業目的の支出のために」，「信用の方法で，これを調達することが許される」となっており，ワイマール憲法同様，「事業目的の支出のため」として公債発行対象を限定している。ここでいう「事業目的の支出」は，やはり企業性を有するもの（貸付や出資を含む）に限られ，例えば「住宅建設，電化，水道供給など」[9]が相当する。現在の連邦基本法第115条は，公債発行の上限規定として投資支出の金額が設定され，それに例外を同時に設けるという形に変化している。起債の厳格さで言えば，ワイマール憲法とほぼ同様の連邦基本法旧第115条を経て，緩和される形で現在の第115条につながっている。ただし，ここにグローバル・ルールの影が見られないことは，先述の通りである。

3. ドイツの連邦財政運営とルール

3-1 連邦財政運営の推移

次に，戦後の連邦政府における財政運営と国内ルール，グローバル・ルールの関係を追ってみよう。まずは，財政運営について，推移をまとめてみる（表

---

6) ワイマール憲法，連邦基本法の訳は，高田敏・初宿正典編訳 (2007)『ドイツ憲法集〔第5版〕』信山社，による。
7) Schmidt-Bleibtreu & Klein (1967), p.567.
8) 対象経費については，Hamann (1956), p.376, Leibholz, Rinck & Helberg (1966), p.540, Giese (1955), pp.190-191 に詳しい。
9) Schmidt-Bleibtreu & Klein (1967), p.569.

10-2）。

　第二次世界大戦後から1950年代初期の旧西ドイツでは，戦後処理や戦後復興が急務であり，連邦政府の歳出は終戦社会費，失業救済社会保険補助費，防衛関係費等が中心であった。1950年代の財政収支に対する考え方は均衡財政の維持にあり，それを予算編成の目標のひとつにしていた。決算額でみても，1953年度から1956年度までは純償却（グロスの公債発行額＜公債償還額）を記録し，1950年代を累計しても純債務調達は5億ユーロにすぎなかった（1950年代の歳出額の累計は1249億ユーロ）[10]。それが1950年代終盤から1960年代中頃にかけて積極財政に転換し，防衛費や社会保障費が高い伸びを示した。特に1962年度以降，純債務調達が多くなった。この頃には，旧第115条における「事業目的」を広く解釈し一般の財産形成的支出を含むことで，純債務調達の上限をそれまでより高く考えるようになっていた。

　1967年度から1970年代は，フィスカル・ポリシーを実施するようになった。その背景として，1966年下期から1967年にかけての戦後初の厳しい景気後退があげられる。そうした中，連邦基本法第119条の厳格な公債発行規定を維持したまま，第109条において経済全体の均衡の維持の概念を導入した。そして，「経済安定・成長促進法」（1967年）によって公債発行を伴う公共事業が可能になり，実施された。

表10-2　ドイツの連邦予算運営の概略

年度	大まかな予算編成方針	予算の特徴	予算編成時の経済状況
1961	積極的な支出増加	防衛費や社会保障費が高い伸び	好景気
62	積極的な支出増加	防衛費や公共事業が高い伸び	成長率鈍化
63	積極的な支出増加	公債発行を増加	成長率鈍化
64	積極的な支出増加	防衛費や社会保障費が高い伸び	好景気
65	景気過熱防止	社会保障費増，防衛費削減	好景気
66	財政支出膨張抑制	社会保障費増額抑制，防衛費減，酒税増税	やや成長率鈍化
67	安定的成長の達成	公共事業が高い伸び，公債発行増	景気後退

10）　ユーロ導入前の通貨単位はドイツ・マルクだが，最近の予算書の付属統計ではユーロ導入以前の計数についてもDM 1＝€1.95583で換算してユーロ表記しているため，それに従った。以下すべて同じ。

68	安定成長を目指す	高水準の公債発行	景気回復
69	景気抑制	自然増収分を債務償還に使用	好景気
70	景気抑制	歳出増加の抑制，支出の一部停止	景気過熱の恐れ
71	景気鈍化への下支え	歳出全般の増加（除く農林関係）	やや成長率鈍化
72	景気安定化（物価懸念）	公営企業・教育研究・住宅費等で高い伸び	成長率鈍化
73	引き締め	歳出の伸び抑制，増税	物価上昇懸念
74	景気中立	年金補助金など社会保障費で高い伸び	安定的
75	景気刺激	大量の公債発行，公共事業・社会保障増	景気後退
76	景気配慮と財政構造改善	大量の公債発行継続，社会保障費増加	景気回復テンポ緩慢
77	財政改善と景気への配慮	純債務調達削減，利払費増	景気回復
78	景気刺激	所得税減税，利払費増	景気停滞
79	景気刺激	公共事業増，利払費増	回復基調
80	財政再建型	純債務調達削減，歳出の伸び抑制，利払費増	成長率の鈍化
81	財政再建	歳出の伸び抑制，利払費増，純債務調達横ばい	マイナス成長だが回復見込
82	財政再建	歳出の伸び抑制，社会保障費削減，利払費増	景気停滞，高金利
83	財政再建	純債務調達過去最大，歳出の伸び抑制	景気停滞
84	緊縮型	歳出の伸び抑制，社会保障費減，企業減税	緩やかな景気回復
85	緊縮型	歳出の伸び抑制，経済協力費の増加	緩やかな景気回復
86	財政再建	歳出の伸び抑制，経済協力費減，所得税減税	景気拡大
87	財政再建	歳出の伸び抑制，住宅都市計画費減	緩やかな景気拡大
88	景気に配慮した財政再建	歳出の伸び抑制，教育・研究費減，所得税減税	緩やかな景気拡大
89	財政赤字圧縮	歳出の伸び抑制，社会保障費増，個別消費税増税	景気の拡大持続
90	東独へ財政面の援助	東独関連支出増加，所得税・法人税減税	景気の拡大持続
91	旧東独復興	旧東独復興支援・湾岸戦争関連支出，付加税課税	旧西独は景気拡大
92	財政赤字削減	旧東独支援継続，防衛費減，VAT増税	景気後退
93	緊縮財政	旧東独支援継続，その他の歳出抑制	景気後退
94	緊縮財政	旧東独支援継続，その他の歳出抑制	緩やかな景気回復
95	緊縮財政	形を変えた旧東独支援継続，付加税再課税	景気回復
96	超緊縮型財政	歳出総額減，旧東独支援継続，所得税減税	景気低迷
97	財政赤字削減	歳出総額減，投資支出大幅減，収斂基準達成	景気回復
98	歳出抑制	農林関係費・保険体育関係費など削減	着実な景気回復
99	財政政策の安定	投資支出を下回る純債務調達，利払費増加	景気回復の鈍化
2000	財政の安定	歳出総額減，所得税減税	景気拡大
01	財政の安定（改革予算）	純債務調達縮小，所得税・法人税減税	景気拡大の鈍化
02	財政政策の継続性	投資支出の大幅削減，たばこ税・保険税増税	景気後退の可能性
03	財政健全化と政策具体化	歳出総額減，法人税の時限的引き上げ	やや景気回復
04	緊縮財政と景気刺激	歳出総額減，失業手当見直し，減税前倒し	景気回復

05	財政赤字是正	歳出総額減，投資支出を下回る純債務調達	上向き
06	財政再建	投資支出を上回る純債務調達	景気回復
07	財政健全化・経済政策継続	VAT・所得税増税	上昇傾向の継続
08	財政健全化・経済成長	法人税減税・歳出抑制	上昇傾向
09	景気刺激	歳出拡大	悪化

(出所) Bundesministerium der Finanzen (1961–2009), *Finanzbericht*.
Statistisches Bundesamt (1961–2009), *Statistisches Jahrbuch für die Bundesrepublik Deutschland*, Statistisches Bundesamt.
財務省主計局調査課長編著（1962–2009）『図説　日本の財政（各年度版）』東洋経済新報社.

その後，第119条改正（1969年）により建設公債の原則とその例外措置が導入され，実質的に公債発行の要件が緩和されたものの，景気の急回復により，1970年代前半頃までは公債発行について抑制の利いた財政運営が続いた。また，例外規定の適用についても，建設公債の原則が導入されて初めて投資支出を上回る純債務調達が実施されたのは1975年度のことである。しかし，1970年代後半になると，1975年のマイナス成長などに対して景気刺激型の予算を組むようになり，純債務調達は高い水準を維持するようになった。

1970年代後半の財政悪化に対して，1980年代に入ると財政再建を重視した財政運営が行われた。歳出の抑制に重点を置いた緊縮型の予算が編成される一方，所得税などは減税された。こうした財政再建策によって，財政の悪化は止められ連邦純債務調達は縮小したものの，1970年代前半の水準には戻らなかった。

1990年代初頭から半ば過ぎにかけては，ドイツ統一（1990年）を中心課題とした予算編成となった。特に旧東ドイツ地域復興支援に，多大な支出をしている。税制面でも，所得税や法人税に旧東ドイツ地域復興支援の財源調達のための連帯付加税を課した。ただし，ドイツ統一関連支出以外では，それまでの緊縮財政を継続した。

ドイツ統一の後，経済成長率が急速に低下し（図10–1），財政赤字が拡大するとともに，マーストリヒト条約の収斂基準達成が予算編成上明確に意識されるようになった。そして，投資支出を含め歳出総額の抑制などによって収斂基準が達成され，ユーロの導入を迎えることになった。ユーロ導入前後に当たる

274　第3部　グローバル化と外国財政

図10-1　ドイツの実質GDP伸び率と名目GDP伸び率

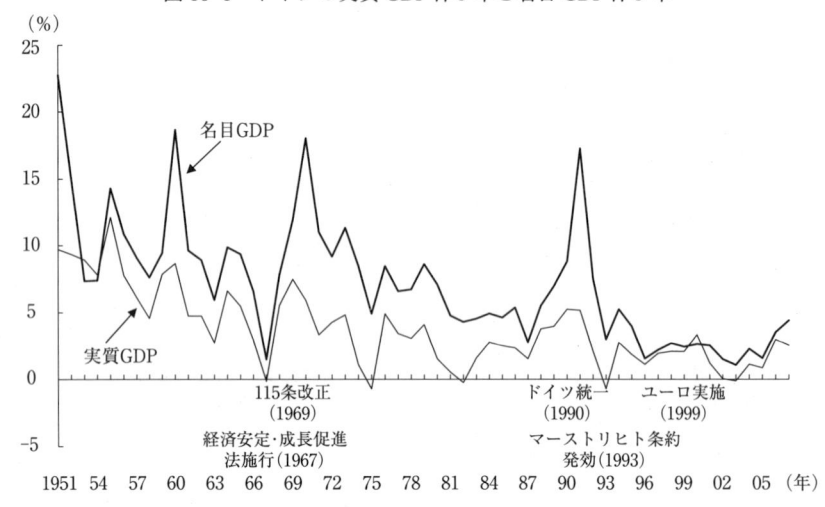

(注) 1990年までは西ドイツ（以下すべて同じ）。
(出所) Statistisches Bundesamt (2009), *Statistisches Jahrbuch für die Bundesrepublik Deutschland*, Statistisches Bundesamt.

1998年度から2000年代半ばのシュレーダー政権では，財政の安定が打ち出された。財政の安定とは，必ずしも緊縮財政ではないものの，財政健全化路線を維持していた。そのような中，2003年度は財政赤字のGDP比3％以下という基準に抵触するようになり，欧州委員会から改善勧告を受けることになった。また，2004年度にも収斂基準を達成できず，より強い勧告を受けることになった。2000年代半ばからのメルケル政権では，再び悪化した財政を立て直すため，付加価値税の税率引き上げなど収斂基準達成を念頭に置いた財政収支改善が試みられ，2005年度には基準を達成するようになった。

3-2　ルールは公債発行の歯止めとなっているか

次に，国内ルールおよびグローバル・ルールが，歴史的に見てドイツの連邦財政において，公債発行の歯止めとなっているか検証する。

純債務調達の名目GDP比で経済安定・成長促進法（1967年）以前を見れば，財政収支均衡の近辺で推移していることがわかる（図10-2）。こうしたことか

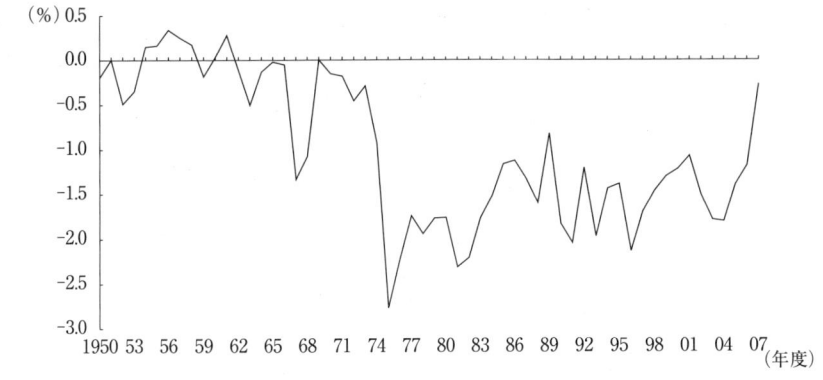

図 10-2　ドイツの連邦純債務調達の GDP 比（決算ベース）

(注)　純債務調達はドイツの会計上の概念で，債務償還費からグロスの公債発行収入を控除したもの。
(出所)　Bundesministerium der Finanzen (2009), *Finanzbericht*.
Statistisches Bundesamt (2009), *Statistisches Jahrbuch für die Bundesrepublik Deutschland*, Statistisches Bundesamt.

ら，経済安定・成長促進法以前については，公債発行に厳しい制約を課していた連邦基本法旧第115条が一定の歯止めになっていたといえるが，背景に公債発行を必要としない経済成長があった。

　1960年代後半から1980年代前半頃までに，2度の財政悪化を確認できる。いずれも経済成長率の鈍化が背景にあり，マイナス成長を記録している。1度目は経済安定・成長促進法制定の動機となったもので，経済安定・成長促進法制定から連邦基本法第115条改正（1969年）までは，旧第115条の解釈拡大により，経済安定・成長促進法で示された公債発行上限額を歯止めとしていた。ただし，従前より公債発行の条件が大幅に緩和されており，歯止めという表現が適切かは定かではない。公債発行ルールが実質的に緩和された第115条改正直後には，景気の回復もあり公債発行への影響は出ていない。経済安定・成長促進法制定後に財政悪化はみられたが，第115条改正によって加速した事実はない。しかし，1970年代後半の財政悪化の背景になっていた可能性は高い。2度目の財政悪化は，建設公債の原則が適用されるようになった後の1970年代後半から1980年代初頭である。この時期には，建設公債の原則の例外となる

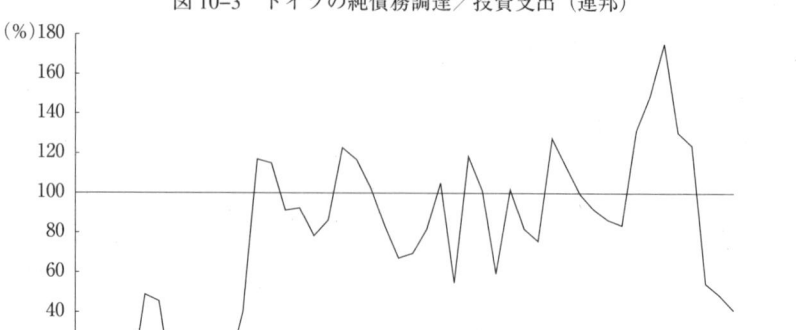

図10-3 ドイツの純債務調達／投資支出（連邦）

(注) 1. 純債務調達は予算上負で示されるが，分析のために正に直して投資支出との比を取っている。
2. 2008・09年度は予算。それ以外は決算。
(出所) Bundesministerium der Finanzen (2009), *Finanzbericht*.
Statistisches Bundesamt (2009), *Statistisches Jahrbuch für die Bundesrepublik Deutschland*, Statistisches Bundesamt.

経済全体の均衡の攪乱の状態として，純債務調達が投資支出を上回ることが多かった。ただし，第115条改正によって建設公債の原則が規定されて以降，純債務調達が頻繁に投資支出を上回っていた訳ではない（図10-3）。長期的にみれば，純債務調達は概ね投資支出の近傍で推移している。とりわけ予算編成において，純債務調達と投資支出の多寡が常に表記され，意識されていることは事実であり，一定の歯止めの役割を果たしていたことは間違いない。

その後，1980年代後半以降は，純債務調達の名目GDP比が悪化や改善を繰り返しながらも概ね横ばいで推移しており，経済状況による純債務調達への影響は，それ以前ほどには大きくみられない。ただし細かくみると，ドイツ統一後は純債務調達の名目GDP比が悪化した状態にあり，またその後2003・04年度にも再び悪化を確認できる。

現在では，第115条よりも，マーストリヒト条約における収斂基準である一般政府の財政収支赤字のGDP比3％の方が，財政規律維持に強い影響力をもっている。実際，2003・04年度の財政悪化の時期には，収斂基準との関係

が注目された。なぜなら，マーストリヒト条約はグローバル・ルールであり，ドイツがユーロを通貨として維持し，またユーロ圏やEU圏内で一定の影響力を保つには遵守の必要がある。収斂基準を守らなければ，制裁を受ける可能性もある。一方で，第115条自体が無効になっている訳ではない。例えば2007年度決算でみると，純債務調達が投資支出を下回っているものの，これは収斂基準を順守した結果こうなった訳ではなく，予算編成でそもそも建設公債の原則を意識し，それに収めることを明示していた。また，常にマーストリヒト条約の収斂基準に収まっていなければいけない訳でもない。GDP比3%を超過する財政赤字を出した場合，欧州委員会から改善勧告を受け，それでも基準を超過する場合に，はじめて制裁措置が発動されることになっている。ドイツは2003年および2004年の財政状況に対してそれぞれ改善勧告を受けたものの，制裁までは発動されていない。こうしたことから，グローバル・ルールと国内ルールが共存状態にあるといえる。

3–3 ルールの悪用はないか

　日本の場合には，建設公債の原則が公共事業の肥大化を生む1つの重要な要因となった[11]。ドイツにおいても，投資支出の拡大を通じて，純債務調達の上限を引き上げることも不可能ではない。しかし，ドイツの場合，公共事業肥大化の傾向はみられない。建設公債の原則において純債務調達の上限となる投資支出のGDP比は，長期低下傾向にある（図10–4）。確かに，経済安定・成長促進法制定の時期，1970年代終盤の景気刺激時，ドイツ統一後には上昇した。しかし，いずれの時期も長期的な傾向とはならず，短期的な動きに止まっている。また，国際比較をしてもドイツの公共事業は低い水準にある。連邦基本法第115条改正の前後をみても，経済安定・成長促進法制定の時期に上昇しているものの，第115条変更時には著しい変化はなかった。

---

11)　日本の建設公債の原則と公共事業の肥大化の関係については，浅羽（2005）を参照。

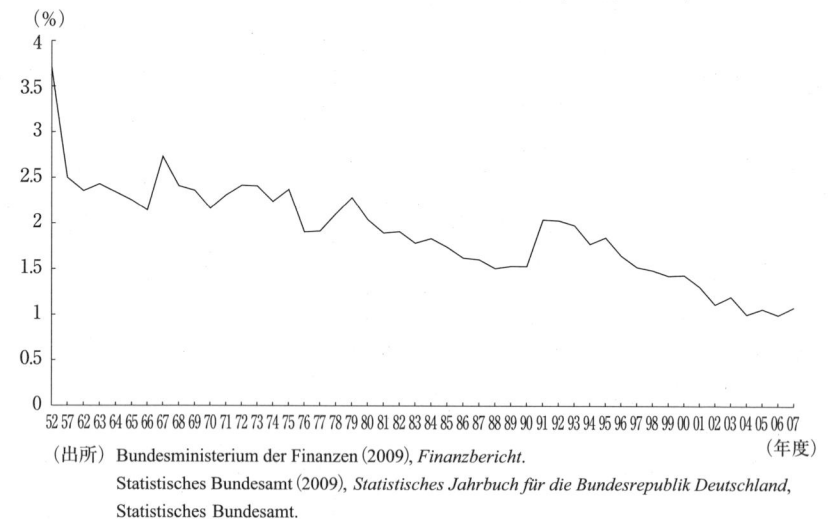

figure 10-4 ドイツの投資支出の GDP 比（連邦，決算ベース）

(出所) Bundesministerium der Finanzen (2009), *Finanzbericht.*
Statistisches Bundesamt (2009), *Statistisches Jahrbuch für die Bundesrepublik Deutschland,* Statistisches Bundesamt.

　先にみた通り，建設公債の原則は，比較的遵守されている。ただし，純債務調達の上限額を厳格に守ろうという姿勢まではみられない。それには，例外規定があるので，経済状況の悪い時期は法的にもそうした行動は不要だということが大きいと考えられる。そのため，無理に投資支出を拡大させ純債務調達の上限額を引き上げる動きにはつながらない。

4．グローバル・ルールと国内ルールの関係

4–1　事後的な関係

　ポーランドのように，憲法でマーストリヒト条約の収斂基準の一部そのものを規定すれば，グローバル・ルールと国内ルールとの関係を考える必要はない。しかし，これまで見てきたように，ドイツではグローバル・ルールと国内ルールが共存している状態にある。ドイツにおける，グローバル・ルールと国内ルールの関係をもう少し詳しく考えてみよう。

　まず，2つのルールが単純に比較できると仮定して検討してみよう。グローバル・ルールの方が，国内ルールより厳しい場合から考えてみよう。グローバ

ル・ルールに違反することによるペナルティが大きいのであれば，国内ルールは財政規律確保のルールとして意味をもたない。ドイツであれば，ユーロという極めて重大で守るべきものを棄損するというペナルティがあるため，この場合には国内ルールである建設公債の原則は財政規律として実質的な意味を失う。

一方，国内ルールの方が，グローバル・ルールより厳しい場合はどうだろうか。この場合には，国内ルールを優先して遵守していればグローバル・ルールも守れるため，国内ルールに強い意義が生まれる。もちろん，国内ルールが厳格でそれを守らないということがあり得ないのであれば，グローバル・ルールは財政規律として意味をもたなくなる。もちろん，グローバル・ルールを結果として遵守することになるので，それによるメリットは享受できる。ドイツの場合，建設公債の原則は同時に例外を規定しており，厳格さはそこまでのものではない。そのため，2段階の財政規律のルールが適用されることになる。

2006年度決算を例に，両者の関係について考えてみよう。すでに決算あるいは確報値として事後に操作が不可能であり，単純な比較が可能である[12]。まず，マーストリヒト条約の収斂基準について，GDPの3%はドイツの国全体で727億ユーロに相当する。一方，投資支出は連邦で262億ユーロである。国全体と連邦ではベースが違うものの，収斂基準を遵守できず制裁金を科された場合の負担割合が連邦65%，州35%であることや，実際の財政赤字が2006年で国全体の392億ユーロのうち連邦が282億ユーロと72%を占めることから，投資支出の方が財政収支赤字の連邦政府分より小さいと考えることができる（表10-3）。つまり，連邦政府において建設公債の原則の方が公債発行に関して厳しい目標であり，その意味で建設公債の原則を遵守することが，マーストリヒト条約における収斂基準を満たすことにつながる状態にある。そのため，グローバル・ルールと国内のルールが良い意味で共存している状態にある

---

12) 実際には，一般政府の財政収支のGDP比は，GDPの推計方法の変更などにより数値の修正の可能性はある。しかし，それを政府によって操作できるというものではない。

表10-3　ドイツの財政収支の内訳　　　　（単位：億ユーロ）

年	2003	2004	2005	2006	2007	2008
連邦	－392	－398	－314	－282	－147	－115
州	－305	－235	－227	－100	34	10
市町村	－84	－39	－22	30	86	60
全会計	－679	－655	－525	－392	15	－25

(注)　2008年は見通し。その他は実績。
　　　全会計は，連邦のその他会計等を含むので，連邦・州・市町村の合計と一致しない。
(出所)　Bundesministerium der Finanzen (2009), *Finanzbericht*.

と，少なくとも事後的には検証できる。

4-2　予算策定段階の関係

　ただし，ドイツの公債発行におけるグローバル・ルールと国内ルールは，予算策定の段階において単純に比較できる訳ではない。常に，連邦基本法第115条の方がマーストリヒト条約における収斂基準よりも厳しいルールであり続けるとはいえない。これは，投資支出の大きさ，名目GDPの大きさ，債務残高の大きさ，州・地方政府の財政収支などによって異なってくる。

　まず，収斂基準で許容される連邦政府の財政収支赤字の金額については，名目GDPの大きさと州・地方政府の財政収支の状況が重要となる。名目GDPの大きさは，連邦政府がコントロール可能ではない。特にユーロ参加により金融政策を欧州中央銀行（ECB）に委ねていることから，ドイツ一国での物価面でのコントロールは著しく困難である。実質成長率も，産業振興や景気対策などで多少関与できる程度であろう。一方，州・地方政府の財政収支については，連邦制とはいえ協調的連邦主義の下，連邦と州が同じ公債発行ルールに基づいており，州も連邦と同様，経済状況次第での例外付きで投資支出を上限とする純債務調達が求められている。そのため，州政府だけが突然財政赤字を急拡大させるといった事態は考えにくい。2007年についてみると，連邦政府が147億ユーロの財政赤字であるのに対して，州は34億ユーロの財政黒字となっている（表10-3）。地方政府については，公債発行上限が投資支出に限定される

上，公債発行は他の財源調達手段が無い場合に限定されており，財政赤字は連邦や州に比べかなり低い水準で推移している（2007年は86億ユーロの財政黒字）。ただし，連邦政府が州政府に財政収支の水準を強制することもできないため，連邦政府が完全にコントロールできる訳ではない。こうしたことから，収斂基準で許容される財政収支の金額は，原則として連邦政府によって自己完結できるルールではないことがわかる。

　一方，建設公債の原則およびその例外規定については，議会での議決を前提にするものの，ある程度まで連邦政府がコントロール可能なルールとなっている。建設公債の原則そのものは，かなりコントロールが可能である。投資支出の範囲は，公共事業などの計画によって決まるため，連邦政府の支出内容の変更によって公債発行の上限を上下させることができる。また，数値を当該政府が操作することもあながち不可能とはいえない。いわゆるやりくりの余地があるということである。やりくりについては，1990年代の日本の例が参考になる。日本では出資金という名目で，当時の宇宙開発事業団（現宇宙航空研究開発機構）に資金を一般会計から毎年度繰り入れていた。名目上は出資金で建設公債の対象経費となっていたものの，宇宙開発事業団では出資金が膨張すると同時に繰越欠損金がほぼ同額だけ積み上がるという状態であった。そうした姿からすれば，補助金や交付金などの名目で繰り入れるべきだったが，建設公債の対象になるということから出資金として取り扱われていた。こうした取り扱いは，小泉政権において新規の赤字公債発行ゼロを財政再建目標からはずすまで続いていた。

　ただし，こうした公共事業偏重ややりくりは，少なくともこれまでのドイツではみることができない。それは，例外規定の存在によることが大きい。投資支出の金額を超える純債務調達を必要とするような経済状態であれば，そもそも支出内容を組み替えたりやりくりをする必要がない。しかし，例外規定を必要とする経済状態については，連邦政府がコントロール可能な余地は小さい。

　こうしたことから，グローバル・ルールが国内ルールよりも緩やかであろうということは，予算策定段階で想像できる範囲内である。そうしたこともあ

り，これまで予算においては両者の目標が併存し明記されている。しかも，両者の関係を問うようなこともなく，共存関係が維持されてきた。

5. おわりに

最後に，今後のグローバル・ルールと2009年6月に改定され，2011年以降に順次施行予定の国内ルールの関係について述べることで，結びとしたい。前節で検討した通り，従来通りの経済状況であれば，引き続きドイツにおいてグローバル・ルールと従来通りの国内ルールの共存関係は維持可能なはずであろう。公債発行ルールの第1段階として，国内ルールである投資支出の範囲内に純債務調達を抑える。しかし，それを超えるような場合には，第2段階として，グローバル・ルールである一般政府の財政赤字の名目GDP比3％が歯止めとなる。ただし，第1段階から第2段階にシフトするためには，経済全体の均衡の維持が妨げられるような状態でなければならない。そのため，漫然と財政が悪化するのに任せることは許されない。

しかし，こうした状況を大きく覆す事態が生じ，2009年3月，公債発行などに関する連邦基本法の改正が提起されるに至った。その背景には，サブ・プライム問題に端を発した世界同時不況の影響がある。ドイツでは，2008年11月，「成長の強化による雇用の確保」と題する一連の緊急経済対策を打ち出した。自動車税の一定期間免除や児童手当の引き上げなどを含むものだが，2008年10月の措置と合わせても，公費負担分が2009年と2010年の合計で320億ユーロに止まっていた。そのため，名目GDP比2％程度の経済対策を求めるアメリカを中心に，ドイツに対するさらなる財政出動への圧力が強まった。そして，経済の急速な悪化はドイツでも決して例外ではなかったこともあり，2009年1月，追加の緊急経済対策を実施することになった。「雇用と安定のためのパッケージ」と称するこの経済対策は，総額500億ユーロにのぼるもので，公共事業の拡大や短時間労働者の社会保険料企業負担分の半額を国が負担，所得税の基礎控除額の引き上げや最低税率引き下げなどが打ち出された。こうした一連の緊急経済対策により，ドイツの財政赤字は大幅に拡大すること

になり，投資支出の範囲内に純債務調達を抑える国内ルールはもちろん，グローバル・ルールである一般政府の財政赤字の名目 GDP 比 3% も大きく超えることになった。

ドイツをはじめ EU 加盟の多くの国で収斂基準を超える財政赤字が決定的となったものの，各国が未曾有の大不況に直面しているため，制裁金が科されることは少なくとも当面はない。しかし，ドイツにおいて，悪化した財政状況に対する危機感は強く，追加の緊急経済対策の実施に当たり，いわゆる出口戦略のひとつとして，財政赤字の増大に歯止めをかけ健全化の道筋をつけるべく，連邦基本法の公債発行関連規定の改正の検討に着手した[13]。そして，その議論が 2009 年 3 月，「連邦と州の財政関係の現代化に関する連邦議会および連邦参議院の合同調査会」の改革提案，そして 6 月 12 日の連邦議会での改正成立という形で結実した。改正された公債発行部分では，従来の連邦基本法の規定をより厳格化する方向でまとめられている[14]。そこでは，日本の財政法第 4 条のように公債発行を原則禁止し，その許容範囲を純財務調達が名目 GDP 比 0.35% 以内と極めて少額にする。また，従来と同じように例外規定は設けるものの，その例外の適用を厳格化するとともに，例外適用の際には財政健全化の道筋を付けることなどが示されている。そしてそれらの規定の多くは，IMF や OECD などが世界同時不況から脱出すると見込んでいる 2011 年から施行することが付記されている。

過去にもフィスカル・ポリシーへの転換の必要に迫られ，現実に対応する形で連邦基本法が改正された経緯がある。今般の改正についても，グローバル・ルールを凌ぐ現実の財政赤字の膨張に対する新たな歯止めの必要性という観点でまとめられている。今般の改正は，国内ルールをより厳格化するという点

---

13) 財政関連の連邦基本法の改正自体は，「連邦と州の財政関係の現代化に関する連邦議会および連邦参議院の合同調査会」において，連邦と州の財政関係についての改正が検討されていた。それに加える形で，合同調査会において公債関連の条文の見直しも議論されるようになった。詳しくは，山口（2008），山口（2009）を参照。
14) 詳しくは，Kommission von Bundestag und Bundesrat zur Modernisierung der Bund-Länder-Finanzbeziehungen（2009）を参照。

で，グローバル・ルールとの共存関係は従来通りである。ただし，公債発行に関する第1段階（国内ルール）を厳格化した点と，第2段階であるグローバル・ルールそのものが仮に無力化した場合であっても，第1段階である国内ルールがいわば最終的な財政赤字膨張の歯止め策となるというところが改正のポイントのひとつである。世界同時不況という非常時の前にグローバル・ルールが一時的にせよ無力化したことに，国内ルールの厳格化で対応するということは，ドイツの財政の持続性に対する危機意識の表れであろう。

参考文献

浅羽隆史（1998）「建設国債主義の功罪」（『富士総研論集』第31号）。
浅羽隆史（2005）「建設国債の原則と財政再建」（『白鷗大学論集』第20巻第1号）。
浅見敏彦編（1986）『世界の財政制度』金融財政事情研究会。
石森久広（1996）『会計検査院の研究—ドイツ・ボン基本法下の財政コントロール』有信堂。
大蔵省財政史室編（1977）『昭和財政史—終戦から講和まで—第4巻』東洋経済新報社。
大西建夫編（1984）『現代のドイツ4　法と秩序』三修社。
甲斐素直（1996）『財政法規と憲法原理』信山社。
甲斐素直（2001）『予算・財政監督の法構造』信山社。
外務省経済局編（1968）『画期的なドイツの「経済安定・成長促進法」』外務省。
外務省経済局欧州課（1968）『ドイツ「経済安定・成長促進法」の意義とドイツ経済に及ぼす影響』外務省。
加藤一郎（2000）「財政危機と公共事業—建設国債の位置付け」中央大学経済研究所編『現代財政危機と公信用』中央大学出版部。
亀井孝文（2004a）『公会計改革論—ドイツ公会計研究と資金理論的公会計の構築』白桃書房。
亀井孝文（2004b）「ドイツ公会計制度の現状と問題」（『会計検査研究』No.29）。
経済企画庁総合計画局編（1998）『日本の社会資本－21世紀へのストック』東洋経済新報社。
小村武（2007）『四訂版　予算と財政法』新日本法規。
佐藤進（1970）「転換期西ドイツの経済と財政—経済安定・成長促進法を中心として－」（『武蔵大学論集』第17巻第2，3，4，5，6合併号）。
佐藤進（1983）『現代西ドイツ財政論』有斐閣。
（財）自治体国際化協会（1998）「ドイツ地方財政制度の概要」（『CLAIR REPORT』173号）。
シュタイン，エクハルト（浦田賢治ほか訳）（1993）『ドイツ憲法』早稲田大学比較法研究所。

手島孝（1975）「財政政策と憲法：西ドイツ経済安定成長促進法に即しての批判的考察」（九州大学『法政研究』第41巻第4号）315-342ページ。

時子山常三郎（1968）「西ドイツの財政経済の動向と新財政改革について」（『早稲田政治経済学雑誌』通号210・211合併号）。

日本財政法学会編（1984）『予算過程の諸問題―財政法叢書①』学陽書房。

槇重博（2001）『財政法原論』弘文堂。

増島俊之（1973）「諸外国の予算制度（その三）―西ドイツ」（『自治研究』第49巻第10号，9月）。

町田俊彦（1974）「西ドイツにおける財政政策と景気調整（上）―「経済安定・成長促進法」成立の背景」（福島大学経済学会『商学論集』第42巻第4号）。

町田俊彦（1975）「西ドイツにおける財政政策と景気調整（下）―「経済安定・成長促進法」成立の背景」（福島大学経済学会『商学論集』第43巻第4号）。

町田俊彦（1979）「西ドイツにおける「安定法」下の景気調整」（福島大学経済学会『商学論集』第47巻第4号）。

宮本保孝（1974）『世界の財政制度』金融財政事情研究会。

森下昌浩（2006）「ドイツにおける国と地方の役割分担」（財務省財務総合政策研究所『主要諸外国における国と地方の財政役割の状況』所収）。

山口和人（2008）「「連邦と州の財政関係現代化合同調査会」の重点項目発表」（『外国の立法』No.236-2）。

山口和人（2009）「「連邦と州の財政関係現代化合同調査会」の改革提案」（『外国の立法』No.239-1）。

山田邦夫（2004）『シリーズ憲法の論点4　財政制度の論点』国立国会図書館調査及び立法考査局。

Giese, Friedrich (1955), *Grundgesetz für die Bundesrepublik Deutschland vom 23. Mai 1949*, Kommentator.

Hamann, Andreas (1956), *Das Grundgesetz für die Bundesrepublik Deutschland vom 23. Mai 1949 – Ein Kommentar für Wissenschaft und Praxis*, HermannLuchterhand Verlag.

Kommission von Bundestag und Bundesrat zur Modernisierung der Bund – Länder – Finanzbeziehungen (2009), *Beschlüsse der Kommission von Bundestag und Bundesrat zur Modernisierung der Bund – Länder – Finanzbeziehungen – Kommissionsdrucksache 174*, Kommission von Bundestag und Bundesrat zur Modernisierung der Bund–Länder–Finanzbeziehungen.

Leibholz, G., H. J. Rinck and K.Helberg (1966), *Grundgesetz für die Bundesrepublik Deutschland – Kommentar an Hand der Rechtsprechung des Bundesverfassungsgerichts*, Otto Schmidt.

Schmidt–Bleibtreu, Bruno & Franz Klein (1967), Kommentar zum Grundgesetz *für die Bundesrepublik Deutschland*, Luchterhand.

第11章

2000年代ドイツにおける営業税改革論
―― グローバル化と地方企業課税 ――

1. はじめに

　経済のグローバル化とともに，2000年代に入ってドイツでも企業税制改革が経済政策上の重要なテーマになってきた。2000年改革では法人税率が40%から25%（2001年より）に引き下げられたが，地方企業課税である営業税には大きな変更はなかった。ところが2008年に実施された企業税制改革では，法人税率がさらに引き下げられて15%になり，営業税をめぐる財政・租税システムの大幅な見直しもなされた。その結果，企業税率水準は40%弱から30%弱へと相当に低下することになり，ドイツの企業税制にとっては画期的な改革となった。このことは，いずれにせよドイツの企業税制改革は，営業税を含めての改革によってはじめて包括的かつ効果的なものになりえることを示しているといえよう[1]。

　そこで本章では，2008年改革が営業税を含めた全体的な企業税制改革になった背景を探る1つの作業として，ここ数年におけるドイツでの企業税制改革の議論の中で営業税改革がいかなる方向で議論されていたのかを検討することに

---

1) ドイツの2008年企業税制改革の内容については，関野（2009）を参照のこと。

しよう。なおドイツでは，税制も含めて経済財政の政策形成過程において研究機関・シンクタンクの改革提案が重要な役割を演じており，ここでもシンクタンク等でなされた代表的な改革提案に注目したい。本章の構成は以下の通りである。第2節では，2000年代におけるドイツの租税システムと営業税の実態を検討する。第3節では，やや経済界よりの市場経済財団の営業税改革提案を，第4節では，やや中立的なベルテルスマン財団の営業税改革提案を整理検討する。第5節では，2つの営業税改革提案に対する自治体サイド（ドイツ都市会議）の評価から，その相対的位置づけを考える。そして最後に，営業税改革提案と2008年改革による営業税をめぐる財政・租税システムの見直しとの関連を総括しよう。

2. ドイツの租税システムと営業税

2-1 企業課税と営業税

1990年代以降，経済のグローバル化とともに先進諸国，新興諸国を問わず，企業税率が傾向的に引き下げられてきている。つまり，他国よりも企業税率を引き下げることによって企業立地条件を優位にして，自国の経済発展や雇用確保に結びつけようとしているのである。とくにヨーロッパにおいては統一通貨ユーロの導入や，東欧諸国の市場経済化に伴うEU経済圏の拡大深化によって，企業税率の引き下げ競争は顕著である。ところがそうした中で，ヨーロッパ最大の経済大国であるドイツは，従来からヨーロッパで企業税率水準が最も高い国であった。いま表11-1で2007年時点での各国の名目企業税率をみてみよう。なおここでの企業税とは，企業利潤を課税ベースにした法人税などのことである。ドイツは38.65％であり，ヨーロッパでは最高水準である。旧EU諸国が30％前後，東欧などEU新規加入諸国が20％前後であるのと比べても，ドイツの企業税率はかなり高い水準にあることがわかる。

ところで同表からわかるように，ドイツの名目企業税率が高いのは，地方税によるところが大きい。つまり国レベル（連邦および州）の企業税（法人税）だけならドイツは26.38％であり，旧EU諸国の中では平均的な水準にすぎな

表 11-1　各国の名目企業税率（2007年）

(単位：%)

	中央国家	地方団体	合計
ベルギー	33.99	—	33.99
デンマーク	25.0	—	25.0
ドイツ	26.38	16.67	38.65
フィンランド	26.0	—	26.0
フランス	34.43	—	34.43
ギリシャ	25.0	—	25.0
アイルランド	12.5	—	12.5
イタリア	33.0	4.25	37.25
ルクセンブルク	22.88	6.75	29.63
マルタ	35.0	—	35.0
オランダ	25.5	—	25.5
オーストリア	25.0	1.5	25.0
ポルトガル	25.0		26.5
スウェーデン	28.0	—	28.0
スペイン	32.5	—	32.5
イギリス	30.0	—	30.0
キプロス	10.0	—	10.0
ブルガリア	10.0	—	10.0
エストニア	22.0	—	22.0
ラトビア	15.0	—	15.0
リトアニア	18.0	—	18.0
ポーランド	19.0	—	19.0
ルーマニア	16.0	—	16.0
スロヴァキア	19.0	—	19.0
スロヴェニア	23.0	—	23.0
チェコ	24.0	—	24.0
ハンガリー	20.0	2.0	21.28
日本	30.0	13.5	40.87
カナダ	22.12	14.0	36.12
アメリカ	35.0	7.5	39.88
ノルウェー	28.0	—	28.0
スイス	8.5	18.6	21.3

(出所) BMF (2007 b), S.21-22.

い。ここに地方レベル（市町村）の企業税（営業税）の16.67%が加算されることによって38.65%という高い企業税率水準になっているのである。なおドイツの法人税は連邦・州の共通税で法定税率は25%（2007年度まで）であるが，東西ドイツ統合に関わる財源として連帯付加税が法人税額の5.5%分課税されており，実質法人税率は26.38%になっている。また営業税は市町村税であり，その税率決定権は各市町村にあるが，全国平均の税率が16.67%になっている，ということである。

さらに，ドイツ国内の租税収入においては，営業税は法人税よりも大きな比重を占めている。表11-2は2006年度のドイツ国内での連邦・州・市町村を総合した租税収入の構成を示している。所得税と売上税（付加価値税）がともに30%以上を占めて二大税収になっている。一方，企業関連税では営業税の7.9%に対して，法人税は4.7%にしかすぎない。ドイツ国内での企業利潤課税においては，連邦・州の共通税である法人税よりも，市町村税である営業税の方が大きな位置を占めているのである。

名目税率水準において法人税より低い営業税が，税収規模において法人税をかなり上回っている要因としては，次のようなことが考えられる。1つには，

表11-2　ドイツの租税収入（2006年度）

（単位：億ユーロ，%）

	収入額	構成比
所　得　税	1,938	39.7
うち賃金税	1,226	25.1
法　人　税	163	4.7
連帯付加税	103	2.3
営　業　税	321	7.9
不　動　産　税	102	2.1
売　上　税	1,466	30.0
鉱　油　税	399	8.2
たばこ税	143	2.9
合　　計	4,884	100.0

（注）合計にはその他税収も含む。
（出所）BMF（2007 a），S.46-49.

課税対象の範囲のちがいがある。ドイツ国内の企業総数は表 11-3 に示されるように 2005 年で 303.6 万社あるが，株式会社，有限会社などの資本会社 47.1 万社（15.5%）であり，個人企業などの人的企業が 251.4 万社（82.8%）もある。そして国税（連邦・州）レベルで法人税の課税対象になるのは資本会社だけであり，人的企業は所得税の課税対象になっている。一方，市町村税である営業税は人的企業，資本会社も含めてすべての事業活動（農業，自由業を除く）を課税対象にしている。いま 1 つには，課税ベースについても営業税の方が若干広くなっている。法人税の課税ベースは法人税法で規定される企業収益（益金―損金）であるが，営業税の課税ベースは法人税法・所得税法で規定される収益に長期債務利子の 50% 分（2007 年度まで）を加算したものになっている。ちなみに，企業の営業税負担額はその物税としての性格から，法人税・所得税・営業税の算定において経営コスト要素として損金算入されている。

このようにみると，経済のグローバル化の中でドイツ企業税制のあり方を考えるにあたっては，国税としての法人税だけでなく地方税の営業税も重要な検討課題にならざるをえない。ところで現代ドイツの租税システムは，1960 年代以降の一連の営業税改革の経緯もあって，後にみるように所得税，売上税，

表 11-3 ドイツ企業の法的形態別構成（2005 年）

（単位：万社，%）

	企 業 数	構 成 比
人的企業	251.4	82.8
個人企業	213.1	70.2
合名会社	26.1	8.6
合資会社	12.1	4.0
資本会社	47.1	15.5
株式会社	0.7	0.2
有限会社	45.2	14.9
事業経済協同組合	5.3	0.2
公法上の経営法人	6.1	0.2
そ の 他	5.0	1.7
合　　計	303.6	100.0

（出所）BMF（2007 a），S.36.

営業税の税収に関して連邦，州，市町村が相互に関与している状況にある。つまり営業税改革はその代替財源のあり方も含めて，租税システムに様々な影響を与える可能性があるのである。そこで，営業税改革論の具体的検討に入る前に，まずその前提として現代ドイツの租税システムと地方歳入・市町村税の現状について概観しておくことにしよう。

2-2 現代ドイツの租税システム

表11-4は2006年度のドイツ全体の各級政府別租税収入の構成を表している。ここからは次のような特徴が指摘できる。第1に，税収総額の配分では連邦41.7%，州39.9%，市町村13.7%，EU 4.5%になっている。連邦と州がともに税収の4割を占めているのに対して，市町村は10%台であり，その税収規模は相対的に小さい。第2に，主要税である所得税，法人税，売上税（付加価値税）が各級政府の共通税になっている。所得税と法人税は連邦と州に同額配分され，それぞれ税収全体の14.1%，2.3%を確保している。また売上税では，連邦（15.9%）と州（13.5%）がその大半を確保している。また市町村にも所得税（4.5%），売上税（0.6%）がそれぞれ配分されている。第3に，営業税はもともと市町村固有税であり，その大半は市町村税収（7.8%）になっているが，その一部は営業税納付分として連邦（0.3%）や州（0.4%）の税収としても配分されている。

このように所得税，売上税，営業税に関して，連邦，州，市町村がそれぞれ関与している現状については，これまでの営業税改革の経緯と密接に関連している。簡単に説明すると次の通りである。ドイツの営業税は歴史的に古い租税であるが，第二次大戦後にドイツ基本法（憲法）によって市町村固有の税源（物税）として保障された。当初の営業税の課税ベースは，各企業の収益，賃金額，営業資本額であり，それぞれに法定（全国均一）の租税指数を乗じて合算したものが租税基準額とされ，この租税基準額に各市町村が独自に決定した賦課率を掛けて営業税額が算定された。営業税はドイツ市町村の基幹税収であり，1960年代までは市町村税収の8割弱を占めていた。ところが1969年の市町

表 11-4　ドイツの連邦・州・市町村・EU の租税収入 (2006 年度)
(単位：億ユーロ，%)

	収入額	構成比
連邦税収	2,038	41.7
所得税	687	14.1
うち賃金税	521	
法人税	114	2.3
売上税	777	15.9
営業税 (納付分)	16	0.3
連邦固有税	842	17.2
EU への税収交付	▲181	▲3.7
州への税収交付	▲216	▲4.4
州税収	1,951	39.9
所得税	687	14.1
うち賃金税	521	
法人税	114	2.3
売上税	659	13.5
営業税 (納付分)	22	0.4
営業税 (納付割増分)	31	0.6
州固有税	217	4.4
連邦からの税収交付	216	4.4
市町村税収	672	13.7
営業税	383	7.8
所得税分与	218	4.5
うち賃金税分与	183	
売上税分与	36	0.6
営業税納付	▲38	▲0.8
営業税納付割増分	▲31	▲0.6
市町村固有税	109	2.2
EU 税収	221	4.5
税収総額	4,884	100.0

(出所) BMF (2008), S.284.

財政改革によって，市町村間の税収力格差を是正する等を理由に，市町村は徴収営業税額の約 40% (当時) を連邦・州に納付し，その代わりに連邦・州の共通税である所得税収の 14% 分を市町村に配分することになった。また 1979 年の租税改革法によって，営業税の課税ベースから賃金額がはずされ，その代

替財源として市町村への所得税収配分割合が15%に引き上げられた。さらに1997年の営業税改革によって課税ベースから営業資本額もはずされ、その代替財源として連邦・州の共通税である売上税収2.2%分が市町村に配分されることになった。この結果、市町村の租税収入における営業税の比重は40%台に低下し、逆に所得税や売上税という共通税の比重が増加することになった。また、当初の営業税は物税として広い課税ベースをもっていたが、次第に課税ベースが縮小された結果、1998年以降は企業収益に課税する第二法人税のような企業税に変わってしまったのである[2]。

それでも現代の市町村財政において営業税は最も主要な市町村税収であり、また不動産税と並んで市町村の税率操作権が保障された自治的税源という重要性に変わりはない。この点を表11-5、表11-6で確認しておこう。表11-5は2006年度の地方歳入の構成を示している。租税収入の比重は旧西独地域で42%、旧東独地域で20%であるが、それぞれ営業税がその半分を占めている。また連邦、州からの交付金（経常、投資）の比重は旧西独地域の28%に対して、

表11-5　ドイツ地方自治体の歳入構成（2006年度）

(単位：億ユーロ，%)

	旧東独地域		旧西独地域	
	収入額	構成比	億ユーロ	構成比
租税収入	55.8	20.4	554.5	42.2
うち営業税	26.1	9.6	256.7	19.5
所得税分与	12.9	4.7	188.5	14.3
売上税分与	4.2	1.5	23.4	1.8
料金収入	20.0	7.3	138.4	10.5
連邦・州経常交付金	118.9	43.6	318.4	24.2
連邦・州投資交付金	27.8	10.2	48.1	3.7
その他収入	50.4	18.5	254.0	19.3
合　計	273.0	100.0	1314.4	100.0

（注）都市州を除く。
（出所）Deutscher Städtetag（2007），S.13-14.

2）1970年代以降のドイツ営業税改革の経緯と改革議論について詳しくは、関野(2005)、中村(2006)を参照のこと。

表 11-6 ドイツ市町村の租税収入（2006年度）

(単位：億ユーロ，%)

	全国 収入額	全国 構成比	旧西独地域 収入額	旧西独地域 構成比	旧東独地域 収入額	旧東独地域 構成比
営業税	315.5	46.7	286.2	46.7	29.3	46.0
不動産税	104.0	15.4	90.1	14.7	13.9	21.8
その他市町村税	7.9	1.2	7.1	1.2	0.8	1.3
所得税分与	218.5	32.3	203.4	33.2	15.1	23.6
売上税分与	30.3	4.5	25.7	4.2	4.6	7.2
税収合計	676.2	100.0	612.6	100.0	63.7	100.0

(出所) Deutscher Städtetag (2007), S.85-87.

旧東独地域では54%と高くなっている。さらに表11-6は，2006年度の市町村の租税収入の内訳を示している。ドイツの市町村全体でみると営業税は46%を占めて最大税収であることがわかる。同じく自治的税源である不動産税は15%で営業税の3分の1程度にすぎない。また所得税分与32%，売上税分与4%で，市町村税収に占める共通税分与は3割強の比重になっている。

さて，営業税については従来からもそのあり方や改革をめぐって，課税者たる自治体サイドと納税者たる企業・経済界サイドの利害・主張が鋭く対立している租税である。一方のドイツ都市会議を代表とする自治体サイドは，営業税は税率操作権を伴う自治的財源であり，応益原則・等価原則[3]に適う企業税であるという立場から，課税ベースを企業収益だけでなく事業付加価値額などへ拡大すべきなど，一貫して営業税の現代的再生を求めてきた。他方の経済界サイドは，企業活力を強化させる観点から課税ベースの縮小，営業税率の引き下げ，さらには営業税の廃止を求めていた。1970年代以降に遂行された営業税の課税ベース縮小は，後者の経済界サイドの要求が反映した結果でもある。さらに2000年代に入っての経済界サイドの動きとしては，ドイツ産業連盟

---

3) 等価原則（Äquivalenzprinzip）とは，一般的には自治体の公共サービスに要する費用は，そのサービス利用者ないし受益者が負担すべきという考えであり，ドイツの地方財政や地方財政論では応益原則とほぼ同義に使用されている。

（BDI）の営業税改革案（2001年6月）がある。そこでは，①営業税と所得税市町村分与を廃止する，②その代替財源として各市町村は所得税・法人税にそれぞれ自由に付加税を課す，③企業の名目実効税率は38%水準で変化はない，というものであった。しかし自治体サイドが，同案は，①企業負担を住民負担に転嫁するもの，②都市圏における中心都市と郊外市町村の税率格差を必然化し，中心都市に不利益をもたらす，などの理由から強く反対したこともあって実現しなかった[4]。また2003年には市町村財政の危機を背景に，連邦政府の主導で関係団体も参加した市町村財政改革委員会が組織され，営業税改革の具体的検討が進められた。そして2003年7月に連邦政府は営業税改革法案を発表した。その内容は，①営業税の名称を市町村経済税に変える，②課税対象，課税ベースの拡大も行う，③租税指数を5%から3%に引き下げる，④上記による減収を補塡するために売上税市町村参与比率を2.2%から3.6%に引き上げる，というものであった。しかし，同法案には経済界や自治体サイドの反対も多く，結局実現せずに終わっている[5]。

しかしその後，経済のグローバル化が一層進展してくるに伴い，企業の実効税率引き下げを目指した営業税改革の議論や提案も本格化してくる。中でも市場経済財団およびベルテルスマン財団の提案は体系的であり，代表的な営業税改革案として注目もされている。また両提案とも，ドイツの財政学者，税法学者，経済学者など財政・税制の専門家が参加・主導して作成されている。そこで以下の第3節，第4節で市場経済財団，ベルテルスマン財団の改革提案内容をそれぞれ検討してみよう。

3．市場経済財団の『租税政策プログラム』

3-1　市場経済財団『租税政策プログラム』のねらいと構成

市場経済財団は2006年1月に同財団の「税法典」委員会による『租税政策

---

[4]　ドイツ産業連盟の営業税改革案の内容と問題点については，関野（2005），第6章，を参照のこと。
[5]　関野（2005），第2章，中村（2006），参照。

プログラム』を発表したが，その副題に従えば「さらなる成長と雇用のための包括的な収益税改革」を目指すものである。その問題意識とねらいについて同プログラム要約で次のようにのべている。「本委員会はドイツにとってより本質的で，より社会的で，より透明で，かつより公正で，同時に国際的競争可能な租税体系を志向している。それは自己責任と能力発揮への包括的な契機となり，また投資や消費の基礎となる信頼と法的保障に配慮するものでなければならない。租税体系の社会的対称性を保障することは，これらが広範に受け入れられるための基礎となる。一国経済の競争可能性は，成長と雇用を創出することを目的にしつつ，競争可能になるような水準への租税負担軽減によって強められる。これらはすべて，全貌がつかめなくなるほど複雑化した租税体系から訣別することによってのみ可能になるのである。ドイツの収益税法は簡素化されねばならず，企業分野では国際的に競争可能な税率水準にまで低下されねばならない。その際には自治体財政の基盤も強化されねばならない。」[6]

さて「税法典」委員会はドイツ企業課税については，特に次の2つのことを強調している。1つは，法人税，営業税，連帯付加税合計で税率39％にも達する企業課税水準は，ヨーロッパ最高であり，国際比較でみてもドイツの国際競争力を失わせていることである。いま1つは，ドイツ企業課税の競争力の欠如の要因は，単に税率だけによるのではなく，特殊な租税構造にも起因していることである。その特殊性とは，第1に39％の名目租税負担率の相当部分は営業税によることである。前節でもみたように25％の法人税率は過度に高いわけではなく，営業税が追加されることによって39％という魅力的でない水準に引き上げられている。かくして，企業課税の現実的改革は，営業税をその従来の姿から取り替えることによってのみ成功する。第2に，ドイツでは人的企業が重要な意義をもっているため，所得税も企業税の性格をもっていることである。それゆえ，企業課税の引き下げは法人税だけに限られず，課税の法形態中立性を保障するためには，人的企業の課税も含めなければならない。この

---

6) Stiftung Marktwirtschft（2006），S.5.，またFuest（2006）は市場経済財団の改革提案の特徴と意義について整理している。

ような問題意識にたって「税法典」委員会が提起する「租税改革プログラム」は，具体的には，①企業税制改革，②地方財政の新秩序，③新しい所得税法，という3つの内容から構成されている[7]。

第1の，企業税制改革とは，企業の法的形態（資本会社や個人企業など）での中立性をもち，かつ企業利潤への課税を国際的に競争可能な税率水準に低下させるように，統一企業税（Einheitliche Unternehmensteuer）を導入することである。その際，望ましい税率水準は25%であるが，困難な政府財政事情を考慮すれば30%までが現実性のある水準とされる。また企業課税の税率構成は，包括的所得税制が原則として維持されている所得税法の税率構成からは切り離される。そして新しい企業課税は，連邦および州の税収となる一般企業税（Allgemeine Unternehmensteuer）と，市町村税収となる地方企業税（Kommunale Unternehmensteuer）から構成される。両税の課税客体と課税ベースは統一される。また税率は，同プログラムの構想では，一般企業税は19～22%に，地方企業税は6～8%になる。地方企業税の税率については，市町村は上記の範囲で税率水準を独自に決定できるものとされる。

第2の，地方財政の新秩序とは，憲法に規定された地方自治行政の保障と安定化のために，①不動産税，②住民税，③地方企業税，④賃金税への市町村参与，という4つの方策（Vier-Säulen-Losung）を導入することである。この地方財政改革は，本プログラムの企業税制コンセプトと一体のものとして提案されている。つまり，「企業税制改革は地方財政改革と結合してのみ持続的に成果を上げることができる。その中核となるのは，企業課税のさらなる発展と賃金税への市町村参与を代替財源にしての営業税廃止である。その目的は，自治体財政に対して安定的な財政収入を確保することと，企業の国際的競争可能性を保障することである」[8]。

第3の，新しい所得税法とは，現行所得税制からのパラダイム転換ではなく，基本的にはさらなる簡素化を求めるものである。つまり，原則として総合

---

7) Stiftung Marktwirtschft (2006), S.5-8.
8) Ebenda, S.6.

課税を行っている現行所得税制はさらに発展的に維持しつつ，過剰になっている規定や例外を除去していくものである。

以上みたように，市場経済財団の提案では，何よりもドイツの企業課税水準を国際競争可能な水準までに引き下げることが重要であり，そのための地方財政改革特に営業税廃止が必要になるという認識が前面に出ている。そこで以下では，同「租税政策プログラム」の企業課税改革を営業税と関連させて考察するために，地方財政改革についてより詳しくみていくことにしよう。

3-2　地方財政の新秩序──4つの方策──

市場経済財団「税法典」委員会は，地方財政の新秩序をもたらす4つの方策を提起するのに先立って，同委員会なりの現代ドイツの地方税への認識を次のようにのべている。

第1に，地方税での応益原則の強調である。つまり，自治体公共サービスはとりわけ不動産所有者，住民，地域経済によって利用されている。それゆえ，有効な地方税体系とは，この3つのグループすべてを適切な方法でその財源調達に取り込むものであり，その際に市町村はこの3つのグループに対して税率ないし賦課率を自主的に決定しうるものである。

第2に，現行の営業税は自治体の経済関連税としてはもはや適当ではない。その理由は，①営業税は本来は企業の客観的経済力を捕捉すべきものであるが，現行制度はもはやそうではない，②課税対象が様々な要因で縮小した結果，営業税は大企業の負担する税に変質している，③自治体税収はできる限り安定的であるべきなのに，営業税収は景気変動にあまりにも影響を受けやすい，④1つの所得種類のみに追加的課税するのは所得税の総合課税の原則に反する，などである。

第3に，市町村による税率決定権の重視である。つまり，憲法に保障された地方自治行政は，上記3つの分野（不動産，住民，地域経済）すべてにおいて，市町村が税率操作権を通じてその租税収入を決定できる場合に，最も十全に遂行されることになる。現行制度では，市町村の税率操作権は不動産税と営業税

には存在するが，所得税と売上税への市町村参与には税率操作権はない。その意味では課税における地方自治は十分ではない。

このような地方税認識に基づき，「租税政策プログラム」は地方税改革として前述のように，①不動産税（不動産要素への課税），②住民税（居住要素への課税），③地方企業税および④賃金税への市町村参与（経済要素への課税），という4つの方策を提案している。ただ，不動産税については，現行の市町村による税率操作権を維持しつつ不動産評価方式を改善することを基本としており，大きな変更を伴う改革とはいえない[9]。そこで以下では，居住要素への課税であり住民の所得課税改革としての住民税，企業課税改革としての地方企業税および賃金税収市町村参与という提案について注目してみよう。

まず住民税（Bürgersteuer）とは，現行の所得税市町村参与（15%分）を廃止して，各市町村が独自に住民所得に課税する地方所得税を導入しようとするものである。「税法典」委員会によれば，「現行の所得税市町村参与を維持することは自治体政策的にも経済政策的にも重大な失敗になりかねない」。なぜなら，住民は自分の所得税（賃金税を含む）の15%分が，居住地市町村の収入になっていると明白には認識していない。このように住民負担意識が欠如している下では，市町村の公共サービス供給とも関連性がなくなってしまうからである。逆に，市町村の住民税になれば，「市町村の財源調達への個々の住民の寄与と住民によってコントロールされる自治体の資金調達の効率性も，住民にとって明瞭になる」，と。なおここでの住民税は，課税ベースは所得税法で規定される住民の課税所得であり，各市町村が設定する比例税率で課税される。収入中立を仮定すれば平均3～4%の税率水準となり，その分だけ連邦・州の所得税率（累進課税）を引き下げるという。また住民税収の市町村間格差を大きくしないためには，当面は税率操作の適用範囲を一定の基準所得以下に限定

---

[9] ここでの不動産税改革の方向は，基本的にはバイエルン州とラインラント・プファルツ州の財務省が共同提案している「改革案」に依拠している。詳しくは，Bayern Staatsministers Finanzenn und Minister der Finanzen des Landes Rheinland–Pfalz（2004），を参照のこと。

すべきものとしている[10]。

　次に，市町村における経済要素の課税としては，問題の多い現行営業税を廃止し，その代替財源として新たに地方企業税と賃金税市町村参与を導入するとしている。ところで経済要素の地方課税については，前述のように従来から自治体サイドと経済界サイドの対立は深刻である。自治体サイドからすれば，経済要素への課税，つまり自治体公共サービスから利益享受している企業に対する課税は，企業活動規模を反映する付加価値額（賃金，利潤，利子，賃貸料，リース料など）を基準にすべきである。一方，経済界サイドからすれば，利潤とは無関係な要素特に付加価値額の大半を占める賃金要素への課税は望ましくなく，到底受け入れられない。そこで「税法典」委員会は，自治体と経済界の対立を招かないような解決策を模索し提起する[11]。

　その1つは，地方企業税である。その課税ベースは一般企業税（国税）と同様に利潤であり，市町村の税率操作権を一定の範囲（6~8%）で認める。いま1つは，企業従業員の支払う賃金税（賃金所得に課される所得税）について，その一定割合（約2%）を従業員の就業地市町村に交付することである。その対象は民間企業だけでなく，非営利企業や公共団体の従業員も含まれる。また，この賃金税市町村参与は，企業や従業員への追加的負担にもならない。

　そして，「税法典」委員会によれば，地方企業税と賃金税市町村参与の結合には次のような利点があるという。第1に，この財源調達は地域経済と自治体を結びつけ，自治体には企業誘致への動機付けになる。第2に，課税での賃金要素は，税収入の景気変動性を小さくする。第3に，市町村への賃金税収配分は，従来の所得税市町村参与のように居住地主義ではなく，就業地主義で実施されるため，所得税市町村参与での税収配分のように中心都市の不利，周辺市町村の有利ということは生じない。むしろ中・大都市の中心地機能をより評価するものになる。

　市場経済財団の提案の基本は要するに，現行の営業税と所得税市町村参与を

10） Stiftung Marktwirtschft, a. a. O., S.42–43.
11） Ebenda, S.43–44.

廃止し、その代替財源として住民税、賃金税（一部）という個人所得税と地方企業税という法人利潤課税を導入しようというものである。特に就業者賃金税の一部分与という雇用要素を加味していることは1つの特徴である。ただ、全体としてはこの提案は、個人所得および企業利潤に課税するという意味では、ドイツ産業連盟が2001年に提案した所得税・法人税への市町村付加税案と、本質的にはかなり似たものであることは否定できないであろう。後にみるように、ベルテルスマン財団やドイツ都市会議からは、この点に対して批判が集中することになる。

4. ベルテルスマン財団の企業税制改革案

4-1 地方財政・企業税制改革へのスタンス

ベルテルスマン財団は2007年に『営業税から地方経済税へ―ベルテルスマン財団の改革コンセプト―』（以下『2007年提案』）という提言を発表した[12]。この提案は前節でみた市場経済財団の改革案を強く意識しつつ、その批判の上で独自の営業税改革案を主張するものになっている。本節ではその内容と特徴に注目してみたい。ところでベルテルスマン財団は、この『2007年提案』に先立って、2003年に『市町村財政の改革―ベルテルスマン財団の提案―』を発表しているが、そこでは具体的には、①地方住民税（比例税）の導入（所得税市町村参与の廃止）、②地方経済税の導入（営業税の廃止）、③不動産税の改革、を提案していた。ただ、地方住民税の導入と不動産税改革に関しては、内容的には市場経済財団の提案と大きな相違はない。また地方経済税についても、課税ベースをより広い付加価値額基準に求めるなどとはしていたが、詳細には展開されていなかった[13]。これに対して、『2007年提案』は企業税税制改革に焦点を当ててより具体的になっており、また市場経済財団案との違いもより明示的になっている。

そこでまず、『2007年提案』におけるベルテルスマン財団のドイツ企業税制

---

12) Bertelsmann Stiftung (2007).
13) Bertelsmann Stiftung (2003).

についての現状認識と市場経済財団の地方財政改革案に対する評価をみておこう。それによれば，ドイツ企業税制については，2つの面からも改革の圧力がかかっているという。その1つは，ドイツ税制が極めて複雑で，ほとんどコントロールできない租税要素で満ちており，納税者や財務当局からみても扱いにくいことである。いま1つは，ドイツの企業租税負担が表面上も実効上も高すぎることである。第2節でもみたように2005年時点で法人税の表面税率は25％で中位水準であるが，営業税も含めた実効税率は38.7％でヨーロッパ最高水準にある。加えて，ドイツの企業税率は最高水準であるにもかかわらず，財政収入での成果（GDPに対する企業利潤税収の比率）は極端に低い[14]。

また，市町村財政からみても現行営業税は問題が大きい。つまり，もっぱら企業利潤課税になっているために税収の景気変動性が大きいこと，納税義務者の範囲が自治体公共サービスから利益を得ているすべての経済事業者に及ぶのではなく，不公平な負担になっていること，営業税の根拠になっている等価原則は現行税制ではもはや実現されていないこと，である[15]。

さて，このようなドイツ企業税制に対する現状認識は，市場経済財団の改革提案でもほぼ共通していた。ただ，ベルテルスマン財団からみると市場経済財団の改革提案，特に営業税廃止の代替方策には次のような問題があるという。

第1に，経済関連税（営業税）の代わりにより小さい収益税（地方企業税）と賃金税交付金的な参与に置き換えられても，租税体系の顕著さは高まらない。自治体への賃金税交付は，納税者にとっては目に見えないものである。

第2に，地方企業税はもっぱら利潤依存型であり，市町村財源調達における等価原則的な貢献にはならない。現行営業税の主要な批判点は新たな地方企業税にも当てはまってしまう。市町村財政政策の点からみると，収益性の弱い企業が租税を支払わないことは，当該企業に補助金を与えることに等しい。

第3に，地方企業税は利潤依存型の企業課税であり，景気変動の影響を受け

---

14) Bertelsmann Stiftung (2007), S.6. ドイツの企業税率の高さと企業税収比率の低さについては，関野（2009）も参照のこと。
15) Bertelsmann Stiftung (2007), S.6.

やすい。また，課税ベースにおける外部資金調達の取扱が従来と同様に未解決であり，企業に租税操作の余地を残している。

第4に，自治体間の配分効果については十分な意見一致が不可能である。確かに，賃金税分与は企業利潤の少ない自治体にはプラスの収入効果はあるだろうが，他方で，特に中心都市にとっては地方企業税，不動産税，住民税は累積的な配分損失になってしまう。

第5に，自治体の財政自治も十分ではない。従来，自治体に税率操作権があった営業税の相当部分が，税率操作権を行使できない賃金税収交付分に転換されることは問題である。また，住民税においても，分配政策上の理由から設定される基準額は，自治体の税率操作権行使を限定することになる。

以上のことを指摘した上で『2007年提案』は，「市場経済財団モデルの自治体との親和性は十分ではなく，ベルテルスマン財団モデルよりも明確に劣っている」，と結論づける[16]。それではベルテルスマン財団は，営業税に代わるものとしてどのような地方経済税を提起しているのであろうか。

4-2 地方経済税——経済活動への自治体による課税——

ベルテルスマン財団の『2007年提案』は，経済活動への自治体課税モデルとして次の2つのことを提起している。1つは，営業税の代替として地方経済税（kommunale Wirtschaftssteuer）を導入する。この地方経済税は，すべての経済活動を課税対象とし，課税ベースは収益だけでなく実物投資資本，賃金を含み，市町村の税率操作権も保障したものである。いま1つは，現行営業税制度での連邦・州・市町村税収の絡み合い（営業税納付制度，所得税・法人税・営業税での営業税負担額のコスト参入）を廃止することによって，租税体系をより透明にし，租税の実質的作用（負担）を知覚できるようにすることである。この2つの方策の結果として，税率の明確な低下，ドイツ企業課税の国際的競争可能性の改善，自治体財政運営の持続可能性の確保，が導かれるという[17]。なお，

---

16) Ebenda, S.10.

同提案での実際の改革の手順としては，第1に財政の絡み合いの除去，第2に地方経済税の導入，さらに第3に地方経済税率の引き下げ財源として不動産税負担の引き上げを改革のオプションとしている。そこで以下では，この順に沿ってその内容をみていこう。

まず，営業税をめぐる財政・租税システムの絡み合いの影響をみてみよう（表11-7参照）。第1に，営業税納付制度の存在がある。2005年度を例にとるとドイツの営業税総額は約300億ユーロである。そのうち市町村の営業税収入となるのは，240億ユーロであり，60億ユーロは営業税納付分として連邦・州の税収となっている。マクロの市町村収入の面では，営業税納付分に対しては所得税市町村参与（15%分）が代替財源として保障されている。しかし，市町村の企業課税としてみた場合には，納付分だけ営業税率が高く設定されているとみなすこともできる。もし営業税納付制度を廃止すれば，営業税賦課率400％の市町村では362％への低下が可能になり，これは資本会社の営業収益に対する営業税負担率で換算すると16.7%から15.3%への低下に相当する[18]。

第2に，企業の営業税負担が法人税（資本会社），所得税（人的企業）の算定において経営コストに算入されていることがある。2005年度ではドイツ企業は300億ユーロの営業税負担をしているが，そのコスト算入を通じて法人税・所得税負担額が合計で130億ユーロ減額されている。つまり，企業の営業税実

表11-7 営業税をめぐる現状（改革以前）

（単位：億ユーロ）

	連邦・州	自治体	企　業
自治体収入・企業負担		+300	-300
営業税のコスト算入 営業税納付	-130 +35	-35	+130
実際の収入・負担	-95	+265	-170

（出所）Bertelsmann Stiftung（2007），S.32.

---

17) Ebenda, S.11.
18) Ebenda, S.11-14.

質負担額は170億ユーロということになる[19]。

　第3に，企業の営業税負担額が営業税の課税ベース算定（収益）においてもコスト要素として算入されていることがある。そのため，市町村の営業税賦課率水準も割増ししたものになっている。例えば，現在賦課率400％の市町村で収益10万ユーロの資本会社に対しては，営業税のコスト算定を廃止すれば賦課率333％で同一税収（負担額）を確保することができるという[20]。

　このような営業税をめぐる財政・租税システムの絡み合いの結果，営業税負担の本当の姿がみえにくくなっており，また営業税を含めた企業税率が必要以上に高くなっている。それゆえ，営業税納付制度と所得税・法人税・営業税での営業税コスト算入廃止することによって，企業租税負担の透明性が確保され，企業税率の引き下げも可能になる（改革Ⅰ，表11-8参照）[21]。

　次に，ベルテルスマン財団の企業税制改革の中心である地方経済税についてみてみよう。地方企業課税の原理をめぐっては，応能原則に基づく利潤課税の

表11-8　財政絡み合いの除去（改革Ⅰ）

（単位：億ユーロ）

	連邦・州	自治体	企　業
改革前の収入・負担	-95	+265	-170
営業税納付の廃止 所得税・法人税での営業税コスト算入廃止	-35 +130	+35	 -130
中間計算	0	+300	-30
納付廃止後の営業税賦課率の引き下げ 所得税・法人税率の引き下げ	 -95	-35	+35 +95
実際の収入・負担	-95	+265	-170

（出所）Bertelsmann Stiftung（2007），S.32.

---

19) Ebenda, S.11-12.
20) Ebenda, S.16-17.
21) 納付制度および営業税コスト算入を廃止すれば，収益10万ユーロの資本会社の場合，現行の営業税率16.67％（賦課率400％），法人税率25％から，営業税率14.77％（賦課率295％），法人税率22.63％への低下が可能になるという（Ebenda, S.23.）。

主張と，等価原則（応益原則）に基づく課税の主張の対立がある。しかし『2007年提案』によれば，地方企業税においての両者の一面的主張には問題がある。つまり，利潤課税に限定すると赤字企業に事実上補助金を与えることと同様になり，国際競争の下では課税を理由にした利潤移出の誘因になってしまう。また他方では，もっぱら支払い賃金・給与額に課税すると雇用創造に逆行するものと批判される。これに対して，広く付加価値額を対象にした課税ならば，上記のような問題点を避けることができるし，国際的にも競争可能なように低い税率設定も可能になるはずである。そこで『2007年提案』では，営業税に代わる地方企業税として次のように地方経済税を提起する。

　課税対象は，自治体公共サービスを利用しているすべての経済主体（資本会社，人的企業，自由業，農林業）を含むものとする。これは等価原則思想（Äquivalenzgedanke）に基づくものであり，納税義務者集団の範囲を広げることによって自治体財源調達の安定的基盤を確保し，経済活動に対する不公平で憲法規定上も疑念のあった課税上の扱い（営業税）をなくすことができる。

　課税ベースには，収益だけでなく資本，労働要素も加える。収益に依存しない要素にまで課税ベースを拡大することによって，税収の景気変動性はより緩和され，少数企業の収益力に依存することもなくなる。地方経済税において課税対象範囲を広げ，かつ課税ベースも拡大することは，負担水準の公正（Niveaugerechtigkeit）への要求に応えることでもある。そして，課税ベースは具体的には，収益（Ertrag），賃金額（Lohnsunmme），実物投資資本（Sachanlagevermögen）とされているが，その内容と根拠については次のように説明されている。①収益。収益算定には，利潤にすべての債務利子，賃貸料，リース料，等が加算される。これによって，税制を理由に自己投資を賃貸やリースに置き換えたり，自己資本を外部資本に置き換えたりする誘因を排除する。②賃金額。賃金額は企業の経済力を表す本質的な指標であり，等価原則からみても企業による自治体インフラへの需要の指標になる。③実物投資資本（土地を除く）。実物投資資本を賃金額と並んで課税ベースに含むことによって，資本集約企業に対する労働集約企業の不利を避けることができ，また資本財投資によって雇用

を減らそうとする誘因もなくすことができる。

そして，実際の地方経済税課税におけるこれらの課税ベースのウェイト付けについては，賃金要素と資本要素は同等にウェイト付けし，収益要素は他の2要素よりも重くウェイト付けをすべきとしている。つまり，前者は労働集約企業が資本集約企業に不利になるのを避けるために，後者は等価原則と並んで応能原則も配慮するためである[22]。

地方経済税導入（改革Ⅱ）による想定される効果は表11-9に示されている。現行営業税との税収中立を前提にすれば，課税対象・課税ベース拡大による増収分（55億ユーロ）は，税率水準引き下げによる減収（55億ユーロ）で相殺しており，マクロでの自治体収入と企業負担の変化はない。もちろん課税対象・課税ベース変更に伴い個別企業への影響は様々になりうる可能性があるが，本提案では，その詳細は検討されていない[23]。

表11-9　地方経済税の導入（改革Ⅱ）

（単位：億ユーロ）

	連邦・州	自治体	企　業
改革Ⅰ後の収入・負担	－95	＋265	－170
課税対象・課税ベースの拡大 租税指数または税率引き下げ		＋55 －55	－55 ＋55
実際の収入・負担	－95	＋265	－170

（出所）Bertelsmann Stiftung（2007），S.32.

---

22) Ebenda, S.29-29.
23) 企業ごとの影響について『2007年提案』では，次のようにのべている。「納税義務者範囲の拡大は，税率をより低く設定しても収入中立での税収基盤を確保することを可能にする。このことは主要には現在の営業税納税者の負担軽減を意味するが，他面では従来経済関連インフラサービスの費用負担に加わっていなかった企業に追加的租税支払いを求めることになる。同様に，その租税負担も様々になりうるであろう。というのも新たな課税ベース（例えば，実物投資資本）の設定は，現在の営業税納税者に対しては様々に異なって作用するからである。これについては，モデル計算を待つことになる。全体として租税負担の再分配はより大きな租税公正をもたらすべきであろう。課税ベース拡大は原則として税率引き下げを可能にするのである。」（Ebenda, S.29.）

さらに『2007年提案』は，地方経済税の税率水準を一層引き下げる手段として，不動産税の増徴もオプション（改革Ⅲ）として提起している[24]。その理由は，ドイツの不動産税の負担水準は国際比較でみて相当に低く，また課税評価額が時価水準とかけ離れているなど構造的問題があり，どのみち早急な改革が求められているからである。現行のドイツ国内の不動産税収入は約100億ユーロ（租税収入総額の1.5%）であるが，仮に40億ユーロ増徴して140億ユーロになっても，ヨーロッパ内では低い水準である。この40億ユーロを減税財源にすれば，それだけ地方経済税の税率水準は低くなり，企業負担はさらに軽減される（表11-10参照）。

このような改革モデルを総括してベルテルスマン財団『2007年提案』は次のようにのべる。「地方企業税は，一般的企業税制改革に埋め込まれつつ，企業の負担総額を全体として低下させ，とりわけ自治体税ならびに連邦税の税率を引き下げうるように構成することができる。これによってこのモデルは，ドイツ租税システムの国際競争可能性に対して積極的な貢献をなすことになる。財政絡み合いの解体と地方経済税の導入は，全体として市民，企業，そして投資家にとっての財政の透明性を強めることになる。租税負担は自治体インフラから利益を得ているすべての企業にバランスよく配分され，同時に税率も明白に引き下げることができる。広い課税ベースは税収の景気変動性を弱め，自治

表11-10 不動産税の増徴（改革Ⅲ）

（単位：億ユーロ）

	連邦・州	自治体	企　業	土地所有者
改革Ⅱ後の収入・負担	−95	+265	−170	
不動産税の増徴 地方経済税率引き下げ		+40 −40	−40	−40
改革Ⅲ後の収入・負担	−95	+265	−130	−40
改革（Ⅰ〜Ⅲ）前後の比較	0	0	+40	−40

（出所）Bertelsmann Stiftung（2007），S.32.

24）　Ebenda, S.30.

体にとっては財政計画がより確実なものとなる。」[25]

このようにベルテルスマン財団の『2007年提案』は，財政・租税の絡み合いを廃止して名目企業税率の引き下げを可能にすること，また等価原則に基づいて広く薄い課税となる地方経済税によって企業税率を引き下げることを目指した改革提案ということになる。これは従来の自治体サイドの要求とかなり合致したものになっているといえよう[26]。

5. ドイツ都市会議からの評価

5-1 地方自治体の基本的スタンス

ドイツ企業税制改革は営業税改革を抜きにしては十分効果的なものにはなりえない。しかし一方で，営業税は地方自治体の主要税収であり，税率操作権も備えた自治的税源でもある。そのため実際の営業税改革は，自治体側の賛同と協力がなければ政治的には円滑に遂行することはできない。その意味では具体的な改革提案に対して，地方自治体側がどのように評価しているかは，その政治的実現可能性を考えるにあたっては極めて重要なことになる。そこで本章の最後に，市場経済財団およびベルテルスマン財団の営業税改革に対する自治体側の評価を検討しよう。なお，ここで自治体側の代表として特にドイツ都市会

---

25) Ebenda, S.31.
26) ベルテルスマン財団の改革提案については，提案作成者の1人であるトリーア大学教授（地方財政・環境経済学）ユンケルンハインリッヒは，次のように総括している。「付加価値に対応した価値ベースをもつ経済税，課税所得と結びついた住民税，そして土地および不動産の現実価値に応じた不動産税によって，市町村税体系の資源配分機能は強められ，需要額に対応した市町村間の租税収入の配分が全体として可能になる。これに対する異論はとりわけ，支払い側（経済税では従来の非納税者，不動産税での負担増大）での負担再配分に基づくものであろう。しかし，これらは課税の一般性を考えたならば切実に必要なことである。さらに，ベルテルスマン財団は―現実の改革議論では，かなり非典型的であるが―市町村財政システムの包括的改革を志向していること（牽連性原則，重層規制の解体，自治体社会扶助負担の撤収など）にも注目すべきである。市町村財政システムの個別要素の相互作用をも視野に入れた広範な提案だけが――その政治的実現性を前提にすれば――市町村を財政危機から救い，総合経済的効率性を促進する機会を提供するのである。」(Junkernheinrich (2003), Bd.72, Nr.3, S.437-438.)

議（Deutscher Städtetag）の評価に注目したい。ドイツ都市会議は，市町村の中でも郡格市町村である都市自治体の代表機関であり，かつ都市経済を基盤にして営業税の利害が大きいからである。

まず地方自治体側の企業税制改革に対する一般的認識を確認しておこう。これについては，ドイツ連邦財務省が企業税制改革案形成のために行った意見集約プロセスの中で，2006年4月3日に発表されたドイツ都市会議とドイツ都市・市町村同盟の共同声明が参考になろう。それによれば，自治体側の企業税制改革に対する基本的認識として次の2つが強調されている。1つは，国際競争におけるドイツ経済の現状からすれば企業の名目税率引き下げは必要であるが，あくまでその財源は企業課税分野から調達されるべきという税収中立の立場である。いま1つは，企業税制改革と連動する市町村財政システムの変更は市町村の要求に適したものであるべきであり，また税率操作権を備えた経済力関連地方税は等価原則に適応した負担であり，市町村税基盤として保持されるべきということである[27]。

その上で，営業税については次のような変更は受け入れられないとしている。第1に，憲法で保障されている経済関連市町村税（営業税）での税率操作権を大きく骨抜きにすることである。営業税の税率操作権は，住民所得課税での税率操作権と交換できるものではない，という。第2に，自治体財源構成において，本来の市町村税に代わって連邦・州からの単なる交付金に一層置き換えることである。たとえその交付金の配分方式が企業や市町村経済力に応じたものであっても，それは受け入れられない。第3に，営業税の物税的特性をさらに骨抜きにし，企業資金調達に対する税制中立性を一層制限することである。第4に，自己資本への支払い利子控除によって経済関連地方税の課税ベースを縮小することである。

反対に，自治体側からすれば次のような変更は望ましいとされる。1つは，課税ベースの拡大であり，特に企業資金調達への税制中立をもたらすような課

---

27) Deutscher Städtetag (2006), S.39-40.

税ベースの拡大である。これが実現すれば，ドイツの課税ベースを犠牲にして従来から行われている利子支払いの外国から国内への移転を簡素かつ効果的に縮小することができる，という。そしていま1つは，課税対象つまり納税義務者範囲の拡大である。売上税法で規定するすべての企業を課税対象にし，納税義務者範囲を拡大すれば，現行営業税は一般地方企業税に発展することになる[28]。

また，都市の独自の利害を強調するものとして，ドイツ都市会議理事会は2005年9月20日に市町村税改革に対する都市の要求を発表している。それは，①都市の租税収入が安定的に発展することが自明であること，②構造的問題をかかえる都市の租税収入力を相当に強化すること，③経済とその主要立地場所である都市との財政面での結合の環を弱めないこと，④経済関連市町村税での税率操作権を通じた，都市にとって不可欠の財政可動性の余地を制限なく保障すること，というものであった[29]。

5-2 ドイツ都市会議からの評価

上記のような観点に立つドイツ都市会議からすると，市場経済財団とベルテルスマン財団の改革案に対する評価の度合いは相当に異なってくるのは容易に想像できよう。

まず，市場経済財団の市町村税システム改革案に対しては，先の都市会議理事会決定（2005年9月）において拒否の態度を示している。それは，同改革案が市町村税システムの要求に多くの点で応えておらず，また都市にとっては財政的，経済的，社会的な面から相当な損害をもたらすであろう，からである。そして具体的には次の5つの点をとくに問題にしている[30]。

第1に，現行営業税での税率操作権が損なわれており，賃金税市町村参与も実質的には連邦・州からの交付金になってしまう。これは憲法で保障された地

---

28) Ebenda, S.40.
29) Ebenda, S.35.
30) Ebenda, S.35.

方自治権の制約になる。

　第2に，この改革による負担再配分では，企業特に資本会社にもっぱら有利となり，労働者や消費者など企業以外の納税者に負担拡大となってしまう。

　第3に，営業税廃止とその代替財源（地方企業税と賃金税市町村参与）という改革では都市は「負け組」になる。なぜなら，市町村の租税基盤における企業貢献分の削減は，「経済活動」の集中する中・大都市にとってとりわけ損失になるからである。

　第4に，住民税における税率操作権は，周辺市町村との関連で中心都市問題をより先鋭化しかねない[31]。

　第5に，不動産税改革も租税指数に差を設けなければ，いずれにせよ都市に負担になる。都市は主要な経済立地の場所であり，会社不動産への大幅な負担軽減が実施されれば，都市の税収減になるからである。

　他方，市場経済財団の改革提案に対する否定的評価とは対照的に，ドイツ都市会議はベルテルスマン財団の改革提案に対しては好意的に受け入れ，その内容についても概して高く評価している。まず全体としてドイツ都市会議が歓迎できるのは，同提案が中立の立場から経済関連の市町村税の改革提案を現実の議論の場にもたらしたこと，そして市町村税システム特に営業税の将来を一般的企業税制改革検討の副産物としてではなく，市町村税システムの改革要求をベースにして取り扱っていること，としている。その上で具体的には次の4点について積極的に評価する[32]。

　第1は，経済関連の市町村税について，その課税ベースをもっぱら利潤に基づくのではなく，追加的課税ベースとして実物投資資本や賃金額を不可欠のも

---

31) 現代ドイツの都市圏では居住の郊外化が進む結果として，中心都市は周辺市町村に比べて所得水準の低い住民層の比重が高くなっている。それゆえ，所用財源を確保するために中心都市はより高い住民税率を設定する必要がでてくるが，高い住民税率を設定すると高額所得層がさらに郊外に転出する誘因になってしまう，という問題である。

32) Deutscher Städtetag (2006), S.37-38. なお，ここでのドイツ都市会議の評価は，ベルテルスマン財団の『市町村財政の改革』（2003年提案）に対してなされている。

のとしていることである。これは，都市や市町村が経済不況期においてもその行政課題を遂行できるよう租税収入を確保するには必要なことである。

　第2に，当該地域のすべての経済活動を地方企業課税に関連づけていることであり，これはドイツ都市会議が多年にわたって要求してきたことである。

　第3に，納税義務者の範囲と課税ベースの拡大によって，企業（従来の営業税納付企業）に対して税率引き下げの余地を開いていることである。このことは，企業税制改革において主に志向されている名目企業税率引き下げに関して，営業税からの貢献となる。

　第4に，営業税納付制度の廃止，所得税・法人税・営業税での営業税コスト算入の廃止によって，連邦・州・市町村の財政上の絡み合いが解消されることも意義がある。現行制度では営業税負担が実際よりも高くみえてしまう。財政上の絡み合い解消によって，現実の営業税負担の透明性・明瞭性が増すことになる。

　なお，ベルテルスマン財団のいう税率操作権付きの住民税案については，市場経済財団案に対するのと同様に，ドイツ都市会議は批判的にみている。

6. おわりに

　2000年代における上記のような営業税改革議論を背景にもちつつ，「はじめに」でものべたようにドイツでは2008年に画期的な企業税制改革が実施された。その内容を営業税に関連して整理すれば次のようなことである[33]。

　第1に，営業税率の引き下げである。営業税の租税指数を5％から3.5％に引き下げる。これによって企業の負担する営業税率は20％から14％に低下する（市町村の営業税賦課率400％の場合）。

　第2に，営業税の課税ベースの拡大である。つまり企業収益への加算要素として，従来の長期債務利子の50％のみから，長期・短期債務利子だけでなく家賃，賃料，リース料，ライセンス料の25％を課税ベースとする。

33）　関野（2009）参照。

第3に，営業税をめぐる財政的絡み合いの縮小である。つまり，営業税租税指数の引き下げに伴う市町村営業税収の減少分を補塡するために，連邦・州への営業税納付率を引き下げる。また法人税・所得税・営業税の算定における営業税負担額の経営コスト算入を廃止することになった。

　これらは一見して，①連邦・州・市町村の財政的絡み合いの除去と，②地方経済税による課税ベース拡大と税率引き下げ，を求めたベルテルスマン財団の改革提案にかなり近いことがわかる。第5節でもみたように，ベルテルスマン財団提案に対しては自治体サイドの評価は概して肯定的であり，同提案に近い改革内容は政治的にも実現性がより高かったであろう。また，2008年改革の全体像からいえば，一方で法人税率は15%へとさらに引き下げて，経済界の要望にかなり応えており，他方での営業税改革の内容は自治体サイドの要望に応えるというバランスをとっている。

　先にも触れたように2003年の連邦政府・営業税改革法案は，企業税率の面では市町村経済税（営業税）の税率（租税指数）を引き下げるが，法人税率引き下げについては当然ながら言及していない。また，自治体収入という面では市町村経済税率引き下げによる減収を，売上税市町村参与の拡大という交付金によって補塡しようとするものである。前者については経済界には不満が残り，後者については自治体サイドに不満が残る内容であった。こうした2003年法案に比べると，上記のような2008年改革はその内容において経済界および自治体に受け入れやすいものになっていた，といえそうである。

参　考　文　献

関野満夫（2005），『現代ドイツ地方税改革論』日本経済評論社。
関野満夫（2009），「ドイツの2008年企業税制改革」（『経済学論纂』中央大学第49巻第1・2号）。
中村良広（2006），「ドイツ営業税改革の現段階」（『経済論集』熊本学園大学第12巻3・4号）。
Bayern Staatsministers Finanzenn und Minister der Finanzen des Landes Rheinland-Pfalz (2004), *Reform der Grundsteuer*.
Bertelsmann Stiftung (2003), *Reform der Gemeindefinanzen-ein Vorschlag der Bertelsmann Stifutung*. (Home Page)

Bertelsmann Stiftung (2007), *Von der Gewerbesteuer zur kommunalen Wirtschaftssteuer : Ein Reformkonzept der Bertelsmann Stifung*. (Home Page)

Bundesministerium der Finanzen (BMF) (2007 a), *Datensammlung zur Steuerpolitik*, Ausgabe 2007.

Bundesministerium der Finanzen (BMF) (2007 b), *Die wichtigsten Steuern im internationalen Vergleich* 2007.

Bundesministerium der Finanzen (BMF) (2008), *Finanzbericht* 2009.

Deubel, Ingolf (2006), Reform des Gemeindesteuersystems – Zurück zur kommunalen Selbstverwaltung, *Wirtschaftsdienst*, 1/2006.

Deutscher Städtetag (2006), *der städtetag*, 5/2006.

Deutscher Städtetag (2007), *der städtetag*, 5/2007.

Fossen, F. and S. Bach (2008), Reforming the German Local Business Tax : Lesson from an International Comparison and a Microsimulation Analysis, *Finanz Archiv*, Vol. 64, No 2.

Fuest, Clemens (2006), Das Reformkonzept der Stiftung Marktwirschaft, in Truger, Achim (Hg.) *Die Zukunft des deutschen Steuersystems*, Marburg.

Junkernheinrich, Martin (2003), Reform des Gemeindefinanzsystems : Mission Impossible?, *Vierteljahrshefte zur Wirtschaftsforschung*, Bd.72, Nr.3.

Maiterth, R. and M. Zwick (2006), A Local Income and Corporation Tax as an Alternative to the German Local Business Tax, *Jahrbücher für Nationalökonomie und Statistik*, Bd. 226/3.

Stiftung Marktwirtschft (2006), *Kommission "Steuergesetzbuch" Steuerpolitisches Programm : Einfacher, gerechter, sozialer : Eine umfassende Ertragsteuerreform für Wachstum und Beschäftigung*. (Home Page)

第 12 章

WTO 加盟後の中国財政構造変化

1. はじめに

2001 年 12 月, 中国の WTO (世界貿易機関) 加盟が発効した。WTO 加盟国には, 市場経済のルールを遵守し, 内外無差別の原則を徹底することが求められるため, 中国では流通・金融・電気通信[1]などの分野で市場開放や改革が実施された。例えば銀行業では, 外国金融機関に対する外国為替業務や地域の制限が漸次緩和された。当初, WTO 加盟 4 年以内に国内 20 都市で人民元業務を外国金融機関に開放する予定であったが[2], 2005 年末には 20 都市以外のハルビン, 長春, 蘭州, 銀川, 南寧の 5 都市でも人民元業務が前倒しで開放されるとともに, 外資系銀行の人民元業務運営資金規模の引き下げ措置も実施された。

市場開放の一方で, 銀行業の監督体制の強化, 金融法制の整備, 国有銀行の体質改善や競争力強化などの改革も進展した[3]。2003 年 4 月, 中国人民銀行の銀行業監督部門が分離され, 中国銀行業監督管理委員会 (CBRC) が創設され

---

1) 電気通信改革の詳細については, 谷口 (2009 b) を参照。
2) 殷 (2008), 10-11 ページを参照。
3) 以下の記述は, 谷口 (2009 a), 780-783 ページに基づく。

た。2003年12月，銀行業監督管理法が制定され，中国人民銀行法と商業銀行法が改正された（2004年2月施行）。この結果，金融政策を担当する中国人民銀行と，金融監督行政を担当するCBRCの分業体制が確立した。商業銀行法改正では，銀行のコーポレート・ガバナンスや情報開示に関する規定が明記された。

2004年1月には，国務院によって4大国有銀行（中国，中国建設，中国工商，中国農業の各銀行）のうちの2行の株式制移行とそれに伴う450億ドルの公的資金注入が発表された。その後，

株式制への移行→株主の分散化→国内外での上場

というスケジュールに従って，中国銀行が2004年8月に株式制へ移行，2006年6月に香港市場，2006年7月に上海市場に上場した。中国建設銀行は，2004年9月に株式制へ移行し，2005年10月に香港市場に上場した。残り2行のうちの中国工商銀行も2005年10月に株式制へ移行し，2006年10月に香港と上海に同時上場した。最後の1行となった中国農業銀行については2007年1月に株式制移行が決定されたが，まだ実現していない。

このように，流通・金融・電気通信などのサービス分野，特に車の両輪にたとえられる財政・金融のうちの金融分野では，市場開放と制度改革が大々的に進展しているのに対し，財政分野ではどうか。そこで本章では，WTO加盟によってどのような財政構造変化が生じたかについて検討したい。

2. 関税収入

WTO加盟が中国財政に及ぼす最も直接的で大きな影響は関税に対してであろう。表12-1は，中国が改革・開放路線の発展と社会主義市場経済の建設を決定した1992年以降における関税引き下げ状況をみたものである。WTO加盟前の1990年代にすでに4度にわたる大規模な自主的関税引き下げが実施された（1992, 1993, 1996, 1997年）。非関税障壁も1992年初の1,530品目から1996年初の498品目へと大幅に減少した[4]。WTO加盟後の2002年からは関税引き下げ義務により，関税の平均税率がさらに低下し，2007年以降は9.8%と

なった。

　関税引き下げは、関税収入にどのような影響を与えたのだろうか。図12-1は、1978-2008年における関税収入の財政収入およびGDP（国内総生産）に対する比率をみたものである。関税収入の財政収入に対する比率は、2000-01年平均の5.37％から2002-08年平均の3.42％へと約2ポイント低下し、GDPに対する比率も0.76％から0.60％へと0.16ポイント低下した。関税収入の輸入総額に対する比率も同じ期間に4.10％から2.25％へと2ポイント近く下落した（図12-2および表12-2）。

　このように、関税引き下げによって関税収入の相対的減少が生じた。しか

表12-1　関税引き下げの動向

年月日	平均税率
1992年	42.5％
1992年12月31日	（第1次自主的関税引き下げ）3,371品目の関税引き下げにより、39.9％へ
1993年12月31日	（第2次自主的関税引き下げ）2,898品目の関税引き下げにより、36.4％へ
1994年	小型自動車・たばこ・酒・ビデオテープの関税引き下げにより、35.6％へ
1996年	（第3次自主的関税引き下げ）4,964品目の関税引き下げにより、23.0％へ
1997年10月1日	（第4次自主的関税引き下げ）4,890品目の関税引き下げにより、17.0％へ
1998年	紡績品目の4年連続関税引き下げ
1999年	14玩具品目・一部林産品目の関税引き下げにより、16.7％へ
2001年1月1日	1998年からの紡績品目関税引き下げにより、15.3％へ
2001年12月11日	WTOに正式加入
2002年1月1日	関税引き下げ義務履行開始により、11.9％へ
2003年	11.0％へ
2004年	10.4％へ
2005年	9.9％へ
2006年	9.9％へ
2007年	9.8％へ
2008年1月1日	45品目の関税引き下げにより、9.8％へ

（出所）中国財政部税政司編（2008）、90ページより作成。

4）　唐・馬（2008）、40ページ、表2.1より。

320 第3部 グローバル化と外国財政

図 12-1 関税収入の財政収入および GDP に対する比率：1978-2008 年

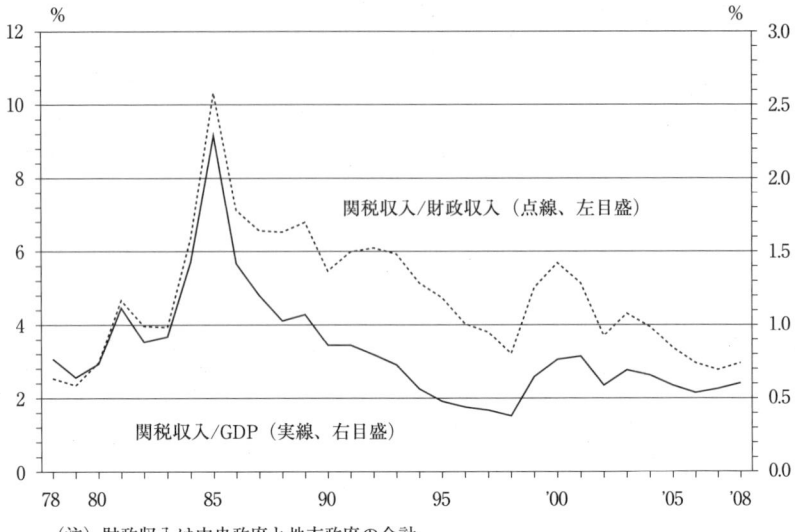

関税収入/財政収入（点線、左目盛）

関税収入/GDP（実線、右目盛）

（注）財政収入は中央政府と地方政府の合計。
（出所）中国国家統計局編（2009）；中国財政部主管（2008）より計算。

図 12-2 関税収入の対 GDP 比の分解：1978-2008 年

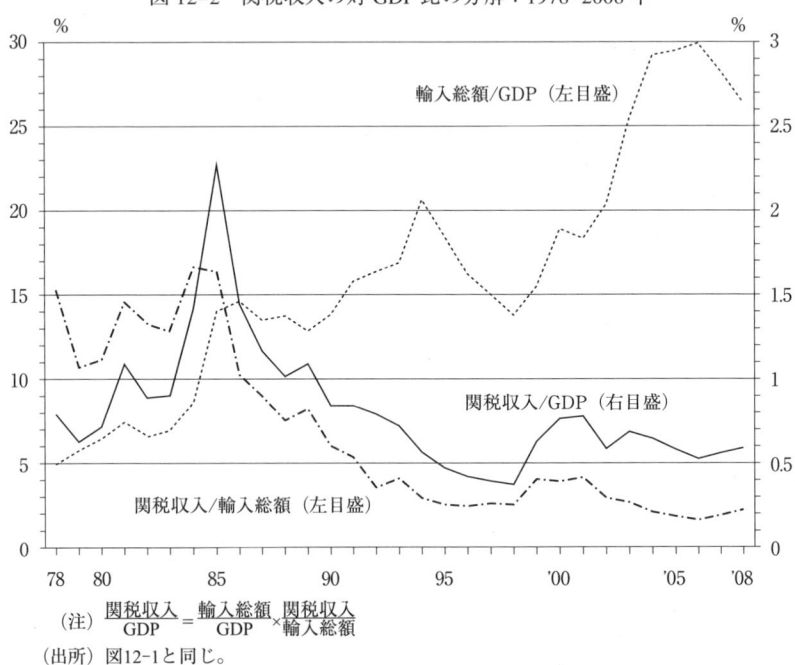

輸入総額/GDP（左目盛）

関税収入/GDP（右目盛）

関税収入/輸入総額（左目盛）

（注）$\dfrac{\text{関税収入}}{\text{GDP}} = \dfrac{\text{輸入総額}}{\text{GDP}} \times \dfrac{\text{関税収入}}{\text{輸入総額}}$

（出所）図12-1と同じ。

し，ここから WTO 加盟によって関税の役割が著しく低下したと考えるのは早計である。というのは，輸入総額に対する関税収入の比率（A とする）を詳しくみると，1995-98 年平均の 2.66% から 2000-01 年平均の 4.10% へと大きく上昇しているからである。つまり，WTO 加盟直前の 2000-01 年頃に A の数値がかなり上昇したことが，WTO 加盟後の A の下落を大きくみせているのである。

したがって，WTO 加盟前後の A の変化を 1995-98 年平均と 2002-08 年平均によって比較すると，2.66% から 2.25% への下落となり，4.10% から 2.25% への下落と比べるとかなり縮小する。一方，輸入総額の対 GDP 比は上昇傾向にあることから，関税収入の対 GDP 比は，1995-98 年平均の 0.42% から 2002-08 年平均の 0.60% へと上昇した（表 12-2 を参照）。

以上より，WTO 加盟によって関税の役割が著しく低下したと結論することはできない。それどころか，名目的な関税引き下げが実質的な関税引き下げにつながらない可能性も考慮すべきである。実際，2005 年から 2008 年の間に，輸入額が 1.47 倍，名目 GDP が 1.64 倍になったのに対し，関税収入は 1.66 倍となっている。こうした関税収入の相対的増大が生じた理由として，以下のことが考えられる。

・中国の輸入相手国のうち，相対的に低税率の最恵国税率[5]が適用される

表 12-2　関税収入の GDP，財政収入，輸入総額に対する比率

(単位：%)

期　　間	GDP 比	財政収入比	輸入総額比
1995-98 年平均	0.42	3.90	2.66
2000-01 年平均	0.76	5.37	4.10
2002-08 年平均	0.60	3.42	2.25

(出所) 中国国家統計局編 (2009)；中国財政部主管 (2008) より計算。

---

5)　2009 年の場合，関税対象品目は 7,868 であり，そのうちの大部分が比例税率で，一部が定額税率または複合税率である。比例税率のうち，最恵国税率は 0〜65%，普通税率は 0〜270% と，かなりの広がりをもっている。劉 (2009)，82-83 ページ。

国が減少し，相対的に高税率の普通税率が適用される国が増加した（輸入相手国の変化）。
・中国の輸入品のうち，低税率が適用される品目の輸入が減少し，高税率が適用される品目の輸入が増加した（輸入品目構成の変化）。

さらに，中国産業の競争力が強い品目には低税率，競争力の弱い品目には高税率が適用されている可能性にも注意する必要がある。実際，2009年における最恵国税率をみると，最高の65%が適用されるのは小麦であり，鉄・銅・アルミ・鉛・クロム・ウラニウム鉱，書籍・新聞・雑誌，玩具，パソコンはゼロ，カラーテレビ受像機は30%となっている[6]。

3. 輸出税払い戻し

各国の消費課税にみられるように，二重課税回避や公正競争の観点から，輸出に対しては非課税措置が一般にとられる。中国でもこうした観点から，増値税と消費税については輸出税払い戻し（退税と呼ばれる）が認められている。一見するとこうした措置は資源配分および競争の観点から中立的にみえる。しかし，払い戻しを増額すれば輸出促進になり，減額すれば輸出抑制につながる。この理由で，輸出税払い戻しは，中立性を達成するための単なる技術的な処理とみなすことはできない。

中国では，1985年から輸出税払い戻しが始まった。以来，企業が輸出税払い戻しを受ける場合の財政負担を中央・地方でどのように配分するか，払い戻し税率の水準をどうするかをめぐって何度か調整が実施された。特に最大税目である増値税については1995年から2009年の間に，6次に及ぶ調整が行われた（表12-3を参照）。

表12-3に示されるように，輸出税払い戻し税率（退税率）の調整が実施された理由は，財政負担軽減，輸出促進，高度技術（ハイテク）製品の奨励，環境保全とエネルギー消費の抑制，貿易摩擦の回避，輸出構造の高度化，経済構

---

6) 劉（2009），82ページより。

表 12-3　1994 年以降における増値税の輸出税払い戻しの調整措置

年	調整の理由と内容
1994 年	現行増値税の導入。法定税率は 17% および 13% であり，これに合わせて輸出税払い戻し税率（退税率）も法定税率と同じく 17% および 13% とされた。
1995–96 年	低い徴税水準と高い退税額による財政負担を軽減するために退税率を引き下げ，3%（農産品），6%（農産品を原料とする加工品，鉱産品），9%（工業製品）の 3 等級とする。
1998–2002 年	アジア通貨危機の影響回避と輸出促進の観点から，退税率を引き上げ，5%（農産品），13%（農業機械，紡績原料・製品，棉花・小麦など），15%（機械・設備製品），17%（機械・設備，電器・電子製品，輸送手段，計器，衣服）の 4 等級とする。
2004 年	輸出税払い戻し急増による財政資金不足に対処するため，一部産品の退税率を引き下げ，全体で 5%，8%，11%，13%，17% の 5 等級とする。
2005–06 年	「両高一資」産品（高汚染，高エネルギー消費，資源性産品）および貿易摩擦の対象となりやすい紡績品の退税率を引き下げる一方，重大技術装備・IT 産品・生物医薬産品の輸出促進のために退税率を引き上げる。
2007 年	過大な貿易黒字と輸出構造高度化・経済構造調整促進のために，全体で免税，5%，9%，11%，13%，17% の 6 等級とする。
2009 年	全体で免税，5%，9%，11%，13%，14%，17% の 7 等級とする。ただし小規模事業者は 3%。

（出所）中国財政部税政司編（2008），96–98 ページ；劉（2009），40 ページより作成。

造調整の促進など様々である。あるときには退税率を下げて輸出を抑制し，あるときは退税率を上げて輸出を奨励する。また，あるときには退税率の上げ下げを同時に行って，一部製品の抑制と奨励を同時に達成しようとした。

　ここで輸出税払い戻しの輸出総額に対する比率をみると，大きな変動を繰り返している。図 12-3 が示すように，1996 年，2000 年，2004 年に大きく上昇する（それぞれ 6.58%，5.09%，7.10%）一方，1998 年と 2002 年には大きく下落した（2.87% と 4.27%）。輸出総額の対 GDP 比は上昇傾向にあるため，輸出税払い戻しの対 GDP 比は，1995–2001 年平均の 0.86% から 2002–08 年平均の

1.89%へと大きく上昇した。

輸出税払い戻しの対 GDP 比をみると，WTO 加盟以降の中国は輸出促進に励んでいるようにみえる。一方，輸出税払い戻しの対輸出総額比をみると，中国は一貫して輸出促進を行っているとはいえないとしても，結果的には輸出を促進している。いずれにせよ，WTO 加盟以降の中国の輸出に対する姿勢は，中立的ではなく，政策意図的ないし戦略的な性格が強いといえよう。

4. 財政支出と財政収入

4-1 全体の動向

関税や輸出税払い戻しが国内産業の競争力を考慮して調整されているとすれば，次の推理として，競争力の弱い産業や経済発展を主導する戦略的産業に有利な形での減税や補助金交付（財政支出）がなされる可能性が示唆される。そこで次に，WTO 加盟前後における財政支出と財政収入の動向をみてみよう。

図 12-3　輸出税払い戻しの輸出総額および GDP に対する比率と輸出総額の対 GDP 比：1978-2008 年

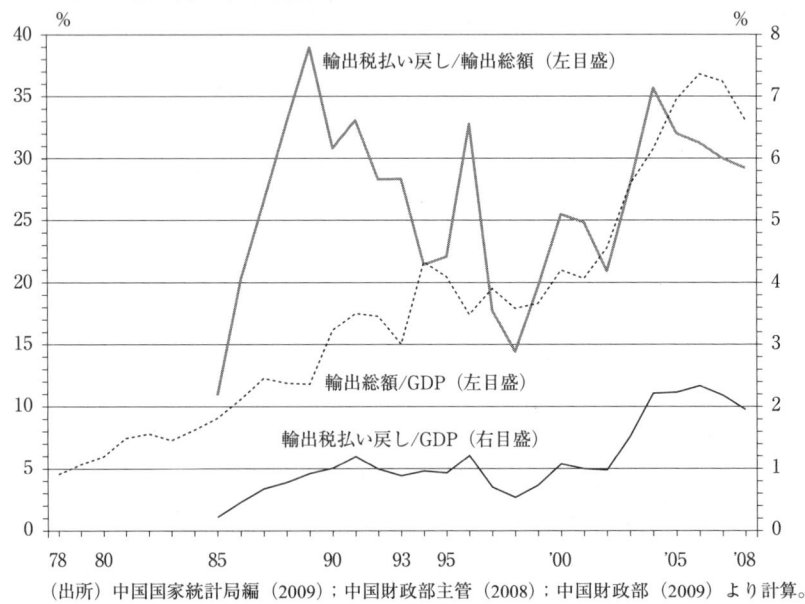

(出所) 中国国家統計局編 (2009)；中国財政部主管 (2008)；中国財政部 (2009) より計算。

図12-4は，中央政府と地方政府の分を一緒にした財政支出と財政収入の対GDP比をみたものである。1990年代半ばを境にして，それ以前の逓減傾向とそれ以降の逓増傾向が顕著であり，WTO加盟の動きはこうした全体的動向に特別な影響を及ぼしてはいない。財政の動向は，財政収支の他に予算外資金収支を加えた場合もあまり変わらない。

　予算外資金とは，「国家機関・事業単位・社会団体が政府機能を履行ないし代行し，国の法律，法規，法的効力を有する規則に基づいて徴収・配分・処理し，国家予算管理に組み込まれていない各種財政資金」[7]のことである。財政支出と財政収入が通常の予算制度に基づく収支とすれば，予算外資金収支は通常の予算制度に組み込まれない財政資金収支である。中国の財政状況をみる場合には，こうした予算外資金収支だけでなく，さらに実態がよく把握されていない制度外資金収支をも考慮する必要がある。制度外資金とは，法的根拠なしに主に地方政府が管理する手数料や料金のことである。財政部が毎年刊行する『中国財政年鑑』では予算外資金収支が記載され，制度外資金については記載がない。

　予算外資金収支は一時期，通常の財政収支の規模に匹敵する時期もあった（図12-5参照）。その原因は，予算外資金収入の75％（1992年の場合）を国有企業とその主管部門の収入が占めていたことによる。具体的には国有企業の減価償却，利潤留保，更新改造資金などであり[8]，これらは財政資金に含めるには不適切であり，後述する国有企業利潤分配改革もあり，1993年からは国有企業部門の資金が予算外資金収入から除外された。このため1993年以降，予算外資金収支は激減した。1997年には政府性基金収入の一部が予算内で管理されるようになり，予算外資金収入から除外されたことから，再び規模が縮小した形になっている。2007年からは予算外資金収支は特別会計として処理されている。

　予算外資金収支を含めても含めなくても，財政の動向は1990年代半ばに大

---

7) 中国国家統計局編（2007）の説明による。
8) 張（2001），107ページ。

図 12-4　財政収支および予算外資金収支の対 GDP 比の推移：1978–2008 年

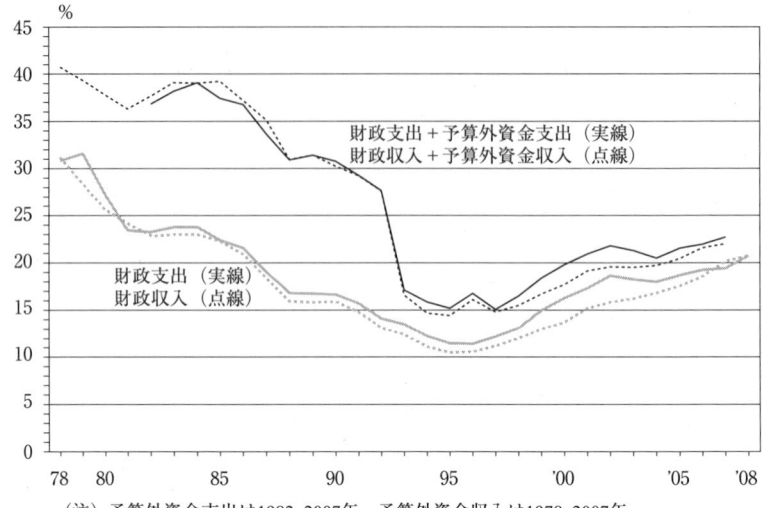

財政支出＋予算外資金支出（実線）
財政収入＋予算外資金収入（点線）

財政支出（実線）
財政収入（点線）

　　（注）予算外資金支出は1982-2007年，予算外資金収入は1978-2007年。
（出所）中国国家統計局編（2009）；中国財政部主管（2008）より計算。

図 12-5　予算外資金収支の財政収支に対する比率の推移：1978–2007 年

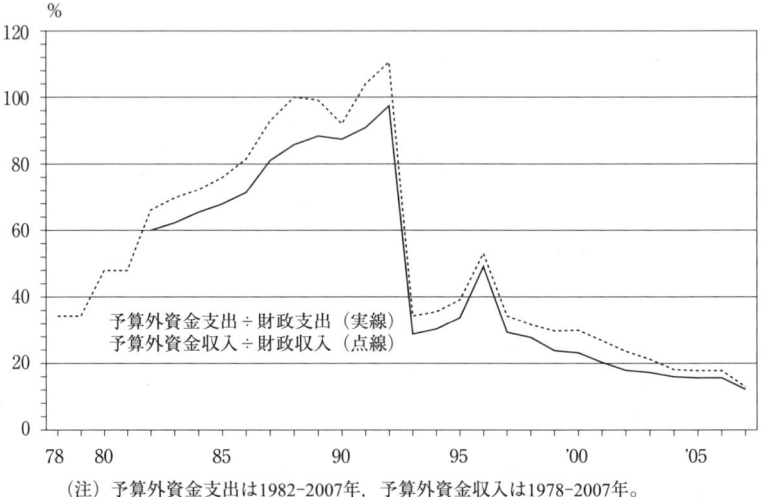

予算外資金支出÷財政支出（実線）
予算外資金収入÷財政収入（点線）

　　（注）予算外資金支出は1982-2007年，予算外資金収入は1978-2007年。
（出所）図12-4と同じ。

きな構造変化を経験したことを示している。これは1994年に実施された以下の財政改革に起因する。

① 分税制改革

　すべての租税を中央税，地方税，中央・地方共有税に3区分する「分税制」が実施された。中央税には関税・消費税・中央企業所得税など，地方税には営業税・地方企業所得税・個人所得税・農牧業税・農業特産税など，中央・地方共有税には増値税（中央75％，地方25％）・資源税・証券交易税が含まれた。

② 税制改革

　主要な租税について課税ベースの変更や再編・統合が行われ，全体としては増値税・消費税・営業税の流通税を中心とし，企業所得税がこれを補完するという，EU諸国に近い間接税中心税制が誕生した。

③ 国有企業利潤分配改革

　従来の国有企業・集体企業・私営企業別の所得税を統合して国内企業全体に統一適用される企業所得税を創設した。同時に，国営企業調節税，国家エネルギー交通重点建設基金，国家予算調節基金等の負担が廃止された。統一企業所得税の税率は一般企業が33％，利潤の少ない企業が暫定的に27％または18％とされた。なお国外企業については，1991年から外商投資企業・外国企業所得税が適用されている。

以上のうち特に①と②が中央・地方および政府全体の財政動向に大きな影響を与えた。とりわけ中央政府が課税ベースの大きな増値税の75％，消費税の100％を掌握したことから，1994年以降，中央政府の収入超過，地方政府の支出超過が生じることとなった[9]。

なお1994年改革では，中央・地方の財政支出区分，中央・地方の政府間財

---

9) 詳細については，谷口（2007）を参照。なお1994年改革に含まれる国有企業利潤分配改革は，1980年代前半に導入を試みて途中で頓挫した「利改税」（利潤を税金に改める，つまり利潤上納から企業所得税納付への転換）改革を実現したものであった。

政関係においても大きな動きがあった。財政支出区分として，中央の財政支出は，国家安全・外交・中央国家機関運営にかかる経費，国民経済構造の調整・地区の協調的発展・マクロ的調整実施にかかる経費，中央の直接管理事業発展にかかる経費とされ，地方の財政支出は，当該地区政府機関運営にかかる経費と当該地区経済・事業発展にかかる経費とされた。

中央・地方政府間財政関係では，中央政府の収入超過と地方政府の支出超過を調整するために，以下のような（主に中央から地方への）財政移転支出制度が整備された。

(a) 中央政府の税収（増値税と消費税）の一部を地方政府に返還する「税収返還」
(b) 地方から中央への「体制上解」と中央から地方への「体制補助」(旧制度のもの)
(c) 予算執行過程での政策の影響などに対する中央から地方への「決算移転支出」
(d) 中央が地方に対して交付する使途特定の「専項移転支出」
(e) 地区間の財政力格差是正を目的とする「過渡期移転支出」

4–2 財政収入の GDP 弾力性

財政収支の全体動向をみると，1994 年改革がそれ以降の財政動向を左右しており，2001 年の WTO 加盟以降も続いている。しかし，このことは，WTO 加盟が財政収支構造に全く影響を与えていないことを意味するものでない。関税や輸出税払い戻しに代表されるように，2001 年以降の財政調整には WTO 加盟を直接・間接反映するものが混ざっている。それを取り上げる前に，1994 年改革の影響を財政収入の GDP 弾力性の観点から改めて整理しておこう。

図 12-6 は，単年度ベースでの財政収入の GDP 弾力性をみたものである。図より，1994 年に中央政府の弾力性が突如大きくなり，地方政府の弾力性が突如小さくなっている。また，1990 年代半ばまでは弾力性が 1 を下回ることが多かったのに対し，1990 年代半ば以降は 1 を上回ることが多くなっている。

図 12-6　政府財政収入の GDP 弾力性(1)：1979-2008 年

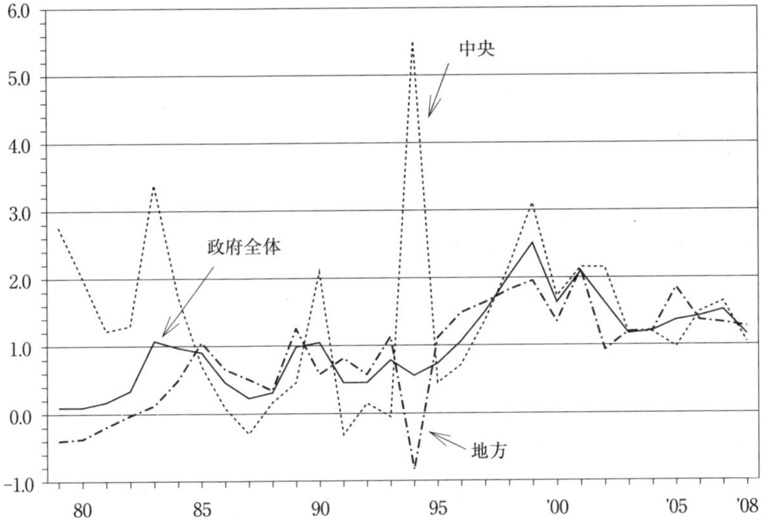

(注) 弾力性 = 財政収入の対前年比変化率÷名目GDPの対前年比変化率。
(出所) 中国国家統計局編 (2009) より計算。

　弾力性が 1 より大であれば，財政収入の対 GDP 比は上昇するので，このことは，1990 年代半ば以降，財政収入の対 GDP 比が上昇する傾向にあることを含意している（前掲図 12-4 を参照）。

　次に，時系列データにより，財政収入の GDP 弾力性をみると，1993 年までは中央も地方も弾力性が 1 をかなり下回るのに対し，1994 年以降は 1 をかなり上回る（表 12-4 の β 参照）。2001 年以降の弾力性は若干低下しているものの，それでも 1.3 となっている。1994 年における間接税中心税制の整備によって，中国の財政収入は WTO 加盟以降もかなり安定した伸びが期待できる構造をもっているといえよう。実際，2000 年から 2008 年の間に名目 GDP は 3.03 倍となったのに対し，中央財政収入は 4.67 倍，地方財政収入は 4.47 倍，政府全体の財政収入は 4.58 倍となり，名目 GDP の伸びを大きく上回っている。

表 12–4 政府財政収入の GDP 弾力性(2)：1978–2008 年

摘要		政府全体		中央政府		地方政府	
1978–2008年 n=31	α	−0.4891	(−1.4226)	−3.5892**	(−8.6322)	0.3229	(0.8687)
	β	0.8755**	(26.7037)	1.0823**	(27.2947)	0.7448**	(21.0106)
	R^2	0.9609		0.9625		0.9384	
1978–93年 n=16	α	1.8856**	(31.8822)	−0.2618	(−0.3072)	1.7740**	(4.9653)
	β	0.6179**	(10.5462)	0.7168**	(7.7610)	0.5910**	(15.2608)
	R^2	0.9864		0.8114		0.9433	
1994–2008年 n=15	α	−6.9548**	(−18.5083)	−7.8816**	(−13.4466)	−7.4101**	(−34.2340)
	β	1.4290**	(44.4253)	1.4532**	(28.9632)	1.4040**	(75.7760)
	R^2	0.9935		0.9847		0.9977	
2001–08年 n=8	α	−5.5065**	(−27.2603)	−6.0018**	(−15.0237)	−6.4314**	(−20.0607)
	β	1.3108**	(78.3533)	1.3002**	(39.2997)	1.3236**	(49.8526)
	R^2	0.9990		0.9961		0.9976	

(注) $\ln(R_t) = \alpha + \beta \ln(Y_t)$, R_t = t 年の財政収入, Y_t = t 年の GDP, として計算。n = サンプル数, R^2 = 決定係数, カッコ内は t 値。** は 1％ 水準で有意。
(出所) 中国国家統計局編 (2009) より計算。

4–3 政府間財政移転支出

1994 年改革によって中央の収入超過と地方の支出超過が生じ, 巨額の財政移転支出が中央から地方へなされることとなった。図 12–7 は, 純移転支出 (= 中央から地方への補助金 − 地方から中央への上解) の中央本級支出および地方本級収入に対する比率をみたものである。ここで中央本級支出とは地方政府への移転支出を除いた中央財政支出であり, 地方本級収入とは中央政府からの移転支出を除いた地方政府財政収入のことである。図より, 中央本級支出に対する純移転の比率は 2000 年を境に急上昇し, 2000 年の 73.7％ から 2008 年の 165.2％ へと変化した。一方, 地方本級収入に対する純移転の比率は 1997 年の 50.9％ から上昇し, 2001–08 年には 70～80％ を維持している。

2 つの比率が上昇傾向にあるのは, 地域間格差是正が関係している。東部とその他地域間との格差是正の観点から, 2000 年以降に西部大開発, 2003 年以降に東北振興, 2007 年以降に中部崛起といった地域開発政策が推進されている[10]。これに合わせて, 財政力の弱い中西部・東北部への移転支出が増大し

図 12-7　中央から地方への純移転支出の動向：1994-2008 年

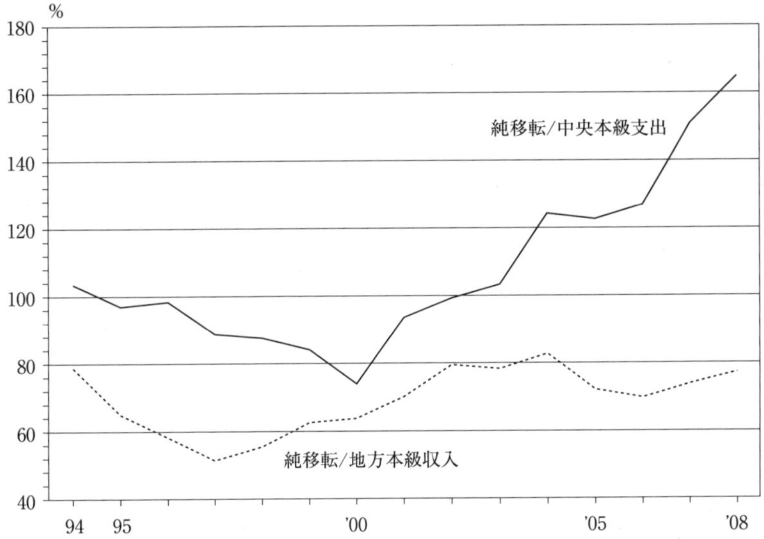

（出所）中国財政年鑑編集委員会編(2000)；中国財政部主管(2008)；中国財政部(2009)より計算。

ている。

　表 12-5 は，中央から地方への所得移転（地方から中央への上解を含まない）を，財力性移転支出，専項移転支出，税収返還別にみたものである。財力性移転支出は地区間の財政力格差是正を目的とするもので，2002 年に従来の過渡期移転支出を名称変更した。専項移転支出は使途特定の補助金（特定補助金）である。税収返還は，旧制度における地域の既得利益を確保するために，1994 年から増値税と消費税の税収の一部を徴税地域に還付するものであり，2002 年からは所得税（企業所得税・個人所得税）についても還付が始まった。

　表 12-5 および図 12-8 より，当初は税収返還が所得移転の大部分を占めたが，その比重は長期的逓減傾向にある。2002 年にその金額が急増しているのは，同年から所得税還付が開始されたことによる。当初は比重が小さく，中央

---

10)　これらの地域開発政策の概要とその背景については，谷口・朱・胡（2009），第 7 章を参照。

政府による再分配が不十分であるとして批判の対象となっていた財力性移転支出は増大傾向にあり，2008年には税収返還の2倍強の8,746億元，GDPの2.91%を占めるまでになった。

財力性移転支出と同じく，当初の比重が小さかった専項補助金は，1990年代に比重を高め，2001-06年には対GDP比が2%前後で安定したあと，2007年から再び増大している。専項補助金は，直接的には特定地域における特定公共サービスの確保を目的とし，間接的には財政力支援を目的とする。したがって，財力性移転支出の増大傾向と合わせると，中央から地方への強力な再分配が近年実施されているとみられる。

表12-5　税収返還・移転支出の金額，対GDP比，構成比：1994-2008年

年	支出額（単位：億元）				対GDP比（単位：%）				構成比（単位：%）		
	財力性	専項	返還	合計	財力性	専項	返還	合計	財力性	専項	返還
1994	189	361	1,839	2,389	0.39	0.75	3.82	4.96	7.9	15.1	77.0
1995	231	375	1,928	2,534	0.38	0.62	3.17	4.17	9.1	14.8	76.1
1996	285	489	1,949	2,723	0.40	0.69	2.74	3.83	10.5	18.0	71.6
1997	327	518	2,012	2,857	0.41	0.66	2.55	3.62	11.4	18.1	70.4
1998	361	878	2,083	3,322	0.43	1.04	2.47	3.94	10.9	26.4	62.7
1999	542	1,424	2,121	4,087	0.60	1.59	2.36	4.56	13.3	34.8	51.9
2000	846	1,613	2,206	4,665	0.85	1.63	2.22	4.70	18.1	34.6	47.3
2001	1,492	2,200	2,310	6,002	1.36	2.01	2.11	5.47	24.9	36.7	38.5
2002	1,944	2,401	3,007	7,352	1.62	2.00	2.50	6.11	26.4	32.7	40.9
2003	2,238	2,598	3,425	8,261	1.65	1.91	2.52	6.08	27.1	31.4	41.5
2004	2,934	3,423	4,051	10,408	1.84	2.14	2.53	6.51	28.2	32.9	38.9
2005	4,198	3,529	3,757	11,484	2.29	1.93	2.05	6.27	36.6	30.7	32.7
2006	5,159	4,412	3,930	13,501	2.43	2.08	1.85	6.37	38.2	32.7	29.1
2007	7,093	6,898	4,147	18,138	2.76	2.68	1.61	7.05	39.1	38.0	22.9
2008	8,746	9,962	4,282	22,991	2.91	3.31	1.42	7.65	38.0	43.3	18.6

（注）財力性＝財力性移転支出，専項＝専項移転支出，返還＝税収返還。1994年から増値税と消費税の税収返還が始まり，2002年から所得税（企業所得税・個人所得税）についても始まった。
（出所）謝主編（2008），81ページ；中国財政部主管（2008）；中国財政部（2009）より計算。

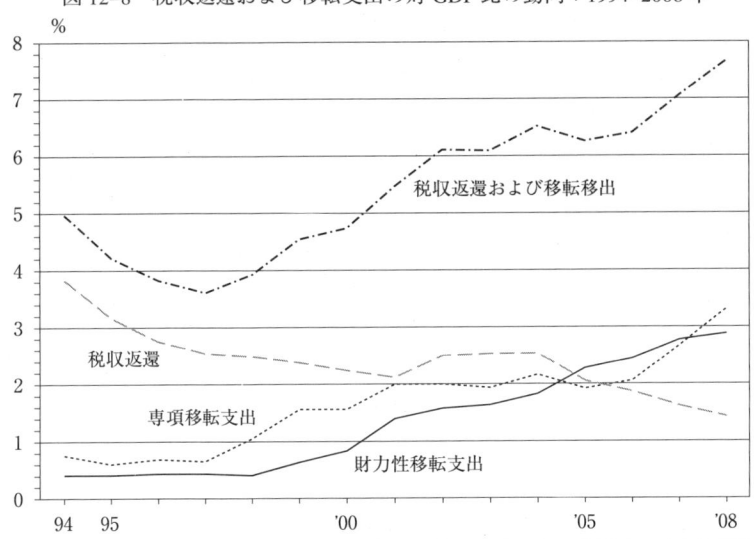

図12-8 税収返還および移転支出の対GDP比の動向：1994-2008年

(出所) 謝主編(2008), 81ページ；中国財政部主管(2008)；中国財政部(2009)より計算。

5. 財政収支内容の構造変化

5-1 非税収入

　前節でみたように，中国の財政は中央・地方ともに1994年を境に大きく変わった。そこで以下では，1994年以降に限定して財政収支の構造変化が生じたかどうかについて検討する。最初に，財政収入に占める租税収入の比率を取り上げる。

　図12-9は，中央・地方政府別の動向をみたものである。中央政府では，租税収入の比率が95％以上を占めるものの，2003年以降若干低下している。これに対し，地方政府では，租税収入の比率が低下する傾向にあり，1994年の99.3％，2001年の89.2％から2008年の81.2％へと大きく下落している。ちなみに2008年における地方政府の非税収入5,395億元の内訳は，行政事業性収費（料金）1,762億元，専項収入1,353億元，罰金・没収収入867億元，その他1,413億元となっている[11]。

---

11) 中国財政部（2009）より。

図 12-9　財政収入に占める租税収入の比率：1994-2008 年

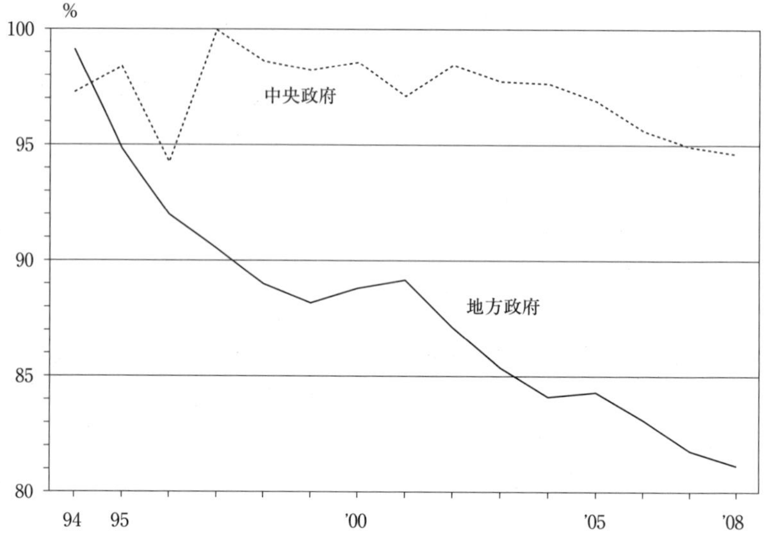

（注）財政収入には，上級政府または下級政府からの移転支出や公債金収入を含まない。財政部の統計データでは，非税収入の大部分がその他収入であり，具体的内容が不明である。
（出所）中国財政部主管（2008）；中国財政部（2009）より計算。

　中国では，2000 年以降，農民を中心とする国民の負担を軽減する「税費改革」（農村税費改革）や，不透明な費用負担を透明な租税負担に転換する「費改税」が推進されている[12]。税費改革や費改税が地方政府を対象にしていることを考慮すると，実際の動きは目的に逆行している。中国がグローバル経済に参加する過程で外部の者には理解しがたい不透明な各種負担があることは，非関税障壁や外国に対する不公正競争として外国から批判の対象となる可能性がある。

5-2　税 収 構 成

　次に，中央・地方別に，1994 年以降における主要な租税（関税および輸出税払い戻しを除く）の動向を取り上げる。

---

12)　谷口（2009 a），576-578，980-981 ページを参照。

第 12 章　WTO 加盟後の中国財政構造変化　335

　表 12-6 は，租税収入全体に占める当該租税収入の構成比が 3% 以上となったことのある租税について，1994・2000・2001・2008 年の数値，構成比が最大と最小の年の数値（max と min），構成比の単純平均（avg）と変動係数（VC）をみたものである。2008 年についてみると，中央政府では，増値税，輸出産品消費税・増値税，企業所得税，消費税，個人所得税が，地方政府では，営業税，増値税，企業所得税，城市維持保護建設税，個人所得税が主要な租税となっている。

　2001 年以降についてみると，中央税収では，①企業所得税と個人所得税の構成比が上昇している，②国産品の増値税・消費税の構成比が低下する一方，輸入品の増値税・消費税の構成比が上昇している。地方税収では，③営業税と城鎮土地使用税の構成比が上昇している，④企業所得税と個人所得税の構成比

表 12-6　中央政府と地方政府の主要租税の構成比：1994-2008 年（単位：%）

	摘　要	1994	2000	2001	2008	max	min	avg	VC
中央政府	増値税	57.4	47.5	46.8	38.5	57.4	38.0	47.4	14.3
	輸入産品消費税・増値税	10.8	20.7	19.3	21.1	23.0	10.8	17.4	26.7
	企業所得税	13.9	8.5	11.0	20.5	20.5	8.0	14.1	27.0
	消費税	16.2	11.9	10.8	7.3	16.5	7.2	11.7	28.7
	個人所得税	0.0	2.1	3.3	6.4	6.7	0.0	3.3	89.5
	証券交易印花税	0.8	5.9	3.1	2.7	6.4	0.0	2.4	81.3
	営業税	0.8	3.4	2.5	0.7	4.7	0.6	1.8	78.3
	車輛購入税	0.0	0.0	3.1	2.8	3.7	0.0	1.7	94.3
地方政府	営業税	28.2	28.6	26.6	31.8	34.7	26.6	30.6	7.3
	増値税	25.3	20.0	19.3	19.3	25.3	19.3	21.3	7.9
	企業所得税	12.7	18.5	24.2	17.2	24.2	11.7	15.4	21.3
	城市維持保護建設税	7.6	6.1	5.5	5.7	7.6	5.5	6.5	8.5
	農業税	8.5	5.3	4.1	0.0	9.8	0.0	5.0	66.0
	個人所得税	0.0	9.0	10.3	6.4	10.3	0.0	5.0	75.8
	城鎮土地使用税	1.4	1.1	1.0	3.5	3.5	1.0	1.4	18.2

（注）max, min, avg は，1994-2008 年の構成比における最大値，最小値，平均値。VC は変動係数で，標準偏差÷平均×100。中央政府の構成比は，関税を控除し，輸出税払い戻しを加算した税収総額に対する比率として計算した。
（出所）中国財政年鑑編集委員会編（2000）；中国財政部主管（2008）；中国財政部（2009）より計算。

図 12-10　企業所得税・個人所得税の中央政府への配分率：1994-2008 年

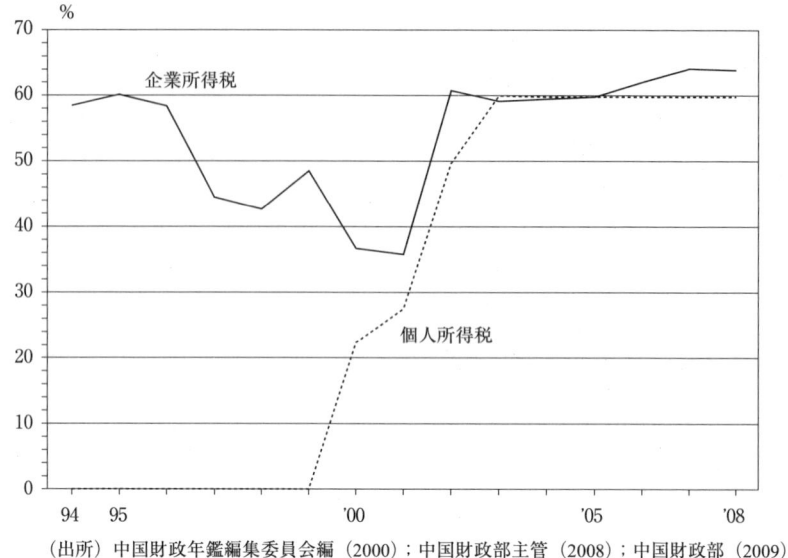

(出所) 中国財政年鑑編集委員会編（2000）；中国財政部主管（2008）；中国財政部（2009）より計算。

が低下している，⑤農業税の構成比がゼロまで低下している。

　①と④がちょうど反対の動きをしているのは，企業所得税と個人所得税が2002年から中央・地方共有税となり，2002年の配分率が中央50％・地方50％，2003年以降の配分率が中央60％・地方40％とされたことを反映している。こうした中央の配分率を高める調整により（図12-10参照），①と④の動きが生じた。なお，従来は中央・地方の所属別によって企業所得税の納付先が異なり，また，個人所得税は地方税となっていた。さらに2008年から，国内・国外企業別の企業所得税が廃止され，内外統一の企業所得税となった。標準税率は25％（国内企業は33％から低下）であるが，一定条件を満たす小規模企業には20％，ハイテク企業には15％の優遇税率が適用される。

　企業所得税と個人所得税が共有税化され，中央への配分比率が高く設定された主な理由は，地域間の経済格差への対応である。政府間財政移転支出の動向にもみられるように，2000年以降，中西部地域の経済発展の支援が重要課題となった。そこで2002年の所得税共有税化による増収分の全部を地方への支

出，特に中西部地区への一般性移転支出[13]（財力性移転支出の1つ）に充当することとした。

②の国産品に対する増値税・消費税の構成比低下と輸入品に対する増値税・消費税の構成比が生じた要因は，基本的には輸入総額の対 GDP 比の高まり（図12-2 を参照）を反映する。しかし，輸入品については関税込みの価格に対して増値税・消費税が課税されるため，課税ベースがその分大きくなることや，関税や輸出税払い戻しの動向と照らし合わせると，中国税制が輸出奨励・輸入抑制の特性をもつことも否定できない。

③の城鎮土地使用税の構成比の高まりは 2007 年から生じたものであり，同年実施の税改正が関係している。経済成長と需要増大によって土地利用価格が急騰したにもかかわらず，2007 年以前には城鎮土地使用税の税額が低率に据え置かれていた。そこで 2007 年に税額を倍額に増税するとともに，課税対象を外商投資企業・外国企業・外国籍の個人にまで拡大する措置がとられた。2007 年以降における城鎮土地使用税の構成比上昇は，こうした措置を反映したものである。

一方，営業税については，2001 年に税率調整が実施された影響で同年の構成比が若干低下し，その後上昇したことが，2001 年以降の営業税の比重を高めたという印象を与えている。営業税の課税対象は交通・運輸，金融・保険，郵政・電気通信，文化・体育，娯楽，サービス，不動産販売，無形資産譲渡，建築であり，多くが上級財の性格をもつことから，経済発展とともに税収の増大が期待される。実際，1994-2008 年における営業税税収の GDP 弾力性は 1.4014 という高い数値となっている[14]。

---

13) 一般性移転支出は日本の地方交付税と似ている。以下の公式に従って各地方に配分される。A 地区への支出額＝（A 地区標準財政支出−A 地区標準財政収入）×A 地区調整係数。調整係数は当該地区の財政困難に応じて調整される。詳細については，謝主編（2008），81-84 ページを参照。

14) GDP 弾力性は，$\ln$（営業税税収）$= \alpha + \beta \ln$（名目 GDP）としたときの β の数値である。$\alpha = -8.6969$（t 値＝−32.8931），$\beta = 1.4014$（t 値＝61.9197）で，いずれも 1％水準で有意である。表 12-6 の資料を用いて筆者計算。

⑤の農業税(農業特産農業税を含む)については,「農村税費改革」が2000年以降実施され,農業・農村・農民の負担軽減が推進された[15]。2004年から農業税税率の引き下げ,2006年には農業税の全国的廃止と葉たばこ以外の農業特産農業税の廃止(葉たばこについては同年4月に葉たばこ税と改称)が決定された。農業関連の牧業税も,2005年から徴収免除されている。⑤は,こうした農業税廃止の動きを直接反映したものである。

なお車輛購入税は,従来,地方政府などが様々な名目で徴収していた負担金や料金を租税に転換する「費改税」ないし「税費改革」の一環として,2001年から導入された。車輛購入税は道路特定財源として国道・省道などの幹線道路建設に支出される[16]。

5-3 支出構成

財政支出については,計画経済の時代から踏襲してきた分類が廃止され[17],新しい分類(機能別分類)が2007年より採用された。その結果,2006年までと2007年以降の間には断絶があり,連続的なデータが得られない。そこで以下では,同一の分類を用いている1994-2006年のデータに基づいて財政支出の動向をみることとする。

表12-7は,財政支出に占める当該支出の構成比が3％以上となったことのある主要経費について,1994・2000・2001・2006年の数値,構成比が最大と最小の年の数値(maxとmin),構成比の単純平均(avg)と変動係数(VC)をみたものである。2006年についてみると,中央政府では,国防費,基本建設支出,国内外債務利払い費,文教・科学・衛生支出,行政管理費,価格補助支

---

15) 谷口(2009a),576-578ページを参照。
16) 劉(2008),228-233ページを参照。
17) 2006年までの支出分類は,旧ソ連の財政管理手法を基礎とし,高度集中かつ統一収支管理を強調したものであった。しかし従来の支出分類には,社会主義市場経済の下で,①政府の役割の変化に対応できない,②政府の機能を正確に反映できない,③合理的な財政管理に適合できない,④予算の管理・監督の実施に利用しにくい,⑤国民経済計算体系や国際慣行に適合しない,といった欠陥があったとされる。謝主編(2008),319-320ページを参照。

表12-7 中央政府と地方政府の主要経費の構成比：1994-2006年（単位：％）

	摘要	1994	2000	2001	2006	max	min	avg	VC
中央政府	国防費	31.2	21.7	24.8	29.5	33.2	21.7	28.1	11.8
	基本建設支出	19.8	18.2	15.0	14.8	25.4	14.8	18.4	14.5
	文教・科学・衛生支出	7.9	5.2	6.2	7.2	7.9	5.2	6.9	10.4
	価格補助支出	5.3	11.7	5.2	5.5	11.7	3.2	6.6	38.9
	国内外債務利払い費	0.0	13.2	13.9	9.8	13.9	0.0	6.0	95.3
	行政管理費	3.4	2.3	2.5	6.6	7.4	2.3	4.6	45.4
	科学技術資金	4.9	2.8	3.8	4.2	5.0	2.8	4.0	18.4
	武装警察部隊経費	3.6	3.4	3.5	3.4	4.6	3.2	3.6	10.8
	車輌購入税支出	0.0	0.0	4.6	4.5	6.9	0.0	2.5	111.0
	地質調査費	3.6	0.8	0.5	0.4	3.6	0.3	1.6	80.3
地方政府	文教・科学・衛生支出	28.2	23.6	22.8	22.0	28.2	21.9	24.3	8.2
	行政管理費	16.6	16.0	15.6	16.4	16.9	15.6	16.3	2.6
	基本建設支出	7.3	10.5	12.5	9.6	12.5	7.3	10.2	14.9
	農業支援支出	8.8	6.7	6.2	6.5	8.8	5.8	7.1	11.4
	城市維持保護建設支出	5.8	5.2	4.9	5.6	5.9	4.8	5.4	7.1
	企業革新資金	6.6	4.8	4.6	3.1	6.7	3.1	4.9	25.4
	価格補助支出	5.5	3.8	3.4	2.8	5.7	1.6	3.7	37.6
	年金・社会福祉救済費	2.3	2.0	2.0	3.0	3.0	2.0	2.4	14.1

（注）max, min, avg は，1994-2006年の構成比における最大値，最小値，平均値。VCは変動係数で，標準偏差÷平均×100。一部経費の名称については英語表記を参考にして訳した。
（出所）中国財政年鑑編集委員会編（2000）；中国財政部主管（2008）；中国財政部（2009）より計算。

出が主要経費である。地方政府では，文教・科学・衛生支出，行政管理費，基本建設支出，農業支援支出，城市維持保護建設支出が主要経費となっている。

2000年と2006年を比較すると，中央支出では，①国防費，行政管理費，文教・科学・衛生支出，車輌購入税支出の構成比が上昇し，②国内外債務利払い費，価格補助支出，基本建設支出の構成比が低下した。地方支出では，③企業革新資金と価格補助支出の構成比が若干低下した程度で，全体的には各経費の構成比の変動が小さい。以上のうち車輌購入税支出の変動は，2001年から車輌購入税が導入され，その税収が道路財源として支出されるようになったことを反映している。

中央支出の動向には，中央政府の政策意図を反映していくつかの特徴がみられる。1997-98年のアジア通貨危機の影響により，同期間における中国の経済成長率（実質GDP変化率）は直前の10％前後から7％台へ低下した。この当時，中国政府は人民元の対ドル・レートを固定する為替政策を維持するとともに，財政支出の拡大を中心とする積極策を採用した。1998年8月に1,000億元の長期国債増発と1,000億元の銀行貸付により，その全額を農林・水利，交通・通信，都市インフラ建設，環境保護などに充当するとともに，国有商業銀行向けに2,700億元の特別国債を発行して資本増強を行った[18]。こうした積極的財政政策の結果として，1999年前後に基本建設支出の比重が高まり，2000-01年に国内外債務利払い費の比重が高まった。その後，危機の影響が和らぐとともにこれらの経費の比重が低下した。

中央政府の文教・科学・衛生支出の動向については，農村義務教育，高等教育，科学技術研究への財政支援が関係している。農村義務教育については，1995年に国家貧困地区義務教育工程が始まり，校舎建造，教育機器・備品購入，図書資料・机椅子，教員育成などへ財政資金が投入された。高等教育については，1995年に「21世紀に向けて全国100前後の大学・重点学科を重点建設する」という「211工程」が始まり，1998年5月には江沢民前国家主席が北京大学創立100周年の場で世界レベルの大学を建設するという「985工程」を発表し，同年末には教育部が「教育振興行動計画」を発表するなど，財政支援による重点大学・学科の建設と大学教育機会の拡大が決定・実施された。科学技術については，1986年3月の国家高度技術研究計画（「863計画」）により基礎研究・応用研究への助成が始まり，1997年3月の国家重点基礎研究発展計画（「973計画」）により基礎的高度技術研究への助成が始まった[19]。

6. おわりに

本章では，2001年12月の中国WTO加盟によって中国の財政面にどのよう

---

18) 謝主編 (2008), 474-475ページを参照。
19) 谷口 (2009a), 728-731, 767-768ページを参照。

な影響が現れたかについて検討し，以下の結論を得た。

6-1 関税への影響

WTO加盟国には，市場経済のルール遵守，内外無差別の原則徹底などが求められることから，関税や輸出促進税制の役割が低下することが予想される。中国では1992-2008年の間に関税の引き下げが何度も実施され，租税収入に占める関税収入の比重はWTO加盟以降低下した。しかし，加盟数年前と最近のデータを比較すると，実質関税率（輸入総額に占める関税収入の比率）の低下幅は小さく，関税収入の対GDP比は上昇している。最近の動きからは，名目的な関税引き下げが実質的な関税引き下げにつながっていない可能性も示唆される。その原因として，輸入相手国の変化や輸入品目構成の変化により，平均的な適用税率が上昇する可能性が考えられる。

6-2 輸出税払い戻し

二重課税回避や公正競争の観点から，輸出に対する非課税措置が正当化されることがある。しかし，払い戻しの増減次第では輸出促進や輸出抑制が生じることから，輸出税払い戻しは，中立性を実現する技術的な処理とみなすことはできない。中国では，最大税目の増値税について，財政負担軽減，輸出促進，高度技術製品奨励，環境保全・エネルギー消費抑制，貿易摩擦回避，輸出構造高度化，経済構造調整促進など様々な理由で輸出税払い戻しの調整が実施された。WTO加盟以降についてみると，輸出税払い戻しの輸出総額やGDPに対する比率は上昇傾向にある。ここから，中国の輸出に対する姿勢は中立的ではなく，政策意図的ないし戦略的な性格が強いとみられる。

6-3 財政支出と財政収入

中央政府と地方政府の分を一緒にした財政支出・財政収入の対GDP比をみると，1990年代半ばに大きな構造変化を経験した。こうした全体動向は，WTO加盟以降も予算外資金収支を加えた場合も，あまり変わらない。1990年代半

ばの構造変化は，1994年に実施された分税制改革と税制改革に起因する。1994年には，国有企業利潤分配改革，中央・地方財政支出の区分，中央・地方の財政移転支出制度の整備も実施された。こうした1994年改革がそれ以降の財政動向を左右していることは，財政収入のGDP弾力性からも示唆される。1994年を境に弾力性は0.6～0.7から1.4～1.5へと上昇した。

一方，中央・地方政府間財政関係については，2000年以降，中央から地方への移転支出の増大傾向がみられる。長期的には，財政力格差是正を目的とする財力性移転支出と，使途特定の専項移転支出の比重が高まっている。こうした中央から地方への再分配の強化は，対内的には地域間経済格差縮小を目指す政府の姿勢を示し，対外的には国内経済基盤整備による国際競争力の育成・強化を目指す政策意図を表している。

6-4 財政収入内容

地方政府の財政収入に占める租税収入の比率は1994年以降低下する傾向にある。租税以外の負担が増加することは，2000年以降取り組んできた利改税や税費改革に逆行し，非関税障壁や不公正競争の一因として外国から問題視される可能性がある。

2001年以降の税収構成比をみると，中央税収では，①企業所得税と個人所得税の上昇，②国産品の増値税・消費税の低下と輸入品の増値税・消費税の上昇，が生じた。地方税収では，③営業税と城鎮土地使用税の上昇，④企業所得税と個人所得税の低下，⑤農業税のゼロへの低下，が生じた。

①と④の背景には，企業所得税と個人所得税を中央・地方共有税とし，その増収分を中西部へ移転する地域間経済格差是正措置がある。②の動きは，輸入総額の対GDP比の上昇傾向を反映するだけでなく，中国税制の輸出奨励・輸入抑制特性を反映する可能性もある。⑤の動きは，農村・農民の負担軽減と公平負担を目的とする2000年以降の農村税費改革や農業税廃止決定を反映する。費改税や税費改革の動きは，2001年の車輛購入税導入にもみられる。その他の重要な動きとしては，2008年に国内・国外企業別の企業所得税を廃止

し，内外統一の企業所得税が導入されたことがあげられる。

6-5 財政支出内容

財政支出については，計画経済の時代からの分類方法が廃止され，新しい機能別分類が2007年より採用された。この背景には，市場経済のもとでの政府の財政活動を適切に把握しようという意図がある。

WTO加盟前と最近の支出内容を比較すると，中央支出では，①国防費，行政管理費，文教・科学・衛生支出，車輌購入税支出の構成比が上昇し，②国内外債務利払い費，価格補助支出，基本建設支出の構成比が低下した。地方支出では，③企業革新資金と価格補助支出の構成比が若干低下した程度で，全体的には各経費の構成比の変動が小さい。

②の動向には，アジア通貨危機の影響を緩和するために1998-99年に中央政府が積極的な財政支出拡大策を採用したことが関係している。当時，長期国債を増発し，その調達財源をインフラ整備に充当した。通貨危機の影響が和らぐとともに積極的政策が縮小したことが，②の動きに現れている。①の文教・科学については，1990年代半ば以降の農村義務教育，高等教育，科学技術研究への財政支援が関係している。こうした政策には，地域間経済格差縮小，科学技術研究・高等教育基盤の強化による国際競争力の育成・強化を目指す政策意図が現れている。

以上のように，2001年12月の中国WTO加盟は，関税や輸出税払い戻しに直接的な影響を及ぼし，財政収入や財政支出の動向に直接・間接の影響を及ぼしている。財政動向を注意深くみると，WTO加盟以降の中国財政が輸出・輸入中立的に対応したというより，直接・間接に輸出促進・輸入抑制効果を発揮した可能性が高い。また，財政収入や財政支出の詳細をみると，地域間経済格差の是正に加えて，中国全体の国際競争力強化に配慮した措置がとられている。もちろん，こうした政策意図をもった政策は中国に限らず，多くの国が採用するものである。この意味でグローバル化への対応とは，無色透明かつ内外

無差別の単純な対外開放ではなく，国民経済の長期的な繁栄・発展を目的とした裁量的な対外開放を含意している。

参 考 文 献

谷口洋志（2007）「中国における政府間財政関係」片桐正俊・御船洋・横山彰編『分権化財政の新展開』中央大学出版部，257-296 ページ。

谷口洋志（2009 a）「税費改革」「中国の ICT 政策」「中国の大学」「中国の四大銀行」「費改税」長谷川啓之監修『現代アジア事典』文眞堂，576-578，728-731，767-768，780-783，980-981 ページ。

谷口洋志（2009 b）「中国における電気通信事業改革：制度改革の論理と背景」飯島大邦・谷口洋志・中野守編『制度改革と経済政策』中央大学出版部，近刊。

谷口洋志・朱珉・胡水文（2009）『現代中国の格差問題』同友館。

張忠任（2001）『現代中国の政府間財政関係』御茶の水書房。

劉佐（2008）『中国税制改革三十年』中国財政経済出版社。

劉佐（2009）『2009 年中国税制概覧』経済科学出版社，第 13 版。

唐任伍・馬驥（2008）『中国経済改革 30 年　対外開放巻』重慶大学出版社。

謝旭人主編（2008）『中国財政改革三十年』中国財政経済出版社。

殷孟波主編（2008）『中国改革開放 30 年　金融巻』西南財経大学出版社。

中国財政部（2009）「2008 年全国財政収支決算情況」（http://yss.mof.gov.cn/yusuansi/zhengwuxinxi/caizhengshuju/200907/t 20090707_176723.html）。

中国財政部税政司編（2008）『中国税収制度 2008』経済科学出版社。

中国財政部主管（2008）『中国財政年鑑 2008』中国財政雑誌社。

中国財政年鑑編集委員会編（2000）『中国財政年鑑 2000』中国財政雑誌社。

中国国家統計局編（2007）『中国統計年鑑 2007』中国統計出版社。

中国国家統計局編（2009）『中国統計摘要 2009』中国統計出版社。

第 13 章

グローバル化と中国の付加価値税制の改革[1]

1. はじめに

　中国では,2009 年 1 月 1 日から新付加価値税条例を実施した[2]。これは,2008 年 11 月 5 日に開かれた中国国務院第 34 次常務会議の精神に基づいて行ったことである[3]。新付加価値税条例の実施は,1994 年の税制改革で GDP 型付加価値税制を導入してから,実に 15 年ぶりの改革である,今回の税制改革は,従来の GDP 型付加価値税制から消費型付加価値税制への移行を意味する。

　経済のグローバル化の進展とともに,特に,最近の世界的な経済危機の中で実施した今回の付加価値税制改革は,企業のみならず中央と地方の税収源に大きな影響があり,中国政府のマクロ経済政策の 1 つの重大な措置である。

　1994 年の抜本的な税制改革で付加価値税を導入してから,その税収は,中

---

[1]　本章でいう付加価値税は,中国の増値税を指す,以下同様。
[2]　本章では,2008 年 11 月 5 日に決定した『中華人民共和国付加価値税暫定条例』を新条例あるいは新付加価値税制とし,1993 年に決定した『中華人民共和国付加価値税暫定条例』を旧条例あるいは従来の付加価値税制と称する。以下同様。
[3]　同会議で,2009 年 1 月 1 日から全国範囲で付加価値税の改革を実施することを決めている。

国税収総額の中で，一番大きな比重を占めている。1994年から2006年の間，輸入品の付加価値税を含む付加価値税収入は平均で税収総額の48.7%占めている。国内だけでみても，1994年の国内付加価値税額は2,338.6億元で（付加価値税総額は2,661.4億元で，輸入品の付加価値税額322.8億元が含む），当年度税収総額5,070.8億元の46.1%を占めていた。それが，2006年度には，国内付加価値税総額は128,946,033億元で，当年度税収総額376,362,743億元の34.3%を占めた。2006年度の国内付加価値税の税収総額に占める割合は，1995年度に比べて下がっているものの，それにしても，企業所得税の18.8%（その内，国内企業14.7%，外資系企業4.0%），営業税の13.6%と個人所得税の6.5%に比べるとはるかに高い[4]。即ち，付加価値税を中心とする中国の税収構造は変わってない（図13-1）。

付加価値税制の改革については，中国共産党の第16回第3中総会で適時に

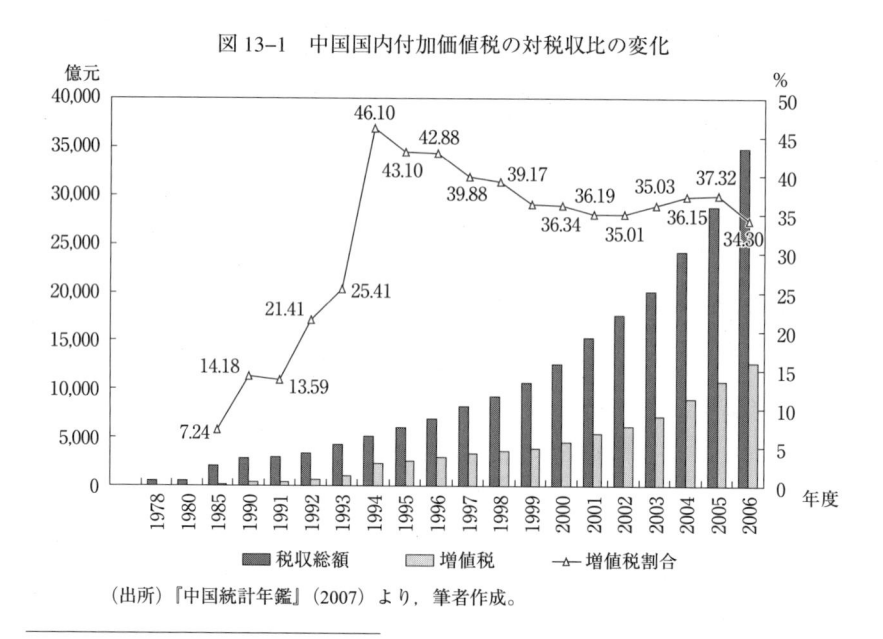

図13-1　中国国内付加価値税の対税収比の変化

(出所)『中国統計年鑑』(2007)より，筆者作成。

---

[4] 数字はいずれも中国統計局ホームページの『各年税収収入統計』を利用し，整理している。

執行することを明確に示し[5],「第11次5ヵ年計画」でその改革を完了すると決めた[6]。改革の宣言から実際実施するまでに5年間の歳月を経ており，その内，4年間の実験を行った。このような長期間の実験は，今まで中国が行った様々な「漸進的」な改革の措置の中でも，まれなことである。中国政府が付加価値税制の改革にあたって，それほど慎重であったことを意味する。

本章では，グローバル化の中で，中国政府が行った付加価値税改革の内容を，従来の税制と比較しながら，制度の相違点を明らかにする。そのため，第2節では，従来の付加価値税制の内容と問題点を明らかにする。第3節では，税制改革にあたり先行研究のサーベイの上，その実験の経過と経験を総括する。そして，第4節では，改革の基本的な考え方と原則および内容を取り上げる，第5節では，付加価値税と営業税の重複課税の問題点を提起してむすびとする。

2. 中国の付加価値税制の沿革

2-1 1994年の付加価値税の導入

中国の財政状況から見ると財政のGDPに占める割合は，1978年の改革開放政策実施後ほぼ一貫して低下し，歳入の対GDP比は1980年の25.5％から1995年には10.8％へと低下した（図13-2）。

同時に，財政収入総額に占める中央の割合は，1985年の38.4％から1993年には22.0％へと低下した（図13-3）。

したがって，1994年税制改革の主要な目的の1つには，歳入の対GDP比率が傾向的に低下することを止め，財政収入のGDP比を高めることと，中央税

---

[5] 2003年10月1日から14日まで北京で開かれ，『社会主義市場経済体制を充実にすることに関する中国共産党中央委員会の若干問題の決定』を審議通過した，この中で，税制改革を段階的に進めるとしている。

[6] 2006年から2010年までの5年間の発展計画で主な目標は，経済成長方式の転換を進めること，産業構造を効率に調整すること，「三農」問題の解決，都市化の健康的な発展を図ること，地域の協調発展を促進すること，調和ある社会建設を着実に強化すること等6部分の重点項目をあげている。

図 13-2　1978-2006 年中国財政収入の対 GDP 比の変化

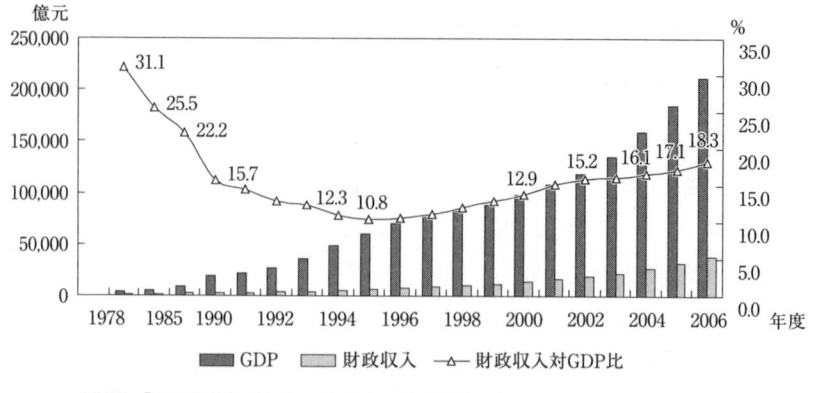

(出所)『中国統計年鑑』(2007) より，筆者作成。

図 13-3　中央と地方の財政収入に占める割合の変化

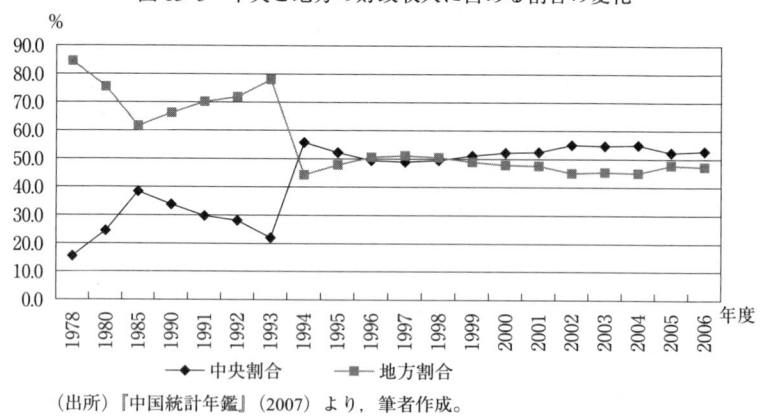

(出所)『中国統計年鑑』(2007) より，筆者作成。

収の対財政収入総額に占める比率を高め，経済のマクロコントロールを強化することがあった。この「2 つの比率」の増加を重視する基本的な考えの下で，中央と地方の「共有税」(中央が 75%，地方が 25% をとる) として導入された付加価値税も，必然的に課税ベースが広く，税収が多く求められる GDP 型付加価値税を選択した。その他にも，同時のインフレ圧力および改革への緊急要請も GDP 型付加価値税導入の要因の 1 つであった。

付加価値税を中心とした中央税収体制の確立は，国全体の財政収入に占める

中央の割合を1993年の22.0%から翌年には55.7%と一気に引上げた（図13-3）．ただし，この増加分のほとんどは中央政府から地方政府への1993年の税収を保証するための税還付分の移転支出であり[7]，これを考慮すると，中央の財力が急に上昇したわけではなかった[8]．

2-2 1994年の付加価値税制の主な内容[9]

中国の付加価値税制改革は市場経済化の経済体制改革の進展とともに進められ，各時期の状況によって内容が変わっている．1970年代の末から90年代の付加価値税改革は，概ね2つの段階に分けられる．

第1段階は1970年代末から1993年末の時期で，マクロ的に見て従来の計画経済から改革開放政策の実施時期であった．当時，計画経済の要素がまだ残っており，付加価値税制の改革も「流転税」（注10参照）の全額徴収による二重課税の要素を排除するのが目的であった．それによって税収の確保を図りながら経済の活性化も図った．「流転税」の第1段階の改革から付加価値税の名前を使っており，それで，当時まだ存在していた産品税と区別した．当時の産品税は生産段階で分類別に定めた税率で課税し，税額は生産価格，コスト等と密接に関わっていた．実質上，当時の付加価値税は重複課税を多少回避した産品税にすぎない．

第1段階の付加価値税改革は，当時においては一定の役割を果たした．例えば，産業部門の調整と改革を促進し，企業にコスト意識を植え，市場経済化への舵取りを実現したこと等があげられる．

---

7) 1994年の「分税制」実施における税還付方式は，まず，1994年は，1993年の付加価値税等にかかる地方の歳入を保証し，不足分を中央が返還する．1994年の還付＝1993年の基本税収－（新たに地方税に組み込まれた収入＋増値税25%）．次に，1995年以降は，前年度の税還付額に，その地区での付加価値税と消費税の歳入増加率に0.3%を乗じた額を増やして還付する．今年度税収の還付額＝前年度税収還付額×（1＋0.3×両税増加率）．
8) 「分税制」改革については，大西（2004）16-19ページ．
9) 中国の付加価値税制の詳細については，監査法人トーマツ編（2003）99-107ページ．

以上，1994年の付加価値税導入までの過程を簡略に紹介したが，ここでは，次節の新付加価値税制との比較分析のため，1994年の付加価値税制の主な内容を取り上げる。1994年の「分税制」の抜本的な改革で，物品の販売，加工，修理組立の役務の提供に付加価値税を適用した[10]。税額計算については，外税方式を採用し付加価値税専用伝票に売上金額と税額がそれぞれ明確に記入され，売上税額から仕入れ税額を控除する。すなわち，インボイス方式をとった。

(1) 付加価値税の納税者

付加価値税の納税者は，中国国内で物品の販売，加工および修理組立役務の提供と物品の輸入等の業務を行う個人，法人，その他の団体が含まれる。

納税者は，一般納税者と小規模納税者に区分されている。税務行政管理上の便利のために，経営規模が小さく，会計処理が十分でない個人企業等を小規模納税者とした。経営規模の判断基準は，製造業と商業に分けて製造および役務提供に従事する納税者は，年間売上高を100万元未満とし，卸売，小売業に従事する納税者は，年間売上高を180万元未満とした。

ただ，上記の小規模納税者であっても健全な会計処理を行い，納税資料を提出できる場合には，税務機関の承認を得て一般納税者と認定することができる。

(2) 付加価値税の税率

付加価値税の税率は，基本税率，低減税率，小規模納税者に適用する徴収率と輸出品に対する税率がある。

基本税率は17%で，低減税率は13%である[11]。

---

10) 物品の販売，加工や修理組立に付加価値税を実施した他，サービスの提供，不動産，無形資産等の譲渡に対しては営業税が適用され，さらに，化粧品等11品目については消費税を適用した。この付加価値税，営業税，消費税および関税は製品の生産から消費に入るまでの段階で課せられることから，「流転税」と呼ぶ。

11) 下記の物品の販売，輸入および加工等の役務提供については13%の税率が適用する。
① 穀物，食用植物油。
② 水道，冷暖房，熱水，ガス，LPG，LNG，メタンガス，住民用石炭製品。
③ 図書，新聞，雑誌（電気，電力は17%）。
④ 飼料，化学肥料，農薬，農業機械，農業用プラスチックフィルム。

小規模納税者に対しては，6％の徴収率が適用されたが，1998年7月1日からは，工業と商業に分け，工業は6％，商業は4％を適用した。

輸出品についてはゼロ税率が適用される，したがって，納税義務者は税務機関に対し，輸出した物品の仕入れにかかる付加価値税額の還付を請求することができる。

(3) 税額の計算

一般納税者の税額計算は，当期の売上にかかる付加価値税の税額から，当期の仕入れにかかる付加価値税の税額を控除して算出する。

仕入れにかかる付加価値税の税額とは，物品の購入または役務の提供を受ける場合支払うかまたは負担する付加価値税の税額をいう。ただし，実際に控除される仕入れ税額は，仕入先から取得した付加価値税専用伝票に記載されている税額または税関から取得した完納証明書に記載された税額に限る[12]。

小規模納税者の税額は，売上高に徴収率をかけて算出する。

(4) 非課税項目，免税項目と仕入非控除項目

非課税項目とは，営業税が課される役務等をさすが，販売行為が非課税役務と物品販売にまたがる場合は，それを混合販売行為として行為の主体に分けて付加価値税を課すか否かを判断する。物品の生産，卸売りまたは小売に従事する企業，企業性の組織単位および個人経営者の混合販売行為は，物品の販売とみなして付加価値税を課する。その他の組織単位と個人の混合販売行為は非課税役務の販売とみなして非課税とする。

免税項目とは，本来付加価値税の課税対象であるが，政策的な配慮から特に

---

⑤ 国務院規定のその他の物品。

12) 企業および個人事業者が正当な理由のない低廉売却をしたとみなされた場合，および物品物品販売行為とみなされる行為をした場合には，税務当局が下記の方法により売上を推計し売上税額を算定する。

① 納税者の当月同類物品の平均売上。
② 納税者の最近の同類物品の平均売上。
③ 課税標準価格は下記の計算式により算定する。
　課税標準価格＝原価×（1＋原価利益率）

免税としたものである[13]。

　仕入税額は，原則として売上税額から控除すべきものであるが，固定資産等の仕入税額は控除できない[14]。

　なお，付加価値税専用伝票を入手していない場合あるいは保存していない場合および伝票に付加価値税関連記載事項が不十分な場合には，当該仕入税額を売上税額から控除することができない。

2-3　1994年の付加価値税制の問題点

　1994年の税制改革で付加価値税を導入する際，中国政府はGDP型付加価値税をとった。これは，次の政策上の配慮からである。1つは，財政収入面での配慮であり，もう1つは，当時の投資インフレ抑制の配慮である。だが，中国の市場経済化の急進展と経済のグローバル化の急変の中で，従来の付加価値税は市場経済化のニーズに合わず，改革の必要性が強くなってきた。その問題点としては，主に次のようなことがあげられる。

　第1に，付加価値税の徴税範囲が分割され，不完全な税制となっていた。サービス部門は付加価値税の課税範囲に含まれず，営業税の課税対象になっている。よって，中国独特の「両税分立」の税制ができあがり，重複課税の問題だけではなく，付加価値税と営業税の税制複雑性および管理上の混乱を生じさせていた。

---

13) 免税項目には，次のものがある。
　① 農業生産者（栽培業，養殖業，林業，牧畜業，水産業を含む）が販売する自作農産。
　② 避妊薬品および用具。
　③ 古書。
　④ 科学研究，教育ために輸入する設備，用具。
　⑤ 外国政府，国際組織の無償援助輸入品と設備。
　⑥ 原料輸入加工，部品輸入組立および補償貿易のために直接輸入する専用物品。
　⑦ 身体障害者組織が身体障害者に提供するために直接輸入する専用物品。
　⑧ 自己使用後に販売する物品。
　⑨ その他個人の売上高で課税起算点に達しない場合。
14) 旧条例第10条。

第2に，GDP型付加価値税を実施するために固定資産の仕入税額控除ができず，企業の税負担が重い。また，固定資産仕入税額の非控除は重複課税の温床にもなっていた。その他，GDP型付加価値税は企業の投資活動とイノベーションを妨げ，付加価値税本来の中立性のメリットも損なっていた。

　第3に，輸出品にはゼロ税率，輸入品については優遇税率をとるが，それも曖昧な部分が多く，外国製品と国内製品との間，税負担上のアンバランスを生じさせていた。

　第4に，業種ごとにいろいろな政策優遇措置がとられ，付加価値税の徴収と控除に混乱を起こした。付加価値税は生産から消費に至るまでの各段階で，その売上税額から前段階の仕入税額を差引いた差額を納税額とし，それが企業の税負担となる。したがって，企業の生産経営活動においては中立的である。また，付加価値税は企業間相互監督の機能が働くメリットもある。しかし，仮に政府の政策的な優遇措置が某企業に与えられると，その分，次段階の企業の税負担が重くなる。これは中立性の原則に反するもので，できれば排除すべきである。

　第5に，一般納税者と小規模納税者の徴収方式が異なっており，税収漏れと管理上の混乱を起こした。

　上述のような問題により，付加価値税のインボイス方式の役割が充分に機能せず，脱税現象が多く見られた[15]。

3. 中国の付加価値税制改革

3-1　中国の付加価値税制改革関連の先行研究

　付加価値税制改革の実験が行われてから，実験の経験を踏まえて改革への議論が展開された。

　趙（2005）は，付加価値税改革で存在する問題を「増量控除方式」に焦点を当て，この方式が改革の効果を薄め，また，伝統企業の改革と発展に不利であ

15）　中国国際税収研究会編（2008）『増値税改革的国際借鑑研究』中国税務出版社，6-7ページ。

るとする。その根拠として，2004年の実際の税還付額が予測よりはるかに低く，実験改革認定企業の多数の企業がそのメリットを受けていないと指摘した[16]。

高（2006）は，中国の過去27年間の改革歴史上，多くの改革措置は実験を経てから推し進めているが，これほど長期間続く実験は今までないとしている。付加価値税改革がこれほど紆余曲折な道のりを辿り，矛盾の現象が多いのは，ある意味で改革の実験が税制優遇策であると誤解されるからだと指摘する[17]。

王（2007）は，付加価値税控除範囲が拡大することで，一部業種の税負担が軽減され，実験地域の工業経済発展に貢献していると指摘した。また，現在の財政収入状況からみて，付加価値税改革による税収減への影響を十分にカバーできるとする[18]。

邸（2008）は，消費型付加価値税制への改革は，グローバル化の中で他国の税制と歩調を合わせることで企業の国際競争力を高めることができると指摘する。また，企業の経営コストを下げることで製品の価格が下がり，インフレリスク回避にも有利であるとする[19]。

梁（2008）は，従来の付加価値税の問題点を明らかにした上で[20]，税制改革の基本的な考え方が，中国経済の急成長とともに「財政収入増」の視点から「公平性，効率性重視」へと変わっていること，および実験の成功は全国実施への準備が整ったことを指摘する。また，実験の結果から見て，事前に心配していた財政収入の大幅な減少，投資ブームによるインフレ現象が起こらず，付加価

---

16) 趙（2005），16-19ページ。
17) 高（2006）。http : //www.ctanewg.com.cn., http : //www.xzggogov.cn/getcontent.asp?classid=538<articleid=6555
18) 王（2007）。http : //newgxinhuanet.com/fortune/2007-10/11/content-6862954
19) 邸（2008）。http : //finance.people.com.cn/GB/67610/7603487.html
20) GDP型付加価値税の問題点については，重複課税による税負担不公平の問題，固定資産設備更新，特に資本・技術集約型産業の発展に不利であること，したがって，産業構造の改革に不利であることをあげている。

値税の改革を全国に広めるべきだと主張した[21]。

以上，いくつかの先行研究を取り上げているが，ここで特に触れたいのは国際税収経験と研究シリーズ書として2008年出版された『付加価値税改革の国際経験研究』である（注15参照）。この本は，付加価値税の全面改革の研究，中国付加価値税移行の対策研究，東北地域での実験状況と効果分析，付加価値税改革を全国的に執行する時期と方法選択に関する研究，付加価値税管理改革の研究等5つの部分に分けられ，計43編の論文が収録されている。

3-2　中国の付加価値税制改革の実験

付加価値税制の改革に当たり，中国では2004年7月1日から，東北地域の8業種で改革の実験を行った[22]。東北3省で実験企業に認定されたのは40,306社で，当地域の付加価値税一般納税者の32.2％を占めた。業種別にみると装備製造業者19,429社，農産品加工業者9,060社と石油加工業者7,954社で，この3つの業種が全体の90％占める。2004年，東北3省の企業固定資産総額は305.34億元で，その内，仕入税額が15.76億元である。これは投資総額の5.2％を占める。改革の実験で，実際還付した税額は12.58億元で，仕入税額の79.8％を占めていた。同年，当地域のGDPが15133.9億元で，前年に比べ12.3％増加し，工業企業の利潤総額も1328億元で，前年比で35.5％増加していることから，付加価値税の税額還付措置が当地域の経済発展に貢献しているといえよう[23]。

東北地域の改革の実験を踏まえ，政府は，2007年7月1日から実験の範囲を中部地域の26の都市に広め（8業種は変わらない），さらに，2008年7月1

---

[21]　梁（2008）。http://views.ce.cn/view/economy/200809/06/t 20080906_16725937.shtml
[22]　2003年，中国国務院は『東北等古い工業基地振興戦略に関する若干規定』（中発［2003］11号）および2004年9月，財政部，国家税務総局が『東北地域で付加価値税控除範囲を拡大することに関する若干の規定』（財税字［2004］156号）と『2004年東北地域で付加価値税控除範囲を拡大すること暫定弁法』をだしているが，これが東北地域での付加価値税改革の実験の開始と伝統工業基盤である東北地域振興への税制優遇政策の開始であった。
[23]　趙（2005），16-19ページ。

日からは内モンゴルの5つの都市と四川省汶川震災地域に拡大した。四川省汶川震災地域以外の地域の実験改革の主な内容は次の通りである。

第1に，一般納税者が固定資産の購入際に支払う仕入税額を，その企業の売上付加価値税額から控除できる。ただ，仕入控除できる固定資産の範囲を新増加の機器設備等に限定し，工場，建築物等は除外している。

第2に，税額還付方式である。これは，財政収入減への影響を考慮し，仕入税額控除を直接差引くことではなく，一旦，税務局に税額を納付した後，還付する方法である。

第3に，「増量控除方式」である，税額還付に関しては，仕入税額の全額還付ではなく上限を決めている。当期の税額還付上限は，当期の新増加の付加価値税額を超えてはならなく，また，当期に控除しきれなかった部分については次年度引き続き控除することにした。この方式を「増量控除方式」と名づけている。

第4に，税額還付方式と「増量控除方式」を実験の第1段階の措置と位置づけ，その実施状況と年度末の財政決算状況を見て，財政状況が許す限り全国に広め，統一方式を取るとした。すなわち，付加価値税の納税者が直接税務局に控除申告表を提出し，認可を経て控除する。ただ，当期の売上税額から控除しきれない部分は，次年度に繰り延べ引き続き控除できる。

実験開始から3年後の2007年度末の統計数字でみると，2007年度末まで東北と中部の実験地域で新購入設備の仕入付加価値税額は累計244億元で，企業の未納滞納分と税額還付の累計が186億元を記録している。これは，実験地域で企業の設備更新および技術革新が進められていることを意味し，付加価値税改革の実験が，実験地域の経済発展に貢献していると考える。

反面，実験政策には疑問もあった，いわば改革の実験は本当の意味での付加価値税制の改革ではなく，税制優遇政策の要素が多い。また，付加価値税の適用範囲が狭く，「増量控除方式」にも問題が見られる。例えば，伝統産業は，一般的に企業の社会的負担と改革コストが高く，短期間での付加価値の急増は考えられない。したがって，「増量控除方式」の優遇措置を受けられない。

それにしても，実験は付加価値税の控除範囲を拡大することで東北地域の伝統産業の税負担を軽くし，企業の活性化と地域経済活性化を図ることに大きな意味があった。同時に，実験の大きな意義は，付加価値税改革を全国的に展開する政策判断をする上で，基礎的なデータおよび参考経験を積んだことにある。

3-3 中国の付加価値税制改革の実施

新付加価値税制執行の経緯から見ると，上述の2004年7月1日からスタートした東北と内モンゴル，中部地域の改革の実験と経験を踏まえて，中国政府は2008年国務院政府工作報告で，消費型付加価値税制改革の条例を制定することを提案するに至る。それを第11回全国人民代表大会第1次会議中の財政経済委員会予算草案審査結果報告の審議で，できる限り2009年度に全国範囲で実施すると明確に示した。このような経過を経て，国務院が2009年1月1日から実施することを決めているが，これは中国の付加価値税制を規範化し，税制の公平性と中立性を図る上で，重要な意義がある。

従来のGDP型付加価値税は重複課税の問題があり，特に資本集約産業に問題が多くみられた。したがって，中国政府は，その修正措置として1994年税制改革後，付加価値税の減税，免税，税還付等優遇政策を相次いで出し，特定の産業と企業を保護した。

今度の消費型付加価値税への改革は，納税者の税負担の軽減と重複課税の弊害解消による課税の中立性を守る試みがあるゆえ，従来の付加価値税の優遇政策を整理しなければならなかった。これによって，税制の簡素化と行政管理上効率性の向上が図られる。

4. 中国の付加価値税制改革の主な内容と意義

4-1 付加価値税制改革の主な内容

付加価値税は生産，流通，消費各段階で増加した付加価値の部分に課税されるが，固定資産仕入に含まれている税金の控除方式の相違によって，GDP型

付加価値税，所得型付加価値税と消費型付加価値税に分けられる。

　前述のように，中国の付加価値税は物品の販売，輸入品および加工，修理組立の役務提供等業務を行う個人，法人，その他の団体に対して課するが，物品の生産，卸業者，小売業者の大部分が含まれていた。今回の付加価値税の改革は，GDP型付加価値税から消費型付加価値税への移行を意味するが，改革の主な内容は次の通りである。

　第1に，2009年1月1日から，すべての付加価値税納税者の新購入設備の仕入税額を売上税額から控除する。従来の付加価値税条例の規定では，固定資産購入の際の仕入税額については控除できないとした。今回の改革のポイントは，それを改めることによって，GDP型付加価値税から消費型付加価値税への移行を図るところにある。

　第2に，消費型付加価値税への移行の過程で生じうる税収漏れを防ぐため，新付加価値税条例では，企業の技術更新と関係なく，消費税課税対象になる小型自動車，オートバイおよびボートの仕入れに含まれる仕入税額は控除できないと規定している。納税者が購入した小型車，オートバイ等は常に非生産的な用途に使われ企業の消費になる。これらの商品は，生産に用いる部分と消費に使われる部分とを分けることが難しく，仕入れ税額控除対象とした場合，一般消費用購入との不公平感を生じさせる。したがって，仕入れ税額控除を認めない，ただし，生産経営に使われる貨物車は認める。

　第3に，輸入設備の付加価値税免税政策と外国投資企業の中国産設備購入の仕入税額還付政策を廃止した。

　第4に，小規模納税者の徴収率を3％に引き下げる。消費型付加価値税への改革で，一般納税者との税負担の公平性を図り，中小企業の発展を促進する見地から，その徴収率を引き下げる方向で調整した。また，小規模納税者の兼業経営が一般的で，工業と商業経営の判断が難しい現状から，新条例では工業と商業との区分をなくし，徴収率を一律3％に統一した。

　第5に，鉱山品の付加価値率を13％から17％に取り戻した。

　第6に，農産品と運輸業者の控除率を明確にし，一般納税者の認定資格規定

も明確にした。また，輸入材料加工，装備および補償貿易の設備輸入免税政策を廃止した。

4-2 新付加価値税の内容と実験方法との相違

新付加価値税制は数年間の実験を経てやっと執行することになっているが，実験方法とではいくつかの相違点が見られる。

第1に，新購入の機械設備について新税制では，当年度企業の新増加の付加価値税納税額の有無を問わず，一律に仕入税額控除を認めている。これは，内需拡大政策の1つの措置でもある，実験の方法では，当年度の増量部分だけ，その仕入税額控除を認めていた。

第2に，新付加価値税制の実施に関しては全国範囲で進められ，地域別，業種別の区別をなくし統一的に実施した。

第3に，固定資産仕入税額控除は，付加価値税専用伝票と税関の関税納付済み証明書等を根拠とし直接控除する，すなわち，実験段階での税額還付方式を改めた。

4-3 付加価値税制改革のポイント

以上，付加価値税改革の主な内容を説明したが，ここでは，さらに新旧条例の比較を通じて改革のポイントを明確にする。

第1に，旧条例の第8条の農産品の仕入控除関連の変更である。旧条例では農産品の仕入控除は原価に10%控除率をかけて計算すると規定したが，新条例の第8条では，付加価値税専用伝票あるいは税関の完納書による以外，原価に13%の控除率で計算すると規定した。そして，新条例第8条の追加項目(4)では，生産経営にかかる運送費について領収書に記載されている金額に7%の控除率をかけて計算すると規定した。

第2に，旧条例の第10条の仕入税額控除のできない関連項目に，仕入固定資産があるが，新条例第10条ではその項目が廃止された。

第3に，旧条例の第12条に，小規模納税者の徴収率は6%としているが，

新条例第12条では3%と規定している。

第4に，旧条例第16条免税項目関連で，「來量加工，組立と補償貿易に必要な設備」の項目があるが，新条例第16条では削除している。

第5に，新条例第18条は新増加の内容で，外国業者が中国国内で課税役務を行う際の代理納税義務者を明確にしている。

第6に，旧条例の12条納税期限について，新条例では3カ月申告を追加し，申告期限を従来の納税義務発生後10日から15日に延長した。

第7に，旧条例第17条の外商投資企業と外国企業関連について，新条例ではその項目を削除している。

その他，新付加価値税条例の実施によって『中華人民共和国付加価値税実施細則』も大幅に変更されている。

以上，新旧条例の比較を通じて条例の変更項目を見たが，今回の付加価値税制改革の焦点は，一般納税者が付加価値税額を計算する際，機械機器設備の仕入税額を控除できるところにある。

4-4 付加価値税改革の意義と留意点

(1) 付加価値税改革の意義

今回の消費型付加価値税への改革は，企業の設備購入の際，仕入れ税額の控除を認めるが，これは企業に対する大減税政策であり，マクロ経済政策の重要な措置でもある。この税制改革による企業の税負担減は1200億元を超えると中国政府は見込んでいる。

消費型付加価値税制への移行は，従来のGDP型付加価値税の固定資産購入際の重複課税の弊害を避け，企業の設備投資の税負担を軽減することにより，投資促進と内需拡大効果が期待される。同時に，中国の労働集約型の産業構造から資本・技術集約型産業構造への調整および企業のイノベーションと経済成長方式の転換にも有利に働くことが期待される。これによって，企業の国際競争力とリスク回避の自己防衛力を高め，国際金融危機の不利な影響を克服することにも，積極的な役割を果たすことが期待される。

(2) 付加価値税改革の政策を把握する際，留意すべき点

第1に，新税制は2009年の1月1日からスタートし，したがって，その前に購入した，すなわち，現存の固定資産は対象外にある。2009年の1月1日以降，実際購入し伝票の記載日も2009年の1月1日以降でなければならない。

第2に，仕入れ税額控除の可能な固定資産の範囲は，現在付加価値税の課税対象の固定資産，すなわち，機器，機械，運送工具およびその他の生産，経営に関わる設備，工具，器具である。建築物等不動産は，会計制度上は固定資産であるが，固定資産仕入れ税額控除の範囲に含まれず，その仕入税額も控除できない。

第3に，現行の付加価値税の納税者は，一般納税者と小規模納税者に分けており，一般納税者は売上税額から仕入税額を控除することで付加価値税額を算出する。しかし，小規模納税者は相変わらず簡易方法で付加価値税を計算する。したがって，小規模納税者の仕入税額控除はできない。それは，小規模納税者は改革後の付加価値税改革の直接な恩恵を享受できないことを意味する。改革によって一般納税者の税負担は平均的に減るが，小規模納税者についても税負担の公平性を図る観点から，その徴収率を引き下げた。小規模納税者の徴収率の大幅の引下げは，中小企業の税負担を軽減し企業の発展と雇用拡大に有利に働くだろう。それと同時に，財政部と国家税務総局は付加価値税と営業税徴収の最低限水準を引き上げることで，さらに中小企業の税負担を軽くし企業の活性化を図っている。

第4に，今回の改革は，全国範囲で一律に実施し，実験モデル地区であった東北，中部，内モンゴルの東部地域と四川省の汶川大震災地域も全国統一範囲に入れており，差別的な政策をとらない。

第5に，付加価値税改革後，金属鉱山，非金属鉱山採掘企業の付加価値税率を13％の軽減税率から17％の一般税率に戻している。金属鉱山等企業の税率は，1994年の税制改革の際，13％の優遇税率をとったが，それは，当時，一部の鉱山物は相変わらず計画価格と計画配分の計画経済時の要素が多く，よっ

て関連企業の税負担の急増を避けるための過渡期の政策措置としてとったものである。この政策は，当時の採掘業の安定的な発展に一定の役割を果たしたが，やっぱり問題が多かった。主に，再生不可能な鉱山資源に低税率を適用することは，資源の節約利用と環境保全の観点から見て好ましくない。また，低税率は資源開発地域の税収にも影響があり政策効果が見られない。付加価値税制改革後，鉱山企業の設備購入の際の仕入税額が控除され，全体的にみて税負担が軽くなる。税制の規範化を図り，公平な税負担の下で資源節約と総合開発利用を促進する意図から，今回の改革で，税率を17％に戻している。鉱山品の付加価値税率の調整で，仕入業者の税額控除分が増え，最終的に製品に含まれる付加価値税額は，全体でみて変わらない。ただ，税負担が異なる段階で転嫁することになる。

　第6に，今回の付加価値税改革と最も関連性が高い政策の1つに，輸入設備の免税政策と外資投資企業の中国製設備購入の際の税額還付政策がある。今回の改革で，輸入設備の付加価値税免税政策は廃止されているが，その主なものは『輸入設備の税制政策に関する国務院の通知』（国発（1997）37号）と『当面外商投資をさらに奨励することに関する外経貿部等部門の意見の国務院弁公室の伝達通知』（国弁発（1999）73号）の規定の付加価値税免税政策である。これらの政策は，GDP型付加価値税制を実施する際に出した関連政策で，その目的は企業の外資利用を奨励し，外国の先進技術を導入するところにあった。ただし，実施段階で輸入設備の免税範囲が広く，企業の技術開発を怠る等設備の国産化の発展と装備製造工業の振興を妨げるマイナスの面も出てきた。また，国内企業の輸入設備の免税範囲が外資系企業より狭く，税負担の不公平性も現れた。消費型付加価値税制の実施後，企業の設備投資において国産，外国産を問わずその仕入税額を控除することになり，従来の政策を新たな政策の下で執行することも可能である。すなわち，輸入設備の免税政策の役割はそれほど重要ではなくなった。

　外商投資企業が中国産設備購入の際の仕入税額の還付政策も，消費型付加価値税実施後の固定資産仕入税額控除の政策によりその意義がなくなる。した

がって，今度の改革でこの2つの政策を同時に廃止している。

4-5 付加価値税改革の関連政策と措置

　1994年の税制改革以来，中国財政部および国家税務総局は付加価値税関連の一連の政策的文献を公布し，一般納税者の管理および付加価値税専用伝票管理等の独自政策を公布・実施していた。新条例の公布後，従来の政策も新条例の精神に基づいて修正しなければならなく，よって，中国国家税務総局は2008年上半期から，関連政策文献を整理し，排除すべきものはリストを作成して公布している。財政部，国家税務総局の『若干の廃止，失効付加価値税規範性文献目録を公布することに関する通知』(財税 (2009) 17号) をみると，全文廃止または失効の文献が14件，部分廃止または失効の文献が7件載っている。

　また，新条例の執行に応じて，新しい政策通知も出している。例えば，財政部，国家税務総局の『一部の貨物について付加価値税の低税率と簡易徴収方法で付加価値税を徴収する政策の通知』(財税 (2009) 9号) である。その内容を見ると，『中華人民共和国付加価値税の暫定条例』(国務院令538，以下『条例』とする) と『中華人民共和国付加価値税の暫定条例実施細則』(財政部国家税務総局令50号) の規定および国務院の関連精神に基づいて，付加価値税関連政策の相互連携，徴収管理の強化のために，一部の貨物について付加価値税の低税率と簡易徴収方法で付加価値税を徴収する方法を，次のように明確に規定している。

(1) 下記の貨物について13％の付加価値税率を適用する。
　① 農産物
　② オーディオ製品
　③ 電子出版物等
(2) 下記の簡易方法で付加価値税を徴収する優遇政策は，引き続き適用するが仕入税額の控除は認めない。
　① 納税者が使用済みの物品を販売する際，下記の政策に基づいて実行する。

ⅰ．一般納税者が自分の使用済みの『条例』第10条規定の控除禁止の固定資産を販売する際，簡易方法で4％の徴収率を適用し，その2分の1を収める。

　ⅱ．小規模納税者が自分の使用済みの固定資産を販売する際，2％徴収率で付加価値税を徴収する。小規模納税者が自分の使用済みの固定資産以外の物品を販売する際，3％の徴収率で付加価値税を徴収する。

② 納税者が古物を販売する際，簡易方法で4％の徴収率を適用し，その2分の1を収める。

③ 一般納税者が自家産の下記の貨物を販売する際，簡易方法を選択することが可能で，6％の徴収率で付加価値税を徴収する。

　ⅰ．県級および県級以下の小型水力発展単位が生産した電力。

　ⅱ．建築用と建築生産材料に使われる砂，石，石材。

　ⅲ．自分で採掘した砂，石，石材，またはその他の鉱物で生産財として使われるレンガ，瓦，石粉。

　ⅳ．微生物，微生物代謝産物，動物毒素，人または動物の血液あるいは細胞で生成した生物製品。

　ⅴ．水道水。

　ⅵ．商業用コンクリート。

一般納税者が簡易方法を選択した場合，36カ月間は変更を認めない。

④ 一般納税者の販売行為が下記の状況にある場合，暫定的に簡易方法で4％の徴収率で付加価値税納税額を計算する。

　ⅰ．他人の物品を代行販売する行為。

　ⅱ．質やで販売する物品。

　ⅲ．国務院または国務院の授権機関で認可した免税店が販売する免税品。

(3) 一般納税者である水道業者が水道水を販売する際，簡易方法で6％の徴収率で付加価値税をとる，ただし，水道水を購入する際，付加価値税仕入税額の部分の控除は認めない。

また，国家税務総局『付加価値税簡易徴収政策の管理関連問題の通知』（国

税函（2009）90号）で，伝票の管理および計算方法について，以下のように規定している。

　第1に，一般納税者が自分の使用済み固定資産を販売する際，4％の徴収率で徴収しその半額を納付する簡易方法をとっている企業は，普通伝票を使用し税務機関は付加価値税の専用伝票を発行してはいけない。

　第2に，小規模納税者が自分の使用済み固定資産を販売する際，普通伝票を使用し税務機関は付加価値税の専用伝票を発行してはいけない。

　第3に，納税者が古物を販売する際，普通伝票を使用し税務機関は付加価値税の専用伝票を発行してはいけない。

　第4に，一般納税者が自分の使用済み物品と古物を販売し，4％の徴収率で徴収しその半額を納付する簡易方法をとっている場合，下記の計算式でその売上額と納付すべき税額を計算する。

　　売上高　＝　税込売上高　／（1＋4％）

　　納税額　＝　売上高×4％／2

　小規模納税者が自分の使用済み固定資産と古物を販売する際，下記の計算式でその売上額と納付すべき税額を計算する。

　　売上高　＝　税込売上高　／（1＋3％）

　　納税額　＝　売上高×2％

4-6　付加価値税改革の次の段階――重複課税解消――

　中国の付加価値税は商品の生産，販売の各段階で課税し，役務サービス，サービス業については，別途，営業税を適用している。例えば，第3次産業の交通運輸業者の仕入品に対しては，前段階の税額控除ができず，売上総額に5％の営業税率を適用する。サービス業者においては明らかに重複課税の問題が生じる。その他，建物，不動産販売等も営業税の課税対象であり，企業が工場を建てる際に納めた税額も控除できない。

　安（2009）の試算によると付加価値税の税率が17％と13％であるが，仕入税額控除後の実際税負担率は4％程度であるとする。営業税の5％の税負担率

に比べると営業税の方が高くなり，これはサービス業の発展に不利であると指摘する[24]。中国の就業問題，産業構造の問題を考えると，第3次産業の育成と発展はマクロ政策の重要な課題であり，したがって，営業税の統合改革の議論も改革の議題にあがっている。

新付加価値税制の実施後，改革の次のステップは現在の営業税を付加価値税に統合することにある。この改革が実施されると営業税との重複課税の問題が解消できると期待される。ただ，営業税の統合改革は第1段階の改革より困難がはるかに大きいと考えられる。それは，新税制の実施後，主に第2次産業の機械機器設備の仕入税額については，その控除を認めているが，付加価値税改革の第2段階は，現在，営業税の課税対象であるすべての業種を全部付加価値税の課税対象とする試みである。

新税制は，固定資産の大きな比重を占めている建物を課税対象から除外している。中国の2007年の統計で見ると，機器設備等は固定資産の23％しか占めていない。残り8割近くは営業税の課税対象となっている。これは営業税との重複課税は，付加価値税の適用範囲を広め，現行の営業税を付加価値税の課税ベースに入れることで，最終的に解消が可能であることを意味する。したがって，営業税の統合改革は，今回実施した消費型付加価値税への改革より，その意義がはるかに大きい。

実際，財政部のシンクタンクである財政科学研究所では，すでに，1997年から消費型付加価値税制への移行，営業税の統合等課題について研究を行っている。しかし，統合の問題はあんまり深く触れてないし，議題にもなっていない。それは現在，営業税が地方税の一番大きい税目であり，地方財政の主な収入源であるからである。したがって，統合改革の問題は税制全般における制度改革の問題，地方税行財政機構の改革の問題および財政システム改革の問題まで議論しなければならない。

すでに述べているように，消費型付加価値税への改革を見ても，2003年10

---

[24] 安 (2009)。

月に改革の方向が示されてから，実施に移すまでに5年間の年月を経ている。この改革と比べ営業税統合改革の複雑さは，はるかに大きい。それは，第2段階の改革において，中央と地方の税配分の問題が最も敏感な課題になってくるからである。付加価値税が，中国の税収の中で一番大きな割合を占めていることはすでに説明している。現在，地方の分配分は25％であるが，地方においては営業税がずっと財政収入の一番大きい財源になっている。営業税が付加価値税に統合された場合，地方財源に直接打撃を与えることにならざるをえない。また，収入分配問題の他に，行財政改革も大きな問題として浮上する。現在，税務行政上国税部門と地方税部門があり，地方税源で営業税がなくなった場合地方税部門の行政の役割にも疑問が生じる。それで，国税部門と地方税部門をまた統合するかということも議論しなければならない。

　安（2009）は，営業税統合後，一部サービス業の営業税は引続き地方税部門が徴収し，地方税収にする方法を提案している。すなわち，営業税統合の抜本的な改革を行うが，税収分配については，従来の営業税収入相当分は地方収入にする。これによって，地方の抵抗をなくし改革を進めることを提案している[25]。

　その他，仮に営業税を統合した場合，サービス部門の税率設定基準をどう決めるかという問題も議論しなければならない。楊志勇は統一税率を進めるべきだと主張する[26]。その根拠として，付加価値税の中立性を確保することをあげている。

　グローバル的な視点から見ると，各国の付加価値税はほとんど農業からサービス業まで課税範囲を広めており，生産から消費の各段階での付加価値について課税している。これによって，企業の税負担を公平かつ効率にし，また，全体的に税負担を軽減している。

　その反面，付加価値税はその逆進性と税負担の転嫁の問題がデメリットとして指摘される。この問題を解消するためには，現行の中国の個人所得税制改革

25）　前掲注24。
26）　http://www.chinatax.gov.cn

も同時に行い，納税者の税負担調整を行うべきであろう。

中国税制改革は，全体的な税負担水準の変化を考慮し，税制構造と財政収入への影響等を勘案した上で公平，中立，簡素の原則に基づいて進めるべきである。

5. おわりに

以上，グローバル化の中で中国付加価値税制改革の問題について，その歴史経緯を辿りながら従来制度の内容，問題点と新制度改革への実験と内容等を分析した。そして，残りの課題として営業税との統合問題をあげた。営業税課税対象を全部付加価値税の課税対象として統合する改革を行えば，税財政における全体的な調整を視野に入れなければならない。こうすると，まず課題として浮上するのが抜本的税財政改革の基本的考え方を明確に示すことである。現在の状況から見ると，営業税の全業種を同時に付加価値税の課税範囲にすることには，中央と地方の税収配分，地方財政への再分配，行政管理上の調整等問題を考えれば，リスクが大きすぎる。中国がいままで実施し成功を収めた改革の手法から見ると，やはり，可能な分野からはじめ実験と経験を積んで，その上，慎重に推進する「漸進的」な改革手法が望ましい。したがって，徴収管理上の見地からまず固定資産形成と密接に関連する交通運輸業，建築業等を付加価値税の課税範囲に入れ，その後，段階的に他の業者も統合するのが望ましい。

参 考 文 献

大西靖（2004）『中国の財政・税制の現状と展望』大蔵財務協会。
片桐正俊・御船 洋・横山 彰編著（2007）『分権化財政の新展開』中央大学出版部。
監査法人トーマツ編（2003）『アジア諸国の税法』中央経済社。
近藤義雄（2003）「中国増値税の還付率の引き下げ」『国際税務』VOL.23，52-55ページ。
近藤義雄（2004）『中国の増値税の仕組みと実務』中央経済社。
近藤義雄（2005）「増値税の最新動向と輸出還付手続対策」（『税務弘報』VOL.53-NO.11）30-37 ページ。
曹瑞林（2004）『現代中国税制の研究—中国の市場経済化と税制改革—』御茶の水

書房。
西山由美（2007）「インボイス制度の概要」（『税研』VOL.22-NO.2）17-19 ページ。
宮武敏夫（2007）「来料加工」（『税研』VOL.22-NO.6）43-49 ページ。
村瀬正則（2007）「インボイス導入の短所」（『税研』VOL.22-NO.2）34-36 ページ。
安体富（2009）「付加価値税改革第二歩　消除重複徴税」（『経済観察報』2009 年 1 月 13 日）。
王建平（2007）「増値税転型：从優遇政策到公平税負担」（『税務研究』2007 年第 8 期）。
高培勇（2006）「増値税転型試点不応曲解為税収優遇」（『中国税収諮問網』2006 年 8 月 17 日）。
趙恒（2005）「増値税転型試点的政策効応及改革効応」（『税務研究』2005 年第 8 期）16-19 ページ。
倪紅日（2008）「中国増値税転型改革研究」（『増値税改革的国際借鑑研究』中国税務出版社）278-284 ページ。
範輝卿（2008）「関与増値税転型問題研究」（『増値税改革的国際借鑑研究』中国税務出版社）485-493 ページ。
邵志剛（2008）「増値税転型呼喚全方位」（『中国税収諮問網』2008 年 8 月 4 日）。
李建清（2008）「増値税改革与税制結構調整」（『増値税改革的国際借鑑研究』中国税務出版社）93-122 ページ。
李淑傑（2008），「我国現行増値税転型分析」（『増値税改革的国際借鑑研究』中国税務出版社）221-231 ページ。
陸玉（2008）「増値税転型分析」（『増値税改革的国際借鑑研究』中国税務出版社）278-284 ページ。
梁季（2008）「転型是増値税改革的関鍵一歩」（『中国税収諮問網』2008 年 9 月 6 日）。
焼立新（2008）「我国完善増値税制度的約束与改革出路」（『増値税改革的国際借鑑研究』中国税務出版社）285-288 ページ。

執筆者紹介（執筆順）

飯島 大邦　研究員（中央大学経済学部准教授）
御船　　洋　研究員（中央大学商学部教授）
佐藤 晴彦　客員研究員（平成国際大学法学部准教授）
田中 廣滋　研究員（中央大学経済学部教授）
田代 昌孝　客員研究員（中央大学経済学部兼任講師）
横山　　彰　研究員（中央大学総合政策学部教授）
薮田 雅弘　研究員（中央大学経済学部教授）
片桐 正俊　研究員（中央大学経済学部教授）
柳下 正和　客員研究員（城西大学経営学部准教授）
浅羽 隆史　客員研究員（白鷗大学法学部教授）
関野 満夫　研究員（中央大学経済学部教授）
谷口 洋志　研究員（中央大学経済学部教授）
李　　　森　客員研究員（中国対外経済貿易大学国際経済貿易学院副教授）

グローバル化財政の新展開
中央大学経済研究所研究叢書　48

2010年3月25日　発行

編著者　　片桐 正俊
　　　　　御船　　洋
　　　　　横山　　彰

発行者　　中央大学出版部

東京都八王子市東中野 742-1
発行所　中央大学出版部
電話 042(674)2351　FAX 042(674)2354

© 2010　　　　　　　　　　　　　　　電算印刷
ISBN 978-4-8057-2242-8

中央大学経済研究所研究叢書

6. 歴 史 研 究 と 国 際 的 契 機　　中央大学経済研究所編　A5判　定価1470円
7. 戦 後 の 日 本 経 済──高度成長とその評価──　中央大学経済研究所編　A5判　定価3150円
8. 中 小 企 業 の 階 層 構 造　　中央大学経済研究所編　A5判　定価3360円
　　──日立製作所下請企業構造の実態分析──
9. 農 業 の 構 造 変 化 と 労 働 市 場　　中央大学経済研究所編　A5判　定価3360円
10. 歴 史 研 究 と 階 級 的 契 機　　中央大学経済研究所編　A5判　定価2100円
11. 構 造 変 動 下 の 日 本 経 済　　中央大学経済研究所編　A5判　定価2520円
　　──産業構造の実態と政策──
12. 兼業農家の労働と生活・社会保障　　中央大学経済研究所編　A5判　定価4725円
　　──伊那地域の農業と電子機器工業実態分析──　〈品　切〉
13. アジアの経済成長と構造変動　　中央大学経済研究所編　A5判　定価3150円
14. 日本経済と福祉の計量的分析　　中央大学経済研究所編　A5判　定価2730円
15. 社 会 主 義 経 済 の 現 状 分 析　　中央大学経済研究所編　A5判　定価3150円
16. 低成長・構造変動下の日本経済　　中央大学経済研究所編　A5判　定価3150円
17. ME技術革新下の下請工業と農村変貌　　中央大学経済研究所編　A5判　定価3675円
18. 日 本 資 本 主 義 の 歴 史 と 現 状　　中央大学経済研究所編　A5判　定価2940円
19. 歴 史 に お け る 文 化 と 社 会　　中央大学経済研究所編　A5判　定価2100円
20. 地方中核都市の産業活性化──八戸　　中央大学経済研究所編　A5判　定価3150円

中央大学経済研究所研究叢書

21. 自動車産業の国際化と生産システム	中央大学経済研究所編	A5判　定価2625円
22. ケインズ経済学の再検討	中央大学経済研究所編	A5判　定価2730円
23. AGING of THE JAPANESE ECONOMY	中央大学経済研究所編	菊　判　定価2940円
24. 日本の国際経済政策	中央大学経済研究所編	A5判　定価2625円
25. 体制転換――市場経済への道――	中央大学経済研究所編	A5判　定価2625円
26. 「地域労働市場」の変容と農家生活保障――伊那農家10年の軌跡から――	中央大学経済研究所編	A5判　定価3780円
27. 構造転換下のフランス自動車産業――管理方式の「ジャパナイゼーション」――	中央大学経済研究所編	A5判　定価3045円
28. 環境の変化と会計情報――ミクロ会計とマクロ会計の連環――	中央大学経済研究所編	A5判　定価2940円
29. アジアの台頭と日本の役割	中央大学経済研究所編	A5判　定価2835円
30. 社会保障と生活最低限――国際動向を踏まえて――	中央大学経済研究所編	A5判　定価3045円〈品切〉
31. 市場経済移行政策と経済発展――現状と課題――	中央大学経済研究所編	A5判　定価2940円
32. 戦後日本資本主義――展開過程と現況――	中央大学経済研究所編	A5判　定価4725円
33. 現代財政危機と公信用	中央大学経済研究所編	A5判　定価3675円
34. 現代資本主義と労働価値論	中央大学経済研究所編	A5判　定価2730円
35. APEC地域主義と世界経済	今川・坂本・長谷川編著	A5判　定価3255円

中央大学経済研究所研究叢書

36. ミクロ環境会計とマクロ環境会計　　A5判　　小口好昭編著　定価3360円
37. 現代経営戦略の潮流と課題　　A5判　　林昇一・高橋宏幸編著　定価3675円
38. 環境激変に立ち向かう日本自動車産業　　A5判　　池田・中川編著　定価3360円
　　――グローバリゼーションさなかのカスタマー・サプライヤー関係――
39. フランス――経済・社会・文化の位相　　A5判　　佐藤　清編著　定価3675円
40. アジア経済のゆくえ　　A5判　　井村・深町・田村編　定価3570円
41. 現代経済システムと公共政策　　A5判　　中野　守編　定価4725円
42. 現代日本資本主義　　A5判　　一井・鳥居編著　定価4200円
43. 功利主義と社会改革の諸思想　　A5判　　音無通宏編著　定価6825円
44. 分権化財政の新展開　　A5判　　片桐・御船・横山編著　定価4095円
45. 非典型労働と社会保障　　A5判　　古郡鞆子編著　定価2730円
46. 制度改革と経済政策　　A5判　　飯島・谷口・中野編著　定価4725円
47. 会計領域の拡大と会計概念フレームワーク　　A5判　　河野・小口編著　定価3570円

＊定価は消費税5%を含みます。